KLAUS BEDNARZ

# FERNES NAHES LAND

## Begegnungen in Ostpreußen

WILHELM HEYNE VERLAG
MÜNCHEN

HEYNE SACHBUCH
19/477

Ungekürzte Taschenbuchausgabe
im Wilhelm Heyne Verlag GmbH & Co. KG, München
Copyright © 1995 by Hoffmann und Campe Verlag, Hamburg
Printed in Germany 1997
Umschlagillustration: Silvestris Fotoservice/Hanna Malgorzata
Poniatowski, Kastl; DPA, Frankfurt
Umschlaggestaltung: Atelier Adolf Bachmann, Reischach
Satz: Schaber Satz- und Datentechnik, Wels
Druck und Verarbeitung: Ebner Ulm

ISBN 3-453-11778-7

... Dort war der Himmel
aufgetan, in der Farbe des Kinderhaars.
Schöne Erde Vaterland.

*Johannes Bobrowski*

# Inhalt

## Das südliche Ostpreußen

### Masuren

## Ermland

## Das nördliche Ostpreußen

### Königsberg

### Vom Frischen Haff zur Memel

## Kant oder Kalinin? Die Frage nach der Zukunft

## Anhang

# Das südliche Ostpreußen

# MASUREN

## »Das ist der Preis«

Nein«, sagt der alte Mann, »nein, das ist nicht unser Land.« Mit zittrigen Fingern versucht er eine zerbeulte Blechdose zu öffnen, in der früher einmal Kekse waren oder Bonbons. Er hat sie vom Dachboden geholt, weil sie, da sei er sich ganz sicher, einen Brief enthalte, über den wir uns bestimmt wundern würden. Einen Brief meines Großvaters, geschrieben wenige Jahre nach dessen Flucht aus Ostpreußen im Januar 1945. Seit er diesen Brief erhalten habe, so der Alte, hätte er wieder ruhig schlafen können. Aber heimisch geworden sei er hier trotzdem nicht. Und glücklich auch nicht.

Mehr als drei Jahre hat es gedauert, bis wir im Sommer 1974 endlich Mut faßten und den Hof betraten, der einst meinem Großvater gehörte. Auch mein Urgroßvater hatte hier gelebt, dessen Vater und ich weiß nicht wie viele Generationen meiner Familie noch. Hier war mein Vater mit seinen zehn Geschwistern aufgewachsen, hier hatte ich während der Kriegsjahre laufen gelernt. Jedes Haus des kleinen masurischen Dorfes war mir aus den Erzählungen der Familie vertraut, und den Text jenes Ostpreußenliedes, das die dunklen Wälder und kristallnen Seen besingt und die starken Bauern, die über die Felder schreiten, und die Elche, die »in die Ewigkeit lauschen«, konnte ich von Kindheit an auswendig. Keine Familienfeier, bei der es nicht gesungen wurde und bei der nicht spätestens zur letzten Strophe, in der der Mond aufgeht und die Meere den »Choral der Zeit rauschen«, die eine oder andere Träne rollte.

Seit Willy Brandt in Warschau gekniet hatte und auch wieder Reisen nach Ostpreußen möglich wurden, zumindest in den heute polnischen Teil, waren wir oft in dieses Dorf gefahren. Es trägt denselben Namen wie zu deutscher Zeit: Ukta. Wir hatten noch dort lebende Verwandte besucht, den alten, völlig verfallenen Friedhof mit unseren Familiengräbern und jenen neueren, auf dem immer noch Deutsche beerdigt werden; wir hatten die Kirche besichtigt, die einst evangelisch war und in der heute die polnische Bevölkerung ihre katholischen Gottesdienste abhält; wir hatten den Dorfladen besucht, über dessen Besitzer, Samuel Goldstein, die Familie nur zu erzählen wußte, daß er eines Tages aus dem Dorf verschwunden sei, irgendwann kurz nach Beginn des Krieges, aber Genaueres habe man nicht mitbekommen... Jenen Bauernhof zu betreten, der sich auf einem sanften Hügel über dem Flüßchen Kruttinna erhebt und der im Mittelpunkt aller Familiengeschichten stand, davon hatte uns aber eine nur schwer erklärbare Scheu abgehalten. Würden die jetzigen Besitzer Verständnis haben für unseren Wunsch, das Haus und den Hof unserer Vorfahren aus der Nähe zu sehen? Oder würden sie uns abweisen, gar vom Hof jagen?

Die Bedenken waren unbegründet. Als wir den Hof durch das in seinen Angeln quietschende Brettertor betreten, nimmt außer einem struppigen Hund unbestimmbarer Rasse, der aufgeregt an seiner Kette zerrt, niemand von uns Notiz. Es ist ein heißer Sonntagnachmittag, außer dem Kläffen des Hundes und einem Schaf, das irgendwo in der Ferne blökt, ist nichts zu hören.

Durch den zur Hofseite gelegenen Hintereingang des Hauses gelangen wir direkt in die Küche. Unser Klopfen hat offenbar niemand gehört. Neben dem Herd sitzt ein jüngerer Mann in verschwitztem Unterhemd und kurzen Hosen. Wir vermuten, der Sohn des Besitzers. Mit langsamen Bewegungen nimmt er ein Suppenhuhn aus. Der Topf auf dem Herd brodelt bereits. Wir sprechen ihn auf polnisch an, nennen unsere Namen, erklären, daß in diesem Haus einst mein Vater und Großvater gelebt haben, und fragen, ob wir uns umsehen dürften. Ohne die geringste Spur von Verwunderung erhebt er sich, streckt uns die Hand entgegen und ruft nach seinem Vater. In der Küchentür erscheint ein etwa siebzigjähriger Mann mit schlohweißem Haar und klaren, einfachen Gesichtszügen. Hinter ihm, etwas kleiner als er, seine Frau, auch sie unverkennbar bäuerlicher Herkunft, mit hellen, freundlichen Augen und tief eingekerbten Falten auf der Stirn und um die Mundwinkel. Ein Paar wie Philemon und Baucis, denke ich.

Warum wir nicht schon früher gekommen seien, fragt der Bauer. Es hätte sich doch im Dorf herumgesprochen, daß wir schon ein paarmal hiergewesen wären, unsere Verwandten besucht und uns auch sonst überall umgeschaut hatten. Eigentlich hätten sie schon längst damit gerechnet, daß wir auch einmal bei ihnen vorbeischauen würden.

Wir werden ins Wohnzimmer gebeten, das, wie wir wissen, zu Großvaters Zeiten die gute Stube war, die nur an Feiertagen benutzt wurde. Einige der Möbel scheinen uns bekannt. Die schwere Kommode aus Eichenholz zum Beispiel, auf der ein gehäkeltes Deckchen liegt. Die kleine Kristallvase mit künstlichen Mohnblumen ist offenbar neueren Datums. Über den Eßtisch wird ein frisches weißes Leinentuch gebreitet, Plätzchen werden hingestellt und der Rest selbstgebackenen Kuchens. Aus der Küche hören wir, wie Teewasser aufgesetzt wird.

Ob wir denn über Nacht bleiben können, will der Bauer wissen. Als wir verneinen, da wir noch am selben Abend nach Warschau zurück müssen, breitet er die Arme aus und zuckt bedauernd die Schultern. Dann müßten wir uns eben beeilen. Womit? Mit dem Erzählen natürlich.

Die Geschichte des Alten ist die Geschichte Hunderttausender Menschen in Polen, wie wir sie so oder ähnlich schon häufig gehört haben. Oft nur hinter vorgehaltener Hand und geflüstert, denn die Vertreibung der Polen durch die Russen war in den Jahrzehnten, in denen sich Polen eine Volksdemokratie nannte, ein Tabu. Keine Zeitung berichtete darüber, keine wissenschaftliche Publikation. Allenfalls von »Bevölkerungsaustausch« war schamhaft die Rede. Und davon, daß nach dem Krieg die historischen Grenzen Polens »wiederhergestellt« worden seien.

Unser Gastgeber stammt aus der Gegend von Pinsk, östlich des Bug. Als dieses Gebiet 1945 von der Sowjetunion annektiert wurde, kam er mit seiner Familie nach Masuren. Gewollt habe er es nicht, denn Heimat sei schließlich Heimat, und das Land hier, auch wenn es den polnischen Namen »Mazury« trage, habe ihnen nicht gehört. Aber er hatte keine Wahl. Den Hof, auf dem er jetzt sitze, habe man ihm zugeteilt; das heißt, nicht den ganzen Hof, sondern nur die eine Hälfte. In dem Haus, in dem zur deutschen Zeit eine Familie gewohnt hätte, wohnten jetzt zwei; den Zaun, der den Hof teilt und den es auf alten Photos nicht gibt, hätten wir ja sicher gesehen. Allerdings habe ihnen die eine Hälfte des Hauses auch gereicht. Schließlich habe er nicht, wie mein Großvater, neun Kinder, sondern nur einen Sohn.

Auch das Land sei aufgeteilt worden. Von den einst 35 Hektar meines Großvaters seien zwanzig an die PGR gegangen, die Staatliche Landwirtschaftsgenossenschaft, die Kolchose, wie er verächtlich bemerkt; der Rest je zur Hälfte an ihn und seinen Hofnachbarn. Zum Wirtschaften habe er in den ersten Jahren nach dem Krieg überhaupt keine Lust gehabt. Denn niemand habe gewußt, ob die Deutschen zurückkämen oder nicht. Zwar habe er in der Zeitung gelesen, daß dieses Land uralte polnische Erde sei und die Polen jetzt lediglich in ihre historische Heimat zurückgekehrt wären, doch diesen Unsinn habe er nie geglaubt. Man habe das Land bekommen, weil die Russen die polnischen Gebiete im Osten geraubt hätten. Als Ausgleich, sozusagen. Aber dieses Unrecht könne wohl nicht ewig dauern. Und was, wenn die Deutschen zurückkehrten? Schließlich werde in den polnischen Zeitungen und im polnischen Rundfunk immer vor den westdeutschen Revanchisten gewarnt. Und zuzutrauen wäre den Deutschen doch alles – oder?

Endlich sei es ihm zu bunt geworden. Er habe Frau und Kind und hätte wissen wollen, was denn nun in Zukunft werde. Und so habe er sich 1947 von den Deutschen, die noch im Dorf lebten, die Adresse meines Großvaters besorgt, der inzwischen in Niedersachsen eine neue Bleibe gefunden hatte. Ihm habe er einen Brief geschrieben und ihn gefragt, ob er denn die Absicht habe zurückzukommen. Und was nun mit ihm und dem Hof werden solle. Ob es Sinn habe, sich endgültig hier einzurichten, oder ob alles nur vorübergehend sei...?

Mein Großvater war zur Nazizeit der einzige Bauer des Dorfes gewesen, der nicht der Partei beigetreten war. Er war strenggläubiger Pietist und hielt Hitler für den leibhaftigen Teufel. Stolz war er allerdings, Ostpreuße zu sein, Masure. Und bis an sein Lebensende sprach er mit meiner Großmutter, wenn Kinder und Enkel sie nicht verstehen sollten, Masurisch – jenen mit deutschen Ausdrücken durchsetzten polnischen Dialekt, in dem auch – bis 1937 – in der Dorfkirche die protestantischen Gottesdienste abgehalten wurden, jeden Sonntag nach dem deutschsprachigen Gottesdienst. Die auf dem Hof beschäftigten polnischen Arbeiter gehörten, wie es hieß, zur Familie. Von ernsthaften Spannungen oder gar Auseinandersetzungen zwischen Deutschen und Polen im Dorf wurde nichts berichtet. Daß das Dorfleben allerdings von denen, die sich als Deutsche betrachteten, dominiert wurde, galt als Selbstverständlichkeit.

Nach dem Krieg war der Großvater in Niedersachsen einige Zeit strammer Funktionär der Partei der Heimatvertriebenen, des Bundes der Heimatlosen und Entrechteten. Doch die Antwort, die er dem Bauern aus Ostpolen, der nun auf seinem Hof in Masuren saß, zukommen ließ, entsprach allem anderen als der Parteilinie und der offiziellen Politik der Vertriebenenverbände. Die Deutschen, so der Großvater in seinem Brief, hätten den Krieg verloren, und dafür müßten sie jetzt bezahlen. Ostpreußen, Pommern und Schlesien seien der Preis. Er würde gern noch einmal zurückkommen, aber nur, um alles wiederzusehen, zu Besuch. Der Bauer aus der Gegend von Pinsk solle den Hof als den seinen betrachten und anfangen zu wirtschaften. Es wäre eine Sünde, die Erde brachliegen zu lassen.

Der schon etwas zerknitterte Brief, den der Bauer endlich aus der zerbeulten Blechdose hervorgekramt hat, trägt tatsächlich die mir seit Kindheit vertrauten, etwas krakeligen Schriftzüge meines Großvaters. Und es sind in deutscher Sprache genau die Sätze, die der Bauer soeben auf polnisch wiedergegeben hat.

Vor seiner Familie hatte mein Großvater den Brief bis zu seinem Tod geheimgehalten; lediglich der jüngste seiner drei noch lebenden Söhne, der den Hof eigentlich hatte erben sollen, war eingeweiht.

# Alexander Solschenizyn

## *Ostpreußische Nächte*

Neidenburg: verglühend bricht hier
altes gutes Mauerwerk.
Überstürzt ward's aufgegeben,
rasch besetzt im Plünderwahn,
dann, den Deutschen auf den Fersen,
gleich verlassen – neu besetzt.
Militärs wie Zivilisten –
alle Deutschen sind hier fort,
aber in den warmen Wänden
steht noch alles unberührt.
Und Europas Sieger, emsig,
uns're Russen, schwirren 'rum,
Qualm und Dunst und Ruß verachtend,
stopfen rasch sich in die Wagen
Kerzen, Weine, Teppichsauger,
Pfeifen, Röcke, Malerei,
Broschen, Schnallen, Tand und Blusen,
Käse, ganze Ringe Wurst
Schreibmaschinen fremder Schriften,
alle Art von Hausgerät,
Gabeln, Gläser, Schuhe, Kämme,
Waagen, Teppiche, Geschirr.
Doch die Uhr am Rathausturme
unversehrt noch in dem Brand,
grad so ehrlich zählt die Stunden

zwischen diesen, zwischen jenen,
mag wer kommen, mag wer gehen,
hält sie ungerührt den Takt,
und es zittert eben merklich
nur der Zeiger Filigran.

Zweiundzwanzig, Höringstraße.
Noch kein Brand, doch wüst, geplündert.
Durch die Wand gedämpft – ein Stöhnen:
Lebend finde ich noch die Mutter.
Waren's viel auf der Matratze?
Kompanie? Ein Zug? Was macht es!
Tochter – Kind noch, gleich getötet...

Was Jahrhunderte geschaffen,
brennt hier nieder, sinkt zu Schutt.«

*Aus dem Russischen*
*von Nikolaus Ehlert*

# Tante Anna

Anna K. ist die letzte Deutsche, die heute noch in Ukta lebt. Weitläufig sind wir sogar miteinander verwandt, wie so viele der kinderreichen Familien aus Masuren. Sie ist die Tochter der Schwester meiner Großmutter, wenn ich es richtig verstanden habe. Auf jeden Fall ist sie im Nachbardorf Schlößchen geboren, wo ihr Vater bis 1945 Bürgermeister war.

Ihre Wohnung liegt in der zweiten Etage des größten noch erhaltenen Wohnhauses von Ukta, gleich am Ortseingang, unweit des Klosters der Philipponen, einer Sekte russischer Altgläubiger, die im 19. Jahrhundert hier Zuflucht vor der Verfolgung durch die Zaren fanden. Im Ersten und Zweiten Weltkrieg hatten sie auf der Seite der Deutschen gegen die Russen gekämpft, 1945, beim Einmarsch der Roten Armee, entdeckten sie allerdings wieder ihr Herz für ihre einstigen Landsleute – ein Umstand, der auch für Anna K. nicht ohne Bedeutung war.

Das Schicksal der Anna K. ist das Tausender ostpreußischer Frauen. Doch darüber spricht die heute 74jährige nicht gern. Während sie sonst in breitem ostpreußischem Dialekt, der mit dem einen oder anderen polnischen Wort durchsetzt ist, nur allzu freudig Auskunft gibt über das heutige Leben in Masuren, den politischen und gesellschaftlichen Wandel in Polen, die wirtschaftlichen Probleme der Dorfbevölkerung, wird sie einsilbig, wenn man sie auf die Vergangenheit anspricht, ihre persönliche Biographie, die Familiengeschichte. Immer wieder streicht sie mit ihren knochigen Händen die Tischdecke glatt, schüttelt den Kopf, beginnt einen Satz, verstummt. Wozu erzählen? Es ist doch alles so lange her. Ändern kann man es auch nicht mehr. Und für die Flucht und alles, was dann kam, gibt es nur ein Wort: schrecklich.

Wie alle anderen im Dorf habe auch Annas Vater schon lange weg gewollt aus Ostpreußen, damals im Winter 1944, als die Rote Armee zum erstenmal Goldap eroberte, die Grenzstadt, knapp 100 Kilometer nordöstlich von Ukta. Seit Wochen schon seien die Flüchtlinge von dort und aus anderen Gegenden des nördlichen Ostpreußen durch ihr Dorf gezogen, und niemand habe mehr daran geglaubt, daß der Vormarsch der Russen aufgehalten werden könne; und an den Endsieg schon gar nicht. Doch die NS-Kreisleitung habe verboten, irgendwelche Vorbereitungen zur Flucht zu treffen. Wehrkraftzersetzung habe man dies genannt, Defätismus, auf den die Todesstrafe stand.

Als dann am 25. Januar 1945 von der Wehrmacht endlich der Räumungsbefehl kam, sei es zu spät gewesen. Zwar hatte man schon vorher heimlich ein paar Vorräte zusammengepackt, Brot, Mehl, Speck, eingewecktes Gänsefleisch, Kartoffeln und Futter für die Pferde, hatte Decken und Kissen bereitgelegt, ein paar Küchengeräte und einen Sessel für die Oma; hatte zwei Leiterwagen mit Brettern und Pappe notdürftig zu Planwagen umgebaut, hatte Geld, die wichtigsten Papiere und Familienalben in eine wasserdichte Blechkiste verstaut – doch das war auch schon alles, was man mitnehmen konnte. Außer den vier Pferden, die man vor die beiden Wagen spannte, und einem weiteren, das man als Reservepferd an den hinteren Wagen band, mußte das gesamte Vieh in den Ställen zurückgelassen werden. Kühe, Schweine sowie die Hühner, die in der Küche herumliefen. Schnee lag, und es war bitterkalt, 25 Grad unter Null.

Nicht einmal 30 Kilometer weit sei man gekommen in zwei Tagen, bis nach Seehesten, einem Dorf in der Nähe von Sensburg. Die vereisten Straßen waren verstopft durch Wehrmachtsfahrzeuge, die Chausseegräben übersät mit umgestürzten Fuhrwerken und weggeworfenem Hausrat. Und überall zwischen den Trümmern lagen tote Pferde und die Leichen von Frauen, Kindern und alten Menschen. Manche von Tieffliegerbomben und Panzergranaten zerfetzt, andere erfroren. Und da die Wehrmacht die Straßen für ihren Rückzug brauchte, mußte der Treck immer wieder auf Feld- und Waldwege ausweichen.

In Seehesten legte man eine Rast ein, da die Pferde nicht mehr weiter konnten und sich auch der Gesundheitszustand der Großmutter durch die Kälte drastisch verschlechtert hatte. Unterkunft fand man in einem der vielen schon verlassenen Bauernhäuser. Doch bereits nach zwei Tagen wurde das Dorf von den Russen eingenommen.

Die ersten Rotarmisten, so erinnert sich Anna K., die in das Haus eindrangen, seien noch ganz anständig gewesen. Zwar nahmen sie dem Vater die Uhr weg, den Trauring und eine Taschenlampe, doch im übrigen suchten sie nur nach versteckten deutschen Soldaten. Die folgenden Tage jedoch wurden schrecklich. Je sicherer die Russen wurden, daß sie von der Wehrmacht nichts mehr zu befürchten hatten, um so rücksichtsloser begannen sie zu marodieren. Sie plünderten, steckten Häuser und Scheunen in Brand, machten Jagd auf Frauen und Mädchen, deren Schreie durch das ganze Dorf gellten. Einige der russischen Offiziere, so Anna K., versuchten, den schlimmsten Ausschreitungen Einhalt zu gebieten. Doch vergeblich. Die meist schon am frühen Morgen betrunkenen Rotarmisten hörten nicht einmal mehr auf die Befehle ihrer unmittelbaren Vorgesetzten. Um den Vergewaltigungen zu entgehen, verkleideten sich die 22jährige Anna und ihre beiden jüngeren Schwestern, achtzehn und sechzehn Jahre alt, als Greisinnen, versteckten die Haare und die Stirn unter dicken Wolltüchern, schmierten sich Ruß ins Gesicht und zogen sich lange Kleider an. Nach einigen Tagen, als sich der erste Siegesrausch der russischen Soldaten gelegt hatte, wurden sie zurückgeschickt in ihr Heimatdorf. Zu Fuß, da Pferde und Wagen beschlagnahmt waren.

In Ukta fanden sie ihr Gehöft bis auf die Grundmauern niedergebrannt. In einer Ecke des Schulgebäudes erhielten sie Unterkunft. Doch ihre Hoffnung, daß nun das Schlimmste vorüber sei, erwies sich als Täuschung. Bereits am Tag nach ihrer Rückkehr wurde der Vater abgeholt, von einem russischen Soldaten in Begleitung eines Mannes aus dem Dorf, eines Philipponen. Man wolle ins Nachbardorf, der Vater solle den Weg zeigen. Zwei lange Tage und Nächte wartete man auf seine Rückkehr. Dann erschien der Philippone und teilte Annas Mutter lakonisch mit, man habe den Vater erschossen. Auf unsere Frage, warum, zuckt Anna K. nur mit den Schultern. »Vielleicht, weil er Bürgermeister war.« Ein paar Tage später brachte man den toten Vater auf einem Schlitten. Immerhin, beerdigen durften sie ihn. Sogar, wie es sich gehört, auf dem Friedhof.

Anna K. wurde von den Russen zum Viehtreiben befohlen. In endlosen Trecks wurden die Herden durch die masurischen Dörfer Richtung Osten getrieben, eskortiert von russischen Soldaten mit aufgepflanztem Bajonett. Als Anna K. nach einigen Tagen wieder nach Hause zurück durfte, war ihre achtzehnjährige Schwester verschwunden – abgeholt von den Russen, mehr wußte man nicht. Auf der Kommandantur, wo sie sich nach dem Verbleib ihrer Schwester erkundigen wollte, wurde sie verhaftet und tagelang verhört. Sie sollte erzählen, was sie über die »Hitleristen« im Dorf wußte. Anna war über die »Hitleristen« jedoch nichts bekannt – außer, daß der Ortsgruppenleiter der Partei mit Frau und Kindern schon vor längerer Zeit abgereist war. Besonders brutal zeigte sich bei den Verhören ein guter Bekannter aus der gemeinsamen Schulzeit, ein Philippone, der jetzt den Russen als Dolmetscher diente.

Als man Anna endlich wieder laufenließ, war auch ihre jüngste Schwester, die sechzehnjährige Inge, verschwunden; nach

Sibirien verschleppt, hieß es. In der folgenden Nacht wurden alle übrigen Mädchen aus Ukta abgeholt. Auch Anna.

Zunächst ging es in einer langen Kolonne mit allen anderen Frauen und Mädchen aus den umliegenden Dörfern zu Fuß ins 20 Kilometer östlich gelegene Johannisburg. Von dort auf offenen Lastwagen – und bei immer noch 20 Grad unter Null – ins Gefängnis von Insterburg, unweit der russischen Grenze, und dann in Viehwaggons Richtung Sibirien. Zwei Wochen dauerte die Fahrt, und nur zweimal in dieser Zeit gab es Essen: einen Eimer Suppe für den ganzen Waggon. Anfangs war es so eng, daß man nur stehen konnte. Doch dann begannen die ersten Frauen und Mädchen zu sterben, an Hunger und Typhus. Die Leichen wurden einfach aus dem Zug geworfen. Jetzt hatten sie wenigstens Platz, um sich hinzusetzen. Anna und eine Freundin aus Ukta hatten von zu Hause ein wenig Speck mitgenommen, den sie auch unbemerkt durch alle Kontrollen bringen konnten. Wenn sie sich unbeobachtet glaubten, kauten sie daran. Das rettete ihnen das Leben.

Über drei Jahre blieb Anna im Lager. Sie mußte in der Küche arbeiten und im Wald, beim Holzfällen. In manchen Nächten zeigte das Thermometer 50 Grad unter Null. Im zweiten Jahr erhielt sie zum ersten Mal Nachricht aus Deutschland. Ihre jüngste Schwester, so erfuhr sie, war in einem anderen russischen Lager gestorben. Ukta gehörte jetzt zu Polen, ihre Mutter lebte immer noch dort. Sie war nicht verschleppt worden, weil die Russen sie als zu alt und als nicht mehr arbeitsfähig ansahen. Sie war gerade vierzig Jahre.

Das alles erzählt Anna K. mit fast unbewegtem Gesicht. Als sei es nicht ihre eigene Geschichte, sondern ein Bericht über fremde Menschen, ein anderes Land, eine andere Welt. Nur ihre Hände, die unentwegt über das Tischtuch streichen, verraten eine innere Bewegung.

Zum Schluß kommt Anna K. noch einmal ungefragt auf die Russen zurück. Da werde so vieles geredet und geschrieben, was einfach nicht stimme. Ja, hier in Ostpreußen seien sie furchtbar gewesen, wie die Tiere. Aber aus der Zeit im Lager könne sie nichts Schlechtes über die Russen sagen. Sicher, die Frauen und Mädchen dort hätten hart arbeiten müssen. Und zu essen habe es auch nur wenig gegeben. Aber das russische Volk, das habe sie ja gesehen, wenn sie aus dem Lager zur Arbeit geführt wurde, hätte auch nicht besser gelebt. Manchmal habe sie gedacht, daß es den Russen draußen im Dorf noch schlechter ginge als ihnen im Lager. Und immer wieder hätte man ihnen durch den Lagerzaun oder bei anderen Gelegenheiten sogar etwas zugesteckt. Eine Rübe oder einen Kanten Brot. Und wenn eines der Mädchen krank wurde, habe sich die russische Lagerärztin um sie gekümmert. Nein, es muß wohl der Krieg sein, der aus guten Menschen so schlimme mache. Aber zum Glück sei das alles lange her. »Und, was willst du? Das Leben geht ja weiter.«

Nach dreieinhalb Jahren wurde Anna K. mit ihrer Tochter, die sie im Lager geboren hatte, entlassen. Sie ging nach Berlin, zu einem Onkel, der ihr versprach, sie und ihr Kind durchzubringen. Doch es war 1948, die Zeit der Blockade. Lebensmittel gab es nur auf Karten, und die Mutter in Ukta schrieb einen Brief nach dem anderen und beschwor Anna, nach Hause zu kommen, nach Ostpreußen. Zwar herrsche hier jetzt »der Pole«, doch habe man genug zu essen, und Arbeit gebe es auch.

Anna K. fuhr mit ihrer kleinen Tochter zurück. Und hat es, wie sie versichert, bis heute nicht bereut. Natürlich, auf Dauer hätte sie in Westdeutschland wohl ein leichteres Leben gehabt; aber arbeiten müsse man schließlich überall, hier wie dort.

Alle Ausreiseanträge, die sie später mit der Mutter stellte, wurden von den polnischen Behörden abgelehnt. Anna und ihre Familie galten wie alle Masuren als »Autochthone«, als Angehörige der alteingesessenen polnischen Bevölkerung, die im Laufe der Jahrhunderte zwangsweise »germanisiert« worden sei und nun für das polnische Volkstum »zurückgewonnen«

werden sollte. Doch die Familie weigerte sich, einen polnischen Personalausweis und die polnische Staatsangehörigkeit anzunehmen. Erst als Anna den Polen Janek kennenlernte, erklärte sie sich bereit, polnische Staatsbürgerin zu werden. Das war die Voraussetzung, daß sie Janek heiraten durfte. Die anderen Deutschen im Dorf, auch die entfernten Verwandten, die noch hiergeblieben waren, gingen auf spürbare Distanz zu Anna. Es wurde zwar nicht offen ausgesprochen, war aber klar, was man über Anna dachte: Sie galt als Verräterin; als eine, die sich mit denen einließ, die Ostpreußen den Deutschen geraubt hatten und sie im Dorf täglich schikanierten.

Erst mit den Jahren änderte sich das Verhältnis wieder. Als man feststellte, daß Janek, »obwohl Pole«, eigentlich ein sehr guter und tüchtiger Mann war. Und tüchtig war Janek in der Tat. Er arbeitete als Mechaniker in der staatlichen Landwirtschaftsgenossenschaft, half hier und dort in der Nachbarschaft, hielt ein paar Hühner und Schweine und bestellte nach Feierabend ein kleines Stück Land. Später, in den siebziger Jahren, machte er sich mit einem klapprigen Auto, einem Fiat russischer Bauart, als Taxifahrer selbständig. Im Sommer fuhr er vor allem Touristen aus der Bundesrepublik, darunter viele, die einst in Ukta und Umgebung zu Hause waren, auch Verwandte seiner Frau. Mit den ersten Ersparnissen baute er einen Stall zur Ferienwohnung um – mit Küche, Bad und allem Komfort, wie ihn Touristen aus Deutschland erwarten. Und die Zahl der Stammgäste wuchs von Jahr zu Jahr.

Wann immer man Anna K. und ihren Mann besuchte, hatte man den Eindruck, es seien glückliche Menschen. Ein Eindruck, den Anna K. bestätigt. Das Verhältnis zwischen den Polen und Deutschen im Dorf, so Anna K., habe sich von Jahr zu Jahr verbessert. Die, die unbedingt weg wollten, hätten das seit Beginn der siebziger Jahre, nachdem der Warschauer Vertrag unterschrieben war, auch getan. Mit ihren Möbeln und dem gesamten Vieh seien sie nach Deutschland ausgereist; ihre Häuser und Höfe allerdings hätten sie dem polnischen Staat überlassen müssen, für einen symbolischen Betrag. Anna K. und Janek wollten nie ausreisen. Janek sprach kein Wort Deutsch. Und überhaupt, wozu ausreisen, wenn man hier doch alles hat? Fast alles, jedenfalls. Und um das Glück vollzumachen, sagt Anna, habe sich schließlich die Tochter, die sie mit in die Ehe brachte, in den Sohn verliebt, den Janek mitbrachte. Und nun haben Sohn und Tochter der beiden sogar für gemeinsame Enkel gesorgt. Es sei wie im Märchen.

Nach dem Tod Janeks allerdings, vor wenigen Jahren, wurde es einsamer um Anna. Kinder und Enkel wohnen weit weg, in Warschau, und Deutsche gibt es in Ukta, außer ihr, überhaupt nicht mehr. Doch ihre Bemühungen, nun einen deutschen Paß zu bekommen und doch nach Deutschland umzusiedeln, wo noch viele ihrer Verwandten leben, scheiterten am Fehlen von Dokumenten. Eine Kopie ihrer Geburtsurkunde ist auf wundersame Weise erhalten. Doch die von den deutschen Behörden geforderte Heiratsurkunde ihrer Eltern und die Sterbeurkunde ihres Vaters konnte sie nicht beibringen. Die Heiratsurkunde ist 1945, zusammen mit vielen anderen Dokumenten, verbrannt. Und die Sterbeurkunde des Vaters? Ja, glauben die in Deutschland denn, fragt Anna, daß die Russen für jeden, den sie 1945 erschossen, eine Bescheinigung ausgestellt haben?

Es ist das einzige Mal in unseren vielen Gesprächen, daß die Stimme von Anna K. einen bitteren Unterton bekommt. Aber dann lacht sie auch schon wieder. Nun habe sie so lange hier gelebt, den Rest werde sie wohl ebenfalls schaffen. Und mit einer bedächtigen Handbewegung streicht sie noch einmal das Tischtuch glatt.

## Kirchenweihe in Nikolaiken

Nun liegt er in Nikolaiken wieder an der Kette, der sagenhafte Stinthengst. Festgezurrt an einem Pfeiler der großen Seebrücke, dümpelt er auf den Wellen, gleichmütig und seinem Schicksal ergeben. Ein großer blauer Fisch aus Plastik mit einer Blechkrone auf dem Kopf.

Vor vielen hundert Jahren, so erzählt es die Legende, war er der Herrscher der masurischen Seen, der Schrecken der Fischer. Seine Krone war aus Gold und mit prächtigen Edelsteinen besetzt. Eifersüchtig wachte er über seine in den Seen lebenden Reichtümer und vernichtete alle, die es wagten, ihnen nahe zu kommen. Er schwamm unter die Boote, warf sie um, so daß die Fischer ertranken. Hunger und Armut hielten Einzug in die Dörfer an den masurischen Seen. Viele Menschen verließen die Gegend. Erst nachdem die Fischer dem heidnischen Gott der Urwälder und Wälder ein großes Opfer gebracht hatten, gelang es, den Stinthengst zu fangen. Auf dem Marktplatz von Nikolaiken saß man über ihn zu Gericht und verurteilte ihn zum Tod. Doch da begann der Herr der Fische zu sprechen: »Ihr könnt mich töten, aber wenn ihr es tut, werden alle Fische in den Seen zugrunde gehen, und ihr alle werdet verhungern.« Die erschrockenen Fischer reagierten klug. Sie schlugen ihn nicht tot, ließen ihn aber auch nicht frei, sondern fesselten ihn mit einer Kette an die Brücke. Und auf dem Marktplatz, wo das Gericht getagt hatte, errichtete man einen Brunnen.

Am Ende des Zweiten Weltkrieges, als die Rote Armee in

Nikolaiken einzog, wurde die Brücke zerstört, und der Stinthengst verschwand auf ungeklärte Weise. Doch irgendwann
tauchte er wieder auf, samt Krone und Kette. Und damit gibt
er bis auf den heutigen Tag den Fischern in Masuren die Hoffnung, daß die Reichtümer ihrer Seen nicht versiegen.

Glaubt man alten Chroniken, wurde der Ort Nikolaiken, der
polnisch Mikołajki heißt, bereits 1444 erstmals urkundlich erwähnt: als Nickelsdorf. Kein Geringerer als Preußens König
Friedrich Wilhelm I. erhob ihn 1726 zur Stadt. Und als im Jahre
1911 der Anschluß an die Eisenbahnstrecke Sensburg–Lyck fer-
tiggestellt wurde, galt Nikolaiken als eines der wirtschaftlichen
und touristischen Zentren Masurens. Neben dem Fischfang
war es in unserem Jahrhundert vor allem der Holzhandel, der
Nikolaiken zu einem bescheidenen Wohlstand verhalf. Doch
seit die Fischerei unter der Verschmutzung der masurischen
Seen und unter dem schwierigen Übergang von der sozialistischen Planwirtschaft zur Marktwirtschaft leidet, sind die meisten Fischer in Masuren arbeitslos. Und da die Holzwirtschaft
europaweit in der Krise steckt, ruhen die Hoffnungen in erster
Linie auf dem Tourismus; vor allem rechnet man mit zahlungs-
kräftigen Gästen aus Deutschland. Unzählige kleine Pensionen
und Privatquartiere weisen in deutscher Sprache auf »freie
Zimmer« hin. Fisch- und Würstchenstände, Getränkebuden
und Andenkenläden verschandeln den Marktplatz und das
einst so idyllische Seeufer von Nikolaiken. Ein gigantischer
postmoderner Hotelklotz mit eigenem Hubschrauberlande-
platz – aber ohne Kläranlage – lockt neuerdings neben deutschen Reisegruppen auch die Warschauer Unterwelt an sowie
Damen des einschlägigen Gewerbes aus dem 100 Kilometer
entfernten, heute russischen Königsberg.

Vor dem Zweiten Weltkrieg zählte Nikolaiken rund 3000
Einwohner, heute sind es kaum mehr. Deutsche gibt es allerdings nur noch wenige hier. Doch die evangelische Kirche, neben dem Stinthengst einst das Wahrzeichen des Ortes, dient

auch heute noch als evangelisches Gotteshaus – als eine der ganz wenigen evangelischen Kirchen in Masuren, die nach 1945 nicht von der katholischen Kirche in Besitz genommen wurden. Nachdem sie zu Beginn dieses Jahrhunderts das letzte Mal renoviert worden war, drohte sie Ende der achtziger Jahre gänzlich zu verfallen. Mit nicht unerheblichen finanziellen Zuwendungen aus Deutschland konnte sie schließlich von Grund auf restauriert werden. Der feierliche Einweihungsgottesdienst im Juni 1994 geriet zu einem deutsch-polnischen Volksfest. Kirchenchöre aus Masuren, Besuchergruppen aus deutschen Patengemeinden und ein Posaunenchor aus Wuppertal reisten an. Die Predigten deutscher und polnischer Pastoren wurden simultan in die jeweils andere Sprache übersetzt und per Kopfhörer übertragen. Protestantische Trutz- und Loblieder von Martin Luther und Paul Gerhardt wurden gemeinsam auf deutsch und polnisch gesungen – und es paßte zusammen. Fast schien es, als habe es Trennendes zwischen Deutschen und Polen nie gegeben.

Spiritus rector all der Feierlichkeiten war der aus Oberschlesien stammende polnische Pfarrer Czudek, ein etwa fünfzigjähriger untersetzter Mann, der erst vor wenigen Jahren die kleine evangelische Gemeinde in Nikolaiken übernommen hat. Er gilt als der Motor des wiedererwachenden kirchlichen Lebens in Nikolaiken, über die konfessionellen Grenzen hinweg. Nicht ohne Stolz verweist er darauf, mit welcher Selbstverständlichkeit in seinem Pfarrbezirk, zu dem noch fünfzehn andere Ortschaften, darunter auch Ukta, gehören, ökumenische Gottesdienste abgehalten werden. Und daß es immer mehr katholische Pfarrer in der Umgebung gebe, die ihm ihre Kirchen auch für evangelische Gottesdienste, Taufen, Konfirmationen und Trauungen überließen.

Obwohl Pfarrer Czudek kein Wort Deutsch spricht, unterhält er intensive Kontakte zu evangelischen Gemeinden in Deutschland – im Ruhrgebiet vor allem, in Oberhausen, Mülheim, Wuppertal und anderen Städten, in denen viele der ehemaligen Einwohner von Nikolaiken und Umgebung heute leben. Im Pfarrhaus hat er ein Begegnungszentrum eingerichtet, in dem sich jeden Sonntag nach dem Gottesdienst ein deutschpolnischer Gesprächskreis zum gemeinsamen Mittagessen versammelt. Darunter, vor allem in den Sommermonaten, auch Besucher aus der Bundesrepublik. Einige Räume des Pfarrhauses hat er zu Gästezimmern umgebaut, die in der Saison stets ausgebucht sind. Nicht wenige der Besucher aus Deutschland sind inzwischen Stammgäste, die Jahr für Jahr ihren Urlaub hier verbringen.

Mit Pfarrer Czudek ins Gespräch zu kommen ist nicht schwierig. Mit freundlichem offenem Lächeln geht er nach dem Gottesdienst auf jeden Unbekannten zu, fragt ihn, wer er sei und woher er komme. Wenn es Sprachprobleme gibt, ist immer jemand in der Nähe, der übersetzend weiterhilft. Auch auf politische Fragen ist er vorbereitet und läßt sich nicht anmerken, ob ihm jedes angeschnittene Thema angenehm ist.

»Natürlich«, gibt er unumwunden zu, »sind wir eine Minderheitenkirche. Und deshalb behaupten manche Pessimisten, wir seien in der Defensive. Doch ich bin da anderer Meinung. Gerade in der letzten Zeit, in den vergangenen vier Jahren, beobachten wir eine Zunahme kirchlicher Aktivitäten und des geistlichen Lebens. Einige der Menschen, die hier leben, entdecken ihren alten Glauben neu, vor allem unter den Angehörigen der deutschen Minderheit. Jeder darf sich heute organisieren und offen zu seiner Nationalität und Kultur bekennen. Bislang wurden die Deutschpolen ja schief angesehen, denn in den Augen vieler Polen war nur ein Katholik ein loyaler polnischer Staatsbürger. Jetzt kommt es sogar vor, daß Katholiken zum evangelischen Glauben konvertieren.«

Ob er etwas über die Gründe sagen könne, warum gerade hier in Ostpreußen in letzter Zeit immer häufiger solche Fälle zu beobachten seien, frage ich.

Pfarrer Czudek zögert, dann lächelt er: »Es sind sicher vielschichtige Gründe. Familiäre zum Beispiel.«

»Und vielleicht auch andere?«

»Vielleicht.«

»Welche?«

»Ach, wissen Sie, für mich ist das doch letztlich unwichtig.«

Natürlich könne er nicht ausschließen, daß es bei dem einen oder anderen auch materielle Überlegungen seien, die er mit diesem Schritt verbinde. Schließlich sehe doch jeder, wie tatkräftig viele evangelische Gemeinden in Deutschland den evangelischen Brüdern und Schwestern in Ostpreußen unter die Arme griffen. Aber es sei nicht seine Sache, darüber zu urteilen oder gar zu richten. »Ich freue mich über jedes Schäfchen, das den Weg in meine Gemeinde findet.«

Das Hauptproblem der evangelischen Kirche in Masuren, so Pfarrer Czudek, sei die geringe Mitgliederzahl. Seine Gemeinde etwa habe nur 300 Mitglieder, und in ganz Masuren seien es knapp 3500, die sich zur evangelischen Kirche bekennen. »Dennoch«, und jetzt wird die Stimme des Pfarrers demonstrativ fest, »glaube ich, daß unsere Kirche hier überleben wird. Auch für die evangelische Kirche werden wieder bessere Zeiten kommen. Natürlich sind wir in der Diaspora und damit abgeschnitten vom Hauptzweig des evangelischen kirchlichen Lebens. Aber ich vertraue auf die Zukunft. Schließlich heißt es in der Bibel, daß den Armen das Himmelreich gehört. Darauf vertrauen auch wir. In dieser Hoffnung leben wir.«

Zur Frage nach der Zukunft der evangelischen Kirche in Masuren, so merke ich an, gehört doch auch die Frage nach der Vergangenheit. Vor allem nach der oft verhängnisvollen Rolle, die Polens Kirchen, die katholische wie die evangelische, bei der Flucht und Vertreibung der Deutschen aus den Ostgebieten gespielt haben. Schließlich sei es kein Geheimnis, daß gerade die polnische evangelische Kirche in Masuren unermüdlich versucht habe, den verbliebenen Deutschen einzureden, sie seien doch eigentlich Polen, Angehörige der »autochthonen«, alteingesessenen polnischen Urbevölkerung, die nur irgendwann einmal »zwangsgermanisiert« worden sei?

»Es hat hier tatsächlich Bestrebungen gegeben, die Masuren zu polonisieren«, räumt Pfarrer Czudek ein. »Um jeden Preis.« Doch sei die evangelische Kirche nicht der Motor dieser Aktivitäten gewesen. »Wir leben getreu dem apostolischen Gedanken, unterscheiden nicht nach der Herkunft oder nach Nationen. Unsere Kirche interessiert nicht, ob ihre Mitglieder Polen oder Deutsche sind. Wir sind offen für alle – Polen und Deutsche, Litauer und Russen. Und wir freuen uns, wenn jetzt so viele evangelische Christen aus Deutschland hierher kommen und wir gemeinsam unseren Gottesdienst feiern können. In zwei Sprachen: Polnisch und Deutsch.«

Pfarrer Czudek macht eine Pause, zeigt auf die Tafeln an den Seitenwänden der Kirche, auf denen die Nummern stehen, unter denen die Lieder, die gerade im Gottesdienst gesungen wurden, im polnischen Gesangbuch verzeichnet sind. »Wir suchen ganz bewußt solche Lieder aus, die unsere deutschen Gäste in ihrer Sprache mitsingen können. Wir übersetzen die Predigt und bitten auch deutsche Pastoren, hier zu predigen. Wenn wir allerdings alle lassen wollten, die das möchten, würden die Sonntage im Jahr nicht ausreichen – und so unbedingt erstrebenswert wäre es wohl auch nicht.«

Bedauerlich sei, daß es immer noch die Sprachbarriere gebe. Dabei ermuntere er die jungen Leute ein ums andere Mal, Fremdsprachen zu lernen. Deutsch vor allem. »Das hängt natürlich auch mit der Kultur dieses Landes zusammen, seiner Geschichte, seiner Tradition, die wir nicht leugnen dürfen, vor der wir nicht davonlaufen können. Und es auch nicht wollen. Kümmern müssen wir uns darum. Kümmern!«

Welche Rolle spielt die Vergangenheit denn für das heutige Verhältnis zwischen Deutschen und Polen in Masuren und in seiner Gemeinde?

Die Frage scheint Pfarrer Czudek nicht ganz zur versöhnlichen Festtagsstimmung des Wiedereinweihungsgottesdienstes zu passen. Jedenfalls zögert er eine Weile, und es ist nicht zu übersehen, daß die Bibel in seiner Hand etwas zittert. Dann antwortet er bedächtig und sorgfältig Wort für Wort wählend: »Natürlich ist die Vergangenheit eine Belastung. Viele Menschen wurden von hier vertrieben, mit Gewalt. Vielen wurde Unrecht getan. Auch vielen, die hier in dieser Kirche getauft und konfirmiert worden sind oder hier geheiratet haben. Sie wurden buchstäblich aus ihrem eigenen Land gejagt. Jetzt kehren viele von ihnen hierher als Besucher zurück. Sie erinnern sich an ihre Kindheit, an die Jugend, an all das, was sie erlebt haben. Viele bringen ihre Kinder und Enkel mit – und manche lassen ihre Kinder und Enkel sogar hier taufen oder konfirmieren. Hier, in unserer Kirche in Nikolaiken.«

Und wie ist das Verhältnis zwischen den Deutschen, die hier geblieben sind, und der polnischen Bevölkerung?

»Leicht hatten es die Deutschen, die hier blieben, nicht. Oder lassen Sie es mich offen sagen: Sie wurden schrecklich behandelt. Von den polnischen Behörden wurden sie als Deutsche schikaniert und von der polnischen Bevölkerung abgelehnt, weil sie kein Polnisch sprachen und verstanden.«

Und spricht man heute miteinander darüber?

»Nur sehr selten. Zum einen gibt es ja kaum mehr Masuren, also Deutsche, hier. Und manche von ihnen sind noch immer verbittert. Nach dem Krieg hat man ihnen verboten, deutsch zu sprechen, deutsche Gottesdienste abzuhalten und vieles mehr. Das alles wirkt natürlich noch nach. Doch ich persönlich spüre diese Belastungen nicht. Weder im Umgang mit den Masuren, die heute hier leben, noch mit denen, die früher hier lebten und jetzt zu Besuch kommen. Wir wissen doch, daß diese Leute einfach Masuren waren und keine überzeugten Faschisten. Und um ehrlich zu sein, vor dem Krieg waren sie in Deutschland, soweit ich herausgefunden habe, auch nicht besonders gut angesehen. Sie galten in manchem gar nicht als richtige Deutsche oder richtige Preußen. Und nach dem Krieg hat man sie hier drangsaliert, weil sie nicht so ohne weiteres Polen werden wollten. Nein, einfach hatten sie es wirklich nicht.«

Aber wäre es nicht gerade die Aufgabe des Pfarrers, darüber ein Gespräch in Gang zu bringen?

Fast scheint es, als werde Pfarrer Czudek etwas unwirsch: »Verstehen Sie, wir wollen nicht mehr darüber reden. Die Leute hier wollen zur Tagesordnung übergehen. Wollen etwas Neues beginnen. Auch hier in Nikolaiken. Wir wollen einfach nicht mehr über die Vergangenheit reden. Und noch weniger über das Unrecht. Zudem darf man nicht vergessen, daß zu vielen masurischen Familien heute auch Polen gehören, die von anderswoher gekommen sind. Deutsche haben Polen geheiratet und umgekehrt. Man hat gemeinsame Kinder. Und wenn wir jetzt wieder anfingen, über die Vergangenheit zu reden, würde das nur alte Wunden aufreißen und neue Gräben entstehen lassen. Und das will niemand hier. Weder die alten Masuren noch die Polen. Wir suchen nicht nach dem alten Unrecht. Unser Anliegen ist die Zukunft: das, was uns verbindet; das, was wir gemeinsam aufbauen können; woran wir uns gemeinsam erfreuen. Zur Vergangenheit wollen wir nicht mehr zurückkehren.«

Dank der Betriebsamkeit, Phantasie und Hartnäckigkeit, mit denen Pfarrer Czudek immer neue Spendenquellen auftat, gelang es ihm, nicht nur die Mittel für die Renovierung der Kirche von Nikolaiken zusammenzubringen, sondern auch die finanziellen Voraussetzungen zu schaffen, um unmittelbar neben dem Kirchengebäude mit dem Bau eines evangelischen Altenheims zu beginnen. Ein Vorhaben, das um so dringlicher ist, als es fast ausschließlich alte Menschen sind, mit denen er es heute in seiner Gemeinde zu tun hat. Viele der Kinder und Enkel haben Nikolaiken und die anderen Orte des Pfarrbezirks längst verlassen, sind in die Städte Polens gezogen oder nach Deutschland.

Auch beim Bau des Altenheims greifen deutsche Patengemeinden Pfarrer Czudek kräftig unter die Arme. Vor der Baugrube sehen wir Kleinlaster mit Wuppertaler und Oberhausener Nummernschildern, die Zementsäcke und anderes Material geladen haben. Am Bauzaun aus Maschendraht prangt ein Essener Firmenzeichen. Das Altenheim, so Pfarrer Czudek, solle zwar ein im evangelischen Geist geführtes Haus sein, doch werde es, wenn es freie Kapazitäten gäbe, natürlich auch Angehörigen anderer Konfessionen offenstehen.

Zum Schluß unseres Besuches bittet uns Pfarrer Czudek noch einmal in die Kirche. Er wolle uns in der Sakristei etwas zeigen, das wir hier sicher nicht erwarten würden. In der Tat, an den Wänden des kleinen, hellen Raumes hängen frisch restaurierte Tafeln, auf denen unter einem schwarzen Eisernen Kreuz in goldener Schrift in Deutsch zu lesen ist:

»Den Heldentod für das Vaterland
im Weltkrieg 1914–18 starben...«

Und dann folgt jeweils eine lange Reihe von Namen: Willi Bachmann, Karl Dudda, Ernst Koslowski, Gustav Lassogge...

Bis vor einigen Jahren, so erzählt Pfarrer Czudek, hätten die Tafeln unbeachtet und fast verrottet hinter dem Altar gesteckt. Nun ist er stolz, daß sie wieder in würdigem Zustand und an würdiger Stelle sind. »Sie gehören doch zur Geschichte Nikolaikens!«

Beim genaueren Betrachten entdecken wir auch zwei Namen aus meiner Familie.

# Reifeprüfung am Gräfin-Dönhoff-Lyzeum

An der Rückwand der mit schwarzem Samt ausgeschlagenen Bühne stehen in weißer Schrift die Zahlen 1975 – 1982 – 1990 – 1994. Es sind die wichtigsten Lebensdaten des ersten Abiturjahrgangs der »Deutschen Schule« in Nikolaiken. Offiziell heißt sie »Allgemeinbildendes Lyzeum Mikołajki«, aber im Ort wird sie nur die »deutsche Schule« genannt. Sie ist die erste und bislang einzige Privatschule im Landkreis Sensburg/Mrągowo und in doppelter Hinsicht mit Deutschland verbunden: Sie hat als Schwerpunktfach Deutsch und als Schirmherrin eine geborene Ostpreußin: Marion Gräfin Dönhoff.

Die 26 Schülerinnen und Schüler, die in feierlicher Kleidung auf der Bühne – Jungen und Mädchen getrennt – Platz genommen haben, sind Geburtsjahrgang 1975. 1982 wurden sie eingeschult, 1990 wechselten sie auf das neugegründete deutsche Lyzeum. Und nun, im Mai 1994, erhalten sie ihr Reifezeugnis. Als sie vor vier Jahren ihren ersten Klassenraum im mächtigen Rathausgebäude von Nikolaiken bezogen, stand statt Unterricht zunächst einmal Renovierung auf dem Stundenplan. Zwar hatte es eine Initiative von Eltern nach langem und zähem Kampf endlich geschafft, den Behörden die Genehmigung zur Gründung einer Privatschule abzuringen, doch finanzielle Unterstützung gab es weder vom Staat noch von irgendwelchen Behörden. Ein ungeputztes, heruntergekommenes Sitzungszimmer im Rathaus war alles, was man zur Verfügung stellte; aber immerhin, es war ein Anfang.

Zu den finanziellen Schwierigkeiten kamen psychologische Probleme. Eine Privatschule, so hieß es, diene doch nur den Kindern der Reichen, der »neuen Reichen«, der Händler und Geschäftemacher, die sich blitzschnell auf die Marktwirtschaft umgestellt haben. Und den Kindern der alten Nomenklatura, die schon vorher ihr Schäfchen ins trockene gebracht hatte. Doch ein ausgeklügeltes Stipendiensystem, getragen von einer Reihe in der Tat betuchter Eltern, machte schnell deutlich, daß die Privatschule Platz bietet für jedes begabte Kind aus Nikolaiken und Umgebung. Heute zählt das Lyzeum fast hundert Schüler und ist der Stolz des Ortes.

Dabei hätte auch alles ganz anders kommen können. Doch man hatte Glück. Das Glück einer Notiz von vierzehn Zeilen Länge in der »ZEIT«. Unter der Überschrift »Deutschlehrer gesucht« hieß es dort schlicht, es möge sich ein Deutschlehrer für Polen melden. Gehalt: 600 Mark monatlich. Und das Unerwartete trat ein – es meldete sich jemand. Er sprach zwar kein Wort Polnisch, trug aber den alten polnischen Namen Dombrowski, des Helden der polnischen Nationalhymne. Als Deutschlehrer war er viele Jahre in Frankreich, Italien und Spanien gewesen. Bereits drei Monate später trat der 52jährige seine Stelle als Deutschlehrer im masurischen Nikolaiken an, ohne jede Unterstützung vom deutschen oder polnischen Staat. Ausgestattet einzig mit jenen 600 Mark im Monat, die aus Hamburg überwiesen wurden, dem Redaktionssitz der »ZEIT«.

In seinem ersten Bericht aus Nikolaiken nach Hamburg schrieb Frank Dombrowski: »Das Interesse am Deutschunterricht ist unfaßbar groß. Mehrere Klassen mußten geteilt und mein Pensum von 18 auf 28 Stunden erhöht werden. In einer Klasse mit Neun- und Zehnjährigen sah ich mich am ersten Unterrichtstag 52 Schülern gegenüber.«

Inzwischen gibt Frank Dombrowski in Abendkursen auch Deutschstunden für Erwachsene. Mit mehr als hundert Teilnehmern pro Woche. Erste Kontakte zu Schulen in Deutschland wurden geknüpft. Mit Gymnasien in Lübeck und im hessischen Viernheim begann ein Schüleraustausch. Technische Hilfsmittel kamen aus Hamburg. Photokopierer, Faxgerät, Lehrbücher usw. Und Frank Dombrowski lernte im Handumdrehen Polnisch. Bei einem ersten Besuch von Redakteuren der »ZEIT« fungierte er bereits als Dolmetscher, selbst in komplizierten Unterhaltungen.

Marion Gräfin Dönhoff wurde die offizielle Schirmherrin der Schule. Ihr legendäres ostpreußisches Erinnerungsbuch »Namen, die keiner mehr nennt« ist Unterrichtslektüre. Bei der Abschiedsfeier für den ersten Abiturjahrgang sitzt sie als Ehrengast in der ersten Reihe und hält die Festrede. In bewegten Worten erinnert sie an die wechselvolle, oft schwierige und zugleich fruchtbare Nachbarschaft von Polen und Deutschen. »Hinter uns liegt ein Jahrhundert großer Katastrophen. Zwei Weltkriege, Hitler, Stalin. Der Holocaust. Hiroshima. Die Welt, in die Sie, meine jungen polnischen Freundinnen und Freunde, hineinwachsen, wird anders sein. Kriege wird es in unseren Regionen nicht mehr geben. Aber schwierige Probleme werden auch Sie haben. Versuchungen werden auch Sie ausgesetzt sein.«

Wort für Wort werden ihre Sätze von einer Abiturientin ins Polnische übersetzt. Gemeinsam mit einer deutschsprechenden polnischen Lehrerin und Frank Dombrowski hat man bis zur letzten Minute an der Übersetzung gefeilt. Und alle im Saal, Schüler, Eltern und Gäste, hören mit Aufmerksamkeit und unverkennbarer Sympathie zu.

»Wenn ich Ihnen etwas auf Ihren Lebensweg mitgeben soll«, fährt Gräfin Dönhoff fort, »wäre es erstens der Wunsch, Sie möchten sich immer um Toleranz und Liberalität bemühen … Und zweitens die Warnung, hüten Sie sich vor übertriebenem Nationalismus. Und vor der Geldgier, die heute so viele Menschen in Ost und West ergriffen hat. Geld ist nicht das wichtigste im Leben.«

Dann erinnert Gräfin Dönhoff an die dunkelsten Stunden der deutsch-polnischen Geschichte, die Zeit der deutschen Besatzung im Zweiten Weltkrieg. Ziel der Politik Hitlers in Polen war neben der Vernichtung der jüdischen Bevölkerung die Versklavung des polnischen Volkes und die »Liquidierung« seiner intellektuellen Oberschicht. Nach dem Willen des Reichsführers SS, Heinrich Himmler, sollte es in Polen keine höhere Schule mehr geben als die vierklassige Volksschule. Das Ziel dieser Volksschule durfte lediglich sein: einfaches Rechnen bis höchstens 500, Schreiben des Namens, eine Lehre, und daß es »ein göttliches Gebot ist, den Deutschen gehorsam zu sein«. Ausdrücklich hatte Himmler bestimmt: »Lesen halte ich nicht für erforderlich.«

Trotz dieses Verbots lehrten während der deutschen Besatzung viele polnische Gymnasien weiter, heimlich, im Untergrund. Unter Lebensgefahr wurden Abiturprüfungen vorgenommen, hielten Professoren an konspirativen, ständig wechselnden Orten, den sogenannten »Fliegenden Universitäten«, Vorlesungen und Seminare. Mehr als 9000 polnische Schüler legten auf diese Weise während der deutschen Besatzungszeit ihre Reifeprüfung ab. Viele der mehr als 200 Professoren der Fliegenden Universitäten bezahlten mit ihrem Leben.

»Liebe Freunde«, so beendet Marion Gräfin Dönhoff ihren Exkurs in diesen Abschnitt der Geschichte, »Sie können stolz sein auf Ihr Land.«

Und auch die jüngste Vergangenheit Polens, so die Gräfin, gibt Anlaß, stolz zu sein: »Die Polen waren die ersten im Osten, die aus eigener Kraft den Marxismus abgeschüttelt haben. Sie haben das Wunder vollbracht, ohne Revolution und ohne Blutvergießen einen kommunistischen Staat in eine pluralistische Gesellschaft umzuwandeln.«

Bei der Vorstellung, wie die gemeinsame Zukunft von Polen und Deutschen aussehen könnte, so Gräfin Dönhoff, sei es hilfreich, sich der langen Epochen des friedlichen Miteinanders beider Völker zu erinnern; der geistigen Verwandtschaft, wie sie etwa im Verhältnis des polnischen Nationaldichters Adam Mickiewicz zu Friedrich Schiller ihren Ausdruck fand. Der Tatsache, daß vor den Teilungen Polens viele polnische Autoren ihre Bücher zuerst in Köln veröffentlichten und daß es Deutsche waren, die in Warschau den ersten Verlag gründeten. Nicht vergessen werden dürften die engen familiären Bindungen, die im Verlauf der Jahrhunderte über die Nationalitätengrenzen hinweg entstanden seien. Viele polnische Freiheitskämpfer stammten aus deutschen Familien. Selbst der letzte Verteidiger Warschaus im Zweiten Weltkrieg sei ein General Rommel gewesen, und der letzte polnische Offizier, der vor den Nazis kapitulierte, ein General Kleeberg. Und Nikolaus Kopernikus sei zwar als Sohn deutscher Eltern geboren und habe sich des Deutschen als Muttersprache bedient, doch stand er im Dienst des polnischen Königs und fühlte sich selbstverständlich als Pole. »Damals war die Nationalität egal. Erst in unserem Jahrhundert begann man darüber zu streiten, ob Kopernikus Deutscher oder Pole war.«

All das Verbindende dürfe man nicht vergessen. Aber auch an das Trennende, an das, was die Beziehungen zwischen Polen und Deutschen belaste, müsse erinnert werden. »Es ist schlimm, was die Deutschen in diesem Jahrhundert unter Hitler in Polen angerichtet haben; und auch die Rache der Polen war schlimm.« Der letzte Halbsatz ist der einzige in der Rede von Marion Gräfin Dönhoff, der an diesem Tag in Nikolaiken nicht übersetzt wird.

Zum Abschluß der Abiturfeier wird den Jahrgangsbesten ein Bildband überreicht. »Amerika«. Die meisten der Jungen und Mädchen, so hat man uns erzählt, hoffen eine Anstellung in der Tourismusbranche zu finden. Es ist die einzige Branche, von der sie glauben, daß sie in Masuren eine Zukunft hat.

Nach der Abschlußfeier kommt Gräfin Dönhoff der Bitte nach, einen Stapel ihres Ostpreußen-Buches »Namen, die keiner mehr nennt« zu signieren. Für die Schulbibliothek, für

Freunde und Förderer des Gymnasiums und als Prämie für besonders gute Leistungen im Deutschunterricht.

Von der Direktorin der Schule erfahren wir, daß die Absicht besteht, der Schule demnächst den offiziellen Namen »Marion-Dönhoff-Lyzeum« zu geben. Darauf angesprochen, winkt Gräfin Dönhoff ab. Noch sei es ja nicht soweit, erst müsse man einmal abwarten, was wirklich werde. Allerdings, freuen würde sie sich darüber schon... Seit Mai 1995 darf sie es!

»Was«, so fragen wir die Gräfin, »sollten die Schüler denn Ihrer Meinung nach mit dem Namen Dönhoff verbinden?«

Ohne Zögern kommt die Antwort: »Die Gedanken von Toleranz und Liberalität, die Idee des Friedens und der guten Nachbarschaft.« Keineswegs pathetisch klingt es aus dem Mund der Gräfin, sondern fast beiläufig, wie die Wiederholung einer schon häufig ausgesprochenen Selbstverständlichkeit.

Vor genau fünfzig Jahren hatte Marion Gräfin Dönhoff Ostpreußen verlassen. Zu Pferd, an der Spitze eines Trecks, der sich vom Gut Quittainen aus, auf dem sie als Verwalterin tätig war, auf den Weg nach Westen machte. Auf der Flucht vor der Roten Armee, deren Geschütze schon zu hören waren. Vor 600 Jahren waren ihre Vorfahren aus Westfalen nach Ostpreußen gekommen. Schloß Friedrichstein, 20 Kilometer östlich von Königsberg, war Stammsitz der Familie geworden. Nun zog sie denselben Weg wieder zurück, zusammen mit Millionen anderer, die ihre Heimat verloren.

Hatte sie damals, im eisigen Winter 1945, auf der Flucht oder später irgendwann einmal die Hoffnung, wieder auf ihren alten Besitz zurückkehren zu können?

»Nein, eigentlich nicht. Für mich kam der gesamte Verlauf der Ereignisse nicht überraschend. Ich war immer politisch sehr interessiert, und von 1933, von Anfang an wußte ich im Grunde, wie's gehen wird. Daß Hitler, dieser Verrückte, Krieg machen würde, daß er lang dauert, daß meine Heimat verloren sein wird – es war mir alles klar.«

»Was bedeutet heute für Sie Masuren? Ist es nur noch Erinnerung an Kindheit und Jugend – oder was bedeutet es sonst?«

»Es ist einer der schönsten Landstriche der Welt. Jetzt gehört er den Polen, früher gehörte er uns. Für mich ist wichtig, daß es noch diesen schönen Himmel gibt, die herrlichen Seen, die Wälder. Ich bin ohne jedes Ressentiment hier. Für mich ist Landschaft immer gleich Heimat gewesen. Mehr als alles andere. Und so fühle ich mich hier auch immer noch zu Hause. Immer wieder.«

»Nun gibt es ja nicht wenige, die befürchten, daß jetzt wieder eine – wenn auch friedliche – Invasion von Deutschen hier einsetzen und ein ›Ausverkauf‹ Masurens, Ostpreußens überhaupt, an Deutsche stattfinden könnte. Sehen Sie diese Gefahr auch?«

»Nein, diese Gefahr sehe ich nicht. Es werden doch, wenn überhaupt, nur einzelne sein, die wieder auf Dauer hierher kommen wollen. Das liegt schon am Sprachproblem. Wer möchte denn auf Dauer in einem Land leben, dessen Sprache er nicht kennt? Auch ich würde nicht mehr hier leben wollen, weil ich mich mit den Menschen nicht normal, nicht in ihrer Sprache unterhalten kann. Deshalb werden es nur wenige sein, die auf Dauer bleiben wollen, angezogen von der Schönheit des Landes. Aber das ist weder eine Bedrohung noch eine große Vision für mich.«

Am Abend vor der Abiturfeier war ein junger Pole zu Gräfin Dönhoff gekommen, um ihr Ostpreußen-Buch signieren zu lassen. Das Buch, so erklärte er der erstaunten Autorin, habe ihm »außerordentlich geholfen«. Auf die Frage, warum ihm, dem jungen Polen, denn ausgerechnet das Ostpreußen-Buch einer Deutschen geholfen habe, habe er den letzten Satz des Buches zitiert: »Die größte Liebe ist wahrscheinlich, lieben ohne zu besitzen.« Da, so Gräfin Dönhoff, habe sie den jungen Mann begriffen. »Er ist offenbar auch ein Wanderer zwischen zwei Heimaten. Er fühlt sich zu Hause *in beiden Ländern*. Wie ich.«

Erwin Kruk

## *Landschaftsbild aus Masuren*

Ein Kind hält mich auf
Vor einem längst gestorbenen Dorf:
Schatten in Höfen, zugewachsen
Mit Unkraut und wildem Flieder.
Das Kind steht unsicher und schaut:
Geglättete Wegerichblätter, ein Bund
Kamille auf dem Steg, verwelkte
Gräser, auf denen Hitze ruht.

Ich muß nicht schauen. Der Teich erstarrt.
In der zu ihm geneigten Schmiede
Öffnet Rost das Schloß. Und niemand hütet mehr
Die kindlichen Geheimnisse.
Es erheben sich Schatten
Morscher Zäune. Über ihnen
Klettenblätter, Rauch erloschener Feuer,
Und in der Tiefe – Häuser aus Luft,
Rufen von der Schwelle, Knarren von Türen,
Lebendige Stimmen. Als wären gerade
Hier Menschen vorbeigegangen.

Sie rufen mich noch herbei,
Sie haben noch bekannte Vornamen.
Aber nur die Amsel fliegt vorbei und fällt
Ins Dickicht, wie von der Schleuder
                        heruntergeschossen.

Plötzlich ein fremdes Schluchzen.
Das Kind läuft weinend
Im Strahl des Lichts und tritt zurück
Auf die steinernen Treppen.
Von dort schaut es auf mich
Mit entseelten Augen der Luft,
Wie die leeren Fenster schauen
Nach der Fährte der Verstorbenen.

*Aus dem Polnischen*
*von Burkhard Ollech*

# Dorf am See

*I*n der sanften Hügellandschaft rund um Allenstein/Olsztyn, die frühere Provinzhauptstadt im südlichen Ostpreußen, liegen die Seen bei ruhigem Wetter unbeweglich und silbern glänzend wie Kristallspiegel. Manche sind nur nach langen Fußmärschen über staubige Wald- und Forstwege zu erreichen, zu anderen führen ungepflasterte Straßen, die für Autos aber nur passierbar sind, solange es trocken ist.

Am Ende eines solchen Weges, irgendwo zwischen Hohenstein (Olsztynek) und Osterode (Ostróda), stoßen wir am Ufer eines kleinen Sees auf ein Dorf, das auf keiner Karte verzeichnet ist. Das Ortsschild ist abgebrochen, und von der Bushaltestelle, die hier einmal gewesen sein muß, steht nur noch ein schiefer Betonpfahl mit den Buchstaben PKS, dem Signum des staatlichen polnischen Autobusunternehmens.

Das Dorf besteht aus etwa zehn Gehöften, von denen die meisten unbewohnt erscheinen. In einigen Häusern sind die Fensterscheiben eingeschlagen, die Türen zu den leeren Ställen stehen offen und bewegen sich knarrend im Wind. Unter den tiefhängenden Trauerweiden am morastigen Seeufer liegt ein umgestürzter Holzkahn, dessen Planken an einigen Stellen durchgefault sind. Außer dem Klappern der Störche, die auf jedem Dachfirst nisten, ist nur noch das Hämmern zweier Arbeiter zu hören, die einen Schornstein ausbessern.

Am Ende der Dorfstraße, die in einigem Abstand parallel zum Seeufer verläuft, begegnen wir einem alten Mann, der in stoischer Ruhe seinen Vorgarten mäht. In langen, gleichmäßigen Zügen zieht er die Sense durchs Gras, wobei jedesmal ein heller, zischender Ton aufklingt. Erst als er am Gartenzaun ankommt, blickt er auf und lächelt uns mit goldglänzenden Zähnen an.

Das sehe man wohl hier nicht mehr allzu oft, meint er, daß jemand mit der Sense mähe. Aber er sei eben noch ein echter Bauer, und obwohl er schon über 75 Jahre alt sei, könne er mit der Sense umgehen wie in seiner Jugend.

Ob denn unser Eindruck richtig sei, daß außer ihm kaum mehr jemand im Dorf lebe, die meisten Gehöfte verlassen seien, fragen wir.

Außer ihm, seiner Frau und zwei anderen alten Männern lebe niemand mehr hier, sagt er, jedenfalls nicht ständig. Die beiden Maurer, die auf dem Dach schräg gegenüber den Schornstein reparierten, seien aus einem anderen Ort. »Das Haus, an dem sie arbeiten, gehört einem reichen Mann aus Warschau, der es kürzlich als Feriensitz für seine Familie gekauft hat. Das Land drum herum hat er wohl mitgekauft, aber das interessiert ihn offensichtlich nicht, denn gemacht hat er da noch nichts.«

Dann sieht sich der alte Mann unsere Kamera näher an und fragt, woher wir kommen.

»Aus Deutschland.«

»Aus Deutschland? Kenne ich!«

»Woher?«

»Aus der Kriegsgefangenschaft.«

Gleich wenige Tage nach Beginn des Krieges im September 1939 sei er von der Wehrmacht – er spricht das Wort »Wehrmacht« auf deutsch aus – gefangengenommen und nach Deutschland gebracht worden, zu einem Bauern nach Mecklenburg. Dort sei er bis zum Kriegsende im Mai 1945 geblieben und erst dann wieder in seine Heimat in der Gegend von Radom in Zentralpolen zurückgekehrt. Dort habe es aber nicht genügend Land für alle gegeben, und da er nach so vielen Jahren in der Landwirtschaft nun selbst als Bauer arbeiten wollte, sei er nach Ostpreußen gegangen. Dort, so habe man ihm gesagt, gebe es Land genug für alle, man brauche es sich nur zu nehmen. Und so sei er 1949 hierher gekommen.

Wie sah denn das Land damals aus, als er herkam, fragen wir.

»Besser als heute.«

»Wirklich besser als heute?«

»Natürlich. Damals haben sich die Menschen noch abgemüht, damit die Erde Brot gibt.«

»Gab es damals noch Deutsche hier?«

Der Alte macht eine weit ausholende Handbewegung, zeigt die ganze Dorfstraße entlang. Sehr viele habe es noch gegeben. »Da drüben lebten zwei Familien, dort eine, dort und am Ende des Dorfes auch.« Aber dann seien sie ja alle rausgefahren, eine Familie nach der anderen, ins »Reich«. Auch das Wort Reich sagt er auf deutsch.

Heute seien von den Deutschen keine mehr hier. Jedenfalls nicht in diesem Dorf und in der Nähe auch nicht. Aber manchmal, im Sommer, kämen sie noch zu Besuch. Die meisten von damals seien ja schon gestorben. Aber von denen, die jetzt kommen, kenne er noch immer einige. Prima verstünde man sich. Nein, nein, Probleme mit denen gebe es nicht.

Warum denn so viele junge Leute heute die Dörfer hier verlassen, wollen wir wissen.

»Weil sie nicht arbeiten wollen. Sie wollen einfach ein besseres Leben. Sie arbeiten nur so viel, daß sie genug zum Trinken haben und Schluß.«

Der alte Mann nimmt seine Schirmmütze ab und spuckt auf den Boden. Nach einer Pause fährt er fort: »Sie sagen, die Arbeit hier auf dem Land macht sich nicht mehr bezahlt. Landwirtschaft lohnt sich nicht mehr. Sie sitzen einfach herum und trinken. Aber ohne Arbeit geht es doch nicht. Wer soll für sie denn die Arbeit machen?«

Dann lenken wir das Gespräch noch einmal vorsichtig auf

seine Kriegsgefangenschaft, auf seine Zwangsarbeit bei einem deutschen Bauern.

Zu unserer Überraschung geht der alte Mann offensichtlich gern auf dieses Thema ein. Gut sei es ihm gegangen. »Die Arbeit war nicht allzu schwer. Zu essen hatten wir gut. Nur schlafen mußten wir im Pferdestall, neben der Stube des Bauern.«

Auf unsere ungläubige Frage, ob die Erinnerung nicht manches verkläre und im nachhinein nicht alles besser aussähe, sagt er, unbeirrt lächelnd und nachdrücklich den Kopf schüttelnd: »Nein, es war wirklich nicht schlecht.«

»Und erinnern Sie sich noch an die Adresse des Bauern?« Stakkatoartig kommt die Antwort, auf deutsch, fast akzentfrei, lediglich mit einem stark rollenden R:

»Rudolf Fischer,
Hinrichsdorf,
Post Bentwisch/
Kreis Rostock,
Mecklenburg.«

Und ebenfalls auf deutsch setzt er hinzu: »Ganze Adress.«

Dabei lacht er wie ein Lausbub, dem ein besonders schöner Streich gelungen ist.

## Aleksanders Reiterbar

Obwohl er weit abseits der Straße liegt und nur ein schmaler, erst unlängst asphaltierter Weg dorthin führt, kennt ihn in der Umgebung von Ukta jeder, den wir danach fragen – den Reiterhof des Krzysztof Ferenstein. In seinen jungen Jahren war Krzysztof Ferenstein ein berühmter polnischer Springreiter, vielfacher nationaler Meister und erfolgreich auch auf internationalen Turnieren. Bis 1989 war er als Sportdirektor für die Pferdezucht auf dem staatlichen Gestüt in Liski (Liesken) verantwortlich, dann – nach der Wende in Polen – hat er sich selbständig gemacht. In der Gegend von Ukta kaufte er zusammen mit seiner Frau Wanda, einer ebenfalls renommierten Pferdezüchterin, einen alten Bauernhof und 50 Hektar Weideland. Als Startkapital brachte er einige Zuchtstuten mit, die er dem Gestüt in Liski abgekauft hatte.

Heute grasen auf den Wiesen rings um den Bauernhof rund vierzig prachtvolle Pferde verschiedener Rassen, darunter auch Abkömmlinge von Trakehnern. Anstelle der alten, baufälligen Scheune errichtete Krzysztof Ferenstein einen massiven Stall mit hellen, großzügigen Boxen und, nur durch eine Schiebetür vom Stall getrennt, eine riesige Reithalle.

Als die Ferensteins den Bauernhof kauften und in ein Gestüt umwandelten, hatten polnische Pferde auf dem internationalen Markt Konjunktur. Vor allem der Export nach Deutschland und Skandinavien florierte. Und Krzysztof Ferenstein hatte sogar einen lukrativen Vertrag mit einem potenten Käufer aus

Kuwait in der Tasche. Unter diesen Umständen Bankkredite zu bekommen war kein Problem, und selbst die Zinsen von rund 40 Prozent, so hatte Krzysztof Ferenstein errechnet, waren zu verkraften. Doch dann traf das Unglück den frischgebackenen Unternehmer gleich doppelt. In Europa brach die Rezession aus und in Kuwait der Krieg. In Deutschland und Skandinavien ging die Nachfrage nach polnischen Pferden schlagartig zurück, und der Vertrag mit Kuwait wurde gekündigt. Seither kommen die Ferensteins aus den Geldsorgen nicht mehr heraus und kämpfen mit ihrem Gestüt um die nackte Existenz.

Dabei hatten die Ferensteins bislang noch Glück im Unglück, denn von einer anderen Rezession blieben sie verschont: Der Rückgang der Touristenzahlen in Masuren machte sich auf ihrem Gestüt nicht bemerkbar. Im Gegenteil – in den Sommermonaten reicht die Zahl der Pferde nicht aus, um alle Wünsche nach Reitstunden zu erfüllen. Zwar ist Masuren als Ferienland für viele polnische Touristen inzwischen so teuer geworden, daß sie fürs gleiche Geld lieber nach Mallorca fliegen oder auf die Kanarischen Inseln, doch dank persönlicher Kontakte zu einem deutschen Reisebüro und dem vergleichsweise niedrigen Preis von zehn Mark pro Reitstunde gelang es den Ferensteins, immer mehr organisierte Reitergruppen aus der Bundesrepublik zum Sommerurlaub auf das Gestüt bei Ukta zu holen. »Sieben Tage im Sattel durch Masuren« ist ein Programmangebot, das sich zunehmender Beliebtheit erfreut und für das es inzwischen mehr Interessenten gibt, als die Ferensteins Pferde zur Verfügung haben. Doch die Saison in Masuren ist sehr kurz, selbst in guten Jahren dauert sie nur von Juni bis August, und auch Unterbringungsmöglichkeiten für die Gäste gibt es auf dem Gestüt bislang keine. Dieses Geschäft machen die Hotels und die vielen kleinen Pensionen in der Umgebung; die Investitionsmöglichkeiten der Ferensteins sind vorerst erschöpft.

Dennoch soll sich auf dem Gestüt touristisch demnächst etwas tun. Dafür sorgen will Aleksander M., ein 22jähriger Betriebswirtschaftsstudent aus Warschau. Aleksander, ein langer dünner Bursche mit klugen Augen und einer flinken Zunge, strahlt Zuversicht und Unternehmungsgeist aus. Seit seiner Kindheit hat er seine Ferien mit den Eltern regelmäßig an den masurischen Seen verbracht. Seit drei Jahren ist er auch außerhalb der Ferienzeit in jeder freien Minute auf dem Gestüt der Ferensteins anzutreffen. Begonnen hatte es mit einer, wie es auf polnisch heißt, »romantischen Beziehung« zur Tochter des Besitzers, doch inzwischen ist er auch voll in die Gestütsarbeit integriert. Und er hat, so glaubt er, auf dem Gestüt eine Marktlücke entdeckt. Es fehlt, so meint er, eine kleine Bar, in der sich die Pferdefreunde vor und nach den Reitstunden ein wenig erfrischen können; in der man abends gemütlich bei Bier und Wodka sitzen kann und die tagsüber vor allem für die Kinder auch ein paar Kleinigkeiten zum Essen anbietet: Pommes frites und Würstchen, Hühnerschenkel und Eiscreme.

Um sein Projekt realisieren zu können, ohne einen der sündhaft teuren Kredite aufnehmen zu müssen, hat er sein altes Auto verkauft, das ihm die Eltern zum Abitur geschenkt haben. Das hat umgerechnet immerhin 10 000 Mark gebracht, und genau die steckt er nun in den Umbau eines alten Schuppens, den ihm die Ferensteins auf dem Hof überlassen haben. Auf etwa 30 Quadratmetern will er an einer kleinen Theke und vier Tischen bis zu fünfzig Gäste unterbringen, und bereits in der ersten Saison, so hofft er, soll sich die Investition amortisieren.

Doch vorerst lernt der akademische Jungunternehmer die Tücken des alltäglichen Geschäftslebens, vor allem die Behördenbürokratie, kennen. Nicht das Baumaterial ist das Problem – Holz gibt es in Masuren genug, und auch an Handwerkern mangelt es nicht, denn Aleksander hat einen großen Freundeskreis enthusiastischer und vielseitig begabter junger Leute. Doch was die »Sanepid« ist, kannte er bislang nur dem Namen nach: die legendäre polnische Gesundheitsbehörde. Fast wäre Aleksanders Projekt schon im ersten Planungsstadium gescheitert, denn der Schuppen, den ihm die Ferensteins zum Umbau überließen, liegt zu nahe am Eingang des Pferdestalls. Zehn Meter Abstand müssen es mindestens sein – also mußte zunächst einmal das Tor zum Pferdestall verlegt werden.

Die zweite Hürde: Aleksander beabsichtigt, als Hilfskraft ein junges Mädchen zu beschäftigen, das auf dem Gestüt lebt. Doch für die muß in der Bar ein spezieller »Sozialraum« errichtet werden, ein Ruheraum mit eigener Toilette. Und das, obwohl sie nur fünf Meter entfernt im Haupthaus ihre Wohnung hat.

Nach einer Vorschrift aus dem Jahr 1937 muß über dem Herd der Bar auch ein Abzugskamin gebaut werden, obwohl Aleksander gar keinen Herd, sondern nur ein Mikrowellengerät benutzen will. Und auch seinen Traum vom ökologischen Barbetrieb mußte Aleksander weitgehend begraben. Er darf kein Porzellangeschirr benutzen, sondern nur Plastikteller und Pappbecher. Für das Waschen der Porzellanteller und -tassen nämlich hätte er eine eigene Klärgrube bauen müssen.

Trotz aller Schwierigkeiten seitens der Behörden jedoch ist Aleksander überzeugt, daß ihn niemand schikanieren will. »Es sind eben einfache Leute, die in den Ämtern sitzen, und die haben ihre Vorschriften.« Die meisten von ihnen kenne er ohnehin persönlich, aber »sie können nun mal nicht anders«. Und in manchen Dingen seien sie ja auch durchaus großzügig. So wolle er überall an den Straßen Reklameschilder mit Hinweisen auf seine Bar anbringen – und dagegen hätte niemand etwas; ebensowenig dagegen, daß er auf den Campingplätzen der Umgebung Handzettel verteilt und sie überall dort anklebt, wo sich eine freie Fläche bietet. Und im übrigen habe er bislang noch niemanden getroffen, selbst bei den Behörden nicht, der gesagt hätte, daß die Sache mit der Bar eine schlechte Idee sei.

Illusionen macht sich Aleksander allerdings nicht. Natürlich werde die Bar »nicht das Geschäft des Jahrhunderts«. Und natürlich könne auch alles fürchterlich schiefgehen. »Dann hab' ich eben mein Auto verspielt. Aber«, so Aleksander mit einer Mischung aus spielerischer Leichtfertigkeit und jungenhaftem Trotz, »für mich ist es ein Test. Ich mache alles nach den Regeln der Marktwirtschaft, wie ich sie auf der Uni lerne. Ich will probieren, ob es funktioniert. Und wenn es funktioniert, mache ich die Bar nach Saisonende zu, gehe nach Warschau studieren und mache sie in der nächsten Saison wieder auf.«

Nach Beendigung des Studiums möchte Aleksander allerdings nicht mehr als Barmann arbeiten. Was er dann genau machen will, weiß er noch nicht. Ein Job in der Bank oder in einem Konzern scheint ihm nicht unbedingt erstrebenswert, zumal er sich auf dem Land ohnehin besser fühlt als in der Stadt.

Möchte er denn später, so fragen wir ihn, hier in Masuren leben?

»Das hängt davon ab, wie sich Masuren entwickelt und welche Chancen es hier für mich gibt. Die größten Chancen Masurens liegen im Tourismus. Und da könnte ich mir schon eine Tätigkeit vorstellen. Doch Voraussetzung dafür ist, daß sich die Politik ändert.«

»Welche Politik?«

»Sowohl die Politik des Staates als auch der Gemeinden. Zunächst müßte es auch für ausländische Investoren möglich werden, hier Grund und Boden zu erwerben. Solange das nicht der Fall ist, werden auch nicht viele kommen. Dann müßte in den Gemeinden viel mehr für die Infrastruktur getan werden, für einen sanften Tourismus, der Masuren nicht kaputtmacht. Aber das wichtigste ist, daß die rechtlichen Bestimmungen der neuen Zeit den veränderten Verhältnissen angepaßt werden.«

»Gibt es vielleicht noch andere Probleme? Politische oder psychologische? Die meisten Touristen, die hierher kommen, sind doch Deutsche?«

»Nein«, sagt Aleksander mit Bestimmtheit. »Diese Probleme hat es vielleicht einmal gegeben, aber heute ist es ganz anders.

Die Deutschen sind sehr gern gesehen, denn sie bringen doch viel Geld mit.«

Zwar sei es richtig, daß die Zahl der Touristen aus Deutschland in den letzten Jahren wieder abgenommen habe, dafür seien es aber zunehmend junge Leute, die kämen. Leute mit ausgesprochenem Interesse an der Natur. Und wenn sie auch häufig nicht so zahlungskräftig seien wie die älteren »Heimwehtouristen« – das, was für deutsche Verhältnisse billig sei, bedeute in Masuren immer noch viel Geld. »Und wenn ein bißchen von dem Geld in meiner Bar hängenbleibt«, lächelt Aleksander, »wär's doch auch ganz schön.«

Sein Plan gefällt uns, und wir sehen keinen Grund, ihm zu widersprechen.

# Sensburg

D ort, wo das Herz Masurens schlägt«, lautet der Titel eines Werbefilms des Fremdenverkehrsamtes der Stadt Sensburg (Mrągowo). Das gleiche behaupten auch andere Orte Masurens von sich – Nikolaiken, Lötzen, Lyck, und wie sie alle heißen. Und alle mögen auf ihre Weise recht haben. Unbestreitbar ist, daß Sensburg malerisch am Ufer des Schoßsees (Jezioro Czos) im Zentrum des Allensteiner Seengebiets liegt und einen der schönsten noch erhaltenen historischen Stadtkerne Masurens besitzt.

Über die Herkunft des Namens Sensburg streiten sich die Forscher. Ursprünglich, so behaupten die einen, hieß der Ort Seensburg, wegen seiner Lage am See. Andere behaupten, die frommen Kreuzritter hätten ihm den Namen Segensburg gegeben. Wie dem auch sei, beide Namen – im breiten ostpreußischen Dialekt gesprochen – hören sich gleich an: »Säänsburch«. Sensburg eben.

Gegründet wurde Sensburg um 1400 vom Hochmeister des Deutschen Ordens Konrad von Jungingen. Natürlich als »Verteidigungsanlage« gegen die heidnischen Pruzzen. In der Praxis also als Stützpunkt für die weitere Unterwerfung dieses Volksstammes.

Von der alten Festungsanlage ist nichts mehr erhalten. Mehrfach brannte die Stadt bis auf die Grundmauern nieder, zuletzt 1822. Eine gewisse wirtschaftliche Bedeutung erlangte das verträumte Städtchen, dessen Bewohner von Ackerbau, Fischfang und Kleinhandel lebten, erst um 1900, als es Anschluß an eine Eisenbahnlinie erhielt und preußische Garnison wurde. Die wilhelminischen Kasernen im Stadtzentrum dienen heute noch in gleicher Funktion der polnischen Armee.

Im Gegensatz zu anderen ostpreußischen Städten hat Sensburg den Zweiten Weltkrieg fast unbeschädigt überstanden. Die 1945 durch Brandstiftung zerstörte evangelische Kirche aus dem Jahr 1734 ist – wenn auch etwas niedriger und etwas kürzer – längst wiederaufgebaut. Die Fassaden der alten Bürgerhäuser entlang der Hauptstraße sind restauriert, die Renovierungsarbeiten am aus dem Jahr 1825 stammenden Rathaus, das heute ein Museum beherbergt, in vollem Gange.

Der Aufschwung, den die Stadt seit der politischen Wende in Polen im Jahr 1989 genommen hat, ist unübersehbar. Vor allem im Sommer, wenn die Touristen aus Deutschland kommen, ist sie erfüllt von pulsierendem Leben. Auf dem Kleinen Markt zwischen dem Rathaus und der Hauptstraße wurde ein Parkplatz eingerichtet, inklusive Imbißbude mit »Hot Dogs« und »Hamburgery« im Angebot. Juweliergeschäfte werben mit der deutschen Aufschrift »Gold und Bernstein« um Kunden, Modegeschäfte offerieren Modelle von Bogner und Armani, und die »Commercial Union« preist auf einer riesigen Reklametafel ihre Leistungen als Lebensversicherung. Das – neben dem alten Rathaus – schönste Gebäude der Stadt, das Eckhaus gleich gegenüber am Platz M. Kajki, ist von einer Bank mit Beschlag belegt: Mit zusätzlichen Fenstern und Erkern postmodernistisch aufgeputzt, bietet sie »Kredite, Deposition und Nachttresore« an.

Auch in den kleinen Nebenstraßen ist munteres Geschäftsleben zu beobachten. Ein Hutmacher fertigt Kopfbedeckungen aller Art nach Maß, ein anderer Laden hat sich auf den Verkauf von Feuerwerkskörpern, »Fajerwerki«, spezialisiert. Ganz ungeniert stellt ein Porno-Shop seine Kostbarkeiten zur Schau, und fast an jeder Straßenecke gibt es CDs und Musikkassetten von Klassik bis »Tekkno« in Originalaufnahmen aller Weltfirmen, nicht einmal halb so teuer wie in Deutschland.

Die »Bar Midway« gegenüber dem Kaufhaus »1000 Dinge« ist offenbar erst unlängst eröffnet worden. Über der Eingangstür aus Glas, deren breiter, pechschwarzer Holzrahmen noch in frischer Farbe glänzt, hängt ein überdimensionales Bierglas. Die linke Wand des langen, schlauchartigen Gastraums ist rosa gestrichen, an der rechten Wand klebt eine dunkelrote Ziegeltapete. Das Klo betritt man durch eine lilafarbene Westerntür.

In der »Bar Midway«, einer Mischung aus Café und Kneipe, herrscht bereits am Vormittag Hochbetrieb. Am Flipperautomaten gleich neben der Eingangstür spielen ein paar Schuljungen. Die modischen rot-gelben und blau-gelben Ranzen liegen auf dem Boden. Am Tisch daneben sitzt ein junges Pärchen und trinkt Tee und Fanta. An den Tischbeinen lehnen Einkaufstüten aus Plastik. Eine trägt die Aufschrift »Alta Moda«.

Die Stirnwand des Raums nimmt eine große rechteckige Theke ein. Auf dem Unterteil aus massivem Holz liegt eine schwarze Marmorplatte, aus der in weißem Porzellan eine bauchige, original englische Zapfsäule ragt; aus dem Zapfhahn aber kommt polnisches Bier der Traditionsmarke »Żywiec«. In den Regalen hinter der Theke stehen Bierflaschen mit den Etiketten »Tuborg«, »Jever« und »EB«, einem Produkt der vor einigen Jahren in Betrieb genommenen australisch-polnischen Brauerei in Elbing. Das Markenzeichen dieses Bieres zeigt das Stadtwappen von Elbing, gehalten von zwei Känguruhs.

Zwei Männer mit dunklen Sonnenbrillen und in nietenbeschlagenen schwarzen Lederwesten, die wie gealterte Hell's Angels aussehen, debattieren lautstark, aber keineswegs unhöflich, mit der Kellnerin hinter der Theke. Es geht darum, daß die italienische Espresso-Maschine wieder einmal kaputt ist und ob es nicht sowieso besser sei, den Kaffee auf die altbewährte polnische Art zu kochen – das heiße Wasser einfach auf das unlösliche, frischgemahlene Kaffeepulver zu gießen. Die Diskussion

endet damit, daß beide ein frisches Bier aus dem Zapfhahn be-
stellen.

Die »Bar Midway« gilt als »schick«, als Symbol der neuen
Zeit in Sensburg, als Inbegriff des westlichen Kapitalismus.

Verläßt man Sensburg jedoch Richtung Osten, wird man
schlagartig wieder an die schmerzliche Geschichte der vergangenen fünf Jahrzehnte Polens, die Zeit des real existierenden
Sozialismus, erinnert. Links und rechts der Hauptstraße gigantische, bereits wieder baufällige graue Plattenbauten und vor
und zwischen ihnen, aneinandergeklebt wie Schwalbennester,
abscheuliche Ferienbungalows und Reihenhäuser in abenteuer-
lichstem Stil. Eine Zeitlang war Sensburg bei der polnischen
Nomenklatura und der Schickeria der Halb- und Geschäftswelt
»in«. Es galt als das Zakopane des Nordens, und dementspre-
chend versuchte jeder, der Geld oder Beziehungen oder beides
hatte, sich hier einen Sommersitz zu errichten. Manche sogar
im Stil der Bergbauernhäuser in und um Zakopane. »Es war die
Pest«, erinnert sich Dariusz Jarosinski, und er muß es wissen.
Denn er ist nicht nur vor 37 Jahren in Mrągowo geboren, sondern er war auch Bürgermeister dieser Stadt.

Dariusz Jarosinski, ein schlanker, dunkelhaariger Mann mit
offenen, sympathischen Gesichtszügen, hat uns zu sich nach
Hause eingeladen, in eine helle, schlicht eingerichtete Dreizim-
merwohnung im vierten Stock eines Neubaus an der Ausfahrt-
straße nach Allenstein. Seine Frau hat Topfkuchen gebacken,
den sie zum Kaffee auf den Wohnzimmertisch stellt. Kennengelernt hatten wir Dariusz Jarosinski im Sommer 1994 auf
einem Seminar der Ostsee-Akademie Travemünde in Sensburg.
Dariusz Jarosinski hatte die Veranstaltung, die dem Leben und
Werk Ernst Wiecherts gewidmet war, mit einer Rede in seiner
Funktion als Bürgermeister eröffnet. Unpathetisch, locker, mit
überzeugend wirkender Zuversicht. Jetzt, im Frühjahr 1995
scheint Dariusz Jarosinski verbittert. Vor einem halben Jahr
nämlich hat er sein Bürgermeisteramt verloren. Seither arbeitet

er wieder in seinem alten Beruf, als Journalist bei der angesehenen, unabhängigen Zeitung »Rzeczpospolita« (»Republik«).

1990, bei den ersten freien Bürgermeisterwahlen in Sensburg seit sechzig Jahren, war Dariusz Jarosinski als Vorsitzender des Bürgerkomitees der »Solidarność« mit überwältigender Mehrheit ins Amt gewählt worden. Nun haben wieder die alten Kommunisten und die Postkommunisten das Sagen in der Stadt, und zwar nicht etwa, wie Dariusz Jarosinski betont, weil sie bei den letzten Wahlen übermäßig stark gewesen seien, sondern weil sich die »Solidarność«, wie in so vielen Orten Polens, auch in Sensburg heillos zerstritten habe und mit getrennten Listen in die Wahl gegangen sei. Stimmenkauf im Stadtparlament und korrumpierte Lokaljournalisten hätten ein übriges getan.

Dabei ist die Bilanz seiner vierjährigen Amtszeit, wie sie Dariusz Jarosinski präsentiert und wie sie andere Gesprächspartner in der Stadt bestätigen, durchaus positiv. Eine Mülldeponie wurde gebaut und – zum erstenmal in der Geschichte der Stadt – eine kommunale Kläranlage. Die meisten Geschäfte, Werkstätten und Betriebe konnten privatisiert werden, mit der Umwandlung kommunaler Wohnungen in Privateigentum wurde begonnen; ebenso mit der Umstellung der Heizsysteme von umweltverschmutzender Kohle auf ökologiefreundlichere Gas- und Ölheizung sowie mit dem Bau einer dringend benötigten Umgehungsstraße. Sogar Sponsoren für die Restaurierung des historischen Rathauses in Sensburg hat man gefunden.

Dennoch, das konnte auch Dariusz Jarosinski nicht verhindern, mußte eine ganze Reihe von Betrieben schließen oder die Belegschaft drastisch reduzieren. Der Tribut an die freie Marktwirtschaft ist auch in Sensburg eine hohe Arbeitslosigkeit. Sie beträgt fast 25 Prozent, aber immerhin, so der Ex-Bürgermeister, »wir konnten sie stabilisieren«.

Viele der hochfliegenden Träume nach der Wende in Polen konnten auch in Sensburg nicht realisiert werden. »Auch wir hatten gehofft, daß mehr Investoren kommen, vor allem aus Deutschland«, meint Dariusz Jarosinski etwas bekümmert. Doch außer einer großen Möbelfirma, die mit Erfolg Geld in die örtliche »Masurische Möbelfabrik« gesteckt hat, und einem deutschen Reisebüro, das mit dem ökologisch orientierten Sensburger Tourismusunternehmen »Mazur-Tour« zusammenarbeitet, hat kein ausländischer Investor von Bedeutung angebissen. Den Grund hierfür sieht Dariusz Jarosinski nicht nur in der Tatsache, daß Masuren abseits der großen Handelsströme liegt, sondern auch in der mangelnden Anpassung der polnischen Gesetzgebung an die veränderten politischen und wirtschaftlichen Verhältnisse. Noch immer sei es für ausländische Unternehmen und Einzelpersonen nicht möglich, in Polen Grund und Boden zu erwerben, sei die Rechtsunsicherheit groß und die Finanzgesetzgebung kompliziert und ständigen Veränderungen unterworfen.

Den Hauptgrund für das Wegbleiben ausländischer Investoren sieht der Ex-Bürgermeister jedoch im Zustand der masurischen Gesellschaft. Genauer: in dem Umstand, daß es »eine masurische Gesellschaft überhaupt noch nicht gibt«. Die alte Kultur Ostpreußens sei bei Kriegsende mit der Flucht und Vertreibung der Deutschen untergegangen; was noch übriggeblieben war, sei »systematisch kaputtgemacht worden«. Eine neue Kultur sei noch nicht gewachsen. Und wörtlich fügt Dariusz Jarosinski hinzu: »Wir leben in einem Niemandsland. Unsere Gesellschaft ist bunt zusammengewürfelt, hat bis heute keine eigene Identität entwickelt, keine allgemeinverbindlichen gesellschaftlichen Werte. Die Menschen fühlen sich in ihrer Mehrheit immer noch als Benutzer des Landes, nicht als Besitzer.«

Und im übrigen, betont Dariusz Jarosinski, war Masuren für junge Leute noch nie interessant. Im Kaiserreich, von den 1880er Jahren an, sind die jungen Männer aus Masuren zur Arbeit ins Ruhrgebiet gewandert, heute fahren sie zur Saison-

oder Schwarzarbeit nach Deutschland. Oder ziehen nach Danzig, Warschau und in andere polnische Großstädte. Eine alte masurische Redewendung laute: »Was hat das Land? Sand!« Das stimme zwar nicht ganz, denn natürlich habe man auch die Seen und die Wälder, aber im Prinzip sei es noch immer so, wie es Siegfried Lenz einmal gesagt hat. »Die Masuren leben im Rücken der Geschichte.«

Immerhin, so Dariusz Jarosinski, weltoffener sei man geworden. Und es gebe auch »keine Allergie mehr gegen die deutsche Sprache und die Deutschen«. Deutlich sei ihm das geworden, als er im zweiten Jahr seiner Amtszeit einen Partnerschaftsvertrag mit der hessischen Stadt Grünberg geschlossen habe. Demonstrativ habe er zur öffentlichen Unterzeichnung des Vertrags ins Sensburger Rathaus eingeladen – als Test für die Stimmung unter der Bevölkerung. Knüppeldicke voll sei der Saal gewesen, und außer ein paar alten Leuten habe niemand gemurrt oder gar laut protestiert. Inzwischen sei ein regelmäßiger Jugendaustausch in Gang gekommen und Sensburg ein selbstverständlicher Teilnehmer bei den alljährlichen »Tagen der hessischen Kultur« in Grünberg.

Die Zukunft Sensburgs sieht Jarosinski im Tourismus. Wenn, ja wenn es gelingt, einige Fehlentwicklungen zu korrigieren. Bis 1996 sollen alle Orte rund um die Sensburger Seen Kläranlagen erhalten. Doch bis das Wasser wirklich wieder sauber wird, kann es noch Jahrzehnte dauern. Aber immerhin sei in dieser Hinsicht wenigstens etwas geschehen. Dagegen gehe das »wilde Bauen«, das weite Teile der Landschaft verschandele, ungebremst weiter. Auch er als Bürgermeister sei machtlos gewesen. Sobald er versucht habe, dagegen einzuschreiten, habe man ihm mit der Mafia gedroht und die örtliche Presse gegen ihn aufgehetzt. Es gebe kein gesetzgeberisches Instrumentarium, das tatsächlich greift. Selbst der Staatsanwalt sei hilflos. »Sogar Straßen werden illegal gebaut; von der Unzahl der Pensionen und Hotels, die unkontrolliert aus dem Boden schießen, gar nicht zu reden. Es geht um viel Geld, um Riesensummen, und da ist der Staat machtlos.«

Dennoch will Dariusz Jarosinski bei den nächsten Bürgermeisterwahlen wieder kandidieren. »Nur die Politik kann etwas ändern«, sagt er. »Oder soll das Geld wirklich die Macht behalten?«

# Die Perle Masurens

Wenn es um die Beschreibung des Flüßchens Kruttinna (Krutynia) geht, sind sich die gedruckten Reiseführer in seltener Weise einig – deutsche wie polnische, historische wie zeitgenössische. »Kleinod Masurens« wird es da genannt oder »Perle Masurens«. Ganz lakonisch und keinen Widerspruch duldend wird festgestellt, daß es in Masuren »nichts Schöneres gibt als die Kruttinna«. Selbst internationale Vergleiche werden nicht gescheut: »Zu den bekanntesten und schönsten Paddeltouren in Mittel- und Nordeuropa gehört zweifellos die Kruttinna-Fahrt.« So liest man.

Auch in den Erzählungen meiner Familie spielte die Kruttinna eine wichtige Rolle. Sie floß unmittelbar am Hofgrundstück meines Großvaters vorbei, jenem »Roßweide« genannten Obstgarten mit seinen uralten Apfelbäumen, zwischen denen im Frühjahr und Sommer die Wäscheleinen gespannt wurden. Vom Ufer der Kruttinna ragte ein hölzerner Steg ins Wasser, die »Klatsche«, auf der die Großmutter kniete, wenn sie in der Kruttinna die Wäsche spülte. Im Sommer wurde in der Kruttinna gebadet, was selbst für die kleineren Kinder ungefährlich war, da sie an dieser Stelle nicht einmal einen halben Meter tief ist. Im Winter verkürzte der Gang über das Eis den Weg auf die gegenüberliegende Seite des Dorfes. Natürlich lief man auch Schlittschuh auf der Kruttinna, doch das war mit Problemen verbunden, da Großvater nicht für all seine Kinder, immerhin neun, ein eigenes Paar kaufen konnte.

Wo die Kruttinna genau entspringt, ist umstritten. Sie kommt aus dem Muckersee, der bis heute das reinste Wasser aller masurischen Seen hat, sagen die einen; die anderen verlegen ihren Ursprung viel weiter nach Nordosten, in den Sorquittersee. Von dort bis zur Mündung in den Beldahnsee durchquert sie in munterem, vielfach gewundenem Lauf nicht weniger als achtzehn größere und kleinere Seen – eine Paddeltour von mehr als hundert Kilometern. Der schönste Abschnitt ist zweifellos die Strecke zwischen dem Muckersee und dem Dorf Kruttinnen. Hier bildet der Mischwald aus Buchen, Eichen, Kiefern und Ebereschen zu beiden Seiten des Flüßchens einen dichten grünen Tunnel, durch den hin und wieder grelle Bündel des Sonnenlichts brechen, die sich im wunderbar klaren Wasser spiegeln. Im Uferschilf nisten Haubentaucher, Enten und Schwäne, Bachstelzen tippeln über im Wasser liegende Baumstämme, und auch Biber sind in der Kruttinna wieder heimisch geworden. Bei Eckertsdorf (Wojnowo) tritt die Kruttinna aus dem Schatten ihres grünen Laubdachs und beginnt, sich in vielen Windungen durch eine liebliche Landschaft satter Wiesen und goldgelber Getreidefelder zu schlängeln.

An der Brücke im Dorf Kruttinnen, unweit des Restaurants, an dem im Sommer regelmäßig die Touristenbusse aus Deutschland haltmachen, stehen ein paar offenbar gelangweilte junge Männer herum. Als wir auf sie zugehen, sprechen sie uns an: »Bootchen fahren?« Sie sagen es deutsch, doch mit kräftigem, rollendem R. Das ist aber auch schon fast alles, was sie in unserer Sprache sagen können. Außer noch: »Zwei Stunden: 30 Mark.« Wir werden uns schnell handelseinig, doch dann entsteht Unruhe. Wir könnten nicht sofort losfahren, denn sie müßten erst Pawel holen, der »dran« sei. Als wir nicht gleich begreifen, erklären sie: Pawel sei »an der Reihe«, aber der sei etwas besorgen gegangen.

Nach einiger Zeit erscheint Pawel. Ein untersetzter, kräftiger Bursche, etwa zwanzig Jahre alt. Die nackten Füße stecken in abgewetzten Adidas-Schuhen, über den Hosenbund der Jeans fällt ein weites T-Shirt mit der Aufschrift »Go West«. Die Haare sind unter einer Baseballmütze mit riesigem Schirm und dem Firmenlogo »Esso« verborgen. In etwas schwerfälligem, aber durchaus fließendem Deutsch spricht er uns an. Entschuldigt sich, daß wir warten mußten, aber er habe nicht damit gerechnet, so schnell wieder »dranzukommen«. Was das heiße, wolle er unterwegs erklären.

Das Verstauen unseres Kameragepäcks und das Aufbauen des Stativs auf dem leichten, flachen Kahn ohne Kiel geht nicht ohne Schwierigkeiten. Obwohl ihn Pawel noch am Ufer mit den Händen festhält, schwankt er bei jedem Schritt, bei der einfachsten Bewegung. Mehr als einmal fürchten wir, daß einer von uns ins Wasser fällt oder die Kamera über die niedrige Bordwand geht. Doch Pawel beruhigt uns. Neulich erst hätte er ein japanisches Fernsehteam gestakt, und das sei auch gutgegangen. Unseren Einwand, daß die Kollegen wohl etwas kleiner und leichter gewesen seien, überhört er diskret. Schließlich ist alles Gepäck verstaut, die Kamera am Bug postiert, die Fahrt beginnt. Pawel steht auf einer Sitzbank am hinteren Ende des Kahns und treibt das Boot mit einer Stange in ruhigen, kräftigen Stößen durch das glasklare Wasser, das an manchen Stellen nur knietief ist.

Unter dem Boot huschen Äschen, Barsche und andere kleine Fische hindurch. Am Ufer schrecken wir hin und wieder einen Schwarm Enten und vereinzelte Haubentaucher auf. Auf einem Bootssteg, der zu einem Touristenheim gehört, steht auf einem Bein einer der auch in Masuren nur noch seltenen Schwarzstörche. Als wir uns nähern, bleibt er ungerührt am Fleck. Nur kurz reckt er den Kopf zu uns herüber, dann steckt er ihn wieder unters Gefieder. Als Junges, so erklärt uns Pawel, habe er sich einen Flügel gebrochen und sei von der Köchin des Touristenheims großgezogen worden. Seither sei er an Menschen gewöhnt und habe keinerlei Scheu mehr. Faul und bequem sei er geworden, nicht einmal zum Fröschefangen fliege er weg, denn alles, was er brauche, bekäme er direkt aus der Küche. Auch im Winter bleibe er hier, an einem warmen Plätzchen im Bootsschuppen. Wenn es sehr kalt werde, hole ihn die Köchin in die Wohnung, denn im Winter sei das Touristenheim geschlossen.

Fast zwei Stunden stakt uns Pawel flußaufwärts, bis zum Kruttinner See. Dort ist die Reise zu Ende, denn hier wird das Wasser so tief, daß die Stange, mit der der Kahn vorwärtsbewegt und gesteuert wird, nicht mehr bis zum Grund reicht. Auf dem Kruttinnasee beobachten wir aus der Ferne ein Paar wilde Schwäne sowie Möwen und Fischreiher. Hoch am strahlend blauen Himmel zieht ein Milan seine Kreise, hin und wieder streicht ein Kormoran in niedriger Höhe über das Wasser.

Bislang war unsere Fahrt schweigsam. Fast andächtig sind wir unter dem dichten Dach der Blätter hindurchgeglitten. Nun kommen wir mit Pawel ins Gespräch. Wie die meisten jungen Männer, die an der Brücke in Kruttinnen auf Touristen warten, ist er arbeitslos. Bis vor zwei Jahren hat er in einem Sägewerk im rund 20 Kilometer entfernten Ruciane-Nida, das zu deutscher Zeit Niedersee hieß, gearbeitet, dann hat das Werk wegen Auftragsmangels zugemacht, und Pawel wurde entlassen. Zusammen mit den anderen arbeitslosen Burschen aus Kruttinnen und einigen umliegenden Dörfern hat er eine Art Genossenschaft gebildet, die im Sommer die Bootsfahrten auf der Kruttinna organisiert. In den Ferien dürfen auch zwei Jungen mitarbeiten, die zur Zeit in Danzig studieren: »Aber nur, weil sie auch aus der Gegend stammen und man sich seit der Kindheit kennt.« Voraussetzung, um der Genossenschaft beitreten zu dürfen, sei ein eigener Kahn oder ein Kahn der Familie und natürlich die Fähigkeit, ihn in jeder Situation zu beherrschen. Aber das könne jeder, der hier aufwachse, und zwar von dem Moment an, an dem er stark genug sei, die Bootsstange zu halten.

Das Regime in der Genossenschaft ist streng. »Du brauchst Disziplin«, sagt Pawel, »sonst geht das Geschäft nicht.« Damit man sich nicht Konkurrenz macht und gegenseitig die Kunden abjagt, wird jeweils eine Woche im voraus ein Plan gemacht. Deshalb hätten wir auch warten müssen, bis er wieder aufgetaucht sei, denn kein Kollege hätte es gewagt, ihm diese Fahrt wegzunehmen. Nach dem Plan nämlich sei er an der Reihe gewesen. Sicher, theoretisch hätte auch ein anderer Kollege die Fahrt übernehmen und dann mit ihm verrechnen können, aber eben nur theoretisch. Denn es gebe zwar Festpreise, im Moment 30 Mark für zwei Stunden, aber was nebenher abfiele, sei doch sehr unterschiedlich. Es gehe nicht nur um die Trinkgelder, sondern auch um die kleinen Geschenke, die der eine oder andere Tourist dalasse. Es sei einfach eine Frage der Gerechtigkeit, daß man sich streng an den Plan halte, alles andere gebe nur böses Blut in der Genossenschaft.

Pawel spricht mal deutsch, mal polnisch. Auf die Frage, wo er denn seine deutschen Sprachkenntnisse herhabe, lacht er. »Aus der Schule bestimmt nicht.« Die habe er nämlich nur acht Jahre besucht, dann hätte er sich eine Arbeit suchen müssen, um die Familie finanziell zu unterstützen. Daß er ein wenig Deutsch könne, sei kein Kunststück, sein Vater sei nämlich Deutscher. »Das heißt«, so korrigiert er sich sofort, »kein richtiger Deutscher.« Er komme nämlich aus Schlesien. Aus Oberschlesien, aus der Gegend von Kattowitz, wo er im Bergwerk gearbeitet habe. Doch aus Gesundheitsgründen hätte er die Arbeit dort aufgeben müssen und sei nach Masuren gezogen. Hier sei die Luft besser, und eine Stellung habe er auch schnell gefunden, als Forstarbeiter.

Pawels Mutter kam mit ihrer Familie aus Kurpie, einem der ärmsten Landstriche Polens, nordöstlich von Warschau. In Kruttinnen hätten sich die Eltern kennengelernt und geheiratet. Er sei schon hier geboren, sei ein echter Masure. Sein Vater, so Pawel, habe, wie so viele Leute in Oberschlesien, eigentlich gar nicht so recht gewußt, was er denn sei, Pole oder Deutscher. Schlesier ja, das sei klargewesen. Aber sonst? Schließlich habe der Vater beschlossen, er sei Pole. Basta. »Schlesischer Pole mit deutschen Vorfahren. Und da er im Reich ohnehin keine Verwandten mehr hatte, wollte er auch nie ausreisen, zumal es ihm hier in Masuren so gut gefällt, daß er nie wieder weg will.«

Für Pawel sei die Frage der nationalen Identität überhaupt kein Problem. Er sei polnischer Masure, und zwar geborener, und darauf sei er stolz. Etwas anderes sei ihm nie in den Sinn gekommen.

Ob er nicht manchmal doch diejenigen beneide, die ausgereist seien und jetzt in Deutschland lebten, fragen wir.

»Warum sollte ich? Seit die Grenzen offen sind, kann ich doch ohne Visum jeden Tag hinfahren, wenn ich will. Von Sensburg mit dem Bus direkt nach Berlin oder Hamburg. Und manchmal tue ich es auch. Aber arbeiten mußt du hier und dort. Und Arbeitslose gibt es hier wie dort. Dann schon lieber hier arbeitslos als in Berlin.«

Ob er denn als Kind noch Deutsche kennengelernt habe, die hier in Kruttinnen wohnten?

»Ein paar leben doch noch immer hier. Und in letzter Zeit sind es sogar mehr geworden.«

Wir blicken ihn verständnislos an, denn daß jemand auf Dauer hierher zurückkehrte, haben wir bislang noch nicht gehört.

»Nein, nein«, winkt Pawel ab. »Zurückgekommen ist wirklich noch keiner, außer zu Besuch.« Aber ein Mann im Dorf, von dem alle wüßten, daß er ein Spitzel des Geheimdienstes war, und der sich immer als besonders strammer Pole gab, habe unlängst erklärt, er sei eigentlich Deutscher. Und nun sei er sogar »Sprecher« irgendeiner Gruppe der deutschen Minderheit in Masuren. »Merkwürdig«, sinniert Pawel und schiebt seine Schirmmütze aus der Stirn, »wie schnell einer doch ein anderer werden kann.«

Aber abgesehen davon, meint Pawel, sei er mit den Deutschen im Dorf immer gut ausgekommen. Schließlich habe ja auch sein Vater stets darauf geachtet, daß er ein bißchen Deutsch lerne. »Wer weiß, wozu das einmal gut ist«, habe er gesagt. Und heute sei er dem Vater dankbar dafür. Denn er sei der einzige Bursche im Dorf, der sich mit den deutschen Touristen etwas besser verständigen könne – und nicht nur weiß, wie man »Guten Tag« und »Auf Wiedersehen« sagt und »Bootchen fahren?« Und: »Zwei Stunden: 30 Mark.«

Wie stellt er sich denn die Zukunft hier vor? Kann er von den paar Monaten Kahnfahren im Jahr leben?

»Natürlich«, antwortet Pawel, »ist es schwierig. Bisher hat es gerade noch so gereicht, um über den Winter zu kommen.« Aber allmählich, so hätten sie gemerkt, werde es mit den deutschen Touristen schon wieder weniger. Und wenn noch mehr wegblieben, müsse er anfangen, sich ernsthaft Gedanken zu machen. Bis vor kurzem habe er noch daran gedacht, hier vielleicht mal ein kleines Café oder eine Pension aufzumachen, wie es einige in der Umgebung ja schon getan hätten. Aber nun sei er wieder schwankend geworden. Und zwar nicht nur wegen der spärlicher werdenden deutschen Touristen, sondern auch wegen der Schwierigkeiten, die die Banken mit den Krediten machten. Diese forderten nämlich nicht nur gigantische Zinsen, sondern auch Sicherheiten. Doch welche Sicherheiten könne er denn bieten?

Aber früher, wenden wir ein, war Masuren doch überlaufen von polnischen Touristen. Werden die nicht wiederkommen, wenn die Deutschen in Zukunft immer häufiger wegbleiben?

»Das ist ja gerade der Jammer«, sagt Pawel. »Wenn du heute investierst und ein Café oder eine Pension aufmachst, dann lohnt sich das nur, wenn deutsche Touristen kommen. Die normalen polnischen Touristen können gar nicht die Preise zahlen, die du nehmen mußt, um die Kredite abzustottern.« Und wer in Polen Geld habe, und das seien ja durchaus immer mehr, gehe in eines dieser neuen Luxushotels oder kaufe sich gleich ein Haus in Masuren. Nein, ihm bliebe auf längere Sicht wohl nichts anderes übrig, als sich eine Arbeit im Wald zu suchen. Aber auch das werde immer schwieriger, da die Forstverwaltungen kein Geld mehr hätten. »Vielleicht«, und er zeigt mit einer weit ausholenden Geste über den ganzen See, »wird ja wirklich wahr, wovon hier schon lange geredet wird, daß man nämlich aus dem ganzen Gebiet entlang der Kruttinna einen Naturpark macht.« Dann werde sich auch für ihn vielleicht Arbeit finden. Schließlich sei er an der Kruttinna geboren und kenne sich hier aus wie kaum ein anderer. »Aber ob das etwas wird?«

Zum Schluß fragen wir Pawel, was er denn eigentlich im Winter mache.

»Nichts«, lautet die schlichte Antwort. Und nach einer langen Pause fügt er hinzu: »Das ist ja gerade das Problem. Arbeit gibt es hier im Winter keine und auch sonst keine Abwechslung. Von Oktober bis März ist es kalt, manchmal sehr kalt, 20 Grad unter Null und noch kälter. Und manchmal liegt so viel Schnee, daß tagelang nicht einmal der Bus bis ins Dorf durchkommt. Dann können die Kinder nicht zur Schule, es gibt keine Post, keine Zeitung. Dann sitzt du den ganzen Tag zu Hause herum und mußt verdammt aufpassen, daß du nicht anfängst zu saufen. Aber welche andere Zerstreuung hast du denn schon?«

Pawel stakt uns zurück ans Ufer. »Hoffentlich«, sagt er, als er uns allen zum Abschied die Hand gibt, »sehen in Deutschland viele euren Film. Die Kruttinna ist doch wirklich ein Traum.«

Wir haben die gleiche Hoffnung.

# Ernst Wiechert –
## »ein aufrechter Mensch und Antifaschist«

D a stehen sie auf der kleinen Brücke über dem Flüßchen Kruttinna, wenige Kilometer südwestlich von Sensburg, und lachen. Solange ich zurückdenke, kann ich mich nicht erinnern, jemals gesehen zu haben, daß Polen und Russen gemeinsam lachen. Und nun stehen sie dort, und neben ihnen stehen Deutsche und Litauer, und alle miteinander lachen und albern herum wie Kinder. Doch es sind durchweg erwachsene Menschen. Die Jüngste dürfte gerade mal zwanzig, der Älteste über siebzig Jahre alt sein. Es geht um die Frage, deretwegen sich ihre Vorfahren jahrhundertelang die Köpfe eingeschlagen haben: die Unterschiede zwischen den Nationen.

Nein, nein, sagt die litauische Literaturdozentin aus Wilna, von allen Preußen seien ihr doch die Polen am liebsten. Die Deutschen wären viel zu steif, zu zugeknöpft, zu förmlich. Und während sie es sagt, verbeugt sie sich vor einem Kaufmann aus Hamburg, ergreift dessen Fingerspitzen und deutet formvollendet einen Handkuß an. Dabei schnarrt sie im besten deutschen Kasinoton: »Küß die Hand, gnä' Frau.«

Nicht als Litauer, nicht als Deutsche, nicht als Polen, nicht als Russen sind sie hierher nach Masuren gekommen, sondern als Ostpreußen im weitesten Sinn. Den einen, den Deutschen, ist Ostpreußen alte, verlorene Heimat; den anderen, den Polen, neue, gewonnene. Den Litauern ist sie Teil ihres historischen und kulturellen Erbes – schließlich gab es einmal ein Preußisch-Litauen. Den Russen aus dem Gebiet um Königsberg ist Nord-ostpreußen ein Land, von dem man Besitz ergriffen hat, ohne seine Geschichte zu kennen. Gemeinsam suchen sie nach Wurzeln, diesmal literarischen. Auf Einladung der Ostsee-Akademie Travemünde, einer Bildungseinrichtung der Landsmannschaft der Pommern, sind sie nach Sensburg/Mrągowo gekommen, zu einem Seminar, das den Titel trägt: »Ernst Wiechert – Dichter seiner Heimat«.

Der 1887 als Sohn eines Försters im Forsthaus Kleinort, heute Piersławek, geborene Ernst Wiechert gilt nicht nur den Teilnehmern dieses Seminars als die literarische Verkörperung Masurens. In seinen Romanen und Erzählungen, Märchen und Novellen, Gedichten und biographischen Skizzen hat er ein Bild dieser Landschaft und ihrer Menschen gezeichnet, das noch jedem heutigen Besucher vertraut erscheint. Die Weite und Stille der Wälder, die Schwermut und der sanfte Schleier der Melancholie, der über dem Land zu liegen scheint, gehören – trotz allen Tributs an die Neuzeit – ebensowenig der Vergangenheit an wie die Sehnsucht nach Ruhe und Besinnlichkeit, Duldsamkeit und Geborgenheit, die in den Romanen »Das einfache Leben«, »Die Jeromin-Kinder« und »Wälder und Menschen« ihren Ausdruck findet.

Dabei, und das wurde im deutschen Schulunterricht der Nachkriegszeit nur allzu gern verschwiegen und in den Kreisen rechtskonservativer Heimatvertriebener erst recht, war Ernst Wiechert alles andere als ein unpolitischer Mensch. Die Art etwa, wie er das autoritäre preußische Herrschaftssystem in Masuren beschrieb, seine unverhohlene Sympathie für sozialrevolutionäres Gedankengut, seine entschiedene Ablehnung jeder Art von Diktatur und Krieg erheben ihn weit über den Rang eines »Gräser bewispernden« Heimatdichters. Seine Reden und Schriften gegen den Antisemitismus und den Größenwahn der Machthaber des Dritten Reiches brachten ihn schließlich für zwei Monate ins KZ Buchenwald – zur Abschreckung und Umerziehung, wie die Begründung damals hieß. Seine Erinnerun-

Ernst Wiechert

## *Herbst*

Kommt der Herbst, so mußt du wenden
still dein Herz zur Kinderzeit,
denn die Zeichen auf den Händen
künden dir Vergänglichkeit.

Wenn sie vor den Fenstern lärmen
von der neuen Zeit und Welt,
laß dein Herz sich nicht mehr härmen,
sieh, dein Acker ist bestellt.

Knüpfe, was du auch gewonnen
an den Anfang dir zurück,
nur was still sich fortgesponnen,
ist dir Ernte, Lohn und Glück.

Sieh dich wachsen, sieh dich werden
aus den ersten Kinderschuhn,
mehr gewinnst du nicht auf Erden,
als das dir Gesetzte tun.

Wenn auch tausend Stühle weben
Menschenglanz und Menschenpracht:
golden steht dein Kinderleben –
vor der letzten dunklen Nacht.

gen an diesen Lageraufenthalt hat er erschütternd in dem Buch »Der Totenwald« festgehalten. Auch seine weitere Biographie entspricht nicht dem Bild eines großdeutschen Nationalpoeten. Nach dem KZ-Aufenthalt (1938) stand er bis Kriegsende unter Gestapo-Aufsicht, 1948 übersiedelte er in die Schweiz, wo er 1950 starb.

Das Geburtshaus Ernst Wiecherts liegt etwas abseits der Straße, die von Sensburg (Mrągowo) in südöstlicher Richtung nach Johannisburg (Pisz) führt. Es ist ein kleines, einstöckiges Wohnhaus aus roten Ziegeln mit einem spitzen Giebeldach, einer der Bauten, wie sie der sparsame preußische Staat um die Jahrhundertwende als Schul- und Forsthäuser errichtete und die dank ihrer Solidität bis heute Bestand haben. Von der Rückseite, aus dem Dachfenster, an dem Wiechert besonders gern saß, hat man einen weiten Blick über eine sanfte Talsenke, in der Kühe und Pferde weiden. Ein dunkler Waldsaum auf dem Rücken des gegenüberliegenden Hügels bildet die Grenze zum Horizont.

In »Wälder und Menschen« hat Wiechert die Umgebung seines Geburtshauses beschrieben: »Rings um das Gehöft senkten sich unsre Felder, die fast sechzig Morgen umfaßten und um die in unendlichem Schweigen die Mauer des Hochwaldes sich erhob. Nur nach Südosten konnte der Blick weiter hinausgehen. Dort lag zwischen sumpfigen Wiesen, Schilf und alten Erlen unser See und auf der sandigen Höhe dahinter die einzigen Siedlungen, die wir sahen: die drei oder vier Gehöfte des Dorfes Kleinort, Rohrdächer unter uralten Ahornbäumen, und die beiden Gehöfte von Kleinbrück. [...] Dicht an der Försterei, am Rande des Waldes, zog die alte Landstraße entlang, kam unter alten Kiefern hervor und tauchte in jungen Schonungen wieder unter, die mein Vater schon gepflanzt hatte, und das war nun alles, was wir von der großen Welt zu sehen vermochten.«

In einem Winkel des von einer Scheune und Stallgebäuden umgebenen rechteckigen Hofes entdecken wir eine alte gußeiserne Pumpe der Firma W. Gallmeister jr. aus Ortelsburg. Sie war offenbar noch bis vor kurzem in Betrieb. Darauf jedenfalls läßt der blankgescheuerte Handgriff schließen. An einer anderen Stelle des Hofes ist eine Leine gespannt, auf der Unterwäsche, ein Kommunionskleid und ein paar Jeans hängen.

Die Kinder, die aus dem Haus kommen, etwa fünf und sieben Jahre alt, fragen uns nach Kaugummis und »Marki«. Ihr Vater, so erzählen sie, arbeite im Wald, und sie hätten noch vier Geschwister. Obwohl es erst Ende April ist, läuft das kleinere von beiden, ein Mädchen, barfuß. Ihr Bruder trägt löchrige braune Gummistiefel.

Seit einiger Zeit, so erfahren wir, kommen immer häufiger deutsche Touristen hierher, manchmal ganze Busladungen. Für sie ist wohl auch die mit weißer Farbe in Deutsch an die Stalltür gemalte Warnung gedacht: »Vorsicht, bissiger Hund!«

In Polen ist Ernst Wiechert so gut wie unbekannt. Erst 1972 erschien ein Buch von ihm auf polnisch – der Roman »Wälder und Menschen«. Übersetzt hat ihn Tadeusz Ostojski, der bis zu seiner Pensionierung vor wenigen Jahren als Redakteur beim polnischen Rundfunk in Allenstein arbeitete. Von ihm stammt auch die Idee, in Sensburg ein Ernst Wiechert gewidmetes Seminar abzuhalten. Und er war es auch, der sich bei den polnischen Behörden entscheidend dafür einsetzte, daß 1987, zum 100. Geburtstag Ernst Wiecherts, an der Vorderfront seines Geburtshauses eine Gedenktafel angebracht wurde. Auf ihr heißt es, in polnischer Sprache:

In diesem Haus wurde am 18. Mai 1887

Ernst Wiechert

geboren. Der Schriftsteller und Dichter Masurens,
Autor der »Wälder und Menschen«,
»Die Jeromin-Kinder«, »Märchen«, »Der Totenwald«.
Ein aufrechter Mensch, Antifaschist,
ehemaliger Häftling von Buchenwald.

Auch die Menschen, die heute in Masuren wohnen, beklagt Tadeusz Ostojski, kümmern sich nur wenig um Wiechert. Politische Gründe dafür gebe es keine mehr, wohl aber ein mangelndes Interesse an Literatur überhaupt. Die Leute seien so sehr mit der Organisierung ihres täglichen Überlebenskampfes beschäftigt, daß ihnen für anderes kaum mehr Zeit und Energie bleibe. Um so wichtiger sei der Versuch, ihnen immer wieder klarzumachen, daß Masuren mehr sei als nur Wälder und Seen, daß es auch ein reiches kulturelles Erbe gebe, das zu pflegen die Nachkommen verpflichtet seien, egal, ob sie Deutsche seien oder Polen oder Russen, die heute in Ostpreußen lebten.

In Königsberg, erzählt ein russischer Teilnehmer des Seminars beim Besuch des Wiechert-Hauses, gebe es überhaupt keine Spuren Wiecherts mehr. Und das, obwohl er dort studierte und lange Jahre als Lehrer tätig war. Alle Versuche, in den Archiven irgendwelche Dokumente darüber zu finden, seien bislang vergeblich gewesen.

Und dann fragt uns der Mann aus Königsberg unvermittelt: »Ist Wiechert eigentlich in Deutschland populär?«

Einige Wochen nach unserem Besuch in Kleinort erfahren wir, daß die Waldarbeiterfamilie aus dem Geburtshaus Wiecherts ausgezogen ist. Von der staatlichen polnischen Forstverwaltung hofft man, jetzt die Einwilligung zu erhalten, daraus ein Wiechert-Museum zu machen. Das Geld würde aus der Bundesrepublik kommen; betreut werden soll es von polnischen Verehrern Wiecherts.

# Der Traum des Pastors

Ähnliches dürfte dem Herrn Jesus wohl nirgendwo auf der Welt widerfahren sein – bei der Himmelfahrt in der Kirchendecke steckenzubleiben. In Sorquitten (Sorkwity) ist es ihm passiert. Hilflos hängen seine Beine – das eine Hosenbein rot, das andere gelb – aus dem himmelblauen Plafond über dem Altar.

Die evangelische Kirche von Sorquitten liegt auf dem Weg von Allenstein (Olsztyn) nach Sensburg (Mrągowo), hinter dichten Laubbäumen versteckt, am malerischen Ufer des Gehlandsees (Jezioro Giełądzkie). Gegründet wurde das Dorf Sorquitten 1379 vom Hochmeister des Deutschen Ritterordens, Winrich von Kniprode. In seiner langen Geschichte gehörte es verschiedenen deutschen Adelsfamilien, aber auch, im 18. Jahrhundert, der polnischen Familie Bronikowski.

Die Kirche von Sorquitten wird erstmals 1470 urkundlich erwähnt, als strohgedecktes Fachwerkgebäude. Um die Wende vom 16. zum 17. Jahrhundert wurde sie abgerissen und durch eine steinerne Barockkirche ersetzt. Seither hat sich ihre äußere Gestalt nicht mehr verändert. Es ist ein massiges, geduckt in der Landschaft liegendes, niedriges Bauwerk, dessen weißgetünchte, dicke Außenmauern einen reizvollen Kontrast bilden zu den leuchtendroten Ziegeln des spitzgiebligen Daches. Auch der Turm, der etwas später errichtet wurde, wirkt gedrungen und verstärkt den Eindruck, daß sich die Baumeister an das Motto Martin Luthers gehalten haben, »eine feste Burg...«.

Der Hauptaltar, wie der schwebende Engel über dem Taufbecken eine Stiftung der Besitzerfamilie von der Groeben aus dem 17. Jahrhundert, gilt als eines der originellsten Zeugnisse des Dorfbarocks in Ostpreußen. Er ist ein Werk des Königsberger Holzschnitzers Isaac Riga und zeigt als zentrale Motive das Letzte Abendmahl und Golgatha. Die Fischer und Bauern zu beiden Seiten des Abendmahls tragen die Trachten der Sorquitter Fischer und Bauern aus dem 17. Jahrhundert, und auch der Palast des Besitzers von Sorquitten ist als Motiv im Zentrum des Altars verewigt. Altar und Taufengel haben die Jahrhunderte unbeschädigt überstanden, lediglich dem hölzernen Barockkruzifix an der Nordwand des Innenraums wurden 1945 von Soldaten der Roten Armee die Arme abgehackt.

Neben der Kirche ist ein Gedenkstein erhalten: Er erinnert an den Pastorensohn Johann Goerke, einen Arzt, der 1750 in Sorquitten geboren wurde und als Begründer des Gesundheitswesens in der Preußischen Armee gilt.

Unmittelbar gegenüber der Kirche steht das geräumige, aus roten Backsteinen erbaute Pfarrhaus. Im sonnendurchfluteten, zum Hof gelegenen Wintergarten empfängt uns Krzysztof Mutschmann. Er ist etwa 35 Jahre alt, schlank, dunkelhaarig. Seine Gesichtszüge wirken jungenhaft – ein Eindruck, den sein kleiner verschmitzter Schnauzbart noch unterstützt. Mutschmann steckt in einem weiten Norwegerpullover und hellblauen verwaschenen Jeans. Seit 1984 ist er Pfarrer in Sorquitten, der zwanzigste Amtsinhaber seit dem Jahre 1550, wie es die Sorquitter Kirchenchronik ausweist.

Die Gemeinde Sorquitten ist die kleinste evangelische Gemeinde in Masuren, die einzige »Dorfgemeinde«, wie Pfarrer Mutschmann erklärt. Zu ihr gehören neben dem Dorf Sorquitten mit seinen rund 3000 Einwohnern noch fünf andere Orte im Umkreis von 20 Kilometern. Die Zahl der Gemeindemitglieder beträgt etwa 350, fast 200 von ihnen leben allein in Sorquitten. Auch heute ist der Haupterwerbszweig der meisten die Fischerei und die Landwirtschaft; der Tourismus beginnt sich nur zögerlich zu entwickeln.

Vor dem Krieg gehörten zur Pfarrgemeinde 100 Hektar Land, doch davon sind ihr nur sieben geblieben. Im Gegensatz zum katholischen Kirchenbesitz im polnischen Stammland wurde die evangelische Kirche in den »wiedergewonnenen« Nord- und Westgebieten Polens nach 1945 rigoros enteignet. Die sieben Hektar Land wurden der Kirchengemeinde Sorquitten nur belassen, weil sie auf ihnen ein Altersheim unterhielt. Zwar galt es offiziell als staatliche Einrichtung, doch wurde es weitgehend von der Kirchengemeinde finanziert und stand unter Leitung des jeweiligen evangelischen Pastors.

Als Krzysztof Mutschmann 1984 die Pfarrei Sorquitten übernahm, befand sich das Altersheim bereits vor der Schließung. Die Zahl der Gemeindemitglieder war durch die anhaltende Ausreisewelle nach Deutschland derart geschrumpft, daß eine Finanzierung kaum noch möglich erschien. Aus dem Altersheim, dessen Unterhalt von der Gemeinde nicht mehr zu leisten war, machte Pfarrer Mutschmann ein Jugendlager für die Sommermonate. Rund um den riesigen Pfarrhof wurden kleine Camping-Häuschen gebaut, in denen bis zu hundert Jugendliche gleichzeitig die Ferienwochen verbringen können. Waren es anfangs ausschließlich evangelische Jugendgruppen aus allen Teilen Polens, die sich hier trafen, herrscht heute in den Sommermonaten auf dem Pfarrhof Krzysztof Mutschmanns ein geradezu babylonisches Sprachengewirr. Denn seit 1991 kommen neben den polnischen Jugendgruppen nicht nur deutsche Kinder und Jugendliche aus evangelischen Gemeinden in der Nähe von Berlin, sondern auch russische Kinder aus dem Gebiet um Königsberg sowie litauische aus Memel und Wilna. Finanziert wird die internationale Kinder- und Jugendarbeit des Pfarrers Mutschmann durch Zuschüsse der Evangelisch-Augsburgischen Kirchenverwaltung in Warschau sowie durch Spenden aus der Bundesrepublik. Eine besondere Rolle spielt hierbei die

Kirchengemeinde Wenningstedt auf Sylt, zu der Pfarrer Mutschmann vor zehn Jahren erste Kontakte knüpfte und die heute die Partnergemeinde Sorquittens ist. Sie half nicht nur beim Ausbau des Jugendzentrums, sondern beteiligte sich auch auf vielfältige Weise an der Organisation der Gemeindearbeit sowie der aufwendigen Innen- und Außenrestaurierung der historischen Kirche.

Ob denn eine derartige Unterstützung aus Deutschland nicht auch Neid unter den katholischen Mitbewohnern im Dorf provoziere, frage ich Pfarrer Mutschmann. Doch der schüttelt den Kopf.

»Anfangs, gleich nach dem Krieg, als die ersten Polen hierher kamen, mag es das gegeben haben. Da sahen die polnischen Katholiken, welch wunderschöne Kirche diese von vielen gehaßten evangelischen Masuren, die Deutschen, hatten und fragten sich: Warum können nicht wir diese Kirche haben? Und es hat ja in der Folgezeit auch immer wieder, besonders heftig in den siebziger Jahren, Versuche gegeben, der evangelischen Gemeinde in Sorquitten die Kirche wegzunehmen. Aber das hat, wie man sieht – aus welchen Gründen auch immer –, zum Glück nicht geklappt. Als ich dann 1984 hierher kam und mit der Renovierung der inzwischen ziemlich heruntergekommenen Gebäude, der Kirche und des Pfarrhauses, begann, sind manche im Dorf allerdings wieder neidisch und mißtrauisch geworden. ›Aha‹, haben sie gesagt, ›diese Evangelen haben's und wir nicht. Und woher haben sie's? Natürlich von ihren Freunden aus Deutschland!‹«

Pfarrer Mutschmann macht eine Pause, putzt seinem zweijährigen Sohn, dem jüngsten seiner drei Kinder, der ins Zimmer gekommen ist, die Nase. Dann fährt er fort:

»Aber ich habe den Leuten erklärt, daß ihre Haltung Unsinn ist. Daß der Spruch, ohne Geld geht nichts, nur der persönlichen Bequemlichkeit dient. Daß es vielmehr auf die eigene Initiative ankommt. Daß man natürlich auch Geld braucht, daß es aber auch viele Dinge gibt, die man ohne Geld machen kann. Den Friedhof in Ordnung bringen zum Beispiel. Oder das Kirchengelände säubern. Daß man nicht immer nur herumzusitzen und zu warten braucht, bis von oben etwas geschieht. Selbst müsse man sich um die Dinge kümmern. Dann fände sich auch das Geld, das nötig sei.«

Heute, so Pfarrer Mutschmann weiter, nachdem er seinem Sohn ein zweites Mal die Nase geputzt hat, heute sei das Zusammenleben zwischen Evangelischen und Katholischen im Dorf unproblematisch. Man lebe auf so engem Raum zusammen, jeder kenne jeden und wisse, daß es allen bessergehe, wenn man gut miteinander auskommt.

Inzwischen sei es sogar so, daß aus der katholischen Dorfbevölkerung Anfragen nach gemeinsamen Gottesdiensten kämen. Aber das sei bisher von der katholischen Kirchenhierarchie und auch seinem katholischen Priesterkollegen im Ort verhindert worden.

»Das ist, neben unseren permanenten Geldsorgen, unser größtes Problem: daß sich die katholische Kirche hier in Masuren bislang so strikt dem ökumenischen Gedanken widersetzt. Dabei ist die katholische Kirche in anderen Teilen der Welt und auch in manch anderen Gegenden Polens doch schon viel weiter.«

Womit dies zusammenhängt, kann auch Pfarrer Mutschmann nur vermuten. »Vielleicht meinen manche meiner katholischen Amtskollegen noch immer, wir seien die Fünfte Kolonne der Deutschen. Dabei wollen wir doch nur gute Christen sein – und wir glauben schließlich alle an denselben Gott.«

Anders als die Beziehungen zur katholischen Kirche erscheinen ihm die Beziehungen zum polnischen Staat als unproblematisch. Zumal nach der Wende.

»Unser Verhältnis ist neutral. Früher, das ist richtig, war es ziemlich negativ. In alles und jedes hat der Staat seine Nase gesteckt, hat versucht, uns zu gängeln; auch den politischen

Machthabern waren die Evangelischen irgendwie verdächtig. Gleichsam nach dem Motto: Nur ein guter Katholik ist ein guter Pole.«

Heute, so sein Eindruck, interessiere sich der polnische Staat nicht mehr sonderlich für die evangelische Kirche. »Sie haben begriffen, daß die evangelische Kirche in Polen keine politischen Ambitionen hat. Wir sind auch viel zu wenige, als daß unsere Stimme irgendein besonderes Gewicht haben könnte. Der Staat jedenfalls hat aufgehört, uns als ›deutsche Kirche‹ zu diffamieren.«

Am politischen Leben im Dorf nehme er als Pfarrer auch nicht teil. »Natürlich kenne ich den Dorfschulzen und alle anderen wichtigen Leute und gehe, wenn ich Zeit habe, zu den öffentlichen Gemeinderatssitzungen, um zuzuhören. Und ich habe, wie ich meine, auch ein ganz gutes Verhältnis zur Gemeindeverwaltung und den anderen staatlichen Stellen. Dies gehört vielleicht nicht unbedingt zu meinen seelsorgerischen Aufgaben, ist aber dennoch ein wichtiger Teil meiner pastoralen Pflichten. Schließlich muß ich wissen, was im Dorf los ist, was die Menschen bewegt, welche Probleme es in der Fischerei, in der Landwirtschaft gibt. Und natürlich braucht man für vieles auch offizielle Genehmigungen. Baugenehmigungen, Genehmigungen für das Durchführen von Ferienlagern und vieles andere mehr.«

Wert legt Pfarrer Mutschmann auf die Feststellung, daß er außer seinem Pfarramt kein anderes Amt, auch kein ehrenamtliches, hat. Mit einer Ausnahme: Vor einem Jahr hat er sich zum Vorsitzenden der polnischen »Gesellschaft der Freunde Ernst Wiecherts« wählen lassen. Das heißt, so präzisiert er sofort, eigentlich habe er sich breitschlagen lassen. Freunde aus Deutschland, aber auch polnische Landsleute hätten ihn gedrängt. Er mit seinen guten Kontakten, seinem verbindlichen Wesen, seinem Renommee usw. wäre doch der ideale Mann, um das Projekt voranzubringen, aus dem unweit von Sorquitten gelegenen Geburtshaus Ernst Wiecherts ein Museum zu machen. Dabei hatte er weder in der Schule noch auf der Universität auch nur den Namen Ernst Wiechert gehört.

»Als ich vor zehn Jahren aus Thorn in Pommerellen hierher kam, hatte ich überhaupt keine Ahnung von Masuren. Weder vom Land noch von seiner Geschichte, seiner Kultur, seinen Menschen. Also habe ich begonnen, alles über Masuren zu lesen, was mir unter die Finger kam. Zunächst historische Bücher, landeskundliche Beschreibungen, kirchengeschichtliche Abhandlungen. Und dann Literatur. Und ich habe Veranstaltungen und Seminare besucht, die die ›Ostsee-Akademie Travemünde‹, in Deutschland und hier in Masuren abgehalten hat. Auf diese Weise bin ich auch auf Ernst Wiechert gestoßen. Ich war berührt von seiner tiefen Religiosität und der Einfühlsamkeit und Genauigkeit, mit der er die Natur und die Menschen Masurens beschrieben hat. Ich bin zwar alles andere als ein Experte in Sachen Wiechert, aber daß dieser Dichter wichtig ist sowohl für die Menschen, die früher hier wohnten, als auch für die, die jetzt hier leben – das habe ich begriffen. Und vielleicht kann ich mich ja wirklich in dieser Hinsicht ein wenig nützlich machen.«

Im Moment, so Pfarrer Mutschmann, befinde sich die »Gesellschaft der Freunde Ernst Wiecherts« in einer schwierigen Situation. Zwar stehe Wiecherts Geburtshaus inzwischen leer, doch weigere sich die staatliche Forstverwaltung, der das Haus noch immer gehöre, der Umwandlung in ein Wiechert-Museum endgültig zuzustimmen. Obwohl es die Forstverwaltung keinen Pfennig oder keinen Złoty kosten würde und man sich verpflichtet habe, auch das umgebende Areal in einen ordentlichen Zustand zu bringen und zu bewirtschaften. Aber alles hänge von einem Mann ab, dem Chef der Staatlichen Forstverwaltung in Olsztyn (Allenstein).

Ob man ihm denn einen Grund für die Ablehnung genannt habe, frage ich.

»Nein«, antwortet Pfarrer Mutschmann einsilbig.

»Aber es muß doch einen geben«, insistiere ich.

»Es gibt einen. Der Mann mag keine Deutschen. Ganz einfach.«

Dabei, so Pfarrer Mutschmann, sei dieser Chef der Forstverwaltung nicht einmal fünfzig Jahre alt und habe mit Sicherheit keine eigenen schlimmen Erinnerungen an die Deutschen. »Aber wer weiß, was seine Familie erlebt hat.«

Auf jeden Fall wollen er und seine Freunde von der »Wiechert-Gesellschaft« nicht lockerlassen. Ganz behutsam wollen sie vorgehen, keinen Druck ausüben, schon gar keinen öffentlichen. Das Gespräch wollen sie mit dem Mann suchen, höflich, immer wieder um Verständnis werbend und schließlich doch auf Einsicht hoffend. »Wir leben nun wirklich in einer anderen Zeit. Das muß doch begreiflich zu machen sein.«

Abschließend frage ich Pfarrer Mutschmann, ob es nicht eigentlich der Traum aller evangelischen Pastoren in Polen sein müßte, Gemeindepfarrer in Sorquitten zu werden? Kaum ein anderer Ort in Polen hat eine so schöne Kirche, ist so idyllisch gelegen – zwischen zwei glasklaren Seen, umgeben von riesigen dunklen Wäldern.

»Sie werden lachen«, sagt Pfarrer Mutschmann, »aber als ich mein Studium in Thorn beendete, wollte niemand aus meinem Jahrgang nach Sorquitten. Die Pfarrstelle hier galt als die schlechteste, die zu vergeben war. Die Kirche war in schlimmem Zustand, das Pfarrhaus und die dazugehörigen Gebäude ebenfalls. Und die Gemeindekasse, das wußte man, war leer.«

Heute, ja, heute sei das ganz anders. Ohne unbescheiden sein zu wollen, könne er sagen, er kenne inzwischen eine ganze Reihe von Kollegen, die davon träumten, Pfarrer in Sorquitten zu sein. Aber zunächst wolle er sich noch einen eigenen Traum erfüllen. Er möchte, etwas abseits des Pfarrhauses, auf einem brachliegenden und verkommenen Stück Land ein großes internationales ökumenisches Jugendzentrum bauen, ein Haus, in dem sich ganzjährig Kinder und Jugendliche aus vielen Ländern Europas treffen können. Die Planungen dafür seien bereits abgeschlossen, die Dokumente, zweisprachig, bei der Deutsch-Polnischen Stiftung in Warschau eingereicht. Vielleicht könne es nicht ganz so groß und so gut ausgestattet werden, wie man ursprünglich erhofft habe, aber zu machen müsse es sein. Allerdings, mit der Deutsch-Polnischen Stiftung allein werde es nicht gehen. Man müsse zusätzlich Sponsoren finden. In Polen, in Deutschland.

Das Wort Sponsoren ist eines der Wörter, das wir in diesen Tagen in Ostpreußen am häufigsten hören.

Erich Hannighofer

## Land der dunklen Wälder

Land der dunklen Wälder
und kristallnen Seen,
über weite Felder
lichte Wunder gehn.

Starke Bauern schreiten
hinter Pferd und Pflug,
über Ackerbreiten
streicht der Vogelzug.

Und die Meere rauschen
den Choral der Zeit,
Elche stehn und lauschen
in die Ewigkeit.

Tag ist aufgegangen
über Haff und Moor,
Licht hat angefangen,
steigt im Ost empor.

## Fischer in Masuren

Sie machen es wie ihre Ahnen und Urahnen seit Jahrhunderten: Wenn die Sonne hinter den dunklen Wäldern verschwindet, fahren sie hinaus auf den See. In unzähligen Geschichten, Liedern und Gedichten ist das Leben der masurischen Fischer beschrieben worden, meist romantisch verklärend, selten der harten Realität des Alltags entsprechend. Doch wie entbehrungsreich ihr Leben, wie mühevoll ihre Arbeit auch immer gewesen sein mag und bis auf den heutigen Tag ist, der Beruf des Fischers in Masuren gilt vielen noch immer als Traumberuf. Und er ist es wohl auch.

Die masurische Seenplatte ist das Herzstück Masurens. Wie viele aus den eiszeitlichen Gletschern entstandene Seen es wirklich sind, weiß niemand genau zu sagen; jeder zählt offenbar anders. Auf jeden Fall ist die Bezeichnung Masurens als »Land der tausend Seen« eine Untertreibung. Schon 1880 hat der Königsberger Schulmeister Dr. Benecke nachgewiesen, daß es mehr als 3000 Seen in Masuren gibt. Und die heutigen Statistiker wollen sogar 3312 masurische Seen gezählt haben, wobei die kleineren, wie es heißt, noch nicht mitgerechnet sind. Wie dem auch sei: Nur Finnland hat in Europa einen vergleichbaren Seenreichtum. Die meisten masurischen Seen erstrecken sich von Norden nach Süden und bilden dabei nicht selten Seenketten von 50 bis 70 Kilometer Länge.

Der größte See ist der fast dreieckige Spirdingsee (Jezioro Śniardwy), ein Meer. Mit seinen rund 110 Quadratkilometern war er einst – nach dem Bodensee – Deutschlands zweitgrößter Binnensee. Heute ist er der größte See Polens. Die Länge des Spirdingsees beträgt 13 Kilometer, die Breite 17 Kilometer. Selbst bei schönem Wetter ist das gegenüberliegende Ufer nur als Strich am Horizont erkennbar. Wie viele Seen Masurens birgt auch der Spirdingsee eine Reihe kleiner, meist bewaldeter Inseln, deren dunkles Nadelholz oder prächtiges Buchengrün einen reizvollen Kontrast zum tiefblauen Wasser abgibt. Die Ufer sind mit einem dichten Schilfgürtel bewachsen, einem idealen Nistplatz für unzählige Wasservögel.

So ruhig und friedlich der Spirdingsee bei schönem Sommerwetter auch erscheinen mag, er gilt als kapriziös und launisch. Schon im vergangenen Jahrhundert dichtete der ostpreußische Gymnasialprofessor Dewischeit mit Blick auf dieses gewaltige Gewässer:

Wild flutet der See.
Drauf schaukelt der Fischer im schwankenden Kahn.
Schaum wälzt er wie Schnee
von grausiger Mitte zum Ufer hinan.

Und in einer Reisebeschreibung neueren Datums ist zu lesen: »Der Spirdingsee brüllt wie das Meer, wenn er im Frühjahrs- und Herbststurm seine dunkelgrünen Wogen auf die Ufer rollt und dabei langsam, aber stetig gewaltige Felsblöcke nach den seichten Wassern verschiebt.«

Auf dem Spirdingsee wurden schon, so heißt es, Wasserwellen bis zu 15 Meter Höhe beobachtet. Und ein unlängst erschienenes polnisches Touristenhandbuch für die masurischen Seen weist ausdrücklich darauf hin, daß sich der Spirdingsee für Wassersport »nicht besonders gut eignet« und sich »nur erfahrene Leute, gute Schwimmer« mit dem Kajak oder Paddelboot dort hinauswagen sollten.

Mit 104 Quadratkilometer Wasseroberfläche nur ein wenig kleiner als der Spirdingsee ist der südlich von Angerburg (Węgorzewo) gelegene Mauersee (Jezioro Mamry). An manchen Stellen ist er mehr als 40 Meter tief und wird in dieser Hinsicht nur noch vom Talter Gewässer (Jezioro Tałty) übertroffen, dessen maximale Tiefe 51 Meter beträgt.

Als bekanntester und auch edelster Fisch Masurens seit alters gilt die Maräne, ein lachsartiger Fisch, der sich tagsüber in den tiefsten Schichten der Seen aufhält und nur nachts bis knapp unter die Wasseroberfläche emportaucht. Die Verschmutzung eines Teils der masurischen Seen und auch die von Fachleuten immer wieder beklagte mangelnde Pflege des Fischbesatzes allerdings haben die Maränenbestände in den letzten Jahren dramatisch reduziert. Heute werden vor allem Zander, Brassen, Barsche, Schleie und Plötzen gefangen, aber auch Aale und Hechte. Hin und wieder geht den Fischern sogar ein Wels ins Netz und – wenn sie ganz großes Glück haben – eben auch ein Schwarm Maränen. Die allerdings gelangen kaum in den freien Handel, sondern werden meist direkt an ausgewählte Hotels und Restaurants der Umgebung verkauft.

Als wir an einem späten Augustabend mit Fischern aus Sensburg (Mrągowo) auf Fang fahren, flutet der See keineswegs wild. Es ist aber auch nicht der unberechenbare Spirdingsee, sondern der viel kleinere, von dichten Wäldern umgebene Gehlandsee (Jezioro Giełądzkie) bei Sorquitten (Sorkwity). Die sechs Fischer, der jüngste etwa achtzehn Jahre alt, der älteste fast siebzig, tragen unter ihren Arbeitsjacken dicke Rollkragenpullover, denn auch im Sommer können die Nächte in Masuren empfindlich kühl werden. Die Beine stecken in Cordhosen oder dicken Jeans und kniehohen Stiefeln, einige haben riesige gelbe Gummischürzen um den Leib gebunden. Sie fahren in zwei flachen, schwankenden Holzkähnen, die von einem dritten mit altersschwachem Außenbordmotor geschoben werden. In der Mitte der beiden vorderen Kähne sind Seilwinden montiert, davor und dahinter liegt jeweils ein Berg engmaschiger Netze. Am Steuer des Außenbordmotors sitzt in einer weichen, schwarzen Lederjacke und mit einer blauen Baseballmütze Bronisław Łabaj, der Chef der Gruppe – oder, wie ihn die Fischer immer noch nennen, der »Brigadier«.

In nicht allzu weiter Entfernung vom Ufer werden in einem großen Halbkreis die Netze ausgeworfen und an langen Holzstangen, die mit den Händen in den Grund des Sees gerammt werden, befestigt. Dann ziehen die Fischer an einer anderen Stelle des Sees, an der am Vorabend die Netze ausgebracht worden waren, die Holzstangen heraus, haken die Enden der Netze an die Drahtseile der Winden und fahren zum Ufer zurück. Hier setzen sie die von kleinen Dieselmotoren getriebenen Winden in Gang und ziehen langsam die Netze an Land.

Der Fang an diesem Abend ist enttäuschend. Einige Schleie, einige Plötzen, ein paar Barsche. Alles in allem, so schätzt der Brigadier, nicht einmal 20 Kilo. »Es lohnt kaum die Arbeit.«

Seit einem halben Jahr ist der Fischereibetrieb, bei dem die Männer arbeiten, privatisiert, die bisher staatliche Fischereigenossenschaft Sensburg in eine Aktiengesellschaft umgewandelt. Hauptaktionäre sind die ehemaligen Direktoren und Brigadiers. Das Gelände und die Gebäude des Fischverarbeitungsbetriebes haben sie vom Staat gekauft, die dazugehörigen Seen, die weiter Eigentum des Staates bleiben, für fünfzehn Jahre gepachtet. Mit Nachdruck weist uns der Brigadier darauf hin: »Es ist ein Riesenunterschied zu früher. Es ist kein Staatsbetrieb mehr, für den wir arbeiten, sondern ein privater. Das heißt, er gehört uns. Verstehen Sie? Wir sind die Eigentümer. Wir sind die Eigentümer – wie vor dem Krieg.«

Ansonsten allerdings, so der Brigadier, habe sich wenig geändert. »Die Fischerei in Masuren ist eine schlimme Knochenarbeit, eine Schinderei. Nur für Außenstehende, für Touristen sieht es romantisch aus. Der See, die Wälder, der Mond und alles... In Wirklichkeit ist es ein hartes Brot, und oft quälst du dich ganz umsonst.«

Welches denn die größten Probleme für ihn und seine Leute seien, fragen wir.

»Da ist zunächst einmal die Verschmutzung vieler Seen. Vor allem der Seen, die an größeren Ortschaften liegen. Nur die wenigsten dieser Orte haben eigene Kläranlagen; erst allmählich fängt man an, welche zu bauen. Dann die Belastungen durch die Landwirtschaft. Massenhaft haben sie in den vergangenen Jahrzehnten Düngemittel auf die Äcker geworfen – und die landen natürlich zu einem großen Teil alle wieder in den Seen. Stickstoff, Schwefel, Chlor, Phosphor – alles geht in die Seen, verursacht ein üppiges Algenwachstum und entzieht dem Wasser den lebenswichtigen Sauerstoff. Allein in den Nikolaiker See gelangen jährlich einige Tonnen phosphorhaltiger Verbindungen. Das Resultat ist die Grünfärbung des Wassers durch Algen und Sauerstoffmangel – und ein schon seit Jahren existierendes Badeverbot.«

Weitere Probleme bereitet den Fischern, so der Brigadier, der in den letzten Jahren immer stärker gewachsene Tourismus und dessen Begleiterscheinungen, die zum Teil katastrophalen sanitären Verhältnisse auf den Campingplätzen, das wilde Zelten, die Verschmutzung der Strände. Das alles hat natürlich auch unmittelbare Auswirkungen auf die Wasserqualität. Und noch ein Problem gebe es, aber das sei ein altes: die Kormorane, immer schon die »Feinde der Fischer«. In den letzten Jahren hätten sie sich aber besonders stark vermehrt und würden jetzt die Fischbestände schlimmer dezimieren als je zuvor.

Er und seine Leute hätten trotz allem aber immer noch Glück. Denn zu ihrem Sensburger Fischereibetrieb gehörten viele Seen, die fernab jeder Ortschaft und auch abseits großer bewirtschafteter Ackerflächen inmitten von Wäldern liegen. »Unser Wasser ist bisher in Ordnung, und wir hoffen, daß es auch so bleibt.«

Seine Hauptsorge ist eine ganz andere: die Raubfischerei und der Diebstahl der Netze samt den darin gefangenen Fischen. »Jede Nacht mußt du raus und die Netze kontrollieren. Machst du es einmal nicht, sind sie weg. Und so ein Netz, das fünfzehn Jahre halten soll, ist schließlich teuer. Es ist eine Plage, das Klauen...«

Trotz all der Probleme ist Bronisław Łabaj, was seinen Fischereibetrieb angeht, durchaus optimistisch. Bereits in den ersten Monaten als Privatunternehmen hätten sie so gut gewirtschaftet, daß sie von einer französischen Firma, vermittelt über deutsche Kollegen, 200 Kilogramm »Aalsaatgut« kaufen und in ihren Seen aussetzen konnten; als, wie er betont, einziger Fischereibetrieb in der gesamten Wojewodschaft Olsztyn (Allenstein). Außerdem hätten sie begonnen, Karpfenteiche anzulegen, Zuchtteiche, denen keinerlei Wasserverschmutzung droht und die dazu beitragen, daß ihr Betrieb etwas krisenfester wird. »Wenn kein Unglück passiert, müßten wir eigentlich überleben können.«

Ob er denn auch seinem Sohn raten würde, Fischer in Masuren zu werden, fragen wir.

Bronisław Łabaj nimmt seine blaue Baseballmütze mit dem gelben Schriftzug »Alain Kervadec, Vigny« ab und setzt sie wieder auf.

»Mein in Gott ruhender Vater war Fischer, mein Großvater... Auch mein Bruder ist Fischer. Ich habe mit dreizehn Jahren mit dem Fischfang angefangen und mache es jetzt dreißig Jahre. Das Fischen ist eine Leidenschaft, eine Passion wie das Jagen. Es ist eine schöne Arbeit, aber auch eine schwere. In diesem Beruf darfst du nicht durch Zufall geraten, dann hältst du es nicht lange aus. Für diesen Beruf mußt du dich bewußt entscheiden, dafür mußt du geboren sein. Ich weiß nicht, ob ich meinem Sohn dazu raten soll. Zum einen liegen seine Interessen, wie es scheint, woanders, zum anderen glaube ich, daß angesichts der Entwicklung in Europa, in der EU, der Süßwasserfischfang keine Zukunft hat. Im Westen existiert er ja kaum noch, nur noch als Erholung, als Freizeitbeschäftigung. Hier in Masuren mag es noch einige Zeit gutgehen – wenn wir die Wasserverschmutzung in den Griff bekommen und die Raubfischerei. Aber auf lange Sicht – ich weiß nicht...«

Hinzu komme noch ein weiteres Problem, das »seit der Einführung des Kapitalismus in Polen« immer ärgerlicher und auch für die Fischer immer bedrohlicher werde: die Tatsache nämlich, daß immer mehr finanzkräftige Konzerne und Unternehmen, vor allem aus Warschau, aber auch aus anderen polnischen Städten, Seegrundstücke in Masuren kaufen und dort Gästehäuser hinsetzen; vornehmlich zu dem Zweck, dort in angenehmer Atmosphäre Geschäftspartner bewirten und Verhandlungen führen zu können. Nicht nur, daß dies zu einer weiteren ökologischen Belastung der Seen führe, auch der Zugang zu den Seeufern werde dadurch immer schwieriger. Denn in der Regel würden diese meist riesigen Anwesen von den Firmen sofort eingezäunt und die Öffentlichkeit dadurch – entgegen allen Gesetzen – von den Seeufern abgeschnitten. Die Behörden seien machtlos oder drückten auch ganz bewußt beide Augen zu, weil sie, wie es der Brigadier ausdrückt, »mit dem großen Geld unter einer Decke stecken«.

Just mit einer derartigen Firma hatten wir am Vortag unangenehme Bekanntschaft gemacht – an einer der schönsten Stellen Masurens, auf einer Landzunge im südlichen Zipfel des Mauersees. Von hier hat man einen weiten, einzigartigen Blick über die gesamte umgebende Seelandschaft. Doch diese Landzunge, auf der sich eine Aussichtsplattform für Touristen und eine Anlegestelle für Segel- und Paddelboote befand, hat nun ein großer Warschauer Energiekonzern mit Beschlag belegt. Das gesamte Gelände ist mit einem hohen Zaun hermetisch abgeriegelt und wird von scharfen Hunden bewacht. Als wir uns dennoch näherten, um ein paar Filmaufnahmen zu machen, drohte man, die Hunde auf uns zu hetzen.

Wenn nicht schnell etwas geschieht, so fürchten wir mit den Fischern aus Sensburg, werden ähnliche Zustände bald an vielen Seen Masurens herrschen.

Johannes Bobrowski

## *Nachtfischer*

Im schönen Laub
die Stille
unverschmerzt.
Licht
mit den Händen
über einer Mauer.
Der Sand tritt aus den Wurzeln.
Sand, geh rot
im Wasser fort,
geh auf der Spur der Stimmen,
im Finstern geh,
leg aus den Fang am Morgen.
Die Stimmen singen silberblaß,
bring fort,
in Sicherheit,
ins schöne Laub die Ohren,
die Stimmen singen:
tot ist tot

## Lötzen, Neumünster und zurück


Das Stadtwappen zieren drei silberne Fische auf hellblauem Grund. Lötzen (Giżycko), gelegen auf der Landenge zwischen dem Mauersee (Jezioro Mamry) und dem Löwentinsee (Jezioro Niegocin), gilt als das bedeutendste Urlaubszentrum des masurischen Seengebiets. Doch das saubere Wasser – die Bläue, die das Wappen suggeriert – gehört der Geschichte an. Seit Jahren schon ist das Baden an den Ufern des Löwentinsees aus gesundheitlichen Gründen verboten. Und auch die Fische haben ihre Rolle als traditionelle Ernährer der Stadt längst ausgespielt. Von einst 300 Arbeitsplätzen in der Fabrik, in der sie verarbeitet wurden, sind nicht einmal mehr hundert erhalten. Und auch deren Zukunft ist ungewiß.

Knapp 30 000 Menschen leben heute in Giżycko, und rund 40 Prozent von ihnen, so besagt die offizielle Statistik, sind arbeitslos. Die Lampenfabrik wurde von einem ausländischen Konzern aufgekauft, der fast Dreiviertel der Belegschaft entlassen hat, die Süßwarenfabrik ist pleite und findet überhaupt keinen Käufer mehr. Die Staatsgüter rings um Lötzen sind entweder geschlossen oder beschäftigen nur noch einen Bruchteil der einstigen Arbeiter und Angestellten. Größter Arbeitgeber ist das Kreiskrankenhaus, doch auch dessen Zukunft ist nicht gesichert, da die Finanzkrise zu großen Abstrichen auch beim staatlichen Gesundheitswesen zwingt.

Die Sehenswürdigkeiten Lötzens sind schnell aufgezählt. Da sind die Reste des für Ostpreußens Städte fast obligatorischen

Ordensritterschlosses aus dem Jahr 1390, die nach Plänen von Karl Friedrich Schinkel 1827 erbaute evangelische Kirche – offenbar ein bescheidener Entwurf aus der Werkstatt des Meisters –, die vom preußischen General von Boyen um 1850 angelegte Festung, die in der Schlacht bei Tannenberg im August 1914 eine Rolle spielte, sowie die katholische Kirche aus dem Jahr 1937, deren Giebel in einem acht Meter hohen Sgraffito Bischof Bruno von Querfurt zeigt. Wie die Überlieferung berichtet, soll er als erster Missionar in Südostpreußen gewirkt und dort 1009 den Märtyrertod erlitten haben. Mehr Spektakuläres gibt's hier nicht. Bei Kriegsende im Januar 1945 wurde fast ein Drittel von Lötzen zerstört. Vor allem die Bürgerhäuser am Marktplatz fielen dem Siegestaumel der Roten Armee zum Opfer.

In einem der Häuschen am Markt, die das Kriegsende überlebten und das, im Gegensatz zu anderen, auch später nicht abgerissen wurde, treffen wir Dr. Wojciech Łukowski, einen Soziologiedozenten der Warschauer Universität. Er wurde wenige Jahre nach dem Krieg in Giżycko geboren, ein ruhiger, freundlicher Mann. Als Vorsitzender der »Masurischen Gemeinschaft«, einer Vereinigung meist junger Künstler und Intellektueller, die sich 1990, im Jahr nach der Wende in Polen, in Giżycko gegründet hat, interessiert er sich vor allem für die Geschichte dieser Region und das Verhältnis zwischen ihren früheren und heutigen Bewohnern.

Das schmale, zweistöckige Haus, in dem die »Masurische Gemeinschaft« residiert, beherbergte bis Kriegsende die berühmte Lötzener Bäckerei Regelski. Nach dem Krieg wurde es als Wohnhaus genutzt, stand dann aber mehr als zehn Jahre leer und verfiel. In einer Art Hausbesetzung bezogen wohnungssuchende Mitglieder der »Masurischen Gemeinschaft« 1990 das Gebäude und begannen, es von Grund auf zu renovieren. Heute beherbergt es ein von der »Masurischen Gemeinschaft« betriebenes öffentliches Café und eine Galerie mit wechselnden

Kunstausstellungen. Das Kellergewölbe wird zur Zeit zu einem Versammlungsraum und »Raum für kleine Festlichkeiten«, wie er offiziell genannt wird, ausgebaut.

In den wenigen Jahren seines Bestehens hat sich das Haus der »Masurischen Gemeinschaft« zum Mittelpunkt des geistigen und kulturellen Lebens in Giżycko entwickelt. Regelmäßig werden hier Konzerte – klassische Kammermusik oder Jazz und Rock – veranstaltet; ab und zu auch Dichterlesungen oder Diskussionsabende zu kulturellen und politischen Themen. Darüber hinaus ist das Haus zu einem Ort der Begegnung geworden zwischen den alten Lötzenern, die heute verstreut in ganz Deutschland wohnen, und der jungen Inteligencja von Giżycko.

Doch von alldem erzählt Dr. Łukowski bescheiden und ohne erkennbare Begeisterung. Während uns Piotr, sein ukrainischer Freund, hinter der Theke frischen Kaffee brüht und eine neue CD mit Cool-Jazz auflegt, läßt Dr. Łukowski noch einmal die vergangenen fünf Jahre Revue passieren. »Wenn wir gewußt hätten, was auf uns zukommt, wir hätten das Ganze gar nicht erst angefangen.«

Da war zunächst die Sache mit dem Haus. Da sich niemand mehr darum gekümmert hatte, sei es bereits so verfallen gewesen, daß es irgendwann eingestürzt wäre. Hätten er und seine Freunde hier nicht Knochenarbeit geleistet, wäre es heute eine Ruine. Sie hätten die Fassade gestrichen, neue Fenster und eine neue Eingangstür montiert. Doch dann kam Neid auf. Die Stadtverwaltung fing an, Schwierigkeiten zu machen. Nur dank persönlicher Kontakte zu den Behörden und guter Beziehungen zur örtlichen und überregionalen Presse habe man die Arbeit überhaupt weiterführen können.

Und dann gab es Probleme mit dem Namen der Vereinigung »Masurische Gemeinschaft«. »Für viele Leute hier ist ›masurisch‹ noch immer ein deutscher Begriff. Man glaubte, wir seien ein Verein der deutschen Minderheit, die fünfte Kolonne der

Deutschen. Dabei ist unsere Gemeinschaft grundsätzlich offen für alle, die hier leben oder gelebt haben – Polen, Ukrainer, Litauer, Deutsche.«

Und auch die Grundidee ihrer Vereinigung, so Dr. Łukowski, sei doch eigentlich ganz einleuchtend: »Nach 1945 hat sich in Masuren alles verändert – außer der Natur. Erst vertrieb man die Deutschen, dann emigrierten in mehreren Wellen die ethnischen Masuren, enttäuscht von der neuen Wirklichkeit. Ihren Platz nahmen Menschen ein, die meist nicht aus eigenem Willen nach Masuren gelangt waren. Viele Jahre hatten die neuen Bewohner Masurens das Gefühl der Vorläufigkeit, der wichtigste Bezugspunkt war für sie ihre eigene verlorene Heimat. Erst wir, die nach dem Krieg in Masuren geborene Generation der Dreißig- und Vierzigjährigen kann sich hier ohne Vorbehalte zu Hause fühlen und den Kontakt zu den ehemaligen Bewohnern dieses Landes suchen. Wir versuchen einfach, unsere Freude darüber auszudrücken, daß wir in einer Landschaft mit einer so faszinierenden Kultur und Natur geboren und mit ihr verwachsen sind.«

Auch die Versuche, mit den Heimatvertriebenen aus Lötzen, die jetzt in Deutschland leben, Verbindung aufzunehmen, gestalteten sich zunächst schwierig. »Es sind doch alles relativ alte Menschen, die offenbar auch viele Probleme mit sich selbst und untereinander haben.« Es hätte, so Dr. Łukowski, die Gefahr bestanden, daß er und seine Freunde »in die Machtkämpfe unter den Vertriebenenfunktionären« verwickelt würden. Nicht selten hätten sie auch die Erfahrung gemacht, daß Funktionäre des Vertriebenenverbandes, die sich den Ideen der »Masurischen Gemeinschaft« gegenüber aufgeschlossen zeigten, Schwierigkeiten mit ihrer eigenen Mitgliederbasis bekamen. Dennoch, unter dem Strich, habe sich das Verhältnis zu den alten Lötzenern inzwischen durchaus erfreulich entwickelt; vor allem zu der sogenannten »Kreisgemeinschaft Lötzen«, in der sich die ehemaligen Einwohner des Lötzener Kreises organisa-

torisch zusammengefunden haben und die ihren Sitz in Neumünster, der Patenstadt der alten Lötzener, hat.

Zur Eröffnung des Hauses der »Masurischen Gemeinschaft«
im Mai 1992 wurde in der Galerie eine vom Lötzener Archiv in
Neumünster organisierte Ausstellung »Lötzen in alten Photographien« gezeigt, die auf »enormes Interesse« gestoßen sei.
»Viele Menschen in Giżycko erfuhren erst jetzt, wie ihre Stadt
einmal ausgesehen hat.« Als Motto der Ausstellung hatte man
die Definition des Begriffs »Heimat« aus dem Roman »Heimatmuseum« des gebürtigen Masuren Siegfried Lenz gewählt.
Heimat als »Ort der unausgesprochenen Verbindungen: Verbindungen zu Brauchtum, Sprache, Landschaft und zu den erkennbaren Leistungen vergangener Generationen«. Wobei der
Begriff »Heimat« von dem perfekt deutschsprechenden Dr.
Łukowski und seinen Freunden nicht mit dem sonst üblichen,
auch im Polnischen etwas bombastischen Wort »Ojczyzna«
übersetzt wird, »Vaterland«, sondern mit dem Begriff »Mała
ojczyzna«, »Kleines Vaterland«.

Zu einigen Mitgliedern der Kreisgemeinschaft Lötzen, so Dr.
Łukowski, bestehen inzwischen ausgesprochen freundschaftliche Beziehungen. Man besucht sich regelmäßig, erfährt auch
ein wenig finanzielle Hilfe aus Deutschland. So konnten etwa
mit Unterstützung aus Neumünster im Sommer 1993 und 1994
deutschsprachige Ausgaben der Lokalzeitung »Gazeta Gi-
życka« erscheinen, die bei deutschen Touristen reißenden Ab-
satz fanden. Vertreter des Stadtrats von Giżycko trafen sich mit
Vertretern des Stadtrats in Neumünster, der Bürgermeister von
Giżycko hielt bei dieser Gelegenheit eine Rede vor mehreren
hundert ehemaligen Einwohnern von Gizycko und Umgebung,
ein deutsch-polnisches Wirtschaftsforum wurde organisiert.
Dennoch sind die Kontakte längst nicht so weit gediehen, wie
es sich die »Masurische Gemeinschaft« erträumt hatte. Dem
Werben Giżyckos, Neumünster als Partnerstadt zu gewinnen,
steht man dort eher zögerlich gegenüber. Zum einen, so vermu-

tet Dr. Łukowski, weil der traditionell SPD-geführte Stadtrat den als konservativ geltenden Heimatvertriebenen und somit auch der »Kreisgemeinschaft Lötzen« eher reserviert gegenübersteht. »Zum anderen hat man in Neumünster selbst genug Probleme. Auch die Städte in Deutschland sind in der Krise, viele haben bereits eine ganze Reihe Partnerstädte im europäischen Ausland und fürchten weitere finanzielle Belastungen in dieser Hinsicht.«

Auch in Giżycko, so Dr. Łukowski, haben die meisten Menschen ganz andere Sorgen. Die Stadt ist »überbesiedelt«, mit der Wirtschaft geht es bergab, und die kommunalen Steuereinnahmen sinken von Jahr zu Jahr. Dabei sei auffallend, daß der Tourismus in den Sommermonaten in Giżycko und Umgebung durchaus blüht, aber dennoch kaum Geld in die Stadtkasse kommt. »Das meiste versickert in der Schattenwirtschaft.« Und dort, wo sich sichtbar Positives tue, geschehe es meist mit Hilfe aus dem Ausland. Wie beim Bau der großen Kläranlage am Löwentinsee etwa, die mit Geldern aus der Europäischen Union finanziert wird.

»Unser Hauptproblem«, meint Dr. Łukowski, »ist der Mangel an Initiative. Was auch immer wir an regionalen Projekten anzuschieben versuchen – im Bereich des Umweltschutzes, des Marketings für den Tourismus, der kommunalen Selbstverwaltung –, es endet mit Niederlagen.« Sicher, man habe Aktionen gestartet unter dem Motto »Masuren soll sauber werden«, habe in einer Art Bürgerinitiative die Seeufer von Abfällen gereinigt und den sanitären Standard von Campingplätzen verbessert, aber zu dem großen Ruck, den sie nach der Wende 1989 erhofft hatten, ist es in der Bevölkerung nicht gekommen. Viele Menschen hier hätten einfach kein »Konzept zum Leben«, kein Selbstvertrauen, wären mittlerweile an das niedrige soziale Niveau gewöhnt. Auch der Alkohol spiele eine immer schlimmere Rolle. »Es ist schwer, die Menschen hier zu mobilisieren.« Dabei gebe es durchaus staatliche Anreize zur Existenzgründung. »Das Geld liegt auf dem Arbeitsamt, zu günstigen Bedingungen, aber keiner will es.« Man sei einfach die Selbständigkeit nicht gewohnt und habe auch kein Vertrauen in die neuen Verhältnisse. Die Polen seien nach dem Krieg in dem Bewußtsein erzogen worden, daß der Staat schon für sie sorgen werde, mehr schlecht als recht, aber immerhin. Selbst im Sprachgebrauch werde das deutlich. Eine Wohnung beispielsweise habe man »bekommen«, nicht etwa »gekauft«. Und so denken viele noch immer. Und diejenigen, die wirklich bereit seien, hart zu arbeiten, führen nach Italien oder Deutschland und arbeiteten dort auf dem Bau oder in der Landwirtschaft. Ein regelrechter Pendelverkehr sei entstanden, aber die Leute, die ins Ausland gingen, seien gerade diejenigen, die man in Giżycko am dringendsten brauche.

Außerdem, so Dr. Łukowski, sei es kein Geheimnis, daß viele von denen, die sich nach dem Krieg in Masuren ansiedelten, »aufgrund einer negativen Selektion hierher kamen. Es waren die ärmsten Bauern aus Zentralpolen, nicht selten Leute, die bereits anderswo Probleme hatten; Personen, die ganz unten waren in der Gesellschaft oder einfach Glücksritter.« Natürlich habe es auch positive Beispiele gegeben, etwa die polnische Intelligenz aus Litauen, Ärzte, Rechtsanwälte, die nach dem Krieg in Giżycko so etwas wie eine gesellschaftliche Elite bildeten, aber sie seien letztlich doch die Ausnahme gewesen. Und den politischen Ton hätten ohnehin ganz andere angegeben. Opportunisten, Leute, »die an ehrlicher und harter Arbeit nicht unbedingt Freude hatten«.

Ob er denn in seinen soziologischen Studien, die veröffentlicht werden, die Probleme ebenso drastisch benennen dürfe, ebenso ungeschminkt etwa von »negativer Selektion« sprechen könne, frage ich Dr. Łukowski.

»Selbstverständlich«, kommt die etwas verwunderte Antwort, »das ist doch das mindeste, was wir tun müssen – uns endlich ehrlich mit unserer eigenen Vergangenheit befassen.«

Zum Schluß unseres Gespräches möchte uns Dr. Łukowski noch etwas zeigen, das unmittelbar mit der Vergangenheit, der deutschen wie polnischen, zu tun habe. »Das müssen Sie sich ansehen«, sagt er schmunzelnd. Nur wenige Schritte vom Haus der »Masurischen Gemeinschaft« entfernt befindet sich in der Mitte des Parks, der einst der Marktplatz von Lötzen war, die »Abstimmungseiche« – gepflanzt zur Erinnerung an die Volksabstimmung 1920, bei der im Kreis Lötzen 99,97 Prozent der Stimmen für Deutschland und 0,01 Prozent für Polen abgegeben wurden. Und fast unmittelbar daneben trägt ein Findling auf polnisch die Inschrift: »Den Kämpfern für das Polentum in Masuren – 1987 zum 90. Jahrestag der masurischen Volksbewegung und zum 42. Jahrestag der Befreiung der Stadt.«

Auf meine Frage, um welche »masurische Volksbewegung« es sich denn dabei gehandelt habe, zuckt Dr. Łukowski die Schultern. Und nach einigem Nachdenken sagt er: »Das wissen die, die den Stein dorthin gestellt haben, wahrscheinlich auch nicht.«

Ich habe den Eindruck, als stünden der Gedenkstein und die Eiche inzwischen ganz friedlich beieinander.

# ERMLAND

## *Frauenburg*

Weit reicht der Blick über das Frische Haff bis zur Frischen Nehrung, jener schmalen Landzunge, die sich östlich von Danzig in nordöstlicher Richtung ins Meer schiebt und wie ein riesiger Wellenbrecher vor dem ostpreußischen Festland liegt. An klaren Tagen ist sogar Königsberg zu sehen, jenseits der russischen Grenze, nicht einmal 60 Kilometer entfernt. Der Dom hoch über der kleinen Stadt Frauenburg (Frombork) am Ufer des Frischen Haffs, von dessen Glockenturm sich dieser einzigartige Blick ins Land eröffnet, gilt als das bedeutendste Werk kirchlicher Baukunst in Ostpreußen. »Unserer Lieben Frauen Burg – im ganzen Land ihr schönstes Haus!« hatte einst Agnes Miegel dieses Bauwerk besungen.

Wie viele andere Städte Ostpreußens ist auch Frauenburg eine Gründung des Deutschen Ritterordens. Die Burg, die um 1270 auf dem hohen Berg am Haff errichtet wurde, diente als Festung im Kampf gegen die einheimischen Pruzzen, die zu bekehren oder auszurotten sich der Ritterorden zur Aufgabe gemacht hatte, im Auftrag und mit dem Segen der katholischen Kirche. Kein Wunder, daß nur zehn Jahre später, um 1280, Frauenburg auch Sitz des ermländischen Domkapitels wurde. Zuerst errichtete man eine bescheidene Kirche aus Holz, doch schon 1329 begann der Bau des jetzigen Doms, der in nicht einmal fünf Jahrzehnten vollendet wurde. Ein Prachtwerk norddeutscher Backsteingotik, das die Wechselfälle der Jahrhunderte bis auf den heutigen Tag in seiner ursprünglichen

Form überdauert hat und dem auch die Schäden des Zweiten Weltkriegs nicht mehr anzusehen sind.

Besonders eindrucksvoll ist das in der Nachmittagssonne weithin leuchtende Westwerk des Doms mit seinen zwei schlanken, achteckigen Türmen und dem spitzen Giebel, den eine Galerie filigraner gotischer Blenden ziert. Nicht weniger beeindruckend erscheint das Innere des Doms mit seinen hoch aufstrebenden Gewölben und den prächtigen Schnitzereien an den zahlreichen Altären.

Das ungeschützt zu Füßen des Dombergs liegende Frauenburg wurde wiederholt Opfer schrecklicher Heimsuchungen. Es wurde angesteckt und geplündert von Rittern des Deutschen Ordens und Truppen des Preußischen Bundes, von Polen und Schweden, Franzosen und Russen. 1945 lag die Stadt in Trümmern, fast alle historischen Bauwerke waren zerstört – die Pfarrkirche St. Nikolaus aus dem 14. Jahrhundert, die Hospitalskirche, die Reste des Antoniterklosters. Auch der Dom blieb nicht verschont. Das Dach war zerstört, ebenso der Glockenturm sowie Teile der Außenmauern. Auch die 40 000 Bände der Dombibliothek gingen in den Kriegswirren verloren.

Bis 1772 gehörte Frauenburg, wie das gesamte Fürstbistum Ermland, zur polnischen Krone. Als Ergebnis der Ersten polnischen Teilung, bei der sich die Großmächte Preußen, Rußland und Österreich mehr als ein Drittel des polnischen Territoriums einverleibten, kamen Frauenburg und das Ermland, zusammen mit ganz Westpreußen, unter die Herrschaft Friedrichs des Großen. Wie die preußische Besitzergreifung 1772 in Frauenburg vor sich ging, ist in einer Chronik überliefert: »Königlich preußische Kommissare, Kriegsrat Boltz und Justizrat Hahn, kamen mit einem Kommando, bestehend aus einem Offizier, einem Unteroffizier, neun Soldaten und einem Tambour des Regiments von Ingersleben nach Frauenburg und nahmen von Dom und Stadt im Namen des Königs von Preußen Besitz. Nachdem den Domherren in der Kapitelstube das Besitzergreifungspatent vorgelesen war, zog die Truppe auf den Markt, der Tambour wirbelte, der Kommissar verlas die Königliche Order, und die Soldaten präsentierten. Dann wurde der Preußische Adler am Rathaus angeschlagen und das städtische Archiv versiegelt. Damit begann die neue preußische Zeit Frauenburgs.« Sie dauerte bis zum Februar 1945, bis zur Eroberung Frauenburgs durch die Rote Armee.

Auch diese Besitzergreifung ist ausführlich beschrieben worden – von Domkapitular Bruno Schwark, dem, neben Domdechant Aloysius Marquardt, einzigen Domherrn, der das Kriegsende 1945 in Frauenburg überlebt hat:

»Am Morgen des 8. Februar schoß die russische Artillerie den Glockenturm der Domkirche in Brand. Die Flammen ergriffen bald das Balkenwerk des Turms und verbreiteten sich auf die nebenstehenden Gebäude. Die schwere Andreasglocke aus dem Jahr 1690, die allein noch der Domkirche verblieben war, schmolz. Am Nachmittag verstärkte sich das Artilleriefeuer noch mehr. Die Domprobstkurie und die Wirtschaftsgebäude der Ignatiuskurie gingen in Flammen auf.

Als das rasende Feuer gegen Abend endlich aufhörte, war allen klar, daß nun der Einmarsch des Feindes erfolgen würde. So war es denn auch. Bald rasselten über das Pflaster die sowjetischen Tanks, und nicht lange danach erschienen die ersten Soldaten an den Eingängen der Häuser und drangen in die Luftschutzräume vor mit dem gebieterischen Ruf: ›Uri, Uri!‹

Nachdem die Uhren abgeliefert waren, begannen die Belästigungen der Frauen. Ich wurde alsbald zur Vernehmung vor einen russischen Major gerufen. Das Kommando der Truppe hatte seinen Sitz in der Josephikurie aufgeschlagen, wo es bereits von Soldaten wimmelte. Die einen hatten die Photographien und Ansichtskarten des Domherrn aus dem Schreibtisch gerissen und vergnügten sich damit. Einer hatte sich den Zylinderhut aufgesetzt und tanzte herum. Währenddessen knallte es ringsum von Gewehrschüssen, die ein Zeichen des Sieges waren. [...] Die Vernehmung dauerte nicht lange. Von mir wurde verlangt, daß ich die Bevölkerung zur Ruhe ermahnen solle, damit kein Widerstand geleistet werde und keine Unruhen vorkämen. In dieser Nacht, während der das Allerheiligste noch in meinem Keller aufbewahrt wurde, sorgte ein russischer Offizier, der der französischen Sprache mächtig war, dafür, daß keine Belästigungen und Übergriffe vorkamen. Am nächsten Morgen wurden dann die arbeitsfähigen Männer und Frauen gesammelt und in die Evangelische Kirche gesperrt zum Abtransport. Es kam eine Nacht, von der es in meinem Tagebuch heißt: ›Nacht der Finsternis und der Hölle!‹ Etwa achtmal kamen Kerls und holten Mädchen und Frauen. Manche wurden dreimal geholt und sechs- bis achtmal vergewaltigt. Es war furchtbar. Ich wollte den Russen Vorhaltungen machen. ›Seien Sie still‹, sagten die Frauen, ›wir verteidigen uns selber.‹ Es hatte tatsächlich keinen Zweck. Einen Burschen mit brauner Lederjacke sehe ich noch stehen mit seiner Begleitung, wie er höhnisch ruft: ›Kochen kommen!‹ Ein Mädchen ging, und draußen, irgendwo in den Schmutz gestoßen, wurde sie von acht Kerls vergewaltigt. Die Burschen haben sie noch verspottet und verhöhnt; der letzte sagte: ›Verzeihung, ist Krieg!‹«

Prälat E., der dem heutigen Domkapitel in Frombork (Frauenburg) angehört, ist etwa fünfzig Jahre alt, hoch aufgewachsen, hager. Das schwarze Priesterkleid betont seine kerzengerade Haltung und verleiht ihm etwas Statuarisches. Mit sichtbarem Stolz führt er uns durch den Dom. Er zeigt uns die Stellen, an denen der ehrwürdige Bau im Krieg besonders stark beschädigt wurde, macht uns auf die hohen Kirchenfenster aufmerksam, von denen – natürlich – keines das Kriegsende überlebt hat und die nun nach alten Bildern orginalgetreu restauriert sind. Er führt uns zur Orgel aus dem 17. Jahrhundert, die alles überdauert hat und auf der heute berühmte Organisten aus aller Welt festliche Konzerte geben. Und er weist uns mit Nachdruck auf einen Altar hin, neben dem eine Statue von Nikolaus Kopernikus steht, »einem der größten Söhne Polens, der mehr als dreißig Jahre hier in Frauenburg lebte«. Er benutzt die polnische Form des Namens, Mikołaj Kopernik, und die polnische Bezeichnung für Frauenburg: Frombork.

Im Nordwestturm der Domanlage hatte der Astronom, Arzt und Domherr zu Frauenburg, Kopernikus, seine Wohn- und Arbeitsräume. Von hier beobachtete er in einem eigens von ihm eingerichteten Observatorium den Weg der Sonne über das Haff und die See und in klaren Nächten den Lauf der Gestirne. Hier schrieb er sein revolutionäres Werk über die Bewegung der Himmelskörper, das eine neue geistige Epoche in der Menschheitsgeschichte einleitete. Nicht die Sonne dreht sich um die Erde, wie bis dahin angenommen, sondern, so das Ergebnis seiner Forschung, umgekehrt: Die Erde und die Planeten ziehen ihre Kreise um die Sonne. Kurz vor seinem Tod, schon auf dem Sterbebett, konnte Kopernikus das erste Exemplar seiner auf lateinisch verfaßten und in Nürnberg gedruckten Schrift in Empfang nehmen. Zwar hätte es einige Zeit gedauert, bis er seine das bisherige Weltbild auf den Kopf stellenden Erkenntnisse veröffentlichen durfte, aber immerhin, so Prälat E., woanders wäre Kopernik als Ketzer verbrannt worden. Nicht jedoch in Polen, denn dort, setzt Prälat E. mit feinem Lächeln hinzu, »gab es keine Inquisition«.

Daran, daß Kopernikus Pole war, besteht für Prälat E. nicht der geringste Zweifel. Zwar stammte er aus einer deutschen Familie in Thorn, doch »er fühlte polnisch und war ein loyaler Untertan des polnischen Königs«. Auch die wissenschaftlichen Forschungen der katholischen Kirche des Ermlands hätten »zweifelsfrei« ergeben: »Unser Domherr, der weltberühmte Wissenschaftler Mikołaj Kopernik, war Pole.«

Das Grab des Nikolaus Kopernikus, der 1543 in Frauenburg starb, ist nicht mehr auffindbar. Zwar wurde er, wie alle Domherren im Felsgewölbe unter dem Kirchenschiff beigesetzt, doch wurde die Grabplatte 1627 von den Schweden geraubt. Ob sie auch seine sterblichen Überreste mitnahmen, ist nicht bekannt. Aber Prälat E. ist überzeugt: »Irgendwo hier unter dem Dom ruhen noch die Gebeine von Mikołaj Kopernik.«

Wie alle anderen Domherren hatte auch Kopernikus einen eigenen Altar an einer der Säulen des Kirchenschiffs. Auch er fiel dem Raub durch die Schweden zum Opfer. An seiner Stelle steht heute ein kunstvoll verzierter Barockaltar, der 1973, zum 500. Geburtstag von Nikolaus Kopernikus, aufwendig restauriert wurde.

Das im Krieg stark zerstörte Städtchen Frauenburg profitierte ebenfalls von diesem Gedenktag. War das Stadtbild noch bis zu Beginn der siebziger Jahre geprägt durch weite, von Unkraut überwucherte Leerflächen und Trümmer der bei Kriegsende in Flammen aufgegangenen Wohnhäuser und öffentlichen Gebäude, erwuchs 1972/73 gleichsam über Nacht ein neues Frauenburg. Gäste aus aller Welt wurden erwartet, um den großen Gelehrten, den Begründer des neuzeitlichen Weltbilds, zu ehren – und die zentrale Planwirtschaft der »Volksrepublik Polen« schuf wie auf Knopfdruck den würdigen Rahmen. Die Trümmer verschwanden, die Fassaden der erhalten gebliebenen Häuser wurden ausgebessert und erhielten einen neuen Anstrich, die umgefallenen oder zusammengestürzten Zäune wurden aufgerichtet, die Schlaglöcher zugeschüttet und die Straßen mit frischem Teer überzogen.

Hinzugekommen sind seit 1990 allerdings auch am Fuß des Domhügels einige postmodern anmutende Wohnbauten, kleine Cafés, Restaurants, Eisbuden und Andenkenläden. Und ein prächtiges, in Granit gehauenes Kopernikus-Denkmal. Es richtet den Blick geradeaus auf das Haff. Dorthin, wo im Februar 1945 in endlosen Trecks die letzten Flüchtlinge aus Ostpreußen über das Eis nach Westen zogen.

Annemarie in der Au

## Dom zu Frauenburg

Nicht nur der Kuckucksruf
der Orgel,
ihre Schellen
und französischen Fanfaren
oder das Spielwerk
gleitender Putten
und das Rotieren des Sterns
ruft die Menschen
in den Dom zu Frauenburg.
Nicht nur die Weisheit
des Domherrn Copernicus
läßt sie erschauern.
Nicht nur die Stille vor den Altären,
die sich schützend pressen
vor jede Säule
macht ihre Gebete beredt.
Wie die Strahlenbündel
ins Netzwerk der Wölbung
sich flechten,
wird all ihre Hoffnung
den Alltag tragbar machen:
Umgib dich mit Wehrhaftigkeit,
Glauben!

## Endgültig vorbei

Hier«, sagt Gräfin Euphemia von Dohna, streckt den rechten Arm aus und zeigt auf einen von Holundersträuchern überwachsenen Steinhaufen, »hier war die Küche. Von hier wurde das Essen zum Schloß hinübergetragen, im Winter wie im Sommer, bei Wind und Wetter. Unter riesigen Kupferdeckeln, damit es nicht kalt wurde.«

»Und wieso war die Küche außerhalb des Schlosses?«

»Damit man's nicht roch!«

Nahezu fünf Jahrhunderte war die Familie Dohna in Ostpreußen ansässig. 1643 wurde sie Besitzerin des Dorfes Schlodien, 50 Kilometer südöstlich von Frauenburg am Frischen Haff. 1701 wurde mit dem Bau des Schlosses begonnen. Der Architekt war kein Geringerer als der Baumeister des Berliner Zeughauses, Jean de Bodt. Neun Generationen der Dohnas lebten hier, und ihre Geschichte ist typisch für die vieler Adelsgeschlechter in Ostpreußen. Ebenso ihre Wertewelt. Bodenständig, konservativ, protestantisch, unerschütterlich an Autorität und Ordnung glaubend, waren diese Familien bestrebt, das Bestehende zu pflegen und ihren Besitz nach Möglichkeit zu mehren. So jedenfalls beschreiben es die Angehörigen der ostpreußischen Adelsgeschlechter selbst – die Dönhoffs, die Lehndorffs, die Kuenheims, die Finckensteins. Und im Kern dürfte es wohl so gewesen sein.

Auch die Dohnas dienten in unzähligen Ämtern und Funktionen der Obrigkeit: den preußischen Kurfürsten und Königen wie den deutschen Kaisern. Der Erbauer von Schloß Schlodien, Christoph Burggraf und Graf zu Dohna, war preußischer General und später auch preußischer Minister. Viele seiner männlichen Nachfahren bekleideten hohe Ränge in der preußischen Armee.

Stolz war man auf die Weltoffenheit des Hauses, auf das kulturelle und soziale Engagement der Familie sowie deren religiöse Toleranz. Auf Schloß Dohna waren Künstler aus ganz Deutschland zu Gast. Aber auch mittellose Studenten, bedürftige Witwen und Ferienkinder aus den Städten, so berichtet es die Familiensaga, fanden hier in den Sommermonaten Aufnahme. Mit besonderem Nachdruck wird der in Tilsit geborene Dichter Max von Schenkendorf erwähnt, der sich als Student und später als verwundeter Kriegsfreiwilliger der Freiheitskriege 1813/14 häufig im Hause Dohna in Schlodien aufhielt. Und als herausragendes Beispiel für die gesellschaftspolitische Weitsicht und kulturelle Offenheit der Familie wird Carl Ludwig Graf zu Dohna angeführt. Er entließ nicht nur bereits im Jahre 1802, fünf Jahre vor den Stein-Hardenbergschen Reformen, seine Bauern aus der Erbuntertänigkeit – nicht zu verwechseln mit der Leibeigenschaft, die es im ursprünglichen Sinn des Wortes in Ostpreußen nie gab –, sondern übersetzte sogar die Luther-Bibel ins Polnische, damit auch die polnischsprachige Bevölkerung Masurens diese Texte lesen konnte.

Vom gewaltigen, zweigeschossigen Schloß Schlodien stehen heute nur noch die Außenmauern. Der Stolz der Dohnas, der Pferdestall, der die Form und die Dimension eines kleinstädtischen Rathauses hatte und nicht umsonst »Marstall« genannt wurde, ist teilweise eingestürzt. Der riesige, im barocken Stil angelegte Schloßpark und die Obstgärten sind verwildert, die in alten Beschreibungen immer wieder bewundernd erwähnte Lindenallee abgeholzt. Auch die Nebengebäude wie das Amtshaus und die sogenannten Kavaliershäuser sind verfallen oder abgerissen.

Die Sammlung wertvoller Möbel und Gemälde, darunter viele Bilder niederländischer Maler, sowie die kostbaren Gobelins aus flämischen Manufakturen, die das Schloß beherbergte, sind seit 1945 verschwunden. Lediglich einige Bilder niederländischer Meister haben den Untergang Schlodiens überdauert und befinden sich heute im Herder-Museum in Mohrungen (Morąg), in einem Schlößchen, das einst ebenfalls den Dohnas gehörte.

Euphemia Gräfin zu Dohna floh mit ihrer Mutter und ihrer Schwester im Januar 1945 vor der anrückenden Roten Armee aus Schlodien. Ihr Vater war bereits 1936 gestorben, ihre beiden Brüder, die letzten männlichen Erben auf Schlodien, fielen 1944 – im Alter von 17 und 22 Jahren. Seit 1975 besucht die Gräfin regelmäßig ihren einstigen Besitz.

58 Zimmer, erzählt sie, habe das Schloß gehabt. Im unteren Stockwerk habe man gewohnt, dort habe sich das tägliche Leben abgespielt. Im Obergeschoß waren die »Staatsräume«, die nur für große Festlichkeiten geöffnet wurden. Und davon, so schwärmt sie, gab es viele, bevor der Krieg ausbrach. Rauschende Bälle seien es gewesen, vor allem im Winter, wenn die Ernte eingebracht war und die Abende lang wurden. Einen speziellen Tanzsaal habe es gegeben, mit feinstem Parkett, das federnd mitschwang.

Die 58 Zimmer seien nicht zuviel gewesen, denn schließlich habe man ja auch noch Personal gehabt, »genügend Personal«. Nach dem Tod des Vaters sei es allerdings etwas reduziert worden, auf acht bis zehn Dienstboten, Stubenmädchen und Köche, die noch im Schloß unmittelbar tätig waren. Wie viele Menschen auf den riesigen Ländereien und in den Forsten der Dohnas rund um Schlodien arbeiteten, ist der Gräfin nicht mehr erinnerlich.

Das Schönste an ihrer Kindheit und Jugend, so meint sie, sei das »freie Leben« gewesen, das »nicht reglementiert war«. Im Sommer wie im Winter hätte man reiten können – in der zum

Schloß gehörenden Reithalle, die der Vater erbauen ließ und von der heute überhaupt nichts mehr zu sehen ist. Mindestens vierzehn Reit- und Kutschpferde hätten eigens dafür im Marstall parat gestanden – die Arbeitspferde für die Landwirtschaft waren etwas abseits in weit bescheideneren Stallungen untergebracht.

Als Gräfin Dohna 1945 mit ihrer Mutter und ihrer Schwester aus Schlodien floh, war sie 21 Jahre alt. Wenn sie heute hierher zurückkommt, sagt sie, freue sie sich nur über die Schönheit der Landschaft, die Gegend, die Wolkenbildung.

»Ich komme nicht hierher, weil ich traurig bin, daß wir das nicht mehr haben. Natürlich sieht man, wie alles zusehends verfällt. Aber das schüttelt man allmählich ab!« Die Gräfin verstummt, blickt zu Boden. In halbkreisförmigen Bewegungen streicht ihr rechter Fuß über das von Unkraut durchwachsene Gras.

»Und es belastet Sie nicht mehr?«

»Nein, heute nicht mehr. Als ich die ersten Male hierher kam – da schon. Aber inzwischen war ich so oft hier... Nein, nein, ich weiß, es ist alles vorbei.«

Die Gräfin macht wieder eine Pause und schaut zu Boden.

»1945 war es, als würde eine Tür endgültig zugeschlagen. Und als ich 1975 das erste Mal wieder hier war, habe ich mir von vornherein gesagt: Bild' dir nicht ein, du kommst nach Hause, und die Eltern stehen vor der Tür und sagen: ›Herzlich willkommen!‹ Das ist alles vorbei.«

»Aber haben Sie nicht doch irgendwann einmal die Hoffnung gehabt, daß es – trotz allem – nicht vorbei ist?«

»Nein, nein. Für uns war klar, daß es endgültig ist, schon als wir weggingen.«

»Schon bei Kriegsende, bei der Flucht?«

»Ja.«

1975 wurde sie bei ihrem Besuch in Schlodien vom Direktor der Kolchose, zu der nun auch das Schloß gehörte, freundlich begrüßt. Ja, man wisse, wer sie sei, erklärte er der Gräfin, und natürlich könne er verstehen, daß sie ihre alte Heimat wiedersehen möchte. Allerdings, und das sagte er mit Nachdruck, müsse er sie bitten, das Schloßgelände nicht zu betreten. Einen Grund dafür nannte er nicht. Vielleicht fürchtete er, seine Landarbeiter könnten durch den Besuch der einstigen Besitzerin beunruhigt werden. Vielleicht war er in Sorge, der Gräfin könnte beim Betreten der Schloßruine etwas zustoßen. Vielleicht schämte er sich auch nur.

Dabei war das Schloß, so Gräfin Dohna, 1975 noch in vergleichsweise gutem Zustand. Das Dach war in Ordnung, und auch die Zwischendecken waren erhalten. Erst einige Jahre später brannte der Dachstuhl aus. Ein paar junge Leute aus der Kolchose hatten im verlassenen Schloß gefeiert und dabei ein kleines Feuerchen entzündet, das dann aufs ganze Gebälk übergriff.

Ob es denn irgendwann einmal Pläne gegeben habe, Schlodien wiederaufzubauen, frage ich.

Derartige Pläne, antwortet die Gräfin, habe es mehrfach gegeben. Zu Beginn der achtziger Jahre habe sie in Warschau einen jungen polnischen Architekten kennengelernt, der seine Diplomarbeit über Schloß Schlodien geschrieben hätte. Seitdem sei er vernarrt gewesen in dieses Bauwerk, habe es, nach seinen eigenen Worten, »geliebt wie seine Frau«. Geradezu besessen sei er gewesen von der Idee, Schlodien für die kommenden Generationen zu retten. Ein Reiterhotel wollte er daraus machen oder ein Sanatorium. Doch wer, bitte schön, hätte das finanzieren sollen? In Polen hatte doch niemand Geld, und auch aus Deutschland, so die Gräfin, sei keine Unterstützung zu erwarten gewesen. Aus ihrer Linie der Familie seien nur noch ihre Schwester und sie übrig, da gebe es keine Reichtümer mehr.

Später hat sich die Universität Danzig (Gdansk) mit dem Gedanken getragen, Schloß Schlodien dem polnischen Staat abzukaufen und eine der Fakultäten hierher auszulagern. Doch drei

Tage vor Unterzeichnung des Kaufvertrags brach der erwähnte Brand aus und machte das Gebäude endgültig zur Ruine.

Heute, sagt Gräfin Dohna, würde sie sich darüber freuen, wenn »die Natur über alles wegginge«, wenn einfach alles zuwachsen würde. Damit nichts mehr zu sehen ist, niemand mehr erinnert wird, niemand mehr fragt.

Ob sie sich denn vorstellen könne, daß irgendwann in Zukunft vielleicht doch wieder ein Dohna hier in Ostpreußen lebt?

»Nein, kann ich nicht. Auch wenn vielleicht für einen Moment mal solch ein Gedanke aufkommt. Aber ich fahre ja jedes Jahr mit jungen Leuten aus der weitverzweigten Familie hierher, führe ihnen das alles vor, zeige ihnen, wo wir herkommen, wo wir unsere Wurzeln haben. Aber ich glaube nicht, daß irgend jemand von denen hier leben könnte oder wollte, hierher wirklich für immer wieder zurück will. Dafür sind wir im Westen doch zu sehr verwöhnt. Mit allem. Besonders die Jugend. Nein, das mit den Dohnas in Ostpreußen, das ist vorbei.«

Und die Grenzen, hält sie die für endgültig?

Auch das sei in ihrer Familie kein Thema mehr. Natürlich, als die Mauer, die Grenze zu »Mitteldeutschland«, gefallen sei, hätten sich auch in ihrer Familie alle »riesig« gefreut. Doch mit Ostpreußen habe das nichts zu tun. »Das ist vorbei. Endgültig!«

# »Als wir 1947 hierher kamen...«

Die ungepflasterte Straße, die vom Schloß Schlodien in das Dorf führt, das früher denselben Namen trug und nun Gładycze heißt, wirkt wie ausgestorben. Lediglich eine Ziege, die mit einem langen Strick an einen hölzernen Pflock gebunden ist und das Gras von der Böschung frißt, sowie eine Schar Hühner, die auf einem mit rostigem Maschendraht eingezäunten Hof nach Futter scharrt, deuten darauf hin, daß hier Menschen leben. Gegen Abend kommt aus dem Dorf die Besitzerin der Hühner, eine etwa 65 Jahre alte Frau mit weißem Kopftuch und grünen Gummistiefeln. In jeder Hand trägt sie einen Eimer. Ihre Figur ist klein, etwas gedrungen, und wenn sie den Mund öffnet, blitzt eine Reihe Goldzähne auf.

Ja, ja, sagt sie, die Hühner, die seien ihr ganzer Stolz. In guten Jahren hätte sie sogar bis zu fünfzig Stück gehabt und damit die ganze Familie durchgebracht. Inzwischen lebe sie allein, der Mann sei gestorben, die beiden Söhne seien aus dem Haus. Aber von ihren Hühnern lassen wolle sie nicht, schon gar nicht bei der niedrigen Rente, die sie jetzt bekomme. Sie habe als Landarbeiterin auf der Kolchose gearbeitet, doch die sei jetzt pleite, und deshalb wohne hier kaum mehr jemand. Aber die Eier werde sie zum Glück immer los, und im übrigen habe sie auf diese Weise wenigstens eine Beschäftigung.

Die Frau stammt aus dem äußersten Südosten Polens, dem Grenzgebiet zur Ukraine. 1947 ist ihre Familie hierher zwangsumgesiedelt worden. Aus politischen Gründen, hieß es. Denn in dem Gebiet, in dem sie lebte, wehrte sich die Bevölkerung besonders heftig gegen das von Moskau eingesetzte kommunistische polnische Regime. Bis weit in die fünfziger Jahre tobte dort eine Art Partisanenkrieg. Ganze Dörfer wurden vom polnischen Sicherheitsdienst niedergebrannt, die Bewohner wurden erschossen oder zwangsweise in die ehemals deutschen Ostgebiete umgesiedelt. Jeder Versuch der Rückkehr war mit der Todesstrafe bedroht. An all das erinnert sich die alte Frau noch genau. Und auch an ihre Ankunft hier in Schlodien.

»Als wir 1947 hierher kamen«, erzählt sie, »sah alles wunderschön aus. Das Schloß war unzerstört. Gardinen hingen in den Fenstern und an den Wänden Gemälde; die wunderschönen Möbel waren noch da, und an den Decken all die eleganten Verzierungen aus Gips, alles. Es sah aus, als lebten hier Menschen, aber alles war leer. Auch die Stallgebäude waren in Ordnung und die Gewächshäuser in der riesigen Gärtnerei des Schlosses. Und in den Kellergewölben des Schlosses gab es jede Menge Vorräte. Eingewecktes Obst und Fleisch, Wein, Cognac, alles.«

»Und im Schloß selbst wohnte niemand?«

»Nein, niemand. Und es ist auch niemand eingezogen, denn diese riesigen Räume konnte keiner heizen. Und leerstehende Wohnhäuser gab es im Dorf doch genug. Die meisten Deutschen waren längst weg. Auch in den Pferdeställen konnte man sich gut einrichten, die hatten schöne Holzfußböden und waren richtig gemütlich.«

»Und was wurde dann aus dem Schloß?«

»Nach einiger Zeit haben sie ein Staatsgut daraus gemacht, eine Kolchose. Und die großen Säle des Schlosses benutzte man als Lagerräume, als Magazine.«

»Was wurde da gelagert?«

»Alles. Kartoffeln, Rüben, Getreide. Aber das haben die Mauern und Decken auf Dauer natürlich nicht ausgehalten. Zuerst bekamen sie Risse, dann sind sie eingestürzt.«

Wem das Schloß früher gehörte, habe sie viele Jahre nicht gewußt. Irgendwelchen deutschen Adligen, hätte man ihr gesagt, Faschisten. Jetzt, so sei ihr erklärt worden, gehöre es dem polnischen Volk. »Aber was«, so fragt sie, »sollte das Volk damit anfangen?«

Später, in den siebziger Jahren, seien dann die ersten Deutschen in Schlodien aufgetaucht. In merkwürdiger Weise, als fürchteten sie sich vor etwas, seien sie um das Schloß herumgeschlichen, hätten hierhin geschaut und dorthin, auf dem Boden und in den Gebüschen herumgesucht, offenbar um Spuren, Steine und Fundamente der Gebäude zu suchen, die inzwischen abgerissen waren. Von vorn, von hinten, von allen Seiten hätten sie die Schloßruine photographiert und den zusammengefallenen Reitpferdestall, die von Sträuchern und Unkraut überwucherte Stelle, an der das Küchenhaus gestanden hatte, den ausgetrockneten und jetzt zugewachsenen Schloßteich und jede Ecke im Park. Um die Menschen im Dorf hätten sie einen Bogen gemacht, und ins Gespräch gekommen sei man mit ihnen schon gar nicht. Aber wie auch – »die konnten ja uns nicht verstehen und wir sie nicht«.

Im Lauf der Jahre sei das aber alles ganz anders geworden. Man kenne sich inzwischen vom Sehen, grüße sich freundlich, verständige sich auch mal mit Händen und Füßen. Und manche im Dorf könnten ja auch schon ein paar Brocken Deutsch.

Was sie denn empfinde, wenn sie heute die Leute treffe, die früher hier gewohnt haben und jetzt immer wieder herkommen?

Die alte Frau lacht, entblößt ihre blitzenden Goldzähne.

»Ich verstehe sehr gut, daß es jeden zu seinem Besitz zurückzieht. Das ist doch normal. Ich fahre ja auch jedes Jahr dorthin, von wo sie uns weggejagt haben. Und das, obwohl dort kaum noch etwas steht und von manchen Häusern nicht einmal mehr die Fundamente zu finden sind. Es zieht die Menschen ganz einfach dorthin, wo ihre Heimaterde ist. Und deshalb kommen die, die früher hier lebten, auch jedes Jahr wieder her. Schauen sich alles genau an, was sich verändert hat, photographieren alles. Und bringen auch ihre Kinder mit, zeigen ihnen alles und erklären ihnen, was hier früher war, wie es ausgesehen hat.«

»Wenn Sie die Wahl hätten«, frage ich, »ständig hier zu leben oder dort, von woher Sie…?«

Noch ehe ich den Satz zu Ende gesprochen habe, kommt die Antwort: »Ich würde natürlich dorthin zurückgehen. Sogar heute noch. Sofort. Ich fahre ja jedes Jahr mindestens einmal hin, zu Besuch. Heute darf man das wieder, und ich brauche es einfach. Einmal im Jahr muß ich die Heimat wiedersehen, die heimatliche Erde. Und sei es nur für ein paar Tage. Wenn es nach mir ginge, würde ich sofort wieder zurückgehen und da leben wollen. Aber meine Kinder wollen nicht. Sie sind hier geboren, und immer wenn wir zusammen dorthin fahren, zu Besuch, sagen sie: ›Mama, Mama, was willst du bloß dort, dort ist doch alles so ärmlich!‹«

Auch nachdem die Kamera ausgeschaltet ist, stehen wir noch lange zusammen und reden über Deutsche und Polen, darüber, wie die Menschen im Dorf heute über die Deutschen denken.

»Ich glaube, nicht schlecht, aber hinter die Stirn schauen kann man niemandem.«

Und wir reden darüber, was geworden wäre, wenn es diesen verdammten Krieg nicht gegeben hätte. Fünfzig Jahre sei das nun alles schon her, aber vergessen, nein, vergessen könne sie es nicht. Wie auch, schließlich sei ihr Vater 1941 von den Deutschen erschossen worden. Sie sagt es fast beiläufig. Und nach einer langen Pause, in der wir nicht wissen, was wir sagen sollen, fügt sie hinzu: »Und das Land hier – Ostpreußen –, das kannten wir doch nicht mal dem Namen nach. Das einzige, was wir wußten, war, daß es zum Reich gehörte. Zum Reich, aus dem die Mörder meines Vaters kamen.«

## Das Forsthaus der Dohnas

Zu den riesigen Besitzungen der Familie Dohna in Ostpreußen gehörte neben den prachtvollen Schlössern Schlodien und Schlobitten auch ein um 1730 erbautes Barockschlößchen in Davids (Dawidy), etwa 15 Kilometer westlich von Schlodien. An der Landstraße von Elbing (Elbląg) nach Frauenburg (Frombork), die durch das Dörfchen Dawidy führt, findet sich jedoch keinerlei Hinweis auf das Schloß, kein Wegweiser, keine Reklametafel. Auf den ersten Blick erscheint dies ungewöhnlich, denn das Barockschlößchen Dawidy ist heute eines der schönsten und stilvollsten Hotels in Ostpreußen. Zu Zeiten der Grafen Dohna diente es mal als Forsthaus, mal als Witwensitz, mal als Verwaltungsgebäude. Es liegt versteckt auf einer kleinen Anhöhe inmitten eines gepflegten Parks, von wo man einen weiten Blick über das ostpreußische Oberland hat, einstiges Dohna-Land, so weit das Auge reicht.

Die Fassade des zweistöckigen Gebäudes ist offenbar erst unlängst in hellem Ocker gestrichen worden, die Rahmen der Fenster leuchten in frischem Weiß. Auf dem kleinen, mit Kies bestreuten Parkplatz vor dem Hintereingang stehen einige Autos, alle mit deutschen Nummernschildern. Die Zimmer im Erdgeschoß sind eher spartanisch eingerichtet, die Gäste- und Aufenthaltsräume im ersten Stock hingegen mit kostbaren Möbeln und Bildern ausgestattet, die von erlesenem Geschmack und Sammlerglück zeugen. Schwere Danziger Schränke, Biedermeiersessel, Ölgemälde romantischer Schule und Ahnenporträts.

Der heutige Besitzer des Schlößchens, Stanisław Matusze-wicz, ist etwa fünfzig Jahre alt, ein großer, hagerer Mann mit kantigen Gesichtszügen, gelernter Lebensmitteltechniker. Ge-meinsam mit seiner Frau und einem Mädchen aus dem Dorf, das die Zimmer putzt, kümmert er sich um die Gäste. Seine Frau besorgt die Buchhaltung und den ganzen administrativen Kram, wie er es nennt; er kocht und serviert das Essen. Und er kümmert sich um den Park und den riesigen Garten, aus dem die Gäste mit Obst und Gemüse versorgt werden.

Als »Herr Stanisław«, wie die korrekte polnische Anrede lau-tet, 1976 nach Davids kam, standen vom Schloß nur noch die Rückwand und die beiden Seitenwände. Die Zwischendecken waren eingestürzt, die Vorderfront zusammengefallen.

Warum, so fragen wir Herrn Stanisław, ist er ausgerechnet nach Davids gekommen und hat sich diesen verfallenen einsti-gen Adelssitz gekauft?

»Es gab viele Gründe«, sagt er, »vor allem aber hat es mit meiner Familientradition zu tun. Ich komme aus einer alten polnischen Adelsfamilie, die ihre Güter in Ostpolen 1945 an die Sowjetunion verlor. Es war eine alte Gutsbesitzerfamilie, die sich seit Generationen mit Kultur- und Kunstgeschichte befaß-te. Mein Großvater war Kunsthistoriker, mein Urgroßvater sammelte alte Möbel und Gemälde. Nachdem wir im Osten alles verloren hatten – nur ein paar Bilder meiner Vorfahren konnten wir retten –, hat es mich einfach hierher gezogen. Wir wußten, daß Ostpreußen eine traditionsreiche Kulturland-schaft war und die Menschen, die sie einst gepflegt hatten, nun nicht mehr da waren. Das war wohl der Grund.«

»Haben Sie damals gewußt, wem dieses Schloß früher ge-hörte?«

»Wir wußten es. Aber die Tatsache, daß es früher einer deut-schen Familie gehörte, hatte keinerlei Einfluß auf unsere Ent-scheidung.«

»Warum nicht?«

»Ich glaube, daß die Geschichte der Kunst und die Spuren der Kultur nicht geteilt werden können in polnische, deutsche oder andere; Kultur ist nicht teilbar. Entscheidend ist, daß wir gemeinsam versuchen, möglichst viel vom Vergangenen zu bewahren. Und da ist es doch unwichtig, wer dies tut. Hauptsache, es wird getan.«

Zu Anfang allerdings, so berichtet er, habe es unendliche Schwierigkeiten gegeben. Zuallererst finanzielle, denn der Erwerb der Ruine vom Staat habe seine gesamten Ersparnisse verschlungen und noch manches mehr, was er von seinem Erbe habe retten können – Teile des Familienschmucks zum Beispiel. Viel schlimmer jedoch seien die politischen Probleme gewesen, denn in der damaligen Zeit seien derartige Initiativen nicht gern gesehen worden. Vor allem der Sicherheitsdienst, der polnische Geheimdienst, habe sofort schlimme Dinge gewittert und ihn für einen Spion der Deutschen gehalten, womöglich gar für ein Mitglied einer Art Fünften Kolonne, die in aller Heimlichkeit die Rückkehr der Deutschen vorbereite.

Aber, das müsse er der Gerechtigkeit halber sagen, es hat auch Leute gegeben, die ihn unterstützten. Nicht finanziell, sondern moralisch. Leute, die Einfluß besaßen und ihm bei manchen Behörden die Türen zu öffnen vermochten. Er sei ja überhaupt erst der zweite oder dritte Pole gewesen, der ein derartiges Projekt in Angriff genommen hätte, und da könne man schon verstehen, daß manch einer einfach mißtrauisch war oder ihn schlicht für verrückt hielt. Heute existierten Probleme dieser Art allerdings nicht mehr.

»Seit es bei uns Freiheit gibt und überhaupt ganz andere politische und gesellschaftliche Verhältnisse herrschen, betrachtet man auch diese Dinge ganz anders. Man begreift endlich den Wert dieser Baudenkmäler, egal von wem sie stammen und wem sie einst gehörten.«

Und warum, fragen wir, folgen dann so wenige seinem Beispiel? Warum stehen überall in Ostpreußen diese wunderschönen alten Adelssitze herum und verfallen, verkommen? Wenn sie nicht gar absichtlich zerstört wurden.

Einige, so meint er, seien ja schon wiederaufgebaut oder restauriert worden. Das Schloß Cadinen zum Beispiel, am Frischen Haff, auf dem einst Kaiser Wilhelm II. die Sommerfrische zu verbringen pflegte. Aber das sei natürlich ein finanzielles Problem. Wer in Polen, der ehrlich arbeite, könne denn heute schon ein derartiges Unterfangen beginnen? Wer habe das Geld dazu? Das könnten doch nur die oft auf dunklen Wegen zu Geld Gekommenen, die Neureichen, oder – wie in Cadinen – ausländische Unternehmen, die sich polnischer Strohmänner bedienten. Bankkredite zu vernünftigen Bedingungen seien nicht zu haben. Das sei übrigens auch für ihn zur Zeit das größte Problem. Nicht einen Złoty bekäme er von einer Bank. Es sei denn, er wäre bereit, Wucherzinsen zu zahlen. Und das könne und wolle er nicht.

Die Gäste des Herrn Stanisław, das haben wir dem kleinen, in Leder gebundenen Gästebuch entnommen, welches im Eingangsflur auf einer prächtigen Eichenkommode liegt, entstammen fast alle alten ostpreußischen Adelsfamilien. Viele von ihnen haben sich bereits mehrfach eingetragen; sie kommen seit Jahren.

Wie denn das Verhältnis zu diesen Gästen sei, frage ich den Hausherrn.

»Die meisten von ihnen kennen meine Herkunft und bemühen sich, sie zu achten. Am Tisch bin ich der Kellner, am Herd der Koch. Aber wenn wir zusammensitzen, sind wir Partner. Mit einer Reihe von ihnen bin ich befreundet. Wir wissen viel voneinander. Manche kommen schon nicht mehr als Hotelgäste, sondern schlicht als Freunde zu Besuch. Und bei einigen hat sich herausgestellt, daß wir über viele Ecken verwandt sind. Es gab ja vielfältige Beziehungen zwischen dem deutschen und dem polnischen Adel. Frau von Wrangel zum Beispiel hat sich als eine entfernte Cousine von mir entpuppt. Und unsere Kinder fahren in den Ferien regelmäßig auf Besuch zu den Familien unserer Gäste nach Deutschland, während deren Kinder einige Wochen bei uns verbringen.«

Für Herrn Stanisław, das betont er ausdrücklich, ist es wichtig, daß die Gäste sein Schloß Dawidy, das er selbst schlicht als »Pension« bezeichnet, nicht als einen Ort ansehen, an dem es ums Geldverdienen geht. »Wenn wir das wollten, könnten wir uns das Leben einfacher machen. Für uns ist es ein Platz, an dem man versucht, die schönen Dinge vergangener Epochen, die gesellschaftlichen Werte zu kultivieren. Ein Ort, wo sich die Menschen treffen, die sich moralisch verbunden fühlen. Die ökonomische Seite ist nur die Voraussetzung dafür, die Basis.«

Sorge bereitet Herrn Stanisław die Tatsache, daß die deutschen Gäste in letzter Zeit weniger geworden sind. »Viele, die herkamen, waren ja schon alt und sind inzwischen gestorben.«

Überhaupt solle man die Erwartungen an den Tourismus in Ostpreußen nicht übertreiben. »Natürlich gibt es Patrioten, die mit dieser Gegend auf besondere Weise verbunden sind. Aber ich weiß auch, daß es in Europa noch viel schönere Regionen gibt, die touristisch und klimatisch attraktiver sind. In begrenztem Maße könnte der Tourismus in Ostpreußen eine Zukunft haben, aber wirklich nur in begrenztem Maße. Mit Spanien, Italien und Griechenland können wir nicht konkurrieren. Sicher, bei uns ist es ruhig und romantisch. Aber das bessere Klima und die attraktivere Architektur hat nun einmal Italien.«

Bevor wir uns von Herrn Stanisław verabschieden, blättern wir noch einmal in seinem Gästebuch. Wir stellen fest, daß der Name, der am häufigsten verzeichnet ist, der Name Dohna ist. Auch Euphemia Gräfin Dohna hatten wir bei Herrn Stanisław kennengelernt.

## Allenstein

Aus welcher Himmelsrichtung man sich der Stadt auch nähert – sie macht nicht unbedingt einen einladenden Eindruck. Die riesigen Neubausiedlungen an den Rändern sind ohne erkennbare Planung in die hügelige, von Schluchten und überbreiten Betonstraßen zerfurchte Landschaft gesetzt. Garagen, Schrottplätze, Tanklager, stillgelegte Fabriken und von Unkraut überwucherte Gewerbeflächen – dies alles scheint nicht zu dem Bild zu passen, das die meisten historischen wie zeitgenössischen Reiseführer von dieser traditionsreichen größten Stadt des Ermlandes vermitteln.

Bis Ende des Zweiten Weltkriegs war Allenstein (Olsztyn) Hauptstadt des gleichnamigen Regierungsbezirks, heute ist es Sitz der Wojewodschaftsverwaltung. Die Geschichte Allensteins ist so wechselhaft wie die der meisten ermländischen Städte. Urkundlich erstmals erwähnt wird Allenstein 1348. Im Jahr 1353 schlägt man die Stadt als weltlichen Besitz dem ermländischen Domkapitel zu, das seit der Errichtung der Burg am Ufer der Alle, inmitten der Stadt, dort residiert. Im zweiten Thorner Frieden 1466 sagt sich das Ermland vom Deutschen Orden los, der Bischof des Ermlandes leistet den Lehnseid auf Polens König Kasimir IV., Allenstein wird polnisch. Bei der ersten Teilung Polens 1772 ergreift Friedrich der Große Besitz vom Ermland, Allenstein wird preußisch. Napoleon schlägt es 1807 dem Herzogtum Warschau zu, 1815 wird es wieder preußisch. Und bleibt es bis 1945. Dann kommt es erneut unter polnische Verwaltung.

Heute ist Olsztyn eine der wenigen Städte Ostpreußens, deren Einwohnerzahl sich seit 1945 vergrößert hat. Eingemeindungen, aber auch die Ansiedlung der größten polnischen Reifenfabrik Stomil im Jahre 1967 und die Gründung einer Landwirtschaftlichen und einer Pädagogischen Hochschule führten dazu, daß in der Stadt mit 150 000 Einwohnern heute mehr als dreimal soviel Menschen leben wie zu deutscher Zeit.

Die Besetzung durch die Rote Armee am 21. Januar 1945 überstand Allenstein völlig unversehrt. Erst danach, im Frühjahr 1945, sind, wie in vielen anderen Orten Ostpreußens auch, weite Teile der Stadt in Brand gesteckt worden; darunter die historischen Giebelhäuser am alten Marktplatz.

Heute wirkt die Innenstadt Allensteins, als sei sie nie zerstört gewesen. Die Giebelhäuser rund um den Markt sind von Restauratoren und Architekten, vor allem aus Danzig, stilgetreu wiederhergestellt worden. Allerdings sind sie fast alle ein Stockwerk höher als ihre historischen Vorbilder. Auf diese Weise wurde zusätzlich Wohnraum geschaffen. Die meisten Häuser beherbergen im Parterre kleine Läden, auch Cafés und Eisdielen. Von den Straßenoberflächen wurde der häßliche Teerbelag der Nachkriegszeit entfernt, das freigelegte Kopfsteinpflaster läßt das Gesamtbild des Marktes wie ein Postkartenmotiv aus der Vorkriegszeit erscheinen. Selbst die Blumenfrauen vor dem alten Rathaus, das heute das Standesamt beherbergt, gehören, wie uns unser kundiger Führer Marcin auf unserem langen Gang durch die Stadt erzählt, zur Vorkriegstradition. Auch in der kommunistischen Ära haben sie dort gestanden, mit einem Warenangebot allerdings, das weit kläglicher war als heute. Eine unzweifelhafte Erscheinung der Neuzeit sind neben Coca-Cola- und Langnese-Reklame an den Cafés und Eisdielen die »Bärchen«, ältere Männer in roten Plastikwesten, die Touristen wie einheimischen Autobesitzern Parkscheine verkaufen. Eine »Arbeitsbeschaffungsmaßnahme«, die zugleich etwas Geld in die Stadtkasse bringt, wie Marcin versichert.

Marcin ist 27 Jahre alt, ein rundlicher, beweglicher Mann mit dunklem Haar, wachen blauen Augen und einem fröhlich zischenden Lachen. Er studiert Geschichte und spricht ein erlesenes, fast perfektes Deutsch, wie wir es sonst vor allem von älteren Angehörigen der polnischen Inteligencja kennen, die ihre Sprachkenntnisse noch im Vorkriegspolen erworben haben. Marcin ist in Olsztyn geboren. Sein Vater ist Architekt, seine Mutter Juristin. Mit einem deutschen Stipendium hat er zwei Semester in der Bundesrepublik studiert und unterhält seither enge Kontakte zu deutschen Studienfreunden sowie zu verschiedenen wissenschaftlichen Institutionen, die sich mit der Erforschung der deutsch-polnischen Geschichte, vor allem aber mit Marcins engerer Heimat Ostpreußen befassen. Intensiv hat er sich mit der deutschen Vergangenheit Allensteins beschäftigt, aufmerksam registriert er die Veränderungen, die sich seit 1945, vor allem aber seit der Wende in Polen, seit 1989, in der Stadt ergeben haben. Mit kritischer Distanz und zugleich unverkennbarem Stolz, in dem gelegentlich ein Anflug feiner Ironie aufblitzt, weist er uns auf all das hin, was das Leben der Menschen hier in den letzten Jahren leichter gemacht hat. Sein Standardsatz lautet: »Wir sind ein normales europäisches Land, und Allenstein ist eine ganz normale Stadt.« Und die Beispiele, die er dafür anführt, geben ihm durchaus recht. Das unlängst in einem früheren Verwaltungsgebäude eröffnete Kaufhaus in der Nähe des alten Marktes etwa erinnert an sogenannte Einkaufsparadiese des Westens – mit dem Unterschied, daß hier alles sehr viel gemütlicher, persönlicher wirkt. Es ist eine Ansammlung vieler kleiner Läden, denn, so Marcin, »das Geld, sich ein ganzes Warenhaus zu kaufen, hat bei uns noch niemand«.

Im Kellergeschoß finden wir neben einem Sex-Shop mit Hardcore-Videos, Vibratoren und Pornoheften aller Art einen Einrichtungsladen mit modernem Bad-Zubehör, Armaturen, italienischen Fliesen und Kacheln sowie ein Waffengeschäft mit Jagdgewehren, Pistolen und Revolvern, kalten Waffen und Feuerwerkskörpern. Das Parterre beherbergt Modeboutiquen, Jeans-Shops und elegante Schuh- und Lederwarengeschäfte. Für einige der Läden haben unverkennbar New Yorker Boutiquen Vorbild gestanden. Im ersten Stock wird Konfektionsware gehobener Klasse verkauft, der zweite Stock bietet eine reiche Auswahl an Haushalts- und Toilettenartikeln, darunter französische Parfüms und japanische Gesichtscremes.

In einem Zwischengeschoß ist eine Wechselstube untergebracht, polnisch »Kantor« genannt, die neben Dollars, D-Mark und Francs auch spanische Peseten, österreichische Schillinge und schwedische Kronen annimmt. Zu Kursen, die, wie Marcin bemerkt, schon seit längerem stabil sind.

Der Andrang im Warenhaus ist in diesen Mittagsstunden nicht groß. Es sind vor allem jüngere Frauen, die offenbar eine Arbeitspause nutzen, um durch die Läden zu bummeln. Dennoch, so klärt uns Marcin auf, kommen die meisten Geschäfte hier ganz gut über die Runden. Dank der im Vergleich zu Deutschland ungemein niedrigen Löhne der Verkäuferinnen sind die Personalkosten gering. Und in vielen Fällen sind es die Ladenbesitzer oder Pächter selbst, die hinter der Verkaufstheke stehen, und die wüßten, daß man sich in den Anfangsjahren eines Geschäfts bescheiden müsse.

Reger Publikumsverkehr herrscht in einem Delikatessenladen einige hundert Meter weiter. In den gläsernen Kühlvitrinen des mit Spiegelwänden ausgestatteten großflächigen Lokals stapeln sich kulinarische Köstlichkeiten aus aller Herren Länder. Neben polnischer Wurst und polnischem Schinken Salami aus Ungarn und Italien, Gänseleberpastete aus Frankreich, Käse aus der Schweiz und Holland, Knäckebrot aus Schweden, dazu – in Dosen und Flaschen – Bier aus Hamburg und München sowie Fischkonserven aus Deutschland, Portugal und Japan. Aus der polnischen Fischverarbeitungsindustrie sticht vor allem ein Produkt in die Augen: Heringsgläser, die die polnische Aufschrift tragen »Śledź a la Bismarck«.

Als nächstes steuert Marcin eine kleine Weinhandlung in der Nähe des alten Marktes an. Hier ist er offenbar Stammkunde. Gleich nach der herzlichen Begrüßung nämlich erklärt ihm die Besitzerin ungefragt und mit dem Ausdruck aufrichtigen Bedauerns, daß die neue Lieferung Württemberger noch nicht eingetroffen sei. Zugleich verweist sie jedoch auf die reiche Auswahl von Rotweinen aus Frankreich und Italien sowie auf einen neuen Jahrgang Blaufränkischen aus Österreich. Unter dem Angebot an Gourmetbüchern in polnischer, englischer und deutscher Sprache erweckt eine Neuerscheinung Marcins besonderes Interesse: ein Brevier über Weine aus Baden. Auf unsere Frage, woher Marcin als Student denn das Geld für ein so kostspieliges Hobby habe, erklärt er mit nur leicht verhohlener Genugtuung, daß er gelegentlich Artikel für eine deutschsprachige Feinschmeckerzeitschrift verfasse. Und im übrigen seien es vor allem zwei Sorten von Leuten, die den Kundenstamm dieser Weinhandlung ausmachten: junge polnische Geschäftsleute, neureiche »biznesmeni«, sowie Angehörige der Olsztyner Inteligencja, die in der Regel zwar wenig verdienen, dies wenige Geld aber mit Vorliebe für gutes Essen und Trinken ausgeben. »Alte polnische Tradition!«

Immer wieder begegnet man beim Gang durch Allenstein den Schnittstellen deutscher und polnischer Geschichte. Bei der Volksabstimmung im Jahr 1920 hatte es auch in Allenstein eine überwältigende Mehrheit für den Verbleib Ostpreußens bei Deutschland gegeben. Für Deutschland wurden im Stadtgebiet Allenstein 17 620 Stimmen abgegeben, für Polen 320. Dennoch hatte die polnische Minderheit in Allenstein bis 1939 eine eigene Zeitung, die »Gazeta Olsztynska«, eine eigene Schule, eine eigene Bank. Die letzte Ausgabe der »Gazeta Olsztynska« erschien am 31. August 1939. Am 1. September 1939, dem Tag des Überfalls der Deutschen Wehrmacht auf Polen, wurde das Verlagsgebäude am Fischmarkt von der Gestapo besetzt, der Chefredakteur Seweryn Pieniężny verhaftet und ins KZ Hohenbruch bei Königsberg verschleppt, wo er wenige Monate später ermordet wurde. Die Nazis ließen das Verlagshaus durch polnische Kriegsgefangene abreißen und errichteten an seiner Stelle eine öffentliche Bedürfnisanstalt. Nichts sollte mehr daran erinnern, daß Allenstein auch eine polnische Vergangenheit hatte. Den Platz, an dem die »Gazeta Olsztynska« ihren Sitz hatte, benannten sie in »Platz der Schande« um. Im Jahr 1986 befahl Polens Staatspräsident Jaruzelski den Wiederaufbau des Verlagsgebäudes in seiner historischen Gestalt. Heute ist darin das Olsztyner Heimatmuseum untergebracht.

Noch auf einen anderen Versuch, die Spuren der Geschichte aus dem öffentlichen Gedächtnis zu tilgen, weist uns Marcin hin: auf das um 1910 von den preußischen Behörden im Barockstil errichtete Neue Rathaus. An seinem Erker hatte man nach dem Ersten Weltkrieg Steinreliefs angebracht, die Szenen aus der zweitägigen Besetzung Allensteins durch die russische Armee im August 1914 zeigten. Im Jahr 1965 wurden diese Reliefs auf Weisung der polnischen Behörden abgeschlagen, die fürchteten, mit Bildern dieser Art die »brüderliche« Sowjetunion zu beleidigen.

Als weiteres Beispiel »nationalistischer Idiotie«, wie es Marcin drastisch formuliert, zeigt er uns das Olsztyner Landgericht, einen gesichtslosen Betonklotz, dessen graue, von Schmutzwasserstreifen durchzogene Fassade einen traurigen Kontrast zu den vielen inzwischen liebevoll restaurierten Bürgerhäusern bildet. Auch zu »deutscher Zeit« befand sich hier das Landgericht, ein um die Jahrhundertwende im neugotischen Stil errichteter roter Klinkerbau. Als er in den siebziger Jahren ausbrannte, ergriffen die Behörden die Gelegenheit, dieses »Denkmal der furchtbaren germanischen Architektur« endgültig abzureißen. Vergessen hatten sie dabei nur, so erzählt Marcin, daß der Schöpfer dieser »furchtbaren germanischen Architektur« kein Deutscher war, sondern ein Pole, der berühmte Architekturprofessor Zygmunt Gorgolewski aus Lemberg.

Auch ein anderes historisches Gebäude, so Marcin, wurde durch Umbauten bis zur Unkenntlichkeit verschandelt: das Geburtshaus des deutschen Architekten Erich Mendelssohn, das bis zur Enteignung durch die Nazis 1941 im Besitz der Familie Mendelssohn war. Alle Versuche, diesen »vielleicht bedeutendsten Sohn Allensteins«, der durch Bauten in Berlin, St. Petersburg und Nordamerika zu Weltruhm gelangte, wenigstens mit einer Gedenktafel zu ehren, wurden bis vor wenigen Jahren von der Stadtverwaltung Olsztyn vereitelt. »Er hatte«, so mutmaßt Marcin, »wohl doppeltes Pech: Er war Deutscher und Jude.«

Ein anderes Gebäude hat alle historischen und politischen Wandlungen unseres Jahrhunderts in nahezu unveränderter Form überstanden: das nach der Volksabstimmung 1920 unmittelbar hinter dem Neuen Rathaus erbaute Landestheater. Es wurde, so hieß es seinerzeit, »der Bevölkerung Südostpreußens als Dank für die bei der Volksabstimmung 1920 durch das so überwältigende Votum für den Verbleib bei Deutschland bewiesene Treue gestiftet«. Damit das auch für jedermann klar war, gab man ihm den bombastischen Namen »Treudank«. Heute trägt es den Namen des großen polnischen Schauspielers Stefan Jaracz, den die Nazis 1941 nach Auschwitz verschleppten und der 1945 nach fast vierjähriger Lagerhaft dort starb. Es gilt, neben dem weit über die Stadtgrenzen und sogar international bekannten Olsztyner Pantomimentheater, als eines der kulturellen Zentren der Region. Auf seinem Spielplan stehen neben Stücken von Słowacki und Mrożek, Shakespeare, Molière und Tschechow auch Eugène Ionesco, Edward Albee und Horace McCoy mit seiner bitterbösen Satire »Selbst Pferden gibt man einen Gnadenschuß«. Im Keller des Theaters wurde ein Nachtklub eingerichtet, der sich stolz VIP-Club nennt und nicht unwesentlich zur Finanzierung des Theaterbetriebs beiträgt. Hier den Jahreswechsel, aber auch Namenstage und Jubiläen aller Art zu feiern, gilt, so klärt uns Marcin auf, in der Olsztyner Gesellschaft als »ausgesprochen schick«.

Im Gegensatz zu manch anderen Städten des polnischen Teils Ostpreußens scheint Olsztyn die Wende von der sozialistischen Planwirtschaft zur Marktwirtschaft ohne allzu große Einbrüche und soziale Verwerfungen überstanden zu haben. Eine zentrale Rolle dürfte hierbei gespielt haben, daß die in Olsztyn seit 1967 ansässige größte polnische Reifenfabrik Stomil nach der Wende nicht pleite ging, sondern sich dank ihres Know-how sowie ausländischer Kapitalbeteiligung im harten internationalen Wettbewerb als durchaus konkurrenzfähig erwies. Sie blieb nicht nur Marktführer in Polen, sondern konnte auch in anderen Ländern Fuß fassen. Natürlich mußte auch Stomil Personal abbauen, doch schuf die gleichzeitige Umstellung auf moderne Fertigungsmethoden neue Möglichkeiten für die einheimischen Zulieferbetriebe. Die Kaufkraft der Stomil-Mitarbeiter und die Steuerabgaben der Firma scheinen der Stadtverwaltung planerische Perspektiven zu erschließen, von denen man andernorts vorerst nur träumen kann. Zwar haben, wie Marcin abfällig bemerkt, im Stadtrat wieder die Postkommunisten das Sagen, doch säßen in der Verwaltung inzwischen genügend unabhängige Fachleute, die dafür sorgten, daß die Gelder durchaus zum Nutzen der Stadt ausgegeben werden.

Das im Moment ehrgeizigste Projekt Olsztyns ist der Wiederaufbau der 1945 zerstörten Häuserzeilen rund um den alten Fischmarkt. Sie sollen die Lücke schließen, die bis heute zwischen dem Hohen Tor, dem letzten Rest der mittelalterlichen Stadtbefestigung, und dem wiedererrichteten Verlagsgebäude der »Gazeta Olsztynska« klafft. Das Hohe Tor übrigens, ein gotischer Backsteinbau aus der zweiten Hälfte des 14. Jahrhunderts, das zu Preußens Zeiten seinem Abriß nur dadurch entging, daß es als Polizeigefängnis benutzt wurde, dient heute als Jugendheim.

Auf unserem Rundgang durch Olsztyn erweist sich Marcin als durchaus kritischer Lokalpatriot. Auf die vielen schönen Gebäude weisend, die sich mit grellen Reklametafeln als Sitz von Banken und Versicherungen zu erkennen geben, bemerkt er nicht ohne Sarkasmus: »Auch in dieser Hinsicht hat sich Polen sehr schnell dem Weltstandard angeglichen.« Auch eine Filiale von »Pizza Hut« gibt es inzwischen, und direkt am Marktplatz will sich demnächst »McDonald's« niederlassen.

Marcin besteht darauf, daß wir unbedingt auch den »Slum« von Olsztyn besichtigen, ein Wohnviertel in unmittelbarer Nähe der gepflegten Parkanlage am Fuße des Schlosses. Was Marcin allerdings als Slum bezeichnet, sieht nicht schlimmer aus als heruntergekommene Stadtteile in Berlin, Hamburg oder anderen westlichen Metropolen: verfallende, mit Graffiti übersäte Fassaden, in manchen Stockwerken mit Brettern vernagelte oder mit Pappe verklebte Fenster, in den Hauseingängen herausgerissene Briefkästen, Namensschilder und Klingeln. Die einstigen Ladenlokale zu ebener Erde stehen leer, bei manchen sind die Scheiben eingeschlagen. Auf den Bürgersteigen spielen auffallend viele Roma-Kinder. In der Tat, so erklärt Marcin, leben in diesem Viertel inzwischen fast ausschließlich Roma-Familien. Auch in Polen existieren die Roma, von wenigen Ausnahmen abgesehen, nur am Rande der Gesellschaft. Die offizielle Politik hat ihr Vorhandensein jahrzehntelang ignoriert, Integrationsmodelle, so sie denn überhaupt ernsthaft in Angriff genommen wurden, sind fast ausnahmslos gescheitert. Nationale Minderheiten, so die offizielle Sprachregelung der Behörden im sozialistischen Polen, gab es nicht. Weder eine deutsche Minderheit noch eine Minderheit der Ukrainer, von den Roma ganz zu schweigen. Doch während die deutsche und die ukrainische Minderheit inzwischen einen offiziellen Status erhalten haben, gibt es für die Roma bislang keinerlei vergleichbare Regelung.

Dabei gehören die Roma zur Geschichte Allensteins – wie zur Geschichte des gesamten Ostpreußen. Sie waren, wie in unzähligen Berichten überliefert ist, auf fast allen ostpreußischen Märkten zu Hause, dem großen Pferdemarkt in Wehlau, bei dem, wie es ein Augenzeuge beschrieb, »alle erlaubten Lagerplätze voller Zigeuner waren«, wie auf den Wochenmärkten in Allenstein und Sensburg, Königsberg und Tilsit.

Heute spielt der Pferdehandel in Ostpreußen kaum noch eine Rolle, und auch »Zigeunerfrauen«, die aus ihrem Bauchladen Druckknöpfe, Waschknöpfe, Schnürsenkel und Sternchenzwirn anbieten, sind nur noch selten anzutreffen; um so häufiger allerdings meist junge Roma-Mädchen, die ihre Wahrsagekünste offerieren. Am Rande der vielen Märkte, aber auch auf Bahnhöfen, auf öffentlichen Plätzen, auf den Bürgersteigen belebter Einkaufsstraßen.

Auch die derzeitige Stadtverwaltung, so Marcin bekümmert, weiß nicht, wie sie sich den Roma gegenüber verhalten soll. Zu sanieren ist der »Slum« nicht ohne weiteres. Zum einen sind die Eigentumsverhältnisse nicht immer klar, zum anderen – wohin dann mit den Familien? Dabei handelt es sich um ein überaus attraktives Wohnviertel, in unmittelbarer Nähe des historischen Stadtzentrums, ohne Durchgangsverkehr, aber in direkter Reichweite von Bus und Bahn. Ob vielleicht private Investoren…? Marcin läßt den Satz unvollendet, fügt dann aber mit Bestimmtheit hinzu: »Wenn wir nicht aufpassen, haben wir hier bald die Bronx, mitten in Olsztyn.« Zwar war Marcin noch nie in New York, doch ist der Begriff »Bronx« längst auch in der polnischen Sprache das Synonym für großstädtischen Alptraum. Dabei ist Olsztyn durchaus keine Großstadt, aber auch eine »kleine Bronx«, so Marcin, »wäre für uns schlimm genug…«

Das optisch beherrschende Element der Stadt ist bis auf den heutigen Tag das um 1350 erbaute gotische Schloß mit seinem 40 Meter hohen Wehrturm. In den Wirren der Jahrhunderte und der Vielzahl der kriegerischen Auseinandersetzungen auf dem Boden Ostpreußens nur unwesentlich in Mitleidenschaft gezogen, leuchtet der rote Backsteinbau wie eh und je auf der Anhöhe über der Stadt, schlicht und trutzig zugleich. Hier wirkte in den Jahren zwischen 1516 und 1524 Nikolaus Kopernikus als Landprobst, als von den Domherren aus ihrer Mitte gewählter Verwalter des kirchlichen Landbesitzes. Ein Teil des Schlosses ist als Museum dem Leben und Werk des großen Astronomen gewidmet. Der Charakter des Museums allerdings hat sich in den letzten Jahren gewandelt. Wurde Kopernikus hier noch bis vor kurzem als der Vorkämpfer für das Polentum in Ostpreußen präsentiert und die Geschichte Ermlands und Masurens in einer Weise dargestellt, die selbst auf Polen, wie Marcin formuliert, »in ihrem Chauvinismus peinlich wirkte«, bemüht sich die Ausstellung nun in ihrer neuen Form um wohltuende historische Sachlichkeit. Und während alles Preußische in der offiziellen polnischen Geschichtsschreibung der vergangenen Jahrzehnte – mit den Worten Marcins – »schlicht verteufelt« wurde, weist nun ein Plakat im Torbogen unter dem Wehrturm auf eine große Sonderausstellung hin: »Porträts des preußischen Adels im 18. und 19. Jahrhundert«. Sie stammen, wie das Plakat ausdrücklich vermerkt, »aus eigener Sammlung«.

Im viereckigen Schloßhof fallen drei archaische Steinfiguren ins Auge. Es sind aus eiszeitlichen Granitblöcken roh gehauene Figuren mit großen, runden Gesichtern und bis zum Boden reichenden Gewändern, wie sie auch in anderen ostpreußischen Orten, Barten und Bartenstein etwa, zu finden sind. Manche der Figuren, Baben genannt, halten ein Trinkhorn in der Hand. Über ihre Herkunft gibt es die verschiedensten Theorien. Möglicherweise waren es Kultfiguren der Ureinwohner Ostpreußens, der Pruzzen; andere bringen sie mit den Vorstößen östlicher Nomadenstämme im 10. bis 12. Jahrhundert in Verbindung, da ähnliche »Steinmütterchen« auch in Rußland und Zentralasien bis in die Mongolei anzutreffen sind. »Wie dem auch sei«, so Marcin, »sie gehören zu unserer Geschichte.« Die Art, in der uns Marcin dabei anlächelt, läßt keinen Zweifel, daß er unsere gemeinsame Geschichte meint.

## Die deutsche Bürgermeisterin

Das Dorf sieht aus, als hätte es ein Bühnenbildner aus Hollywood gebaut. Es liegt in einer weit geschwungenen Talsenke, etwa 40 Kilometer südlich von Allenstein (Olsztyn), in der Nähe der Straße, die von Warschau nach Danzig führt. Um einen See, dessen Farbe je nach Wolkenbildung himmelblau, grau oder tiefschwarz erscheint, gruppieren sich kleine hübsche Häuser. Manche sind hellgrau oder weiß getüncht, andere aus rotem Klinker, dazwischen stehen Holzschuppen. Auf deutsch trägt das Dorf den Namen Honigwalde, auf polnisch heißt es, in wörtlicher Übersetzung, Miodówko. Vom polnischen Wortstamm miód, Honig. Es zählt rund 180 Einwohner, die Bürgermeisterin ist eine Deutsche.

Das Haus der Sofia Wyszlic liegt auf einem großen Wiesengrundstück unmittelbar am See. Nach dem Tod ihres Mannes, und nachdem ihre Töchter das Haus verlassen haben, lebt sie hier allein. Seit zwölf Jahren ist die heute Sechzigjährige Bürgermeisterin in Miodówko. Erst vor kurzem wurde sie zum drittenmal ins Amt gewählt – einstimmig, wie sie mit leisem Stolz sagt. Und das, obwohl es nur noch sieben Deutsche in Honigwalde gibt. Bis zu ihrer Pensionierung vor fünf Jahren hat Frau Wyszlic als Verkäuferin im Dorfladen gearbeitet; nun lebt sie von einer kleinen Rente und dem, was der Garten hinter dem Haus abwirft.

Nur zögernd ist Sofia Wyszlic bereit, mit uns zu reden. Sie ist freundlich, bittet uns zu Kaffee und selbstgemachten Plätzchen ins Haus, aber zu erzählen, sagt sie, zu erzählen habe sie nichts Besonderes. Ruhig lebe man hier und friedlich, aber wen in Deutschland würde das schon interessieren. Im übrigen sei sie etwas mißtrauisch. Denn einmal schon sei ein Journalist bei ihr gewesen, und der habe dann hinterher geschrieben, sie hätte auch einen deutschen Paß. Dabei sei sie zwar geborene Deutsche, aber ihr Paß sei polnisch. Schließlich sei sie ja mit einem Polen verheiratet gewesen – und dafür mußte man die polnische Staatsangehörigkeit annehmen.

Wir fragen sie, wie es kam, daß ihre Familie 1945 nicht wie die meisten anderen Deutschen vor der Roten Armee aus Ostpreußen geflohen ist.

Sofia Wyszlic seufzt. »Der Vater wollte es nicht. Er war Schmied hier im Dorf und meinte, wenn wir rausfahren, finden wir vielleicht kein Zuhause mehr. Und wenn auch die Russen kommen, sagte er, das sind doch auch Menschen. Menschen wie überall. Und wenn wir keinem etwas getan haben, kann auch mit uns nichts schiefgehen. Vater wollte hierbleiben, weil wir hier zu Hause waren. Hier hatten wir unser Haus, hier hatten wir unsere Arbeit. Wir brauchten kein schlechtes Gewissen zu haben, sagte er. Uns würde nichts passieren. Und so haben viele hier gedacht – und viele sind deshalb geblieben.«

Sofia Wyszlic macht eine Pause, es scheint ihr schwerzufallen, sich zu erinnern. Dann sagt sie ganz leise: »Es war ein furchtbarer Irrtum. Es kam alles ganz schlimm. Viel schlimmer, als wir gedacht hatten.«

Sämtliche männlichen Bewohner des Dorfes seien von den Russen verschleppt worden. Der jüngste sei zwölf Jahre gewesen, der älteste fast achtzig. Auch ihr Vater sei dabeigewesen. Von einer Krankenschwester, die später aus Rußland zurückgekehrt sei, habe sie erfahren, daß alle Männer nach Sibirien in ein Lager nicht weit hinter dem Ural, gekommen seien. Dort hätten sie Bäume fällen müssen, im Sommer wie im Winter, auch bei 50 Grad unter Null. Keiner der Männer sei aus Sibirien zurückgekehrt – mit Ausnahme eines Jungen. Der hatte im Lager den Verstand verloren.

Ihr Vater, das hat sie ebenfalls von der Krankenschwester erfahren, sei nach etwa zwei Jahren gestorben. Im Wald, bei der Arbeit, an Entkräftung. Sein Grab zu finden, sagt Sofia Wyszlic, habe sie keine Hoffnung. Aber einmal wenigstens in die Gegend zu fahren, wo er gestorben ist, das sei ihr Wunsch. Zu Zeiten der Sowjetherrschaft sei der Ural ja Sperrgebiet gewesen. Aber nun, nach der Wende in Rußland, gebe es auch für sie vielleicht eine Chance, einmal dorthin zu kommen.

Ob die Familie denn später versucht habe, aus Ostpreußen auszureisen?

»Natürlich haben wir es versucht. Aber zunächst hieß es: ›Ihr müßt hierbleiben, ihr seid ja eigentlich Polen.‹ Dann, zwischen 1957 und 1965, haben wir zwölf Anträge auf Ausreise gestellt. Aber erst der 13. wurde von den polnischen Behörden genehmigt. Mutter und Schwester sind dann gefahren. Aber ich durfte nicht mit, denn ich hatte ja inzwischen einen Polen geheiratet. Und im übrigen«, so Sofia Wyszlic, und dabei nimmt ihre Stimme einen harten Unterton an, »im übrigen haben wir doch auch immer noch gehofft, daß es mal – vielleicht nicht gleich, aber später – zu einer Vereinigung mit Deutschland kommt. Selbst die Mutter, als sie schon drüben war in Westdeutschland, hat immer geschrieben, daß sie noch mal zurückkehren wird. Sie hat den Glauben in uns gestärkt, daß Ostpreußen wieder zu Deutschland kommt. Und deshalb waren wir überzeugt, daß unser Platz hier sei.«

Frau Wyszlic stockt, sucht einen Moment nach Worten – und dann bricht es aus ihr heraus: »Man hat uns verkauft! Man hat uns richtig verkauft! Bis zuletzt haben wir gehofft, daß Ostpreußen zurück zu Deutschland kommt. Immer haben wir es gehofft. Jetzt wissen wir's genau, daß es nicht so sein wird; in meinem Leben bestimmt nicht mehr. Und das macht mich traurig.«

»Seit mehr als zehn Jahren«, werfe ich ein, »hätten Sie doch die Möglichkeit gehabt, in Deutschland zu bleiben. Sie sind ja öfter zu Besuch dagewesen. Warum sind Sie immer wieder zurückgekehrt?«

»In den achtziger Jahren, da hätte ich gekonnt, aber da war ich unsicher geworden, ob es das richtige wäre. Da las man in den polnischen Zeitungen viel über die Arbeitslosigkeit in Deutschland. Und hier hatten wir doch alle Arbeit. Mag es bei uns mal schlimmer, mal besser gewesen sein, aber wie es war, so war es. Arbeit hatte jeder, versorgt war jeder. Krankenkasse hatte jeder, ins Krankenhaus zu gehen, zum Arzt – alles war doch kostenlos. Nein, so wie es war, so war es. Und seit ich Rentnerin bin, fahre ich ja auch rüber. Jedes Jahr. Mal zwei Wochen, mal einen Monat. Aber die Menschen in Deutschland sind irgendwie anders. Wenn du jemanden besuchen willst, auch nur ganz kurz, mußt du dich vorher anmelden. Und dann heißt es: ›Montagabend paßt es nicht, Dienstag habe ich Klubabend, Mittwoch dies, Donnerstag das – aber Freitag, da geht's.‹ Wenn ich das höre, habe ich schon die Nase voll. Wenn ich hier jemanden besuchen will, gehe ich einfach hin und sage, können wir mal eine Tasse Kaffee trinken? Und keiner wundert sich.«

Sofia Wyszlic lacht. Zum erstenmal an diesem Nachmittag. Nein, nein, sie habe nichts gegen die in Deutschland. Und es stimme ja auch, daß die Menschen dort viel besser leben als hier. Auch wenn sie immer stöhnen, wie schwer sie es hätten und daß alles teurer werde und so. »Aber hier haben die Menschen auch vierzig Jahre gearbeitet. Und im übrigen«, Sofia Wyszlics Stimme wird ganz fest, »es ist doch gut hier. Hier ist ja meine Heimat! Mein Vaterland kann auch da drüben sein, aber meine Heimat ist hier! Hier wohnten meine Eltern, meine Großeltern, meine Urgroßeltern. Und ich weiß nicht, warum, aber wenn ich da bin, habe ich eine Sehnsucht nach hier, nach Hause zurück; bin ich hier, dann möchte ich dorthin – man ist so richtig zerrissen, man hat seinen Platz nicht. Das ist schlimm! Das ist nicht so einfach!«

Sofia Wyszlic geht in die Küche, setzt noch einmal Kaffee auf. Richtig ins Erzählen gekommen sei sie, ruft sie uns durch die offene Tür zu. Aber so seien sie nun mal, die Ostpreußen. »Erst kriegen sie den Mund nicht auf. Und dann können sie nicht aufhören zu schabbeln.« Aber im Prinzip sei sie's ja gewohnt, denn im Dorf müsse sie mit allen reden. Als Bürgermeisterin, da käme jeder zu ihr, sogar mit seinen ganz privaten Problemen.

Ob es denn für sie nicht schwierig sei, als Deutsche Bürgermeisterin in einem polnischen Dorf zu sein?

»Eigentlich nicht«, sagt sie. »Die meisten hier sind junge Leute, so zwischen dreißig und vierzig Jahre alt. Und die brauchen wohl eine Mutter.« Auch als Verkäuferin im Dorfladen habe sie keine Probleme mit den Polen gehabt. Sie habe allen offen und ehrlich ihre Meinung gesagt – und da habe man sie allmählich wohl als so eine Art Respektsperson angesehen.

Gleich nach dem Krieg, ja, da sei es schlimm gewesen. Als sie kein Deutsch sprechen durften und Polnisch noch nicht so richtig verstanden, und überhaupt... An dieser Stelle bricht Sofia Wyszlic ab, wechselt abrupt das Thema.

Wenn es heute im Dorf ein Problem gebe, so sei das die Arbeitslosigkeit. Das heißt, Arbeit sei eigentlich schon zu finden, nur manche der jungen Leute hätten offenbar keine Lust zu arbeiten. »Sie kriegen Sozialhilfe oder Arbeitslosenunterstützung – und das reicht dann für die nächste Flasche.« Bloß für die Frauen und Kinder bliebe dann nichts mehr. Und das wäre ein Jammer.

Was man dagegen tun könnte, wisse sie allerdings auch nicht. Aber ansonsten, in so einem kleinen Dorf, was soll es da schon groß an Problemen geben. Sicher, die Kinder hätten es weit zur Schule, und es fehle ein Bürgersteig und ein Radfahrweg, so daß die Kinder auf der vielbefahrenen Straße gehen müßten. »Und das ist natürlich gefährlich.« Aber da in der Gemeindekasse ohnehin kein Geld sei und von anderswoher nichts komme, habe es auch keinen Sinn, sich darüber den Kopf zu zerbrechen. Wenn es dem Land einmal besser gehe, werde man wohl auch einen Bürgersteig bauen können – aber bis dahin müsse man auf der Straße eben vorsichtig sein und hoffen, daß nichts passiert.

Ob sie sich denn schon endgültig entschieden habe, wo sie ihren Lebensabend verbringen möchte – in Deutschland oder hier in Miodówko?

»Hier. Hier habe ich vierzig Jahre gearbeitet. Mir meine Rente verdient. Ehrlich verdient. Und die will ich jetzt auch haben.«

Draußen ist es inzwischen dunkel geworden. An der Haustür klopft eine Nachbarin. Natürlich, hören wir Sofia Wyszlic sagen, natürlich habe sie Zeit. Wir verabschieden uns.

# Auf dem Friedhof von Dröbnitz

*E*r ist auf keiner Karte verzeichnet, kein Wegweiser deutet auf ihn hin. Weitab jeder Hauptstraße, zu erreichen nur über einen schmalen, sandigen Waldweg, schien der Soldatenfriedhof am Rande des Dorfes Dröbnitz fast ein halbes Jahrhundert vergessen. Dröbnitz, das heute den Namen Drwęck trägt, liegt rund 20 Kilometer westlich von Hohenstein (Olsztynek).

Der Soldatenfriedhof von Dröbnitz, auf dem 183 Deutsche ruhen, die 1914 in der Schlacht von Tannenberg gefallen sind, verschwand nach 1945 aus dem Gedächtnis der Welt. Als die letzten Deutschen das Dorf verlassen hatten, gab es niemanden mehr, der sich um ihn kümmerte, und auch niemanden, der sich für ihn interessierte, zumindest in Polen nicht. So kam es, daß er verfiel und wieder ein Teil der Natur wurde, überwachsen von Wald und Gestrüpp. Die Gräber ebnete der feine Flugsand ein.

»Äußerlich«, so versichern die Dorfbewohner, »war vom Friedhof nichts mehr zu sehen. Nur wenn man drüberging, stieß der Stiefel zuweilen gegen ein umgefallenes Kreuz, das unter dem Sand verborgen lag.«

Dr. Robert Traba, der uns zum Soldatenfriedhof in Drwęck führt, ist Historiker. Vor rund 35 Jahren wurde er in Masuren geboren – in Angerburg, das heute Węgorzewo heißt. Seine Eltern hatten vor dem Zweiten Weltkrieg in der Emigration in Frankreich gelebt, »patriotisch erzogen«, wie er sagt, und »in Erwartung eines besseren und gerechten Polen«. 1947 entschied sich das Ehepaar Traba, nach Polen zurückzukehren. Voller Enthusiasmus und im Glauben, daß nun das neue, das gerechte Polen, von dem alle träumten, Wirklichkeit würde. Die polnischen Behörden schickten die Trabas in die »wiedergewonnenen Gebiete«, wie die nun unter polnischer Verwaltung stehenden früheren deutschen Ostgebiete im offiziellen polnischen Sprachgebrauch genannt wurden. Ihr Auftrag: »Aufbau und Repolonisierung Ostpreußens«. Sie kamen ausgerechnet nach Angerburg, wo der Vater bereits 1941 als französischer Kriegsgefangener bei einem Arbeitseinsatz mehrere Wochen verbracht hatte. Hier hatte er erstmals masurische Menschen kennengelernt – als Aufseher.

Der Alltag in Angerburg, erzählt Robert Traba, unterschied sich nach 1945 nicht von dem anderer masurischer und ermländischer Städtchen. Im Nachbarhaus der Trabas wohnten zwei polnische Familien aus Wilna. Ein paar Häuser weiter Umsiedler aus Masowien, der Gegend um Warschau. Auf der gegenüberliegenden Straßenseite lebte eine masurische, also deutsche Familie, die auf der Flucht im Februar 1945 von der Front überrollt worden war und erst viele Jahre später die Genehmigung zur Ausreise nach Deutschland erhielt. In der Umgebung waren noch einige ukrainische Siedlungen. »Doch für uns Kinder«, so Robert Traba, »gab es keine nationalen Unterschiede.« Zu Hause habe man zwar von guten und bösen Menschen gehört, nichts jedoch über bessere und schlechtere Nationalitäten. Allenfalls habe man Begriffe aufgeschnappt, mit denen man sich gegenseitig hänselte. »Froschfresser« wurde die Familie Traba genannt, weil sie aus Frankreich gekommen war; die Deutschen wurden als »verdammte und verbissene Masuren« beschimpft, zuweilen auch als »Faschisten«; und von den Ukrainern hieß es unheilschwanger und bedrohlich, sie kämen aus »schwarzen Gauen«.

Ein Bewußtsein der Tradition des Gebiets, in dem er aufwuchs, erinnert sich Robert Traba, hatte er nicht. Wenn in der

Schule überhaupt von regionaler Geschichte die Rede war, dann immer nur in einem Stereotyp: »Der Deutsche Ritterorden eroberte hinterhältig und gewaltsam das Land der Pruzzen und unterdrückte das eingewanderte polnische Volk, das so im Laufe der Jahrhunderte germanisiert wurde – bis zur Befreiung durch die Rote Armee im Jahr 1945.«

Seit zwanzig Jahren lebt Robert Traba in Allenstein (Olsztyn). Mit seiner Frau und drei Kindern wohnt er in einem winzigen Drei-Zimmer-Quartier in einer der gewaltigen Plattenbausiedlungen am Rande der Stadt. Er hat an den Universitäten Thorn/Toruń und Breslau/Wrocław studiert und mit einer Arbeit zur Geschichte der deutsch-polnischen Beziehungen promoviert. Seinen Lebensunterhalt verdient er als Dozent am Wissenschaftlichen Forschungszentrum in Olsztyn, einem von der Wojewodschaft und privaten Sponsoren finanzierten Geschichtsinstitut. Es existiert bereits seit 1961, doch bis vor wenigen Jahren, so Robert Traba, führte es in wissenschaftlicher Hinsicht eher ein »Schattendasein«. Deutsch-polnische Geschichtsforschung wurde nur aus dem »polnisch-zentristischen Blickwinkel« betrieben, Kontakte zu deutschen Universitäten oder anderen wissenschaftlichen Institutionen gab es kaum. Letzteres allerdings weniger aus politischen als aus »polnisch-nationalistischen Gründen«. Allzu innige Kontakte zu deutschen Wissenschaftlern, so die Befürchtung, hätten den Anspruch auf Ermland und Masuren als »urpolnische Erde« unterminieren können…

Nicht zuletzt aus Ungenügen an den Möglichkeiten zur wissenschaftlichen Erforschung der Geschichte Ermlands und Masurens und zur Überwindung des »Tabus der deutschen Vergangenheit« dieser Region gründete Robert Traba, zusammen mit einigen anderen, ebenfalls meist jungen Intellektuellen, darunter der Lyriker Kazimierz Brakoniecki, in Olsztyn 1990 die Kulturgemeinschaft »Borussia«. Ihr erklärtes Ziel: eine möglichst »umfassende und unparteiische Darstellung der Geschichte und Gegenwart Ermlands und Masurens«. Es war, so Robert

Traba, der Wunsch, »authentische Antworten« zu finden auf die Frage: Wer sind wir, welches ist unsere Geschichte?

Der Versuch Robert Trabas und seiner Freunde in der »Borussia«, die Geschichte »neu zu sehen«, stieß in Olsztyn zunächst nur auf ein schwaches Echo. Nicht wenige begegneten ihnen sogar mit offenem Mißtrauen oder blankem Hohn. Die Tatsache, daß sie in vollem Bewußtsein ihrem Verein den lateinischen Namen für »Preußen« gegeben hatten und begannen, systematisch Kontakte zu deutschen Institutionen und Organisationen, auch zu den Heimatvertriebenen, zu knüpfen, wurde als Provokation empfunden. Als »Kreuzritter« wurden sie in Olsztyn öffentlich beschimpft, als »Sprachrohr der Deutschen« und als »zwielichtige Gestalten«, die den Deutschen polnisches Land »für nichts« überlassen wollten. »Dabei«, so Traba, »wollen wir nichts anderes, als den Deutschen gleichberechtigte intellektuelle Partner sein. Denn sowohl sie als auch wir haben ähnliche historische Erfahrungen und ähnliche Ressentiments zu überwinden.« Doch nicht ein polnischer Sponsor, weder von staatlicher noch privater Seite, fand sich anfangs bereit, sie zu unterstützen.

Heute ist die »Borussia« nicht nur in Olsztyn eine angesehene Organisation. Sie zählt sechzig eingeschriebene Mitglieder, darunter auch Litauer, Russen und Deutsche, gibt zweimal im Jahr eine populärwissenschaftliche Zeitschrift gleichen Namens mit einer Auflage von mehr als tausend Exemplaren heraus und unterhält Kontakte zu vielen Organisationen in Polen und Deutschland. Darunter auch zur Landsmannschaft der Ermländer und zur Friedrich-Ebert-Stiftung. Auch Sponsoren haben sich inzwischen gefunden, private wie staatliche. Der Hauptteil der finanziellen Unterstützung kommt vom Warschauer Ministerium für Kunst und Kultur und der Stiftung für Deutsch-polnische Zusammenarbeit. Und die Aufsätze der Zeitschrift »Borussia« werden von vielen polnischen Zeitungen, zuweilen auch von deutschen, nachgedruckt – eine kleine, aber wichtige Finanzquelle für die »Borussia«.

Beklagt wird von Robert Traba und seinen Freunden vor allem die nach wie vor schwierige Zusammenarbeit mit der heute noch im Ermland und in Masuren lebenden deutschen Minderheit. Sie war bis vor kurzem untereinander tief zerstritten und aufgesplittert in viele verschiedene Organisationen. Manche ihrer Vertreter sehen sich bis heute als die einzig legitimen Sprecher für die Belange Ermlands und Masurens und suchen den Kontakt nur zu Organisationen in Deutschland. Der historische Ansatz der »Borussia«, das Eintreten für eine offene Gesellschaft ohne Komplexe oder Überheblichkeit und ohne Mißtrauen gegen den Nachbarn, ist ihnen ebenso fremd wie manchem Vertreter nationalbetonter polnischer Organisationen.

Eine der ersten Initiativen der »Borussia« war die Restaurierung des alten deutschen Soldatenfriedhofs bei Dröbnitz (Drwęck). Deutscher Partner bei der Aktion war die »Initiative Christen für Europa«, eine Arbeitsgemeinschaft engagierter Christen, die europäische Jugendbegegnungen organisiert. Im Rahmen des von dieser Arbeitsgemeinschaft getragenen Projekts »Freiwillige Soziale Dienste Europa« können sich Jugendliche für ein Jahr zur sozialen Arbeit ins europäische Ausland vermitteln lassen. Für Jungen gilt das Auslandsjahr als Ersatz für den Wehrdienst.

Zusammen mit Schülerinnen und Schülern des Gymnasiums in Olsztyn, an dem Robert Trabas Frau Elżbieta Lehrerin ist, begann eine Gruppe der »Initiative Christen für Europa« im Sommer 1993 mit der Wiederherstellung des Soldatenfriedhofs. Gelder für das Projekt hatten das Deutsch-polnische Jugendwerk und die Wojewodschaftsverwaltung in Olsztyn zur Verfügung gestellt. Auf den Friedhof gestoßen war die »Borussia« beim Studium deutscher Quellen zur Geschichte des Ersten und Zweiten Weltkriegs in Ostpreußen.

Heute wirkt der Friedhof, als sei er erst unlängst angelegt worden. Schlichte, schwarzgestrichene Holzkreuze auf den terrassenförmig ansteigenden Grabreihen, die Umrandungen der

Gräber eingefaßt von kleinen Feldsteinen. Am höchsten Punkt des mit stattlichen Kiefern bewachsenen Hanges erhebt sich auf einem Mauervorsprung ein mächtiges Kreuz aus Beton – wie die Gräber ohne Inschrift. Die Wege zwischen den Grabreihen sind säuberlich geharkt. Nicht ohne Stolz bemerkt Robert Traba, daß man den Friedhof genau in den Zustand gebracht habe, in dem er vor dem Zweiten Weltkrieg war. Anhand alter Photos habe man ihn Grabreihe für Grabreihe rekonstruieren können. Als Robert Traba zum erstenmal hierher kam, konnte er gar nicht glauben, daß an dieser Stelle einmal ein Friedhof gewesen sein sollte. Nichts davon, aber auch gar nichts sei mehr zu sehen gewesen. Wie Archäologen hätten sie begonnen, die Erde abzutragen, und dabei allmählich ein Grab nach dem anderen freigelegt.

Was, fragen wir Robert Traba, mit dem wir uns auf eine Ecke der niedrigen Friedhofsmauer gesetzt haben, waren die Motive, sich ausgerechnet mit der Rekonstruktion eines alten deutschen Soldatenfriedhofs zu befassen?

»Am Anfang unserer Arbeit in der ›Borussia‹ stand die Erkenntnis, daß uns allen hier, jedenfalls der überwiegenden Mehrheit, die Geschichte dieser Region völlig fremd war. Die meisten von uns hat es rein zufällig hierher verschlagen. Wir haben hier doch nicht seit ewig gelebt, haben hier keine Tradition, keine Wurzeln, keine Identität. Und wir haben uns gefragt: Kann nicht die Beschäftigung mit der Vergangenheit, mit der früheren Kultur und Geschichte dieser Region, uns helfen, diese Identität zu finden, uns im geistigen und moralischen Sinne bereichern? Und bei der Suche nach einer Antwort auf diese Frage, bei der Suche nach den Spuren der Vergangenheit, sind wir, neben anderem, eben auch auf diese deutschen Soldatenfriedhöfe gestoßen, von denen es allein hier in der Wojewodschaft Olsztyn mehr als zweihundert gibt. Sie alle sind Teil des historischen Gesichts dieser Landschaft, haben ihr ihren Stempel aufgedrückt. Und es hat sich gezeigt, daß diese Fragestellung besonders junge Leute, Achtzehn- oder

Neunzehnjährige, interessiert; daß gerade sie, wenn auch manchmal auf unterschiedliche Weise, versuchen, in Erfahrung zu bringen, was hier früher geschehen ist. Denn ein Teil, ein sehr großer Teil von ihnen fühlt sich bereits ganz bewußt verbunden mit Ermland und Masuren und empfindet diese Region als Vaterland oder, besser gesagt, als Heimat.«

Das Wort »Heimat« spricht Robert Traba deutsch aus.

Natürlich habe sich das Gefühl einer masurischen oder ermländischen Identität, so Robert Traba, unter den jetzigen Bewohnern dieser Region insgesamt erst in Ansätzen herausgebildet. Die Mehrheit komme zwar aus Zentralpolen, aber viele auch aus Litauen und der Ukraine. Und gerade unter diesen sei das Gefühl weit verbreitet: Ja, ja, das ist zwar unsere neue Heimat, aber unsere alte, unsere eigentliche Heimat liegt doch im Osten. Zumal nicht wenige von ihnen lange Zeit immer noch die Hoffnung hatten, daß sie eines Tages dorthin zurückkehren könnten. Ganz anders, wie gesagt, sehe es unter der Jugend aus. Eine soziologische Umfrage unter Abiturienten, die vor kurzem in der Wojewodschaft Olsztyn durchgeführt wurde, habe ergeben, daß mehr als 60 Prozent dieser jungen Leute vorbehaltlos die Region hier als ihre Heimat bezeichneten. »Aber das Ganze ist natürlich ein Prozeß, den man nicht befehlen kann. Das muß ganz langsam wachsen, sich ganz langsam entwickeln.«

»Wie hat denn die örtliche Bevölkerung auf dieses Vorhaben reagiert, hier einen alten deutschen Soldatenfriedhof auszugraben und den früheren Zustand wiederherzustellen?«

»Die Bewohner des Dorfes in der Nähe des Friedhofs sind alle erst nach 1945 hierher gekommen, vor allem aus dem Gebiet um Wilna und aus der Ukraine. Es gibt in der Umgebung keinen Masuren mehr, keinen einzigen Deutschen. Und für diese Leute war natürlich alles fremd. Dieser Friedhof war ja auch praktisch gar nicht mehr vorhanden; er war ein Teil des Waldes geworden. Lediglich der Dorflehrer wußte, daß sich hier irgendwo mal ein alter deutscher Friedhof befand. Aber das war auch alles. Niemand hat sich dafür interessiert. Wen kümmerten schon deutsche Friedhöfe? Und auch unserem Projekt ist man im Dorf zunächst einmal mit Mißtrauen begegnet.«

»Wie hat sich das Mißtrauen geäußert?«

Beim ersten Erscheinen der Deutschen, so Robert Traba, seien die Bewohner des Dorfes in Optimisten und Pessimisten geteilt gewesen: Die Optimisten glaubten an die versöhnende Kraft der Arbeit; die Pessimisten waren überzeugt, daß ein mit deutschen Geldern finanziertes Lager nur der Propaganda diene und sich dahinter ganz andere, viel weitergehende Absichten verbergen. »Wer weiß«, so habe ein alter Dorfbewohner unverblümt erklärt, »in wie vielen Jahren die Deutschen die Rückgabe des gesamten Landes verlangen.«

Doch diese Haltung war nicht von Dauer. Ganz bewußt hatten sich Robert Traba und die deutsch-polnische Jugendgruppe entschieden, während der Arbeiten zur Wiederherstellung des Soldatenfriedhofs auch im Dorf zu wohnen. Sie nannten ihr Unternehmen »Deutsch-polnisches Jugend-Workcamp« und gewannen als erstes die Honoratioren des Dorfes dafür. Der Schuldirektor stellte die Dorfschule – es war Ferienzeit – als Unterkunft zur Verfügung, die Dorfschulzin, wie man in Polen zu einer Bürgermeisterin sagt, ihre Küche. Kontakte mit der Dorfjugend waren rasch geknüpft. Man spielte und tanzte miteinander; die Sprachbarriere wurde mit Mimik und Gestik problemlos überwunden. Das anfängliche gegenseitige Mißtrauen wandelte sich zusehends in ein offenes Miteinander. Die Deutschen wurden nicht nur akzeptiert, sondern ihre Arbeit auch von immer mehr Dorfbewohnern aktiv unterstützt. Beim Fällen der Bäume und den Ausbesserungsarbeiten an den Friedhofsmauern halfen Forstarbeiter und Maurer aus Olsztynek und Drwęck, Bauern aus dem Dorf stellten Pferde und Traktoren zur Verfügung. Jugendliche aus Drwęck schlossen sich der deutsch-polnischen Gruppe an und packten mit an. Auf diese Weise dauerte es nicht, wie ursprünglich angenommen, Monate, sondern nur zwei Wochen, bis der Friedhof im wesentlichen sein altes Gesicht zurückerhalten hatte.

Spätestens beim abschließenden Lagerfeuerabend und der von einem katholischen Geistlichen auf dem Friedhof zelebrierten Kreuzweihe, zu der sich auch ein Großteil der Dorfbewohner sowie Vertreter der Wojewodschafts- und Gemeindeverwaltung eingefunden hatten, war, so Robert Traba, allen Beteiligten klar, daß der Sinn ihrer Arbeit verstanden worden war. Seither werden von den Dorfbewohnern an allen hohen kirchlichen Feiertagen Kerzen auf die Gräber gestellt, und ein Rentner, der früher in der Landwirtschaftsgenossenschaft des Ortes arbeitete, hat unentgeltlich die regelmäßige Pflege des Friedhofs übernommen. Der Friedhof, so heißt es, ist Teil des Dorfes geworden.

Wie kommt es, so fragen wir Robert Traba, daß sich fast fünfzig Jahre lang niemand um die deutschen Friedhöfe in Ostpreußen gekümmert hat und daß sie, falls überhaupt noch auffindbar, meist so verwahrlost sind.

»Die Antwort auf diese Frage ist schwierig und schmerzlich zugleich. Es ist zum einen ein psychologisches Problem, eine psychologische Folge des Zweiten Weltkriegs. Auf der anderen Seite war es natürlich auch ein Ergebnis der offiziellen polnischen Politik, die mit allen Mitteln verhindert hat, daß sich irgend jemand mit der deutschen Vergangenheit der Region beschäftigte. Mit viel Propaganda wurde unablässig versucht, die Spuren der deutschen Geschichte zu verwischen; und so wurden wir abgeschnitten von den Wurzeln der Historie. Es wurde einfach erklärt, daß es sich hier um uraltes polnisches Land handelte. Weitere Fragen durften nicht gestellt werden. Alles, was mit Deutschland und der deutschen Vergangenheit zu tun hatte, wurde ausschließlich unter politischen Gesichtspunkten gesehen, nicht unter menschlichen – unter Gesichtspunkten der Tradition, des überkommenen Erbes.«

»Wie sehen denn heute die Menschen, die im Ermland und in Masuren leben, also die Polen, die erst nach dem Krieg hierher gekommen sind, ihr Verhältnis zu Deutschland und den Deutschen?«

»Man kann hier nicht generalisieren. Es ist ja überhaupt erst wenige Jahre her, daß wir offen über dieses Thema reden dürfen. Daß wir uns ungehindert mit der Vergangenheit, der deutschen Vergangenheit, beschäftigen dürfen. Doch wenn ich mir die Veränderungen anschaue, die sich seither in unserem Verhältnis zu Deutschland und den Deutschen vollzogen haben, bin ich durchaus optimistisch. Vor allem, wenn ich sehe, wie wir versuchen, heute mit dem gemeinsamen Erbe umzugehen, diesem Erbe, dessen Träger wir sind. Denn wir sind es ja, die heute hier leben. Und wir müssen uns darum kümmern. Wir müssen endlich aufhören, im Verhältnis zwischen Deutschen und Polen immer nur auf das zu schauen, was uns trennt. Wir müssen uns statt dessen bemühen, normale zwischenmenschliche Kontakte aufzubauen. Uns bemühen, nach gemeinsamen Wurzeln und Traditionen zu suchen, nach dem, was uns verbindet. Denn gemeinsam sind wir für unser Erbe verantwortlich.«

Während wir uns mit Robert Traba unterhalten, haben die Jugendlichen, die uns auf den Friedhof begleitet haben, auf den Gräbern und Wegen Unkraut gejätet, herabgefallene Zweige beseitigt und die Reste abgebrannter Kerzen eingesammelt. Viel hatten sie allerdings nicht zu tun, denn der Rentner aus dem Dorf, der für die Friedhofspflege zuständig ist, nimmt seine Aufgabe offenbar sehr ernst.

Die deutschen Jugendlichen der »Initiative Christen für Europa« sind nun schon neun Monate in Olsztyn und arbeiten hier vor allem als Hilfskräfte an den Schulen und in Jugendzentren. Sie geben Unterricht in Deutsch, organisieren Freizeitveranstaltungen und betreuen sozial schwache Familien. Alle haben inzwischen so gut Polnisch gelernt, daß sie sich ohne Probleme verständigen können.

Anfangs, sagt Andreas, der aus Neustadt an der Weinstraße kommt, habe er sich gar keine besonderen Gedanken gemacht, was er hier in Polen eigentlich soll. Er sei zwar vorher in den Ferien schon mal hiergewesen, und es habe ihm ganz gut gefallen, aber ausschlaggebend sei wohl doch die Überlegung gewesen, daß es interessanter sei, ein Jahr in Polen zu verbringen, als Zivildienst irgendwo in Deutschland abzudienen. Gereizt habe ihn vor allem die Möglichkeit, ein fremdes Land auf diese Weise näher und genauer kennenzulernen. Dabei habe er zunächst gar nicht gewußt, wohin in Polen er kommen würde. Und mit Ostpreußen hatte er sich vorher eigentlich noch nie beschäftigt. Aber schon die ersten Eindrücke hier seien überaus positiv gewesen. Man sei ihm sehr freundlich begegnet, sehr schnell habe er Bekanntschaften geschlossen.

Und die Tatsache, daß er Deutscher sei, habe man ihn das irgendwie spüren lassen?

»Vielleicht einer von hundert hat mich skeptisch angesehen. Aber die anderen fanden es zum Teil richtig bewundernswert, daß ich als Deutscher hierher komme, um hier zu arbeiten, den Leuten beim Deutschlernen zu helfen, mich beim deutsch-polnischen Jugendaustausch engagiere...«

»Und wie haben Sie reagiert, als Sie erfuhren, daß Sie bei der Wiederinstandsetzung eines alten deutschen Soldatenfriedhofs mitarbeiten sollen?«

»Anfangs war ich skeptisch, weil ich nicht wußte, wie die Leute das aufnehmen würden. Aber als wir dann merkten, daß die Zahl derer im Dorf, die uns und dem Projekt kritisch gegenüberstanden, immer geringer wurde und wir das Gefühl hatten, daß immer mehr Leute das Projekt mittrugen und dann auch ganz aktiv mithalfen, war die Skepsis verflogen.«

Ähnliche Erfahrungen hat die 19jährige Ingrid aus Frankfurt am Main gemacht.

»Auch mich haben die Leute zunächst einmal gefragt, was ich hier mache, ob ich mein Land zurückbesiedeln wolle und ob meine Familie aus Ostpreußen stamme. Aber sobald ich das verneinte und sagte, ich sei hier, weil mich das Land interessiere, und keineswegs deshalb, weil ich möchte, daß das hier wieder zu Deutschland komme, wurde ich immer sehr, sehr freundlich, sehr positiv aufgenommen.«

Danuta besucht die Abschlußklasse des Gymnasiums in Olsztyn. Ganz offen gibt sie zu, daß sie sich anfangs mit den deutschen Jugendlichen etwas schwergetan habe.

»Ich war unsicher, denn ich wußte ja nicht so genau, was sie bei uns eigentlich wollten. Und dann war da natürlich das Sprachproblem. Keiner von uns konnte Deutsch, und von ihnen verstand niemand ein Wort Polnisch. Wie sollte man da zusammen etwas machen? Aber als wir dann zusammen wohnten, zusammen arbeiteten, haben wir sehr schnell eine gemeinsame Sprache gefunden. Sicher, ihre Mentalität ist manchmal etwas anders, manches nehmen sie offenbar viel schwerer als wir – aber letztlich ist doch auch das ganz normal. Und heute fällt mir, selbst wenn ich lange nachdenke, nichts ein, wo wir wirkliche Probleme hätten. Unser einzig wirkliches Problem bei der Arbeit auf dem Friedhof waren die Mücken.«

Und stellt die Geschichte, die Vergangenheit zwischen Deutschen und Polen, für Danuta heute noch ein Problem dar?

»Nein. Das, was gewesen ist, ist natürlich gewesen, und man soll es ja auch nicht vergessen. Aber für unser heutiges Verhältnis spielt es keine Rolle mehr.«

»Und was bedeutet das deutsche Wort Ostpreußen für Sie?«

»Ein Stück Geschichte. Das gab es einmal und gibt es nicht mehr. Wie das alte Rom. Es war einmal. Es ist untergegangen. Es ist mir zwar nicht gleichgültig, daß das hier einmal Ostpreußen war. Aber ich bin Polin und lebe in Polen. Das ist das entscheidende.«

An dieser Stelle mischt sich Piotr ins Gespräch, ein Klassenkamerad von Danuta. »Natürlich ist Ostpreußen ein Wort, das uns trennen könnte. Und für manche ist es geradezu ein Symbol des Streits zwischen Polen und Deutschen. Aber genau darum geht es ja, das zu überwinden, diesen alten Konflikt endlich zu begraben. Für uns sind die Jungen und Mädchen aus Deutschland einfach Kollegen. Basta.«

Welche Gefühle ihn denn bewegt haben, fragen wir Piotr, als er erfahren hat, daß er zusammen mit deutschen Jugendlichen einen alten deutschen Soldatenfriedhof restaurieren soll.

»Anfangs«, sagt Piotr, »haben wir uns natürlich gefragt, was wir hier auf diesem Friedhof sollen. Warum wir ausgerechnet ein Symbol des einstigen deutschen Militarismus restaurieren sollen. Doch dann haben wir untereinander diskutiert, auch mit den deutschen Kollegen, und uns klargemacht, daß es junge Menschen sind, die hier begraben liegen, Menschen in unserem Alter. Sie sind mit Sicherheit nicht die Schuldigen.«

Auf der Rückfahrt nach Olsztyn erzählt uns Robert Traba, daß auf Initiative der »Borussia« inzwischen schon drei deutsche Soldatenfriedhöfe in der Gegend wiederhergestellt worden seien. Weitere sollen folgen.

Auf dem Friedhof von Drwęck (Dröbnitz) soll demnächst eine Tafel mit einer Inschrift in Deutsch und Polnisch angebracht werden:

> Es gibt Tiefen des Leidens,
> die ewig sinnlos bleiben,
> wenn nicht die Frucht
> sie klärt.

> 1914 starben hier 183 junge Soldaten.
> Wider das Vergessen
> restaurierten im Jahr 1993
> polnische und deutsche Jugendliche gemeinsam
> diesen Friedhof.

Den Text haben die polnischen und deutschen Jugendlichen gemeinsam entworfen.

# Kazimierz Brakoniecki

## *Mysterium*

Die Mächtigsten religionen sind flehende menschenleichen
in schilfhelmen sumpfmänteln felsenhüllen
die ältesten religionen sind gevierteilte leichen des opfervollen
    Gottes
aufgeschlitzt mit fingern steinen messern
die dann blankgeputzt in die beutesäcke der geschichte
    wandern
Die Mächtigsten religionen sind bäuche der mütter gewölbt
    aus blut
nabelschnüren der liebe dem glucksen des himmels und
    sprühregen
menschen wandern dort erheben ihr antlitz hin zur nacht
niemand antwortet ihnen in dem träge fließenden abgrund
Die Ältesten religionen sind leichen bäuche opfer und tempel
die ich herbeirufe in Neu Kockendorf
in der kirche mit hölzernem turm
als wäre ich bekenner von Zarathustra Orpheus Mani und
    Mithras
und gleichzeitig nachkomme umsichtiger ermländischer
    bauern
Licht wie ein schwall klaren wassers dringt durchs portal
alter steinboden alte kanzel holzgebälk
altäre bänke wunderbar erhalten
die taufkapelle kalt wie der fuß des todgequälten Christus
glöckchen gebetbücher fahnen gefühlvolle gegenwart des
    lebens

fundamente aus feldsteinen darüber gotische ziegel und putz
bröckelnde malereien gewachsenes beten beweinte
himmelfahrten
Ich Lausche dem leben und höre den verhallten klang der
   zeiten
schlagen der sense und säbel gestöhn der kanonen und pferde
   den männergesang beim gelage
ich höre deutlich die worte hier sind wir
auch du kopie der Muttergottes von Wilna und kopf des
   polnischen Papstes
und auch du deutsche inschrift abgeblättert am chor
ich höre euer rufen denn ich sehe euch gebeugt in den bänken
   verstorbene
höre ganze generationen gewachsen wie baumringe aus
   landschaft und arbeit
die kirche deckt euch zu mit bescheidenem gewölbe und
   ahornblättern
und ich verschließe hinter jahrtausenden die weiten
   menschlichen glaubens


*Aus dem Polnischen*
*von Winfried Lipscher*

## Hohenstein, der Steinerne Löwe und Tannenberg

*D*er Herr Bürgermeister läßt sich entschuldigen. Er sei, teilt uns seine Vorzimmerdame, eine resolute, aber durchaus liebenswerte Mittfünfzigerin, mit, noch beim Wojewoden in Olsztyn (Allenstein). Er habe unseren Termin nicht vergessen und hoffe, in spätestens einer Stunde dazusein. Wir möchten doch, bitte schön, uns etwas gedulden und schon in seinem Dienstzimmer Platz nehmen.

Jerzy Tytz, der Bürgermeister von Olsztynek (Hohenstein) ist uns von polnischen Freunden als ein Mann geschildert worden, der auf kommunaler Ebene geradezu beispielhaft einen neuen Politikertypus Polens verkörpere. Parteilos, unbestechlich, zupackend und uneigennützig im Umgang mit der Macht. Von Beruf Zahnarzt, wurde der heute 47jährige vor vier Jahren als Kandidat einer Bürgerinitiative, die aus der Gewerkschaft Solidarność hervorgegangen war, ins Amt gewählt. Als man ihn bei den jüngsten Kommunalwahlen 1994 für eine weitere Periode als Bürgermeister bestätigte, schloß er erst einmal seine Zahnarztpraxis.

Die Tür zu seinem Arbeitszimmer steht offen. Die Vorzimmerdame bietet uns Kaffee an und ermuntert uns, schon einmal auf der Couch des Herrn Bürgermeisters Platz zu nehmen. Wir könnten uns auch in Ruhe umschauen, vielleicht fänden wir ja etwas Interessantes zum Lesen.

Das Amtszimmer ist ein kleiner, gemütlicher Raum, der eher an ein Wohnzimmer als eine Behördenstube erinnert. An einem der beiden Fenster, aus denen man auf den Marktplatz blickt, steht ein schlichter Schreibtisch. Der Stuhl davor stammt offensichtlich noch aus deutscher Zeit. Die Rückenlehne zeigt in Holz geschnitzt das alte Stadtwappen von Hohenstein, den heiligen Petrus. Die Couch an der gegenüberliegenden Wand wirkt etwas abgewetzt, der niedrige Tisch davor und die beiden Sessel scheinen nicht mehr allzu belastbar. Einen Safe, früher Prestigeobjekt jedes sozialistischen Behördenleiters, können wir nicht entdecken. Als einziges Statussymbol fällt uns der Stander mit den rot-weißen Nationalfarben in einer Nische der Schrankwand auf.

Auf dem Schreibtisch türmen sich dünne graue Aktenmappen, und der Couchtisch liegt voller bunter Hochglanzprospekte in polnischer, englischer und deutscher Sprache. Die Titelseite ziert das Wappen des heiligen Petrus, der in der einen Hand einen Hirtenstab, in der anderen einen riesigen Schlüssel hält. Der Text der deutschen Ausgabe lädt uns »zu einem Besuch in der Gemeinde Hohenstein (Olsztynek)«. Wir erfahren, daß die Stadt Hohenstein samt Ordensschloß im 14. Jahrhundert entstanden ist und auf eine reiche historische Vergangenheit zurückblicken kann; daß die Umgebung von Hohenstein ein von der Eiszeit gestaltetes Hügelland mit grünen Wäldern, hellblauen Seen und Flüssen ist, »eine natürliche Wildheit«. Und wir lesen, was man in und um Hohenstein alles unternehmen kann: »Spuren der Vergangenheit finden, in der Stille des Waldes ausruhen, Invention und Geld investieren, gesunde Nahrungsmittel produzieren und agrarische Verarbeitungsindustrie entwikkeln«. Und wer sich nach dem »Lärm einer Stadt« sehnt, dem wird ein Abstecher ins 30 Kilometer entfernte Olsztyn, die Hauptstadt der Region, empfohlen.

Im Inneren des bunten Faltblattes finden sich ausführliche, aber übersichtlich gegliederte Statistiken. Die Stadt Hohenstein zählt 7446 Einwohner, die Gemeinde insgesamt 13 472. Sie umfaßt 50 Ortschaften mit zusammen 28 »Schulzenämtern«.

14 Grundschulen gibt es in der Gemeinde, ein Lyzeum, eine Berufsschule, zwei Kindergärten. Arbeitsplätze bieten eine landwirtschaftliche Verarbeitungsgenossenschaft, eine Handelsgenossenschaft, eine Essig- und Senffabrik, eine Filiale der Soya GmbH, die staatlichen Förstereien sowie die Betriebe der kommunalen Selbstverwaltung – das Wasserwerk, das Verkehrsamt. Der Kaufpreis für Wohnungen liegt zwischen 150 und 500 Mark pro Quadratmeter, der Preis für Bauland bei DM 3,50 pro Quadratmeter. Die Arbeitslosigkeit, auch das weist die Statistik in aller Offenheit aus, beträgt 25,2 Prozent...

Noch während wir den Werbeprospekt studieren und dabei nicht nur erfahren, daß zu den Vögeln der Region, die unter Naturschutz stehen, der Seeadler, der Schreiadler, der Fischadler und der Schwarzstorch gehören, sondern auch im Impressum lesen können, daß die Druckkosten für den Prospekt von der »Stiftung für Entwicklung der lokalen Demokratie in Warschau« übernommen wurden, erhebt sich im Vorzimmer unerwarteter Lärm: helles Kinderlachen, aufgeregtes Durcheinanderschreien, Getrappel und Geschlurfe unzähliger offenbar kleiner Füße. In der offenen Tür erscheint der Kopf einer jungen Frau, die kurz fragt: »Dürfen wir?«, und, ohne eine Antwort abzuwarten, ins Vorzimmer ruft: »Kommt Kinder, schaut euch an, wo unser Bürgermeister regiert.« Einander stupsend und schiebend drängen sich etwa zwanzig Jungen und Mädchen in den kleinen Raum. Es ist, so wird uns gesagt, die 4. Klasse einer Grundschule aus Hohenstein, die das Rathaus besichtigt. Besonderen Eindruck macht das Arbeitszimmer des Bürgermeisters auf die Zehn- bis Zwölfjährigen allerdings nicht. Eher gelangweilt und pflichtschuldig werfen sie einen Blick auf den mit Akten überhäuften Schreibtisch, den Stuhl mit dem Stadtwappen und die Gäste auf der Couch, die auf den Bürgermeister warten. Die Vorzimmerdame, die etwas beunruhigt im Türrahmen steht, hat keinen Anlaß, einzugreifen. Die Kinder sind diszipliniert, rühren nichts an, sind sichtlich mehr mit sich selbst beschäftigt als mit dem an Attraktionen so armen Zimmer. Nach nicht einmal fünf Minuten ist der fröhlich lärmende Trupp wieder abgezogen. Als letztes vernehmen wir das lapidare Urteil eines rothaarigen Jungen mit Igelfrisur: »Nichts Besonderes.«

Nach etwa einer Stunde erscheint der Bürgermeister. Noch ein wenig außer Atem, legt er die Aktentasche auf den Schreibtisch, hängt den Mantel auf einen Haken an der Tür und entschuldigt sich. Er sei aufgehalten worden beim Wojewoden in Allenstein, wo eine wichtige Konferenz stattgefunden habe. Es sei um die Frage gegangen, wie man die jugendlichen Arbeitslosen von der Straße bekäme. Man habe beschlossen, zusammen mit einer Reihe anderer Gemeinden eine Beschäftigungsgesellschaft für die Jugendlichen zu gründen. Zwar sei man sich noch nicht ganz darüber im klaren, wie sie finanziert werden soll, aber einen schönen Namen habe man schon: »Inkubator«.

Bürgermeister Tytz ist ein kräftiger, untersetzter Mann, der vor Energie zu strotzen scheint. Mit Politik, so erzählt er, habe er eigentlich nie etwas im Sinn gehabt. Acht Jahre lang habe er in der Armee als Zahnarzt gearbeitet, ehe er nach Hohenstein kam. Dann habe er buchstäblich alle Hände voll zu tun gehabt, um seine Zahnarztpraxis aufzubauen. Und das, so meint er lächelnd, sei ihm ja auch einigermaßen gelungen. Doch dann, nach der Wende im Jahre 1989, hätten ihn die Leute im Ort gedrängt, bei den ersten freien Bürgermeisterwahlen in der Nachkriegsgeschichte Polens zu kandidieren. Sie suchten möglichst unabhängige und unbelastete Leute. Mehr aus sportiven Gründen habe er sich schließlich aufstellen lassen und wurde, wie er betont, zur eigenen Überraschung auch mit überwältigender Mehrheit gewählt. Eine Ahnung von dem, was tatsächlich damit auf ihn zukomme, habe er »nicht einmal im Traum« gehabt.

Mit der Einführung der Marktwirtschaft, so Jerzy Tytz, ging auch in Hohenstein vieles den Bach hinunter. Oder, wie er es noch drastischer formuliert, »zum Teufel«. Vor allem viele Arbeitsplätze. Die Arbeitslosigkeit sei das Problem Nummer eins. Und sie werde, das sehe er ganz realistisch, es auch noch lange bleiben.

Historisch war Hohenstein immer ein Ackerbürger- und Handwerkerstädtchen. Auch seit es zu Polen gehört, bestimmten die landwirtschaftlichen Strukturen den Charakter der Gemeinde. Doch nun, so Jerzy Tytz, sehe es mit der Landwirtschaft im Raum Hohenstein »schlimm« aus. Zwei große Staatsgüter seien bislang die wichtigsten Arbeitgeber der Region gewesen. Eines sei geschlossen und an einen Privatmann aus Warschau verkauft worden. Der lasse das Land, immerhin 350 Hektar, einfach brachliegen und warte auf eine Wertsteigerung des Bodens. Das andere Staatsgut wurde zwar privatisiert und die Wohnungen an die Landarbeiter verkauft. Doch um den Betrieb lebensfähig zu erhalten, mußte rund die Hälfte der Belegschaft entlassen werden. Eine zusätzliche Verschärfung erfährt das Problem der Arbeitslosigkeit, so führt der Bürgermeister weiter aus, durch die fehlende Mobilität selbst der jungen Menschen. Sogar attraktive Arbeitsangebote aus Deutschland würden ausgeschlagen. »Wir sind einfach an Migration nicht gewöhnt.« Es herrsche vielmehr ein verhängnisvoller Mechanismus: Sobald die Leute eine Wohnung bekommen, gehen sie nicht mehr weg. Lieber in Hohenstein in den eigenen vier Wänden arbeitslos als in Hamburg auf der Baustelle im Container leben – das sei offensichtlich die Devise vieler Leute hier, stellt Jerzy Tytz nicht ohne Bitterkeit fest.

»Und wie«, frage ich, »sieht es mit ausländischen Investoren im Raum Hohenstein aus?«

Jerzy Tytz schüttelt bekümmert den Kopf. »Keine.« Nicht ein einziger habe sich bislang gefunden. Nicht einmal eine seriöse Anfrage habe es gegeben, und das, obwohl man sich doch mit der Werbung soviel Mühe gebe. Die Prospekte hätten wir ja gesehen. Der Grund sei eigentlich paradox: Die Gemeinde wird dafür bestraft, daß sie mit nur 25 Prozent eine vergleichsweise niedrige Arbeitslosenquote hat, also weit unter dem Landesdurchschnitt liege. Die Investoren, inländische wie ausländische, bevorzugten jedoch Orte mit einer möglichst hohen Arbeitslosenquote, was ja aus deren Sicht auch verständlich sei, da sie so die Lohnkosten am meisten drücken könnten. Aber für Hohenstein sei es bitter.

Ein weiteres Problem seien die enorm gestiegenen Kosten für Bildung und Erziehung. Seit das Schulwesen im Jahre 1990 per Gesetz zur Gemeindesache erklärt wurde, sind die Ausgaben für Bildung und Erziehung in Hohenstein auf 40 Prozent des gesamten Gemeindeetats gestiegen. Auch die Kosten für die Sozialfürsorge seien explodiert, auf 17,5 Prozent des Gesamtetats. Die Zahl der Kindergärten habe drastisch reduziert werden müssen, und auch Schulen wurden geschlossen. Die Folge: ein dramatischer Geburtenrückgang. »Es gibt immer weniger Kinder unter sechs Jahren.«

Dabei, so der Bürgermeister, habe man seit 1990 durchaus »Errungenschaften« vorzuweisen, auf die die Stadtverwaltung stolz sein könne. Einige Betriebe seien ohne große Verluste privatisiert worden, auch die kommunale Handelsgenossenschaft in Hohenstein funktioniere. Ein neues Abwassersystem wurde installiert, und in vielen Orten wurden – erstmals – Kläranlagen gebaut. Die Wasserqualität der Flüsse und Seen in der Umgebung verbessere sich spürbar. Mit Geldern vom Naturschutzfonds aus Warschau wurden die kommunalen Heizwerke von Kohle auf Gas umgestellt, was zu einer deutlichen Verringerung der Luftverschmutzung führte. Und schließlich habe man, als kommunales Beschäftigungsprogramm, Arbeitslose eingesetzt zur, wie Jerzy Tytz es nennt, ökologischen Verschönerung der Stadt. Die Reste der historischen, noch aus der Ordensritterzeit stammenden Stadtmauer wurden freigelegt, einige im 19. Jahrhundert erbaute und architektonisch bemerkenswerte Wohnhäuser restauriert. Der große rechteckige Marktplatz, an dessen westlicher Stirnseite das Rathaus steht, wurde in eine gepflegte Parkanlage verwandelt. Kein Geringerer als Staatspräsident Lech Wałęsa hat Olsztynek als »ökologisch führende Gemeinde Polens« ausgezeichnet. Dies erwähnt Jerzy Tytz allerdings eher beiläufig, und die Urkunde mit dem Siegel und der Unterschrift des Präsidenten hängt auch nicht gerahmt und unübersehbar an einer Wand des Arbeitszimmers, sondern wird vom Bürgermeister erst nach längerem Suchen unter einem hohen Aktenstapel hervorgekramt. Man sieht, der Mann hat andere Sorgen.

Ein Lieblingsprojekt des Bürgermeisters ist die Wiederherstellung der alten Bürgerhäuser rings um den Marktplatz. Die meisten von ihnen wurden im Januar 1945 nach dem Einmarsch der Roten Armee in die Luft gesprengt. An ihrer Stelle stehen heute häßliche, flache Plattenbauten und unverputzte, aus Hohlraumblöcken zusammengefügte Wohn- und Geschäftshäuser. Doch mit seinen Plänen zur Restaurierung der Markthäuser im alten Stil ist der Bürgermeister bislang auf Granit gestoßen – bei seiner Stadtkonservatorin. Ganz abgesehen davon, daß die Stadtkasse ohnehin leer sei, so argumentiert sie, seien die Häuser am Markt, so wie sie jetzt da stehen, historische Denkmäler, Architekturdenkmäler der Geschichte der Volksrepublik Polen. Ob sie, im ästhetischen Sinne, gefallen oder nicht, sei unerheblich. Sie gehörten nun einmal zur Geschichte des Landes – und da gebe es nichts zu klittern und zu beschönigen. Der Bürgermeister erzählt es achselzuckend, doch keineswegs vorwurfsvoll. Es scheint, als habe er insgeheim sogar Verständnis für den Gedankengang seiner Konservatorin.

Von einem anderen »restaurativen Akt« jedoch hat ihn niemand abhalten können: der Inthronisierung des Steinernen Löwen. Seit einem Jahr ruht er majestätisch auf einem Sockel rechts neben dem Eingang zum Rathaus. Einst gehörte er zum nur wenige Kilometer entfernten Tannenbergdenkmal – als Gedenkstein für die im Ersten Weltkrieg Gefallenen der 23. Masurischen Infanterie-Division, deren Wappentier er war. Jerzy Tytz entdeckte ihn 1992 auf dem Müllplatz einer Kaserne der polnischen Armee bei Kętrzyn (Rastenburg). Kurzentschlossen kaufte er dem Kommandanten der Kaserne den Löwen ab und überführte ihn nach Hohenstein, seine »historische Heimat«, wie er verschmitzt formuliert.

Das nur zwei Kilometer westlich von Hohenstein, unweit der Straße von Warschau nach Danzig, errichtete Tannenberg-Denkmal hat das ansonsten eher etwas verschlafene Städtchen weit über seine Grenzen hinaus bekannt gemacht. Es wurde 1927 als zentrale Gedenkstätte für die Gefallenen der Schlacht bei Tannenberg erbaut. In dieser Schlacht, die Alexander Solschenizyn in jüngster Zeit so eindrucksvoll beschrieben hat, wurde im August 1914 die nach Ostpreußen eingedrungene russische Armee unter ihrem Befehlshaber General Samsonow zunächst eingekreist und dann vernichtend geschlagen. 90 000 russische Soldaten gerieten in Gefangenschaft, General Samsonow nahm sich am Tag nach der Schlacht das Leben. Der Sieger der Schlacht bei Tannenberg, der Generalfeldmarschall und spätere Reichspräsident Paul von Hindenburg, legte 1924 den Grundstein für das Tannenberg-Denkmal, das »Reichsehrenmal«, wie es offiziell genannt wurde. Ein gigantisches Monument aus acht Türmen von 23 Meter Höhe, die durch starke Verbindungsmauern zu einem Achteck von mehr als hundert Meter Durchmesser zusammengeschlossen waren. In alle Ewigkeit sollte es an die Befreiung Ostpreußens von der russischen Armee erinnern. Doch die Ewigkeit dauerte nicht einmal zwei Jahrzehnte. Im Januar 1945, als sich die Rote Armee immer bedrohlicher dem Raum Tannenberg näherte, wurde der Sarg Hindenburgs, der 1934 im »Reichsehrenmal« beigesetzt worden war, zusammen mit dem seiner Frau nach Westen abtransportiert, nach Marburg, in die Elisabethkirche. Der Eingangsturm und der Hindenburgturm, in dem die Särge aufgebahrt waren, wurden von deutschen Soldaten gesprengt. 1948 begannen die polnischen Behörden mit dem endgültigen Abriß des Denkmals. Die Ziegel verwendete man zum größten Teil für den Wiederaufbau der von der deutschen Wehrmacht zerbombten Warschauer Altstadt. Ein Teil der Granitplatten wurde zum Bau der Monumentaltreppe vor dem Zentralkomitee der Kommunistischen Partei in Warschau benutzt, ein anderer als Sockel für das Denkmal der Roten Armee in Allenstein.

Heute erinnert das Gelände des einstigen Reichsehrenmals an eine Müllkippe. Man kommt dorthin über einen schmalen Sandweg, den dichtes Gebüsch säumt. Nur noch vereinzelt stößt man auf von Sträuchern und Unkraut überwachsene Reste von Mauerwerk. Seit die polnische Armee Mitte der achtziger Jahre versuchte, hier einen Schießstand zu bauen, durchziehen tiefe Gräben den Boden. Am östlichen Rand der Anlage, dort, wo früher der Eingangsturm stand, trifft man unerwartet auf einen offenbar frisch aufgeworfenen Erdhügel. Es ist ein Soldatengrab mit einem schlichten Holzkreuz. Das Kreuz trägt keine Inschrift, lediglich die Zahl 1914 und dahinter, kaum wahrnehmbar ins Holz geritzt, den Buchstaben »D«. Es wurde auf Initiative von Jerzy Tytz angelegt. An dieser Stelle, so meint er, müsse es doch wenigstens einen kleinen Hinweis auf die Vergangenheit geben.

Jerzy Tytz ist von sich aus auf das Tannenbergdenkmal zu sprechen gekommen. Schließlich gehöre es zu seiner Gemeinde, und man müsse sich doch Gedanken machen, was mit dem Ort, an dem es stand, geschehen solle. Er persönlich hat ganz konkrete Vorstellungen. »In Ordnung bringen« müßte man das Gelände, die noch verbliebenen unterirdischen Fundamente freilegen, Wegweiser aufstellen, Tafeln mit Erläuterungen in polnischer und deutscher Sprache. Ein Jammer sei es, daß alles so zerstört sei. Er wolle versuchen, daraus eine, so wörtlich, »Touristenattraktion« zu machen.

Ob er mit diesen Plänen denn nicht auf Schwierigkeiten bei der einheimischen Bevölkerung stoße, frage ich den Bürgermeister. Immerhin gelte das Tannenberg-Denkmal vielen Polen doch geradezu als Inbegriff des deutschen Militarismus.

Auch Jerzy Tytz sieht darin ein gewisses Problem. »Natürlich«, sagt er, »sind ganze Generationen von Polen in dieser Haltung erzogen worden.« Und Tatsache sei es ja auch, daß Hitler letztlich dank Hindenburg an die Macht gekommen sei. Doch in den vergangenen Jahren habe bei der Mehrheit der Bevölkerung ein Umdenken begonnen. »Wir sind doch Teil Europas, und auch Denkmäler wie das von Tannenberg gehören zur europäischen Geschichte. Das heißt nicht, daß wir die Ideen, die hinter solchen Denkmälern standen, für richtig halten. Aber selbst als Zeugnisse der Verblendung und des imperialen Größenwahns gehören sie dazu. Und für manche Menschen sind sie ja vielleicht auch wirklich nichts anderes als Stätten, an denen man der Toten gedenkt. Und dieses Recht muß doch jeder haben.«

Seit Jerzy Tytz das Amt des Bürgermeisters bekleidet, haben sich intensive Beziehungen der Stadt Hohenstein zur Stadt Hamm in Westfalen entwickelt. Begonnen hat es mit Kontakten der Freiwilligen Feuerwehr Hohenstein zur Freiwilligen Feuerwehr in Hamm. Ein ehemaliger Hohensteiner, der jetzt in Hamm lebt, hatte sie vermittelt. Mit der ersten Delegation aus Hohenstein war auch Jerzy Tytz nach Hamm gereist. Nicht in seiner Funktion als Bürgermeister, sondern als Chef der Freiwilligen Feuerwehr von Hohenstein. In einem Album sind die Photos dieser Begegnung festgehalten. Auf einem der Bilder erkennen wir in der ersten Reihe Jerzy Tytz in Feuerwehruniform. Seit diesem Treffen, so erzählt der Bürgermeister, habe sich ein reger Reiseverkehr zwischen Hohenstein und Hamm entwickelt. Und auch mit dem einen oder anderen technischen Gerät haben die Feuerwehrfreunde aus Hamm inzwischen ausgeholfen.

Doch nicht alle in Hohenstein sehen diese Kontakte mit Wohlwollen. Flugblätter sind vor dem Rathaus verteilt worden, in denen Jerzy Tytz und seine Freunde als »Knechte der Deutschen« beschimpft worden sind. Doch Jerzy Tytz scheint das wenig zu kümmern. Vielleicht deshalb, weil die Verfasser der Flugblätter ausgerechnet die Mitglieder der kleinen Gruppe der polnischen Neo-Nazis in Hohenstein sind. »Und die«, so Jerzy Tytz beruhigend, »wissen nicht einmal selbst, was in ihren Köpfen vorgeht.« Fürs nächste Jahr jedenfalls ist in Hohenstein ein großes Fest mit den Freunden aus Hamm geplant.

## »Gesellschaft zur Pflege deutschen Kulturgutes«

*E*inen Gesprächstermin mit Eckhard Werner zu vereinbaren, ist nicht ganz einfach. Zu schlecht sind seine Erfahrungen, die er mit Journalisten aus Deutschland gemacht hat. Mißtrauisch ist er geworden, denn allzu oft hat er erlebt, daß man ihn und seine Freunde in eine »reaktionäre Ecke« stellte, in ihnen »Kämpfer für das Deutschtum in Ostpreußen« sah, vielleicht sogar für einen »Wiederanschluß Ostpreußens an Deutschland«. Eckhard Werner ist Vorsitzender des »Verbandes der Vereinigungen deutscher Bevölkerung im ehemaligen Ostpreußen«, des Dachverbandes der Gesellschaften der deutschen Minderheit.

Wie viele Deutsche heute noch im südlichen Ostpreußen, dem polnischen Teil, leben, weiß niemand genau. Die deutsche Minderheit ist zersplittert in kleine und kleinste Grüppchen. In fast jeder Stadt gibt es eine eigene deutsche Gesellschaft. Die kleinste, in Goldap, hat etwa 40 Mitglieder; in Treuburg (Olekko) sind es rund 100, in Lyck (Ełk) 250, in Lötzen über 300, in Sensburg 500. Die größte Gesellschaft gibt es in Osterode (Ostróda) mit etwa 800 Mitgliedern. Im September 1994 ist es Eckhard Werner nach jahrelanger, mühseliger Vorarbeit endlich gelungen, all diese Gesellschaften unter einem Dachverband zusammenzufassen. Er zählt etwa 20 000 Mitglieder, darunter, als »Fördermitglieder«, auch polnische Familienangehörige.

Wir treffen Eckhard Werner im Kulturhaus von Olsztynek (Hohenstein), das früher eine Schule war. Dort hat, in einem ehemaligen Klassenzimmer im ersten Stock, die örtliche deutsche Gesellschaft, deren Vorsitzender Eckhard Werner ebenfalls ist, ihren Sitz. Auf einem handgemalten Schild an der Klassentür ist der offizielle Name zu lesen: »Gesellschaft zur Pflege deutschen Kulturgutes ›Emil von Behring‹ in Hohenstein«. Der Erfinder des Diphterieserums und Nobelpreisträger Emil von Behring hatte 1874 am Gymnasium von Hohenstein das Abitur abgelegt und zählt zu der, wie es der unlängst von der Stadtverwaltung Olsztynek herausgegebene Werbeprospekt formuliert, »Reihe von bekannten Personen, die im Verlauf der Geschichte mit Olsztynek verbunden waren«. Als weitere »bekannte Personen« werden aufgeführt: Krzysztof Mrongowiusz – »Pastor und Fürsprecher der polnischen Sprache« –, Max von Töppen – »Historiker und Masurenkenner« –, Albert Lieven – »Schauspieler« –, sowie der heute in Allenstein (Olsztyn) lebende polnische Lyriker Erwin Kruk.

Das Klassenzimmer ist, offenbar provisorisch, zum Büro umfunktioniert worden. Man hat einen Teil der Schultische zusammengeschoben, die Stühle übereinander gestellt. An den Wänden und auf den freien Flächen stapeln sich Kartons mit Schreibmaterial, Büchern in deutscher Sprache, Broschüren aller Art aus der Bundesrepublik – von der Bundeszentrale für politische Bildung, der Landsmannschaft Ostpreußen und diversen deutschen Reisebüros. Auf einem Tisch neben der Tafel stehen eine Kaffeemaschine und ein paar Tassen, ältere Exemplare deutscher Tages- und Wochenzeitungen liegen auf einem Regal.

»Wir sind froh, daß wir wenigstens diesen Raum haben«, sagt Eckhard Werner. Hier könne man Versammlungen abhalten, deutschen Sprachunterricht für Jugendliche und Erwachsene geben, sich zu Kaffee- und Häkelkränzchen treffen, deutsche Liederabende veranstalten und auch noch Büroarbeit erledigen. Zweimal in der Woche halte man Sprechstunden ab, um die Mitglieder der deutschen Gesellschaft, aber auch deren polnische Familienangehörige in den verschiedensten Fragen zu beraten. Vor allem bei Problemen mit den polnischen Behörden, aber auch mit Behörden in Deutschland, bei Rentenproblemen, Paßangelegenheiten, Staatsbürgerschaftsfragen und zuweilen auch in Erb- und Eigentumsangelegenheiten. Aber manche, vor allem ältere Deutsche kämen oft nur vorbei, um »ein Schwätzchen« zu halten oder um nach neuen Zeitungen aus Deutschland zu schauen. Als störend werde lediglich empfunden, daß im Saal unter dem Klassenzimmer die jugendliche Rockband des Ortes regelmäßig ihre lautstarken Proben abhalte. »Aber«, so Eckhard Werner, »wir müssen zufrieden sein. Wichtig ist, daß wir eine Adresse haben; daß wir uns nicht mehr verstecken müssen, daß jeder, der zu uns kommen will, uns auch findet.«

Eckhard Werner ist knapp sechzig Jahre alt, hochgewachsen. Das kurzgeschnittene graue Haar und die hellen blauen Augen lassen ihn erheblich jünger erscheinen, und die klaren, fast faltenlosen Gesichtszüge verraten nur wenig von den Tragödien und Beschwernissen seines Lebens.

Geboren wurde er 1936 in Elbing, heute Elbląg. Als sich die Rote Armee im Februar 1945 der Stadt näherte, versuchte seine Mutter mit ihm und seinem 14jährigen Bruder – der Vater war als Soldat »im Feld« – zu fliehen, mit einem der letzten Züge, die Elbing noch Richtung Westen verließen. Doch die Flucht mißlang. Auf dem Bahnhof von Elbing gerieten sie in einen Bombenangriff, und die Mutter beschloß, »lieber zu Hause zu sterben als auf dem Bahnhof oder der Straße«. Nachdem die Rote Armee einmarschiert war, verschleppten die Russen die Mutter und den Bruder nach Sibirien. Eckhard Werner blieb als Neunjähriger im besetzten und weitgehend zerstörten Elbing zurück, »mutterseelenallein«. Nach einem Jahr kam seine damals 46jährige Mutter aus Rußland zurück, »als Krüppel«, unfähig zu arbeiten oder sich selbst zu versorgen, als Pflegefall. Der Bruder kehrte nie zurück.

Um sich und die Mutter zu ernähren, verdingte sich der Zehnjährige als Knecht bei einem deutschen Bauern, dem ebenfalls die Flucht nicht mehr gelungen war. Zur Schule gehen konnte er nicht, denn »dafür wurde nicht gezahlt«. Erst sehr viel später, als sich die Verhältnisse unter der neuen polnischen Verwaltung etwas stabilisierten, konnte er den Schulbesuch – neben der täglichen Arbeit – nachholen und sogar eine Ausbildung als Zootechniker absolvieren. Genau 41 Jahre hat er dann in diesem Beruf auf verschiedenen polnischen Staatsgütern gearbeitet; zuletzt auf dem Staatsgut in Hohenstein, wohin er mit seiner Mutter 1963 gezogen war. Diese übrigens hatte bis zu ihrem Tod 1968 nicht ein einziges Wort Polnisch gelernt. »Sie konnte es einfach nicht.« Der Vater hat den Krieg zwar überlebt, doch wiedergesehen hat Eckhard Werner ihn nicht. Er war 1953 aus sowjetischer Kriegsgefangenschaft in die DDR entlassen worden und hatte seinen Sohn in vielen Briefen beschworen, zu ihm »nach Deutschland« zu kommen. Doch Eckhard Werner konnte sich nicht entscheiden. »Meine Heimat ist hier«, teilte er dem Vater mit. Seitdem hat er nichts mehr von ihm gehört.

Welches denn das wichtigste Ziel des jetzt gegründeten Dachverbandes der deutschen Minderheit im südlichen Ostpreußen ist, fragen wir Eckhard Werner.

»Zunächst einmal ist wichtig, daß alle einzelnen Gesellschaften, alle Organisationen, die bei uns Mitglied sind, ihre Selbständigkeit behalten, vor Ort ihre Arbeit in eigener Verantwortung voranbringen. Aber dadurch, daß wir uns nun zusammengeschlossen haben, können wir unsere Anliegen vielleicht doch mit etwas mehr Nachdruck betreiben. Daher ist das wichtigste Ziel, die vordringlichste Aufgabe, die deutsche Sprache in die Schulen zu bringen. Dies ist zwar in den deutsch-polnischen Abmachungen von 1990 vorgesehen, doch hier bei uns in Ostpreußen noch längst nicht so realisiert, wie es sein müßte. Und im übrigen ist für uns die Kulturarbeit das wichtigste. Unsere Kulturveranstaltungen, unsere Sprachkurse, unsere gemeinsamen Feste, unsere Seminare – und natürlich auch, daß wir unseren Leuten bei allen praktischen Fragen helfen.«

»Gibt es, über die reine Kulturarbeit hinaus, auch die einen oder anderen politischen Überlegungen, vielleicht sogar politischen Ambitionen bei den Gesellschaften der deutschen Minderheit?«

»Ich seh' das nicht so. Wenn hier nicht falsche Leute eingreifen – die hiesigen sind nicht so politisch eingestellt. Wir haben hier unsere Erfahrungen gemacht, haben hier unseren Frieden gemacht und wissen so ungefähr, wie wir uns verhalten müssen, wenn wir gemeinsam in diesem Land leben wollen. Wissen, daß es unser gemeinsames Land ist, in dem wir wohnen.«

Auf unsere Frage, wer denn diese »falschen Leute« seien, die hier eingreifen könnten, antwortet Eckhard Werner vorsichtig, fast diplomatisch: »Na die, die nicht hier leben.«

Überhaupt haben wir den Eindruck, daß Eckhard Werner mit großer Bedachtsamkeit alles vermeidet, was irgendwo Anstoß erregen könnte. »Es ist eben alles nicht einfach hier, und wie es weitergeht, ist auch schwer vorauszusagen. Aber wenn wir heute große öffentliche Veranstaltungen durchführen können, mit deutschen Tänzen und deutschen Liedern, deutschen Gesangsgruppen, dann ist das schon viel. Und für das Land hier, in dem wir gemeinsam wohnen, ist es auch eine Bereicherung. Denn seit wir ganz offiziell unsere Minderheitengruppen aufbauen können, wagen sich doch auch immer mehr Besucher aus Deutschland her, viele Landsleute aus der Bundesrepublik, die jetzt in Ostpreußen Urlaub machen. Und das nützt uns allen. Oder? Jeder Tourist bringt etwas mit. Und wenn es nur zwanzig oder hundert Mark sind, die er hier im Land läßt, dann kommt das letztlich uns allen zugute. Früher haben sich viele aus Deutschland nicht getraut, hierher zu fahren, weil sie keinen Ansprechpartner hatten und sich fremd fühlten. Doch nun gibt es die Minderheitengruppen, und die nehmen manchen die Angst.«

Aber kommt nicht auch Neid auf, fragen wir, wenn die polnische Mitbevölkerung nun sieht, daß die Deutschen von der Bundesrepublik unterstützt werden, daß es für die deutschen Familien hier mehr Hilfe gibt als für die meisten polnischen?

»Das kann in manchen Fällen schon so sein«, sagt Eckhard Werner, aber zu ernst nehmen solle man das nicht. »So groß ist die Unterstützung ja nun auch nicht. Die finanzielle ohnehin nicht. Jedenfalls nicht für einzelne Leute oder Familien. Was wir aus Deutschland erhalten, ist ein bißchen finanzielle Unterstützung für die Miete unseres Büros, für Telephonkosten, Fernsehgebühren und ähnliches. Das sind Gelder, die vom Bonner Innenministerium ans Generalkonsulat in Danzig gehen, aber das sind Mittel, die alle streng zweckgebunden sind, für ganz bestimmte Sachen. Diese Hilfe ist die Voraussetzung, daß wir überhaupt arbeiten und unsere Büroräume halten können. Mit unseren Mitgliedsbeiträgen wäre das nie zu schaffen.«

In diesem Zusammenhang – und da wird Eckhard Werner erstmals undiplomatisch – wolle er aber doch sagen, daß es eine »große Ungerechtigkeit« sei, daß sie für die Räume in den Schulen oder Kulturhäusern Miete zahlen müßten. »Wir sind doch genauso Bürger des polnischen Staates wie alle anderen. Auch wir zahlen unsere Steuern an den polnischen Staat. Also müßte man uns die Schulräume kostenlos zur Verfügung stellen. Da müssen wir noch einen Weg finden. Aber diese Kleinigkeiten, diese gebrauchten Kleider und anderen Sachen, die uns die Landsleute privat bringen – ich glaube, das ist kein Grund zum Neid. Zumal in den achtziger Jahren, als aus Deutschland die große Welle der humanitären Hilfe nach Polen kam, die deutsche Minderheit davon überhaupt nichts abgekriegt hat. Das ging alles über die katholische Kirche, und die hatte die deutsche Minderheit nicht auf ihrer Rechnung!«

Welche Rolle spielen denn der Bund der Vertriebenen, die

Ostpreußische Landsmannschaft für die deutsche Minderheit in Polen?

Eckhard Werner holt tief Luft. »Die Landsmannschaft... Die Landsmannschaft hat eine Rolle gespielt 1989/90. Die hat uns hier, sagen wir, ein bißchen erweckt, ermuntert. Aber heute ist sie für uns nicht mehr das wichtigste. Wir sind alleine stark und wissen, welchen Weg wir gehen müssen. Die Landsmannschaft als Organisation spielt für uns keine besondere Rolle. Wichtig sind die Landsleute, die früher hier gelebt haben und uns jetzt unterstützen. Von den Landsmannschaften bekommen wir Kleider, manchmal auch etwas Geld und Einladungen nach Deutschland. Das ist wichtig für unsere Leute. Deshalb sagen wir auch nicht, haut ab, warum auch? Wenn sie uns helfen wollen, sollen sie es tun. Aber wir müssen selbst wissen, welche Wege hier einzuschlagen sind, und dürfen uns nicht bevormunden lassen. Wir leben hier in der Diaspora, und deshalb sollten wir nicht am Gängelband irgendeiner Vereinigung in Deutschland gehen. Schließlich bestehen die landsmannschaftlichen Verbände in Deutschland ja fast nur noch aus alten Leuten, die jetzt am Aussterben sind. Natürlich versuchen sie alle, Einfluß auf uns zu nehmen. Aber die Leute drüben vergessen, daß es auch bei uns Menschen gibt, die selbst denken können. Und im übrigen unterstützen uns die Landsmannschaften ja am allerwenigsten aus Eigenmitteln, denn das meiste bekommen sie vom deutschen Steuerzahler. Deshalb möchten wir auch, daß jedwede finanzielle Hilfe über die Generalkonsulate geht und nicht über die Landsmannschaften.«

Und dann gerät der sonst so zurückhaltende Eckhard Werner ein wenig ins Schwärmen.

»Natürlich wäre es schön, wenn wir das Geld zusammenbekämen, um ein Urlaubsheim zu bauen, wo Leute aus Deutschland und unsere hier aus Ostpreußen zusammenkommen könnten; und eine Schule mit einem Internat, um noch mehr für die deutsche Sprache tun zu können. Denn das ist unser Hauptproblem in der Minderheit: Die jungen Leute machen nicht mit, weil sie die Sprache nicht kennen.«

»Gibt es denn außer den jungen Leuten noch andere, die deutscher Herkunft sind und dennoch in den Gesellschaften der Minderheit nicht mitmachen?«

Eckhard Werner zögert ein wenig. Dann meint er: »Ja, es gibt solche. Sehr viele sogar.«

»Und warum machen sie nicht mit?«

»Weil sie Angst haben.«

»Angst wovor?«

»Daß sie vielleicht aus der Arbeit entlassen werden.«

»Aber die Minderheiten sind doch völlig legal, es gibt Abkommen darüber zwischen der polnischen Regierung und der deutschen.«

»Das ist richtig, aber trotzdem haben manche noch immer Angst, offen zu zeigen, daß sie eigentlich Deutsche sind. Vielleicht, weil sie früher schlechte Erfahrungen gemacht haben und auch der Zukunft nicht trauen. Die meinen, es kann wieder alles ganz anders kommen, und dann geht es den Deutschen hier wieder richtig schlecht.«

»Kennen Sie persönlich solche Menschen?«

»Natürlich. Einen Lehrer zum Beispiel hier aus der Gegend von Hohenstein. Er fürchtet, wenn er sich offen zur deutschen Minderheit bekennt und sich für sie einsetzt, von der Schule zu fliegen. Ich weiß nicht, ob das wirklich passieren würde. Aber man muß die Leute verstehen. Jeder hat sein eigenes Leben gelebt, hat seine eigenen Erfahrungen gemacht. Aber es ist schon klar: Diejenigen, die immer gesagt haben, ich bin Pole, und jetzt plötzlich sagen, nein, nein, ich bin Deutscher, die werden natürlich schief angesehen. Ich habe immer gesagt, daß ich Deutscher bin, und deshalb habe ich jetzt auch keine Schwierigkeiten damit.«

Wer, so fragen wir Eckhard Werner, sind denn die Leute, die sich in den Führungspositionen der Minderheit engagieren?

»Das ist ja gerade der Jammer. Es sind meist alte Leute und keine Hochgebildeten. Keine Ingenieure, keine Lehrer... Die beste Generation ist ja ausgekniffen, in den siebziger Jahren. Wenn wir damals schon das Recht gehabt hätten, uns hier als Deutsche zu organisieren, unsere Sprache zu sprechen, unsere Kultur zu pflegen, wären viele von denen vielleicht hiergeblieben, und wir hätten jetzt auch viel bessere Leute und eine stärkere Organisation. Aber so? Die besten sind doch weg, sind bei euch in Deutschland!« Eckhard Werner sagt es lächelnd, doch ein bitterer Unterton ist unüberhörbar.

Was die Zukunft der deutschen Minderheit in Ostpreußen angeht, ist Eckhard Werner skeptisch.

»Alles wird davon abhängen, wie es hier wirtschaftlich weitergeht. Politisch gibt es ja keine Probleme mehr. Aber welche ökonomischen Perspektiven haben wir? Sehen Sie sich doch um, die Landwirtschaft ringsherum hier in Ostpreußen liegt am Boden, viele Felder werden nicht mehr bestellt, die Menschen sitzen arbeitslos zu Hause. Vor allem der Jugend kann man doch nicht zumuten, ewig auf dem Mond zu leben. Nein, wenn sich das mit der Wirtschaft nicht ändert, dann müssen wir Krach machen.«

Welche Möglichkeit sie als kleine deutsche Minderheit mit ihren 20000 Leuten in Ostpreußen denn hätten, »Krach« zu machen, fragen wir ein wenig verwundert.

»Na ja, Krach machen können wir nicht viel. Aber wenn es nicht klappt mit der Wirtschaft, wenn sich da nichts ändert, gehen wir nach Deutschland. Sicher nicht alle, aber viele. Und das werden wir denen hier auch laut und deutlich sagen. Wir wollen nicht weg, aber wir wollen europäisch leben. Und wenn das hier nicht möglich ist, dann gehen wir.«

»Das heißt, daß viele Deutsche in Ostpreußen noch immer auf gepackten Koffern sitzen?«

»Ja, das können Sie ruhig so sagen. Sie sitzen und warten. Und wenn nichts passiert, dann sind sie weg.«

Während unseres Gesprächs mit Eckhard Werner ging die Tür zum Klassenzimmer ständig auf und zu. Mal steckte ein altes Mütterchen in abgewetztem grauem Mantel und Gummistiefeln den Kopf herein und fragte in breitem Ostpreußisch, ob denn die Sprechstunde heute nachmittag auch stattfinde, mal fragte ein alter Mann, ebenfalls auf deutsch, ob denn der neue »Spiegel« schon da wäre. Es war, wie wir später erfahren, ein pensionierter Lehrer; und eine etwa 40jährige Frau in schwarzem Lackmantel und mit weißem Kopftuch erkundigte sich auf polnisch, wann sie denn ihren Jungen zum Deutschunterricht anmelden könne. Eine andere Frau, an ihrem Äußeren als eine rüstige »Seniorin« aus der Bundesrepublik zu erkennen, sagte lediglich »guten Tag« und setzte sich in eine Ecke des Klassenzimmers, wo sie begann, Broschüren aus einem der herumstehenden Kartons auszupacken.

Nachdem wir unser Gespräch mit Eckhard Werner beendet haben, wendet sie sich mir zu. Sie komme aus Stuttgart und wisse, wer ich sei. »Ihr von der Presse berichtet doch sowieso immer nur negativ über Ostpreußen.« Kein Verständnis hätten wir für Menschen, die ihre Heimat lieben, schon der Begriff »Heimat« sei uns offenbar suspekt. Jawohl, sie bekenne sich dazu, aktiv in der Landsmannschaft Ostpreußen tätig zu sein, seit Jahrzehnten schon. »Und gleich als die Grenzen offen waren und man kein Visum mehr brauchte, habe ich 1990 mein Auto vollgepackt und bin hierher gefahren. Nach Hohenstein, in meine alte Heimat.«

Was sie denn in ihr Auto gepackt habe, fragen wir.

»Alles, was die hier brauchten. Als erstes eine Schreibmaschine, Briefpapier und Durchschlagpapier. Damit man überhaupt erst mal anfangen konnte, die Arbeit hier zu organisieren.« Und seither komme sie so oft wie möglich, um zu helfen. Beim Deutschunterricht, beim Organisieren von Kulturveranstaltungen und so weiter. Zeit habe sie als Rentnerin ja genug. Schließlich dürfe man »unsere Landsleute im Osten« doch nicht allein lassen. Wenn auch schon vieles »für die Deutschen hier« besser geworden sei, fehle es dennoch an allen Ecken und Enden. Das Geld für ihre Unterstützungsaktionen sammle sie im privaten Freundeskreis, manchmal helfe auch die Ostpreußische Landsmannschaft ein wenig. Aber der gehe es ja finanziell auch nicht besonders.

Ob sie denn schon mal daran gedacht habe, vielleicht wieder ganz nach Ostpreußen, in ihre Geburtsstadt Hohenstein zurückzugehen, wollen wir wissen.

»Natürlich. Wenn es die Möglichkeit gäbe, sich hier als Deutsche eine Wohnung zu kaufen, würde ich sofort hierher ziehen.«

»Und denken viele in der Landsmannschaft Ostpreußen so?«

»Sehr viele.«

An dieser Stelle mischt sich Eckhard Werner, der bisher schweigend unserem Gespräch zugehört hatte, ein. »Nu, nu«, meint er bedächtig, und sein ostpreußischer Dialekt klingt noch breiter als vorher, »so viele sind es, glaube ich, nicht. Ich kenn' jedenfalls keinen.«

»Doch, doch«, beharrt die Rentnerin aus Stuttgart, »wenn die Verhältnisse hier besser wären, würden es viele sein.«

»Eben«, meint Eckhard Werner trocken, »eben, wenn die Verhältnisse besser wären. Sind sie aber nu mal nicht.«

Aus seinen Augen blitzt es fast ein wenig schelmisch.

## Der Fleischmeister

Gilgenburg (Dąbrówno) ist ein kleines verschlafenes Städtchen abseits der großen Verkehrswege. Nicht einmal einen Eisenbahnanschluß gibt es mehr; er ist seit 1945 stillgelegt. Das unmittelbar an der einstigen Südgrenze Ostpreußens zu Polen gelegene Ordensstädtchen zählte vor dem Zweiten Weltkrieg knapp 1800 Einwohner, heute sind es noch weniger.

Im Verlauf seiner mehr als 600jährigen Geschichte war Gilgenburg immer wieder von schweren Schicksalsschlägen heimgesucht worden. Polen, Tataren, Franzosen und Russen haben hier als Eroberer gewütet, unzählige Brände und die Cholera immer neue Opfer unter der Bevölkerung gefordert. Häufig wechselte die Stadt als Tausch- und Handelsobjekt ihren Besitzer. Der deutsche Ritterorden verpfändete sie 1475 an einen Söldnerführer, dieser an einen polnischen Magnaten. Herzog Albrecht verlieh sie später an seinen Geheimen Rat Hans von der Gablenz, dann ging sie, nach weiteren Zwischenstationen, bis 1831 in den Besitz der Familie von Finckenstein. Selbst »heimattreue« ostpreußische Publikationen kommen nicht umhin, lakonisch festzustellen: »Unter diesen vielen Herren konnte sich ein städtisches Leben kaum entfalten. Gilgenburg blieb klein und unbedeutend.«

Auch heute gilt Gilgenburg (Dąbrówno) als kleines und unbedeutendes Provinznest. In keinem polnischen Reiseführer ist es erwähnt. Von den alten Häusern rund um den großen, rechteckigen Marktplatz haben nur wenige das Kriegsende 1945 unversehrt überlebt. Einziges bemerkenswertes Bauwerk ist die alte Ordenskirche mit ihrem in die Stadtmauer eingefügten Glockenturm, die in erstaunlich gutem Zustand ist. Die kleine protestantische Gemeinde, der sie als Gotteshaus dient, hat seit langem enge Kontakte zu evangelischen Gemeinden in Deutschland, besonders in Berlin.

Wenn Gilgenburg demnächst wieder über seine Stadtgrenzen hinaus bekannt wird, so dürfte dies vor allem einem Mann zu verdanken sein: Józef Matczak. Es heißt, er sei der reichste Mann weit und breit, einer der erfolgreichsten Privatunternehmer in der Wojewodschaft Olsztyn überhaupt. 1991 hat er einem stillgelegten Staatsgut am Stadtrand von Gilgenburg ein Gelände abgekauft und darauf eine kleine Fleischfabrik errichtet. Bereits nach zwei Jahren platzte der Betrieb aus allen Nähten, und Józef Matczak baute, nur wenige Kilometer entfernt, einen neuen. Heute beschäftigt er rund hundert Mitarbeiter und liefert Fleisch und Wurst bis nach Warschau.

Die an der Straße von Hohenstein nach Gilgenburg kurz vor dem Ortseingang gelegene Fabrik des Józef Matczak wirkt von außen eher unscheinbar. Das Verwaltungsgebäude besteht aus zwei grauen Bürocontainern, vor denen ein Lada und ein älterer Mercedes stehen. In den Containern herrscht drangvolle Enge. Einfache Schreibtische und Regale, dazwischen Kartons mit Büromaterial und Prospekten; in einer Ecke des Raums eine Arbeitsplatte mit einem Personalcomputer. Im winzigen Chefzimmer, in dem gerade Platz ist für einen kleinen Schreibtisch, den Chefsessel und einen Besucherstuhl, entdecken wir ein Satellitentelefon. »Lebensnotwendig«, wie Frau Matczak erklärt, denn im normalen polnischen Telefonnetz funktionieren häufig nicht einmal die Ortsgespräche.

Ihr Mann, so Frau Matczak, sei heute leider nicht im Betrieb. Er habe unlängst einen zweiten Herzanfall gehabt und müsse sich deshalb etwas schonen. Wir könnten ihn aber gern zu Hause besuchen; wie sie ihn kenne, würde er, entgegen dem Ratschlag des Arztes, doch nicht im Bett liegen, sondern vor dem Fernseher hocken oder mit Freunden über Politik und neue Geschäfte palavern. Wenn wir Lust hätten, könnten wir vorher noch in Ruhe die Fleischfabrik besichtigen, damit wir wissen, wofür sich ihr Mann »so schindet«.

Ein junger Fleischermeister in weißem Kittel, weißer Haube und gelben Gummistiefeln führt uns durch die Produktionshallen. Er zeigt uns die Wurstküche, in der Arbeiterinnen mit langen weißen Gummischürzen unendliche Wurstschlangen aus kochenden Kesseln fischen und durch kurze Drehungen mit den Händen portionieren; die computergesteuerten Räucherkammern und die ebenfalls durch einen elektronischen Rechner kontrollierten Kühlräume, die Abteilung, in der die angelieferten Rinderhälften zerlegt und für den Versand abgepackt werden; die Mühlen, in denen man die Knochen zerkleinert und zu Mehl verarbeitet. Alles macht einen sauberen und gepflegten Eindruck. Die Arbeitsatmosphäre erscheint konzentriert, aber nicht verbissen. Immer wieder flachsen uns die Arbeiterinnen an, machen sich offenkundig über unsere naiven und zuweilen auch staunenden Blicke lustig. Rund hundert Schweine und fünfzehn Rinder, erklärt uns der Meister, würden hier täglich verarbeitet, für mehr reichten die Kapazitäten noch nicht. Demnächst allerdings soll in der Fabrik auch geschlachtet werden. Eine zusätzliche Halle dafür ist im Rohbau fertig.

Józef Matczak wohnt einen Kilometer entfernt von der Fabrik in einem kleinen, etwas älteren Einfamilienhaus. Wir treffen ihn wie erwartet vor dem Fernseher, in dem er sich gerade eine brasilianische Familienserie anschaut, die vom staatlichen polnischen Fernsehen, dem »Wałęsa-Kanal«, ausgestrahlt wird.

Er sei in der Tat etwas müde, erklärt er mit dröhnender Stimme, aber abgesehen davon könne die Fabrik ruhig einmal einen Nachmittag ohne ihn auskommen. Er erhebt sich aus der schweren Couchgarnitur im Stil »Gelsenkirchner Barock«, begrüßt uns und ruft nach Irena, seiner Schwägerin, die, wie er erklärt, den Haushalt führt. Wir seien doch sicher hungrig, meint er, und ohne eine Antwort abzuwarten, befiehlt er kurz: »Irena, mach was zu essen! Es müssen doch noch Koteletts da sein oder Gulasch.«

»Józef Matczak ist etwa vierzig Jahre alt, eine kräftige Erscheinung mit markanten Gesichtszügen und vollem schwarzem Haar. In Deutschland, erzählt er, habe er viele Freunde, kenne er sich ganz gut aus. Schließlich seien seine Eltern Anfang der zwanziger Jahre in Dortmund geboren, als Kinder polnischer Emigranten. Obwohl sie perfekt Deutsch sprachen, haben sie sich immer als »gute Polen« empfunden, als »polnische Patrioten«. Vor Ausbruch des Zweiten Weltkrieges seien sie zurück nach Polen gegangen, nach Gdynia, unweit von Danzig. Als der Krieg vorbei war und Ostpreußen 1945 unter polnische Verwaltung kam, haben sie sich in Gilgenburg angesiedelt, auf einem von den Deutschen verlassenen Bauernhof. Hier wurde auch Józef Matczak geboren. Erzogen wurde er, wie er berichtet, von einem deutschen Kutscher, der in Gilgenburg zurückgeblieben war und nun auf dem Hof seiner Eltern arbeitete. Dennoch spreche er selbst kaum ein Wort Deutsch. Die Eltern hätten strikt darauf geachtet, daß zu Hause nur Polnisch gesprochen werde, auch mit dem Kutscher. Heute bedauere er dies natürlich, aber eigentlich sei er mit seinen vielen Bekannten in Deutschland bislang auch ohne Sprachkenntnisse ganz gut zurechtgekommen. Und wenn er heute zu Besuch dorthin fahre, nehme er einfach einen deutschsprechenden Freund aus Gilgenburg mit.

Die Eltern bestanden darauf, daß Józef Matczak ein »anständiges Handwerk« erlerne. Und das hat er auch. Staatlich geprüfter Fleischmeister ist er. Das Wort »Fleischmeister« spricht er auf deutsch aus. Gearbeitet hat er in diesem Beruf allerdings nur kurze Zeit. »Irgendwann kam der Punkt, an dem ich einfach keine Lust mehr hatte, diesen ganzen sozialistischen Schwindel in den sogenannten staatlichen Schlachthöfen und

Fleischfabriken mitzumachen. Dieses unsaubere Arbeiten, diese Billigproduktion für die eigene Bevölkerung und die Luxusproduktion für die Bonzen und den Export. Und diese Schiebereien, wo jeder nur versuchte, nach besten Kräften in die eigene Tasche oder die seiner Verwandten und Kumpels zu wirtschaften.« Statt dessen übernahm er den Hof seiner Eltern und arbeitete als Bauer.

Nach der Wende von 1989 sah er die Chance, sich seinen Traum zu verwirklichen und als selbständiger Unternehmer in seinen erlernten Beruf zurückzukehren. Er verkaufte den Bauernhof und errichtete mit zusätzlichen günstigen Krediten aus einem polnisch-amerikanischen Wirtschaftsfonds – Zinssatz 25 Prozent – eine Fleischfabrik. Inzwischen boomt das Unternehmen derart, daß er eine zweite Kapazitätserweiterung vornehmen kann. Demnächst will er 150 Schweine und 25 Rinder pro Tag verarbeiten. Das aber ist für ihn dann auch die absolute Obergrenze.

»Bei allem, was darüber hinausgeht, leidet die Qualität. Und da hab' ich meinen Stolz. Das Fleisch und die Wurst sollen schmecken, und das muß ich selber kontrollieren. Schund ist in unserem Land lange genug produziert worden.«

Zu den Kunden von Józef Matczak gehören private Handelsketten, aber auch staatliche Großkunden wie Krankenhäuser und Gefängnisse sowie einige Nobelrestaurants. Mit besonderem Vergnügen erwähnt Józef Matczak einen staatlichen Großabnehmer: das Gefängnis in Wartenburg (Barczewo). Hier saß bis zu seinem Ende im Jahr 1986 der von den polnischen Behörden zum Tode verurteilte, aber nicht hingerichtete NS-Gauleiter von Ostpreußen, Erich Koch.

Die Tatsache, daß er auch eine ganze Reihe von Kindergärten und Internaten kostenlos beliefert, erwähnt Józef Matczak nicht. Wohl aber, daß in Gilgenburg inzwischen unter den Privatunternehmern eine Art Wettbewerb ausgebrochen sei: Wer ist der größte Wohltäter, oder, vornehmer ausgedrückt, wer zeigt das größte soziale Engagement. Mitbewerber sind der Pächter der Tankstelle, im Ort der »Scheich« genannt, und ein Großbauer. Kürzlich, so berichtet der Fleischmeister, habe er beide ausgestochen. Sie hatten gewettet, daß es ihm nicht gelingen werde, Karten für ein seit Wochen ausverkauftes Wohltätigkeitskonzert zugunsten krebskranker Kinder in Allenstein zu ergattern. Doch Józef Matczak schaffte es, »auf ganz einfache Weise«, wie er mit schallendem Lachen erklärt. »Ich habe die Sekretärin des Veranstalters angerufen und ihr gesagt, ich brauche drei Karten. Geht nicht, hat sie gesagt, wir sind ausverkauft. Darauf habe ich gesagt, ich zahle 50 Millionen. In Ordnung, hat sie gesagt, lassen Sie sie abholen. In der ersten Reihe haben wir gesessen. Die Gesichter des Scheichs und des Großbauern«, Józef Matczak schlägt vor Vergnügen mit beiden Händen auf den Tisch, »die hätten Sie sehen sollen!« 50 Millionen Złoty sind umgerechnet etwa 5000 Mark.

Unsere abschließende obligatorische Frage nach den Problemen mit seinem Unternehmen scheint ihn fast zu beleidigen.

»Ich habe keine Probleme. Was ich mache, ist mein Beruf. Ich nutze die Freiheit, und Schluß.«

Und im übrigen sei die Fleischfabrik gar nicht mehr das, was ihn am meisten interessiere. Die funktioniere ohnehin. Er habe vielmehr ganz neue Pläne. Eine Firma für Baumaterialien wolle er gründen, eine Firma, die vor allem Fenster mit Kunststoffrahmen herstellt. »Schauen Sie sich doch einmal um. Überall verfallen die Gebäude, weil keine Fenster mehr drin sind. Die muß man produzieren, die werden gebraucht. Damit kann man Geld verdienen! Die Hände brennen mir!«

Während wir uns verabschieden, kommen neue Gäste, ein junges Ehepaar. Noch im Weggehen hören wir den dröhnenden Baß des Fleischmeisters. »Irena, mach was zu essen, die Leute kommen aus Warschau und haben Hunger.«

## Juditten, Liesken, Schippenbeil

Die Umgebung Schönbruchs ist geschichtsträchtig wie jeder Handbreit Boden in Ostpreußen. Nur wenige Kilometer nördlich und westlich, im heute russischen Teil Ostpreußens, lagen die Schlachtfelder von Preußisch Eylau (Bagrationowsk) und Friedland (Prawdinsk), auf denen Napoleon im Jahre 1807 die Verbündeten Rußland und Preußen besiegte. Als Folge besetzten die französischen Truppen Ostpreußen, die Provinz wurde verheert, die Bevölkerungszahl ging auf 600 000 zurück, das Land verarmte.

Auch nach den Befreiungskriegen erholte sich Ostpreußen nur langsam. Eines der Zeugnisse des Wiederaufbaus nach den Napoleonischen Kriegen ist das Gutshaus Juditten in der Nähe von Schönbruch, das 1862 von Wilhelm von Kunheim erbaut wurde. Seit 1711 war Juditten im Besitz der Familie Kunheim, die im 15. Jahrhundert im Gefolge des Deutschen Ordens aus dem Elsaß nach Ostpreußen gekommen war.

Berühmt wurde Juditten als Zuchtstätte für das ostpreußische Warmblutpferd Trakehner Abstammung. Die Weiden um Juditten galten einst als die saftigsten Ostpreußens – und sind es nach Meinung von Fachleuten noch immer.

Heute gehört das Gut Juditten, dessen im Stil des Spätklassizismus erbautes Herrenhaus den Zweiten Weltkrieg vergleichsweise unbeschadet überstanden hat, zum Gestüt Liesken, polnisch Liski. Seit den fünfziger Jahren bemühen sich dort rührige polnische Pferdeliebhaber, wenn auch unter großen Schwierigkeiten, die Tradition der Trakehnerzucht fortzusetzen. Die meisten Trakehner waren bei Kriegsende in den Westen Deutschlands, vor allem nach Mecklenburg und Schleswig-Holstein, evakuiert worden; viele verließen auch als Zugpferde für die Treckwagen der Flüchtlinge das Land. Die übriggebliebenen Trakehner wurden – mit wenigen Ausnahmen – von der Roten Armee in die Sowjetunion abtransportiert.

Dem langjährigen Gestütsleiter von Liski, dem Veterinärmediziner Dr. Pacynski, gelang es mit Engagement und Phantasie, sowohl aus der Bundesrepublik als auch aus der Sowjetunion einige Stuten und Hengste zu erwerben, die, zusammen mit von Polen in Ostpreußen erbeuteten Trakehnern, die Grundlage für einen neuen Zuchtbetrieb bildeten. Allerdings mißtrauisch beobachtet von den polnischen Behörden, die es nach dem Zweiten Weltkrieg für ihr wichtigstes Ziel in Ostpreußen hielten, möglichst alle Spuren der früheren Besitzer des Landes zu tilgen. Daher durften die in Liski gezüchteten Pferde auch nicht »Trakehner« genannt werden, sondern hießen offiziell »großpolnische« oder »masurische Rasse«.

Im Gegensatz zu vielen anderen polnischen Staatsgütern macht das Gestüt Liski auch heute einen durchaus gepflegten Eindruck. Von den mehr als 2 000 Hektar Land, die zum Gestüt gehören, darunter etwa 700 Hektar Wiesen, liegt so gut wie nichts brach. Spuren des Verfalls oder der Vernachlässigung, wie sie bei anderen landwirtschaftlichen Betrieben so häufig anzutreffen sind, lassen sich weder an den Stallungen noch an den Verwaltungsgebäuden entdecken.

Und doch plagen das Gestüt erhebliche Sorgen, wie uns der nach dem Tod des alten Direktors Dr. Pacynski und diversen Personalquerelen neu ins Amt gekommene Gestütsleiter erzählt. Sie betreffen weniger die Pferdezucht als vielmehr den zum Gestüt gehörenden landwirtschaftlichen Betrieb, der sich auf Rinderzucht und eine Stammzucht langwolliger Landschafe konzentriert hat. Die Reduzierung der staatlichen Subventionen sowie der Preisverfall für landwirtschaftliche Produkte haben den Gesamtbetrieb, so der Direktor, in die Krise oder, genauer gesagt, »an den Rand des Ruins« getrieben. Um die Löhne für die Arbeiter zahlen und wenigstens die laufenden Kosten decken zu können, mußte allein in den vergangenen beiden Jahren fast die Hälfte der Pferde verkauft werden. Statt 430 Hengsten, Stuten und Fohlen grasen heute nur mehr 250 auf den Weiden rund um das Gestüt. Darunter immerhin noch 100 reinrassige Trakehner – einige von ihnen, wie der Direktor stolz vermerkt, mit einem Stammbaum, der »bis ins 18. Jahrhundert reicht«, sowie Vorfahren, bei deren Namensnennung jedem Pferdefreund die Augen leuchten: Ararat, Astor, Luftgott, Parzifal und Tempelhüter.

Allzu optimistisch allerdings klingt der Direktor nicht. In Polen würde es kaum einen Markt für hochklassige Pferde geben, und international sei man der starken Konkurrenz der deutschen Züchter ausgesetzt, gegen die man kaum eine Chance habe. Deshalb wolle man sich auch verstärkt bemühen, Touristen nach Liski zu holen, kapitalkräftige Pferdefreunde aus Deutschland und anderen Ländern, die Lust verspüren, in der traumhaften Landschaft Ostpreußens Reiterferien zu verbringen. Acht Räume habe man schon als Gästezimmer ausgebaut, weitere sollen folgen. »Vorausgesetzt, wir überstehen die nächste Zeit«, wie der Direktor mit einem unüberhörbaren Seufzer hinzufügt.

Nur acht Kilometer südöstlich von Liski erhebt sich auf einer Halbinsel, die von drei Seiten vom Flüßchen Alle umschlossen wird, die gewaltige gotische Backsteinkirche von Schippenbeil, polnisch Sępopol. Bereits 1299 ist der Ort Schippenbeil vom Deutschen Ritterorden gegründet worden – freilich erst nach heftigen Kämpfen mit den einheimischen Pruzzen, die hier offenbar ein Heiligtum verteidigten. 1351, das jedenfalls ist verbürgt, erhielt der Ort als »Schiffenburg« die Stadtrechte. Und schon 1523, also nur sechs Jahre nachdem Martin Luther an-

geblich seine 95 Thesen an das Kirchentor zu Wittenberg ge-
hämmert hatte, wurde in der Kirche von Schippenbeil der erste
evangelische Gottesdienst abgehalten.

In den folgenden Jahren wurde die Stadt immer wieder
schwer in Mitleidenschaft gezogen: mal von Russen, mal von
Franzosen, mal von der Pest, mal vom Feuer, mal vom Hunger.
Die Kirche von Schippenbeil hat alles überstanden, sogar den
Zweiten Weltkrieg und die Zeit danach. Sie ist, abgesehen von
der Häuserzeile an der Westseite des Marktes, so ziemlich das
einzige Gebäude, das heute noch an die fast 800jährige Geschichte dieser Stadt erinnert. Mehr als 70 Prozent des Ortes
wurden 1945 zerstört. Das meiste davon nicht einmal unmittelbar bei Kampfhandlungen, sondern danach: durch sieges-
trunkene Rotarmisten, die Abend für Abend »Feuerwerke«
veranstalteten und dabei ein um das andere Haus in die Luft
sprengten. Plünderer aus verschiedensten Himmelsrichtungen,
die alles abtransportierten, was nicht niet- und nagelfest war,
trugen das Ihre zur Verwüstung bei.

Auf dem Friedhof am nördlichen Ortseingang, unmittelbar
neben einer der Brücken, die über die Alle führt, sind die Spuren
der Plünderungen bis heute sichtbar – die aufgebrochenen
Gräber, die Sockel, von denen die Grabsteine gerissen wurden,
geöffnete Särge, in denen noch vereinzelt Knochen liegen, die
verwüstete Friedhofskapelle mit herausgerissenen Türen und
Fenstern. Manche Stellen sind von undurchdringlichem Gesträuch bedeckt, andere von hochgewachsenem Unkraut und
Gras.

Vor dem Krieg lebten in Schippenbeil rund 3 000 Menschen,
heute sind es etwa ebenso viele, doch täglich werden es weniger.
Ein älteres Ehepaar, das wir auf dem Weg nach Schippenbeil bei
der Heuernte antreffen, erzählt es uns. Während der Mann mit
einer Forke die Heuballen auf den klapprigen Anhänger eines
Traktors aus der Vorkriegszeit stakt, wo sie die Frau fein säuberlich stapelt, flucht er unüberhörbar vor sich hin. Ein Scheiß-

leben sei das hier, wir sollten ruhig alles filmen, damit die Leute in Deutschland sehen könnten, wie es den Leuten hier wirklich gehe. »Es gibt überhaupt keine Arbeit mehr, für niemanden.«

Er habe mit seiner Frau über dreißig Jahre in der Textilfabrik in Schippenbeil gearbeitet, nun habe sie zugemacht, und er liege auf der Straße. Wenn er nicht ein kleines Stück Land hätte, wüßte er nicht, wovon er leben sollte. Von der winzigen Arbeitslosenunterstützung, die der einstige Solidarność-Führer Jacek Kuroń durchgesetzt hat, als er nach der Wende in Polen Sozialminister wurde, und die in Polen nur »Kuroniówka« genannt wird, könne niemand existieren. Das alles sei die Schuld des Kapitalismus, den sie jetzt eingeführt hätten, daß »auf einen Herrn zehn arme Leute kommen«. Früher habe es in Sępopol und Umgebung alles gegeben: die Textilfabrik, eine Molkerei, eine große Bäckerei, ein Staatsgut, aber alles, alles hätten sie kaputtgemacht. »Das ist der Kapitalismus!«

In Sępopol selbst begegnen wir fast nur alten Menschen, oft Männern, die sich schon um die Mittagszeit vor der einzigen Kneipe des Ortes drängen. Ihre Stimmung ist gereizt, sie drohen uns mit der Polizei. Rund 80 Prozent, so erklärt einer, mit dem wir dann doch noch in ein ruhigeres Gespräch kommen, seien in Sępopol arbeitslos. Da müsse man verstehen, daß die Menschen hier aggressiv seien. Wer noch irgendwie Kraft und Energie habe, wolle weg. Aber wohin denn, bitte schön?

Und dann kämen im Sommer noch die deutschen Touristen und bestaunten sie, als wären sie im Zoo. Natürlich sei zu deutschen Zeiten hier alles sehr viel schöner gewesen, wahrscheinlich jedenfalls. Aber sei es denn ihre Schuld, daß alles so gekommen ist?

Einige Tage später lesen wir in einer polnischen Zeitung einen Bericht über die Stadt. Er trägt die Überschrift: »Bei Kriegsende starb Schippenbeil. Nun stirbt Sępopol.« Es ist der Eindruck, den auch wir mitnehmen.

Alicja Bykowska-Salczyńska

## *In Sowirog*

*in memoriam Ernst Wiechert*

Wo es keinen Stein gibt beginnt
keine neue Zivilisation
die Götter vergessen die Könige meiden
Händler versinken im Morast Gaukler verirrn sich
der Wald umspinnt ihnen die Hände der Mond
  verdunkelt die Augen
Minderjährige werden betäubt stapfen
ein Stück Ziegel unter Moos entdeckt in der Hand
nur dieses ständige Rauschen und Brummen
das Knacken und Tuscheln Klänge und Echos
Stimmen tätiger Mühlen und Rasseln von Scheren
Getöse und Pfeifen Wimmern berstender Bäume
Keuchen der Tiere der Nachtvögel Gekreische
Glucksen der Wasser Knistern vertrockneten Grases
vom Halm getrennte Tropfenglöckchen
Leinengeflatter Sandknistern Lachen des Windes
Symphonie gläserner Sterne des Eises Spitze Sopran
Schrei des Adlers Rauschen im feuchten Heidekraut
Summen der Bienen im ausgehöhlten Baumstamm
durch Tage durch Nächte durch Jahre
über einem Arm voll Juniheu sagt
der zehnjährige Junge mit klarem Blick:
hier lebten Deutsche alle ereilte das Los
denn man muß bezahlen wenn man gewählt hat
und die Bücher sagen: es ist Ruhe nach dem Stamm

der weder eine Religion noch sich selbst hat
und die Stille: sie sei eine Stille nach einem Volk
das weder das Wort Widerspruch noch Auflehnung kannte.

*Aus dem Polnischen
von Burkhard Ollech*

# Grenzland

Die Straße endet mitten im Dorf, an einem eisernen, weiß-rotgestrichenen Schlagbaum, von dem die Farbe blättert. Ein rotes Blechschild trägt die polnische Aufschrift »Staatsgrenze«. Hinter dem Schlagbaum steht ein rostiger Maschendrahtzaun, an dessen Pfählen noch die Reste porzellanweißer Isolierköpfe zu erkennen sind. Den weiteren Blick versperren hohe Pappeln und dichtes Gebüsch.

»Stalins Schwerthieb« nennen die Leute diese Grenze, die das südliche Ostpreußen heute vom nördlichen trennt. Fast schnurgerade verläuft sie vom Frischen Haff im Westen bis zur Rominter Heide im Osten. Ohne Rücksicht auf Natur und Geschichte zerteilt sie Landschaften, Städte und Dörfer.

Das Dorf Schönbruch in der fruchtbaren Niederung des Flüßchens Alle galt einst als besonders romantischer Flecken. Heute heißt es Szczurkowo und wirkt, zumindest im südlichen Teil, der seit 1945 zu Polen gehört, wie ein verfallendes Freilichtmuseum. Der nördliche Teil mit der Kirche und dem Marktplatz auf russischem Gebiet ist nicht zu sehen. Einen Grenzübergang gibt es hier nicht, die Stadt Königsberg, nicht einmal 60 Kilometer nördlich gelegen, in die man von Schönbruch einst zum Einkaufen fuhr, ist unerreichbar. Die Häuser auf der anderen Seite, so erzählt man uns, wurden von den Russen gesprengt, um einen ungehinderten Blick auf die Grenze und ein freies Schußfeld zu haben. Aus der Kirche machten sie einen militärischen Beobachtungsposten. Nicht einmal ein

Hase, so heißt es, hätte hier unbemerkt von einem Land ins andere kommen können.

Heute scheint sich niemand mehr so recht um die Grenze zu kümmern. Seit sich die politischen Verhältnisse in Polen und Rußland geändert haben, ist auch die polnisch-russische Grenze durchlässiger geworden. Zwar gibt es bei Schönbruch nicht einmal einen kleinen Grenzverkehr, doch schon 20 Kilometer westlich, bei Preußisch Eylau, das heute den russischen Namen Bagrationowsk trägt, wurde ein offizieller Übergang geöffnet. Man berichtet uns auch von anderen Grenzübergängen, doch Näheres über sie ist aus verständlichen Gründen nicht zu erfahren, außer daß am Schmuggel alle Beteiligten gut verdienen sollen, also auch die Grenzsoldaten auf beiden Seiten.

Die polnische Armeepatrouille jedenfalls, die uns begegnet, gibt sich betont zivil. Ausweiskontrolle, ein Blick in unsere roten deutschen Reisepässe, eine Frage nach unserem Hotel, und dann die zwei Finger an die Uniformmütze – »Schönen Aufenthalt!« Noch vor wenigen Jahren, so erinnere ich mich, wären wir in Polen beim Filmen von Grenzanlagen, egal, ob mit oder ohne Genehmigung aus Warschau, erst einmal auf einer Polizeistation oder, noch unangenehmer, in Armeegewahrsam gelandet. Langwierige Telephonate wären erforderlich gewesen, es hätte diplomatische Verwicklungen gegeben – und das Filmmaterial hätte man uns in jedem Fall abgenommen. Auch unsere Befürchtung, daß die Patrouille nach einiger Zeit mit Armeewagen zurückkehren und uns abtransportieren würde, ist unbegründet. Was das betrifft, haben sich die Zeiten auch in Schönbruch geändert.

Man sieht den einzelnen Häusern entlang der Straße an, daß sie fast alle aus der Vorkriegszeit stammen. Einige sind in den vergangenen Jahren irgendwann einmal grau oder hellblau gestrichen worden, doch die meisten Außenwände haben Risse, und der Putz blättert ab in langen, gewellten Fladen. Manche Fenster hat man mit Pappe oder Brettern vernagelt, die Gartenzäune vor einigen Gehöften sind umgefallen. Auf der Dorf-straße laufen Hühner und Gänse herum, aber auch Schweine, Kälber und Ziegen. Am Straßenrand, unmittelbar vor dem Schlagbaum, der Staatsgrenze, ist eine verrostete Hungerharke abgestellt, ein altes deutsches Fabrikat – ähnlich den Maschi-nen, die auf den Höfen unter freiem Himmel herumstehen: Pflü-ge, Eggen, Mähbinder, Kartoffelroder. Ein Traktor, Marke Lanz-Bulldog, dürfte mindestens sechzig Jahre alt sein. Ob er noch seinen Dienst tut, ist nicht erkennbar.

Das auffallendste Geräusch in Schönbruch ist das unabläs-sige Klappern der Störche. Auf fast jedem Telegraphenmast, auf jedem Dachfirst entdecken wir ein Nest, über dessen Rand neugierige Storchenjunge schauen. Die feuchten Wiesen der Alle und die meist brachliegenden Felder sind ein ideales Jagd-gebiet.

Vergebens suchen wir einen Dorfladen. Allerdings entdecken wir vor der Einfahrt zu einem der Gehöfte einen fliegenden Händler aus Allenstein, der seine Ware auf der Kühlerhaube eines alten Lada, eines in russischer Lizenz gebauten Fiat, aus-gebreitet hat. Kittelschürzen, Jeans, Gummistiefel, Wollsocken, Waschpulver, Seife, aber auch Schokolade aus Deutschland, Kekse in durchsichtigen Cellophantüten, Musikkassetten und Taschenrechner. Vor allem ältere Frauen und Kinder drängen sich um den Lada, doch gekauft wird wenig. Der fliegende Händler scheint vielmehr der gesellschaftliche Mittelpunkt des Dorfes zu sein. Jedenfalls einmal in der Woche, wenn er für einen Nachmittag hier auftaucht.

Unter den meist baufälligen Häusern und verwahrlosten Ge-höften sticht ein Gebäude ins Auge. Das Mauerwerk ist sorg-fältig ausgebessert, Türen und Fenster sind frisch gestrichen, sogar der hölzerne Gartenzaun sieht neu aus. Das Hoftor steht weit offen und gibt den Blick frei auf einen gepflegten landwirt-schaftlichen Maschinenpark. Der Bauer, dem das Anwesen ge-hört, ist 1946 als Vierjähriger mit seiner Familie hierher gekommen: polnische Umsiedler aus der Gegend von Wilna, wo die Familie seit Jahrhunderten einen Bauernhof besaß. Freunde aus Warschau hatten uns die Adresse gegeben und uns offenbar auch telefonisch angekündigt.

Janusz K. jedenfalls, schlank, mit blauen Augen und graumeliertem Haar, zeigt sich von unserem Besuch keineswegs überrascht. Fröhlich bittet er uns ins Haus. Er freue sich über jeden Besuch aus der Stadt, denn ein wenig eintönig sei es hier schon. Auch wenn er Arbeit mehr als genug habe, Zeit um ein wenig zu plaudern, müsse schon sein. Zunächst einmal, und das sagt er sehr bestimmt, müßten wir etwas essen. Denn zum einen seien wir sicher hungrig von der Reise, und zum anderen würden wir vielleicht die polnische Gastfreundschaft kennen, nicht aber die litauische. Und bevor wir etwas erwidern können, komplimentiert er uns, vorbei an einem riesigen Kühlschrank im Flur, ins Wohnzimmer. Seine Frau erscheint, eine stattliche Mittvierzigerin mit weichen, freundlichen Gesichtszügen und feinen Lachfältchen um die Augen. Im Handumdrehen wird eine weiße Tischdecke aufgelegt, Teller, Tassen und Gläser werden verteilt. Wir werden nach unseren Getränkewünschen gefragt: Tee, Kaffee, Cola oder frische Milch direkt aus dem Stall. Und eine Flasche Wodka wird aus dem Kühlschrank geholt, zum Anwärmen, wie Janusz K. meint, obwohl es draußen alles andere als kalt ist. Danach wird der Hausherr von seiner Frau in die Küche gerufen, um Brot zu schneiden.

Nach einiger Zeit kommen beide wieder ins Wohnzimmer, in den Händen zwei riesige Platten. Auf der einen Blut- und Leberwürste, geräucherter Speck, eingewecktes Gänsefleisch, marinierte Pilze, eingelegte Gurken, hartgekochte Eier... Auf der anderen Platte ein Riesenberg helles Brot mit kräftiger, dunkler Kruste, ein Steintopf mit Butter, aufgeschnittener Käse und eine Schüssel mit Quark. Alles selbstgemacht, aus eigener Produktion, wie die Hausherrin nicht ohne Stolz erklärt. Bis auf das Brot. Früher habe sie auch das selbst gebacken, aber auf Dauer sei es doch etwas mühselig, und seit sie mit ihrem Mann auf dem Hof allein sei, lohne es auch nicht mehr. Die Tochter studiere inzwischen in Allenstein auf dem Konservatorium – daher das Klavier, das wir durch die Tür im Nebenraum sehen –, und Hilfskräfte beschäftige man nur noch bei der Ernte. Aber sollten die Zeiten schlechter werden, würde sie auch sofort das Brot wieder selbst backen. Der Ofen dafür sei jedenfalls noch da.

Janusz K. gilt als der reichste Bauer in der Umgebung. 35 Hektar Land nennt er sein eigen. Allen Versuchen, ihn mit sanftem oder offenem Druck in die Genossenschaft, die Kolchose, zu zwingen, hat er erfolgreich widerstanden. Natürlich sei es ein ewiger Kampf gewesen, und als Privatbauern waren sie ständig schikaniert worden: Mal bekamen sie von den staatlichen Behörden keine Düngemittel, mal kein Saatgut. Auch Maschinen von den Staatsbetrieben zu kaufen sei ein Hindernislauf gewesen; dazu wäre die Steuerlast von Jahr zu Jahr gestiegen. Doch irgendwie habe man es immer geschafft, man müsse eben arbeiten und nochmals arbeiten.

Janusz K. baute bisher vor allem Getreide an, Kartoffeln und Rüben. In den letzten Jahren hat er sich auf Viehzucht verlegt, auf Kälber- und Schweinezucht. Seit einiger Zeit komme regelmäßig ein Importeur aus Italien, der ihm die Kälber abkaufe. Um die Ferkel kümmere sich seine Frau, die, wenn es sein muß, kränkelnde Tiere auch mit der Milchflasche großziehe.

Trotz alledem, sagt Janusz K., trage er sich mit dem Gedanken, den Hof und die Landwirtschaft aufzugeben. Zum einen habe er ohnehin keinen männlichen Erben, die Tochter sei mit der Musik verheiratet und wolle um keinen Preis zurück aufs Land; zum anderen habe er mit der Marktwirtschaft, wie sie jetzt eingeführt wurde, noch mehr Probleme als früher mit dem Sozialismus. »Seit die Importbeschränkungen für landwirtschaftliche Produkte aus dem Ausland weitgehend aufgehoben wurden, sind die Preise für polnische Erzeugnisse, vor allem Milch, Getreide und Fleisch, deutlich zurückgegangen. Zugleich sind die Preise für die Produktionsmittel, Dünger, Chemikalien und Benzin, dramatisch gestiegen. Für einen Liter Diesel mußte ich früher einen Liter Milch geben, heute vier. Das ist einfach nicht rentabel. Und die Zinsen für Kredite liegen bei 60 Prozent im Jahr. Das heißt, von den Banken kannst du nichts bekommen, es würde dich ruinieren. Wenn du also Maschinen kaufen willst, dann nur gegen Bargeld. Aber das müßtest du dann in Säcken hinschleppen. Wer hat das schon?«

Hinzu komme, daß es für ihn kaum eine Möglichkeit gebe, weiteres Land hinzuzukaufen oder auch nur zu pachten. Zwar seien die staatlichen Genossenschaften und Güter ringsum alle pleite, dennoch weigerten sie sich, Land abzugeben. »Und wenn, dann nur so schlechtes, daß du damit nichts anfangen kannst.«

Janusz K. schüttelt den Kopf. Er kann einfach nicht begreifen, daß man das Land lieber verkommen läßt, als es an Privatbauern abzugeben. »Worauf hoffen die denn? Daß der reiche Onkel aus dem Westen kommt und sie mit Dollar oder D-Mark überschüttet? Wer will denn schon hierher, ans Ende der Welt?«

Ob er denn glaube, daß die polnische Landwirtschaft in Zukunft in Europa konkurrieren könne, fragen wir.

»Natürlich könnten wir konkurrieren, aber dafür müßten die Bedingungen geschaffen werden. Die Kredite müßten billiger sein, die Produktionsmittel, Diesel, Maschinen und alles. Überall in Europa wird die Landwirtschaft subventioniert, nur bei uns nicht.«

Und dann beginnt Janusz K. von den Bauernhöfen zu schwärmen, die er in Deutschland gesehen hat. Bei Elmshorn, in der Gegend von Hamburg. Dort wohnt die Familie, der früher sein Hof in Schönbruch gehörte. Man kenne sich und besuche sich seit Jahren. Probleme zwischen ihm und den ehemaligen Besitzern gebe es keine. Schließlich habe er sich sein Schicksal ebensowenig selbst ausgesucht wie die Deutschen. Nur, daß man nicht richtig miteinander reden könne, sei schade. Er spreche kein Wort Deutsch, die Leute in Elmshorn keine Silbe Polnisch. Aber das werde ja spätestens in der nächsten Generation anders. Seit seine Tochter mit dem Konservatorium aus Allenstein auf einer Konzertreise in Deutschland gewesen sei, habe sie angefangen, intensiv Deutsch zu lernen. Allerdings, diese Erfahrung habe er gemacht, wenn man jemanden verstehen will, reiche es auch, mit Händen und Füßen zu reden. »Man muß eben nur wollen.«

*Das nördliche Ostpreußen*

# KÖNIGSBERG

## *Annäherung an eine Fremde*

Die zweistrahlige Düsenmaschine vom Typ Tupolew 134 ist etwa dreißig Jahre alt. Der letzte Farbanstrich dürfte ebenfalls Jahre zurückliegen. Der Name der Fluggesellschaft, der in großen kyrillischen und lateinischen Buchstaben am Rumpf der Maschine prangt, ist noch immer der gleiche wie zu Zeiten der Sowjetunion: Aeroflot. Nur die auf das Heck gemalte rote Fahne mit Hammer und Sichel ist durch die russische Fahne in den Farben Weiß, Blau, Rot ersetzt.

Im Inneren der Maschine riecht es nach Bonbons und Desinfektionsmitteln. Die Sitze sind eng und durchgesessen, der Sicherheitsgurt rastet nicht ein, weil das Schloß ausgeleiert ist. Die Bordverpflegung besteht aus Mineralwasser und trockenen Keksen. Von Zeit zu Zeit erschrecken ungewohnte Triebwerksgeräusche oder die rumpelnde Hydraulik die Passagiere. Doch das alles tut der freudig erregten Stimmung an Bord keinen Abbruch. Ein Direktflug von Düsseldorf nach Königsberg.

»Eher hätt' ich geglaubt, ich flieg' auf den Mond«, sagt eine alte Frau neben mir. Fünfzig Jahre hat sie davon geträumt, ihre Heimatstadt wiederzusehen, und nun sollen es nicht einmal zwei Stunden bis dorthin sein. Einmal pro Woche gibt es in den Sommermonaten Direktflüge nach Königsberg. Nicht nur von Düsseldorf aus, sondern auch ab Hamburg, Hannover, Münster, Berlin und Stuttgart. »Nein«, murmelt die Frau neben mir ein ums andere Mal und stößt dabei tiefe Seufzer aus, »ich kann es nicht fassen.«

An Bord sind vorwiegend ältere Passagiere, einige haben allerdings auch jüngere Familienangehörige dabei. Ein Studentenpaar aus Detroit, so stellt sich heraus, hat deutsche Vorfahren aus Königsberg. Nun wollen sie nach ihren »roots« suchen, obwohl sie gehört haben, daß in dieser Stadt kein Stein mehr auf dem anderen geblieben sein soll. Auch ein jüngerer deutscher Wissenschaftler mit seiner Ehefrau ist dabei, ein Historiker, der zusammen mit Kollegen der Kaliningrader Universität eine Ausstellung aus Anlaß des 450. Gründungsjahres der »Albertina«, der alten Königsberger Universität, vorbereiten soll. Finanziert wird die Ausstellung vom Innenministerium in Bonn.

Der Anflug auf Kaliningrad – die russische Stewardeß spricht in ihrer deutschen Ansage von »Königsberg« – erfolgt in einer weiten Schleife von Norden her über die Kurische Nehrung mit ihrem weißen Strand und der hellgelb schimmernden Dünenlandschaft und das tiefblaue Kurische Haff, das an den Rändern allerdings stark verschmutzt erscheint. In niedriger Höhe geht es über einige große Gehöfte, offenbar Kolchosen oder Staatsgüter, die einen verfallenen Eindruck machen. Die schadhaften Dächer sind aus der Luft deutlich zu erkennen. Ein Teil der Felder ist unbestellt, auf einigen weiden riesige Viehherden. Der »Kaliningrad Airport« macht den Eindruck eines Feldflughafens. Neben der holprigen Landebahn stehen ein paar Hubschrauber und kleinere russische Militärflugzeuge.

Im Flughafengebäude, einer flachen Steinbaracke, geht es fast familiär zu. Das Flughafenpersonal scheint von unserer Ankunft überrascht zu sein. Jedenfalls beginnt zunächst eine hektische Suche nach den Schlüsseln für die beiden Holzbuden der Paßkontrolle. Abgefertigt wird jedoch zügig und freundlich. Gleich hinter der Paßkontrolle, neben dem Förderband, auf dem irgendwann einmal das Gepäck kommen soll, warten bereits erste Angehörige und Freunde. Ein älteres deutsches Ehepaar wird von einem russischen Ehepaar mit herzlichen Umarmungen und einer Flasche Krimsekt lautstark begrüßt, die noch, bevor die Koffer kommen, mit lautem Knall geöffnet wird.

Daß es mit dem Gepäck einige Zeit dauern würde, war klar, als wir auf dem Rollfeld, über das wir zu Fuß geleitet wurden, das Verladepersonal und -gerät gesehen hatten: einen Arbeiter mit einem betagten Elektrowägelchen. Während wir auf das Gepäck warten, beobachten wir durch das geöffnete Fenster, wie eine Kuhherde unmittelbar am Eingang des Flughafengebäudes vorbeigetrieben wird.

Die Zollkontrolle ist unproblematisch. Es ist noch immer das gleiche Formular wie zu Sowjetzeiten, auf dem wir angeben müssen, ob wir Devisen dabeihaben, Schmuck, Ikonen, Waffen oder Rauschgift. Die junge Zöllnerin mit langem, blondem, bis auf die Schulterstücke der Uniform fallendem Haar, schaut nicht einmal auf. Nach einem kurzen Blick auf unseren Paß stempelt sie wortlos das Formular. »Der Nächste bitte!«

Am Eingang warten Maxim, Igor und Sascha, mein Kamerateam aus St. Petersburg, mit dem ich schon häufig gearbeitet habe. Sie wirken übermüdet. Kein Wunder, denn sie haben mit ihrem VW-Bus achtzehn Stunden an der litauisch-russischen Grenze gestanden. Und auch dann durften sie nur passieren, nachdem sie auf die »Lösegeldforderung«, wie Sascha drastisch formuliert, des litauischen Grenzoffiziers eingegangen waren. 50 Dollar aus der Teamkasse.

Die Fahrt vom Flughafen ins Zentrum von Königsberg dauert nicht einmal 45 Minuten. Sie führt über eine schmale, aber gut ausgebaute und wenig befahrene Teerstraße, vorbei an ländlichen Wohnsiedlungen in Plattenbauweise und einigen Kolchosbetrieben, die sich offenbar auf die Produktion von Obst und Gemüse in Gewächshäusern spezialisiert haben. In den Vororten von Königsberg tauchen einige Villen aus deutscher Zeit auf. Manche stehen kurz vor dem Verfall, andere erscheinen durchaus gepflegt. Erhalten sind auch gewaltige Kasernenkomplexe links der Straße, in denen u. a., wie es mein alter deutscher Stadtplan besagt, das Königsberger Wehrkreiskommando untergebracht war. Auch der Königsberger Männerturnverein hatte hier seinen Übungsplatz. Heute wird der Komplex von der russischen Armee genutzt. An der Einfahrt zum Kasernengelände prangt immer noch der rote Sowjetstern.

Als Unterkunft für mich haben sich Sascha & Co. etwas Besonderes ausgedacht: eines der am Ufer des Neuen Pregel verankerten Hotelschiffe, die von westlichem Management verwaltet werden. Sie gehören einem in Kaliningrad ansässigen deutsch-russischen Gemeinschaftsunternehmen und haben als besondere Touristenattraktion ein Spielcasino an Bord. Die Kajütentür allerdings ist so schmal, daß ich meinen Koffer vor mir hindurchschieben muß. Statt hier 90 Dollar pro Nacht zu zahlen, ziehe ich lieber ins Hotel des Kamerateams, in das legendäre »Kaliningrad«, einen gewaltigen siebenstöckigen grauen Kasten, der bis zur Öffnung der Grenzen als Verwaltungsgebäude gedient hat. Er steht genau der Stelle gegenüber, an der sich einst das Königsberger Schloß befand.

Der Blick aus dem Fenster des Hotels »Kaliningrad« ist trostlos; auch für denjenigen, der die Stadt nicht mehr aus eigener Anschauung, sondern nur von alten Photographien und aus historischen Beschreibungen kennt. Dort, wo Mitte der sechziger Jahre auf Befehl Moskaus und gegen den erbitterten Widerstand Kaliningrader Schriftsteller, Künstler und Studenten das fast 700jährige königliche Schloß gesprengt wurde, ragt heute eine monströse, sechzehnstöckige Betonruine in den Himmel. Das »Haus der Räte« sollte als weithin sichtbares Symbol den Anbruch einer neuen Zeit verkünden. Es wurde nie bezogen, da die Statik nicht stimmte, den sozialistischen Bauherren das Geld ausging und offenbar auch ein undurchdringlicher Planungswirrwarr herrschte. Was aus dem »häßlichsten Gebäude Europas«, wie es Marion Gräfin Dönhoff einmal genannt hat, wird, ist ungewiß. Eingeschlagene Fensterscheiben, eingestürzte oder herabhängende Decken und geländerlose Treppen machen den Komplex trotz eines hohen Bauzauns, der unlängst gezogen wurde, zu einem ebenso beliebten wie gefährlichen Abenteuerspielplatz der Kaliningrader Jugend.

Vom historischen Stadtkern, der südlich des Schlosses zwischen den Pregelarmen befindlichen »Dominsel«, ist außer der Ruine des Gotteshauses nichts geblieben. Altstadt, Löbenicht und Kneiphof, die engbebauten Gründerviertel rund um den Dom, sind ausgelöscht. Sie wurden, wie über 90 Prozent der Innenstadt, im August 1944 durch britische Bombenangriffe dem Erdboden gleichgemacht. Heute sind dort ausgedehnte Grünanlagen mit spärlichem Baumbewuchs, durchzogen von dem breiten Betonband einer Hochstraße, dem Lenin-Prospekt, der früheren Kantstraße.

Zu den wenigen Bauwerken, die in ihrer historischen Form wiederhergestellt wurden, gehört die Stadthalle am Schloßteich, unweit des Hotels »Kaliningrad«. Seit ihrer Einweihung im Jahr 1912 war sie das Zentrum des Königsberger Musiklebens. 1991 wurde sie als Museum für Geschichte und Kunst der Stadt wiedereröffnet.

Am Eingang gegenüber dem Kassenschalter ist ein Bücherstand aufgebaut. Neben den Klassikern Dostojewski, Tolstoi, Puschkin und Tschechow sowie russischen Philosophen des 19. Jahrhunderts entdecken wir dort russische Übersetzungen von Hermann Hesses »Siddharta«, Dietrich Bonhoeffers »Briefe aus dem Gefängnis« und Heinrich Bölls »Ansichten eines Clowns«. Den weitaus größten Teil des Tisches jedoch nehmen religiöse Bücher ein: »Zen-Buddhismus«, »Heiligtümer der russisch orthodoxen Kirche«, »Christliche Märtyrer«. Fast genauso stark sind esoterische Schriften und Ratgeber aller Art vertreten – vom »Grundkurs in Yoga« bis zur »Einführung in das Computerwesen«. Auffallend auch eine Vielzahl von Reiseführern – vor allem über die skandinavischen Länder, über Spanien und Griechenland.

Das Erdgeschoß des Museums für Geschichte und Kunst ist der prähistorischen Zeit des Königsberger Raums gewidmet, seiner Fauna und Flora, den frühen Spuren menschlichen Lebens. Die erste Etage zeigt die Entwicklung Königsbergs vom Mittelalter bis zur Neuzeit, wobei die 700jährige deutsche Stadtgeschichte bis zum Jahr 1945 nur mit einigen wenigen Photos sowie einem etwas unbeholfenen Pappmodell der Dominsel abgehandelt wird, das vom »Haus Königsberg« in Duisburg, der Patenstadt Königsbergs, gespendet wurde.

Kernstück der Ausstellung ist ein monumentales Kriegspanorama, das die Einnahme Königsbergs durch die Rote Armee im April 1945 zeigt. Eingerahmt wird es von Kanonen, die beim Sturm auf die Stadt eingesetzt wurden, und den Fahnen der siegreichen russischen Regimenter. Dazu ertönt von einem Tonband Schlachtenlärm. Ein anderes, etwas kleineres Gemälde zeigt die Gefangennahme des letzten Kommandanten der Festung Königsberg, General Otto Lasch, der entgegen dem ausdrücklichen Befehl Hitlers die Kapitulation aussprach und dafür vom Führer in Abwesenheit zum Tode verurteilt wurde. Auf beiden Bildern ist Königsberg ein Ruinenfeld.

Über die Opfer und das Schicksal der Menschen in der eroberten Stadt finden sich keine Angaben. Die Geschichte haben auch hier die Sieger geschrieben. Dabei erlebte keine andere Stadt Deutschlands bei Kriegsende ein vergleichbares Inferno. Es war die erste große deutsche Stadt, die von der Roten Armee eingenommen wurde – nach vier Jahren Krieg, rund 20 Millionen sowjetischen Toten und einem Tausende von Kilometern langen Marsch durch von Deutschen zerstörtes und verbranntes Land. Die Orgie der Gewalt durch junge und meist betrunkene Rotarmisten in Königsberg übersteigt jedes menschliche Vorstellungsvermögen. Sie verriegelten Keller, in denen die Menschen aus Angst vor den pausenlos fallenden Bomben saßen, und steckten über ihnen die Häuser an. Sie banden Menschengruppen zusammen und sprengten sie in die Luft. Sie stürmten die Krankenhäuser, erschlugen die Verwundeten oder warfen sie aus dem Fenster. Und tausendfach vergewaltigten sie Frauen.

Hans Graf Lehndorff, der als Arzt am Krankenhaus der Barmherzigkeit das Kriegsende und den Einmarsch der Roten Armee in Königsberg erlebte, hat in seinem »Ostpreußischen Tagebuch«, das auch heute, fünfzig Jahre danach nur mit fassungslosem Entsetzen zu lesen ist, das schreckliche Geschehen festgehalten »Was ist das eigentlich«, notiert er unter dem Datum 9. April 1945 in sein Tagebuch, »was wir hier erleben? Hat das noch etwas mit natürlicher Wildheit zu tun oder mit Rache? Mit Rache vielleicht, aber in einem anderen Sinn. Rächt sich hier nicht in ein und derselben Person das Geschöpf am Menschen, das Fleisch an dem Geist, den man ihm aufgezwungen hat? Woher kommen diese Typen, Menschen wie wir, im Banne von Trieben, die zu ihrer äußeren Erscheinung in einem grauenvollen Mißverhältnis stehen? Welch ein Bemühen, das Chaos zur Schau zu tragen! Und diese verhetzten Kinder, fünfzehnjährig, sechzehnjährig, die sich wie Wölfe auf die Frauen stürzen, ohne recht zu wissen, um was es sich dreht. Das hat nichts mit Rußland zu tun, nichts mit einem bestimmten Volk oder einer Rasse – das ist der Mensch ohne Gott, die Fratze des Menschen.«

Vor dem Krieg hatte Königsberg 380 000 Einwohner. Bei Kriegsende waren es nicht einmal mehr 100 000. Die genaue Zahl ist unbekannt. Nach Urkunden des Staatlichen Archivs in Kaliningrad aber weiß man, wie viele von denen, die das Kriegsende überlebten, im Januar 1948, bevor die letzten Deutschen aus Königsberg ausgewiesen wurden, noch in der Stadt übrig geblieben waren: 11 303. Die anderen waren umgebracht, verhungert, erfroren oder nach Sibirien verschleppt worden.

Öffentliche Hinweise auf Deutsche, die als historische Persönlichkeiten gelten und deren Namen mit der Geschichte Königsbergs verbunden sind, finden sich in Kaliningrad seit einigen Jahren wieder in zunehmender Zahl. So erinnert ein Findling auf einer kleinen Anhöhe am rechten Ufer des Schloßteichs an den Königsberger Dichter E. T. A. Hoffmann. Die russische Inschrift ist knapp, aber korrekt: »Hier wohnte in der Hausnummer 25 E. T. A. Hoffmann (geboren 1776, gestorben 1822).« Aus Anlaß des 220. Geburtstages E. T. A. Hoffmanns soll im »Kaliningrader Buchverlag« ein reich illustrierter Auswahlband erscheinen mit dem ausdrücklichen Hinweis, daß dieser in Rußland lange umstrittene und weitgehend unbekannte Autor einer der »kompliziertesten, tiefsten und eigenartigsten Künstler der deutschen Romantik war«. Vom Geburtshaus Hoffmanns und von der Straße, in der es sich befand, ist nichts mehr erhalten. Der Findling steht inmitten einer Grünanlage.

Während wir den Gedenkstein für E. T. A. Hoffmann filmen, wobei uns wie auf Bestellung ein wunderschöner gelbgefleckter Kater, dessen Namen wir allerdings nicht kennen, durchs Bild läuft, spricht uns ein etwa fünfzigjähriger grauhaariger Mann in brauner Cordhose und heller Lederjacke an. Es sei höchste Zeit gewesen, meint er, daß hier an den großen Komponisten E. T. A. Hoffmann erinnert werde. Auf unseren etwas erstaunten Einwand, daß Hoffmann in Deutschland eher als Dichter romantisch-grotesker Novellen, Erzählungen, Märchen und Romane bekannt sei – etwa den »Elixieren des Teufels« und den »Lebensansichten des Katers Murr« –, erklärt der Mann ungerührt, das könne schon sein, aber er sei Musikliebhaber und schätze vor allem Hoffmanns Oper »Undine«. Die schriftstellerischen Werke des Komponisten seien in Rußland so gut wie unbekannt.

Wassilij, wie sich der Mann mit Vornamen vorstellt, ist Architekt bei der Stadtverwaltung. Als Vierzehnjähriger kam er 1957 mit seinen Eltern hierher nach Kaliningrad, aus Archangelsk am Weißen Meer, wo sein Vater bei der Kriegsmarine gedient hatte. Noch genau erinnert er sich daran, wie es damals hier ausgesehen hat. »Überall standen Ruinen, lagen riesige

Schuttberge. Unheimlich war es, wenn man abends durch die Stadt ging. Und auch seines Lebens war man sich nicht sicher, denn es trieben sich viele kriminelle Elemente herum.«

»Gab es damals noch Deutsche hier?« fragen wir.

»Nein, meines Wissens nicht. Ich habe jedenfalls keine gekannt. Aber es standen noch eine ganze Menge deutscher Wohnhäuser und anderer Bauten der Deutschen. Manche sahen damals vergleichsweise besser aus als heute, viele sind ganz verschwunden.«

Dabei dreht sich Wassilij um und deutet auf den gepflasterten Platz vor dem E. T. A.-Hoffmann-Gedenkstein, auf dem eine monumentale Weltuhr die Zeit von New York und Moskau, Mexiko und Tokio zeigt.

»Genau an dieser Stelle stand eine wunderschöne deutsche Kirche. Sie war noch ganz gut erhalten, trotzdem haben sie sie abgerissen. Sie wollten einfach alles zerstören, was an die Deutschen erinnerte. Es herrschte großer Haß damals.« Die Kirche, so entnehmen wir später unserem alten Stadtplan, war die um 1690 nach niederländischen Vorbildern erbaute Reformierte Burgkirche.

An einen anderen Abriß erinnert sich Wassilij besonders lebhaft: die Zerstörung des Schlosses Mitte der sechziger Jahre. Damals war Wassilij Anfang Zwanzig und hatte gerade begonnen, Architektur zu studieren.

»Mehrere Jahre haben sie versucht, die Ruine kaputtzukriegen. Ich bin ja fast täglich daran vorbeigekommen und habe es gesehen. Mal haben sie mit Dynamit gesprengt, dann haben sie Bulldozer eingesetzt, und zum Schluß sind sie mit Panzern gekommen und haben die Mauerreste mit Drahtseilen auseinandergerissen. Es war eine Barbarei, aber man durfte nichts dagegen sagen. Der Befehl war ja aus Moskau gekommen. Meine Freunde und ich haben manchmal vor Wut die Fäuste in den Taschen geballt. Sicher haben die Deutschen Verbrechen begangen, aber deshalb muß man doch nicht ihre Kultur zerstören!

Die Kultur gehört schließlich uns allen! Eine Schande war es, was sie mit dem Schloß und den Kirchen und all den anderen deutschen Bauwerken gemacht haben.«

Persönlich, sagt Wassilij, habe er nichts gegen die Deutschen. Er selbst habe Deutsche zum erstenmal nach Ende des Krieges in Archangelsk kennengelernt, als Kriegsgefangene. Manchmal hätten diese sogar den russischen Kindern etwas zu essen zugesteckt, wenn sie in langen Kolonnen durch die Stadt zur Arbeit geführt wurden. Das einzige, was er für sie empfunden hätte, sei Mitleid gewesen. Arme Kerle seien es, hätte seine Mutter gesagt, die von Hitler verführt worden sind.

Wenn es nach Wassilij ginge, sollte man möglichst viel von den alten Bauwerken, die noch stehen, erhalten. Und die Dominsel sollte man ganz im alten Stil und von Grund auf wiederaufbauen. »Wie zu deutscher Zeit.« Und auch die Universität sollte wieder auf die Dominsel, dorthin, wo ihr Gründungsgebäude stand. »Aber unsere Staatsmacht hat dafür keinen Sinn. In Litauen hätten sie schon längst wieder alles in alter Form aufgebaut.«

Aber ist es nicht eine Frage des Geldes, wende ich ein?

»Natürlich ist es eine Frage des Geldes. Aber warum laden wir nicht die Deutschen ein, uns dabei zu helfen, sich daran zu beteiligen? Natürlich müssen wir ihnen dafür auch das Recht geben, hier etwas zu kaufen, Grundstücke, Häuser, sonst kommen sie nicht. Amerikaner dürfen in Deutschland doch auch Land kaufen...«

Mein Eingeständnis, daß ich in dieser Frage nicht genau Bescheid wisse, nimmt mir Wassilij nicht so recht ab. »So ist es unter zivilisierten Völkern!« sagt er.

## Im Schatten des Doms

Wie fast alle größeren Städte Ostpreußens ist auch Königsberg eine Gründung des Deutschen Ritterordens. Im Zuge der zuweilen »Christianisierung« genannten Ostkolonisation sollte hier am Schnittpunkt mehrerer wichtiger Handelsstraßen eine Trutzburg entstehen, von der aus sich der Warenverkehr kontrollieren und die Unterwerfung der Pruzzen sowie der damals ebenfalls noch heidnischen Litauer vorbereiten ließ. Zu diesem Zweck wurde 1255 eine am nördlichen Hochufer des Pregel gelegene alte Zufluchtsstätte in eine Festung umgewandelt, die nach und nach ausgebaut werden sollte.

Spiritus rector war König Ottokar II. von Böhmen, der sich kurz zuvor Österreich angeeignet hatte und dabei war, ein Reich zu gründen, das von der Ostsee bis zur Adria reichen sollte: ein Reich der Mitte, mit Königsberg und dem späteren Triest als Eckpfeilern und Prag als Zentrum. Der Przemyslide war es, der die Ordensritter nach ihrem Rückzug aus dem Heiligen Land und dem Burzenland (Siebenbürgen) auf die neuen Aufgaben im Osten verwies und sie bei zwei Kreuzfahrten auch tatkräftig unterstützte. Ihm zu Ehren erhielt die Anlage am Pregel den Namen »Königsberg«. Und angeblich soll der Böhmenkönig bei Beginn der Erweiterungsarbeiten persönlich anwesend gewesen sein.

Jedenfalls entstanden am Fuß des Hügels in rascher Folge drei Städte: die Altstadt im Jahr 1285, 1300 der Löbenicht, eine Handwerker- und Ackerbürgerstadt, und 1327 der auf einer

Insel zwischen den Pregelarmen gelegene Kneiphof, ein Handelszentrum. Zwar wurden die drei Städte erst 1724 vereinigt, doch trugen sie nach einer Verfügung des Ordens bereits seit 1506 alle den Beinamen Königsberg. In der Mitte des 14. Jahrhunderts trat Königsberg der Hanse bei, 1525 wurde die Stadt Residenz der Herzöge des säkularisierten Preußen. 1782 nahm hier die erste ostpreußische Regierung ihren Sitz, wurde Königsberg die Hauptstadt Ostpreußens.

Mit dem Bau des Doms wurde bereits um 1330 begonnen. Noch unter dem Hochmeister Winrich von Kniprode schloß man 1382 den Bau der gewaltigen dreischiffigen Hallenkirche ab, einen gotischen Backsteinbau von fast 90 Meter Länge und 30 Meter Höhe. Heute sind von dem Gotteshaus nur noch die Westfassade und die mächtigen Außenmauern erhalten. Im kahlen Innenraum ragen die riesigen Pfeiler in den offenen Himmel, von der kostbaren Ausstattung sind nicht einmal Spuren geblieben. Die gotischen Apostelfiguren sind ebenso verschwunden wie der Schnitzaltar aus dem 16. Jahrhundert, die barocken Beichtstühle des Königsberger Meisters Isaac Riga und das Madonnenbild von Lucas Cranach d. Ä. Lediglich Reste des Grabmals für Herzog Albrecht an der östlichen Stirnwand des Kirchenschiffes sind noch erkennbar. Er war der letzte Hochmeister des Deutschen Ritterordens, der 1525 als erster deutscher Fürst die Reformation einführte und als Gründer der Königsberger Universität in die Geschichte einging.

Seit einigen Jahren gibt es Bemühungen zur Wiederherstellung des Doms in seiner historischen Form. Die Bundesregierung in Bonn stellte aus dem Fonds zur Bewahrung des kulturellen Erbes im Ausland etwa 200000 Mark in Aussicht. Andere Mittel stammen aus Spenden und vom russischen Kulturministerium. Auch das Deutsche Zentrum für Handwerk und Denkmalpflege in Fulda hat sich beratend eingeschaltet. Die, wie es offiziell heißt, Federführung des Projekts jedoch liegt bei der Russischen Föderation.

1992 wurde zunächst mit der Sicherung der Ruine vor weiterem Verfall begonnen. Der Turm der Westfassade erhielt, dem historischen Original nachempfunden, eine neue kupferne Haube in Form eines spitzen Kegels. Das Mittelschiff sicherte man mit einem Stahlgerüst gegen Einsturz. Man schloß die Turmräume vorläufig zum Kirchenschiff hin ab und richtete sie als Museum und provisorische Kapelle ein, in der bereits erste ökumenische Gottesdienste stattgefunden haben – etwa im September 1994 zur 450-Jahrfeier der Königsberger Universität und im Mai 1995 zum Gedenken an den 50. Jahrestag des Kriegsendes.

Auf dem kleinen Platz vor dem Westportal lagert Baumaterial: Vor einer gelben Baubaracke mit deutscher Firmenaufschrift stapeln sich in Plastikfolie verpackte rote Klinker, Eisenträger, Bretter, Zementsäcke, dazwischen eine Betonmischmaschine.

Im Inneren des Kirchenschiffs bessern einige Arbeiter das Mauerwerk der Pfeiler aus. Auf der oberen Kante der nördlichen Außenmauer ist in luftiger Höhe ein Mann zu sehen, der an einem 20 Meter langen, zerfaserten Seil über eine kleine Holzrolle einen Eimer Mörtel nach oben zieht. Als wir ihn von unten filmen wollen, springt ein etwa sechzigjähriger Mann vor unsere Kamera und fuchtelt aufgeregt mit den Armen. »Aufnahmen verboten!« brüllt er auf russisch und droht, unsere Kamera umzuwerfen. Über dem bunten Flanellhemd trägt er eine dicke braune Joppe, auf dem Kopf sitzt eine zerdrückte Schirmmütze. Verschwinden sollen wir auf der Stelle, sagt er barsch, wir hätten kein Recht, hier zu filmen. Auch der Hinweis von Maxim, unserem Kameramann, Rußland sei jetzt ein freies Land, und es herrsche Pressefreiheit, fruchtet nicht. Das interessiere ihn überhaupt nicht, brüllt er weiter, hier habe er das Kommando, und er erlaube nicht, daß hier gefilmt werde, basta. Erst als wir unsere Kamera ausschalten, beruhigt er sich ein wenig. Und nachdem wir uns vorgestellt haben, wird er zugänglicher. Unser Hinweis allerdings, daß wir fürs Deutsche

Fernsehen arbeiten, reicht ihm nicht. Für welches Programm, will er wissen, und aus welcher Stadt ich komme. Bei der Erwähnung des Namens Westdeutscher Rundfunk und der Stadt Köln huscht erstmals ein Lächeln über sein Gesicht: »Kenne ich.«

Es stellt sich heraus, daß er Bauingenieur ist, Direktor der russischen Firma Katedralny Sobor, die für den Wiederaufbau des Doms zuständig ist. Köln kennt er, weil dort seit einiger Zeit seine Tochter arbeitet und er sie schon zweimal besucht hat. »Sie wohnt ganz in der Nähe eures Doms, der wirklich ein Prachtstück ist.« Für seine etwas heftige Reaktion entschuldigt er sich mit dem Hinweis, er habe befürchtet, daß uns ein Ziegelstein auf den Kopf fallen könnte. Auf unseren Einwand, daß wir weit weg von der Mauer gestanden hätten, gibt er etwas kleinlaut zu: »Na ja! Ich habe mich auch ein wenig geschämt.« Schließlich sei es doch peinlich, mit welch primitiven Methoden sie hier arbeiten müßten. Und die Journalisten aus dem Ausland wollten doch immer nur zeigen, wie rückständig in Rußland alles sei. Dabei wisse er als Spezialist sehr gut, wie man mit modernen Methoden den Dom wiederaufbauen könnte, aber dazu fehle einfach das Geld. »Seit zweieinhalb Jahren mühe ich mich ab, aber meinen Sie, wir bekommen irgendeine Hilfe?«

»Aber ich denke, aus Deutschland kommen Spenden und Geld für den Wiederaufbau?« sage ich.

»Von der deutschen Regierung sind bis jetzt genau 52900 Mark gekommen. Etwa das Doppelte hat die russische Regierung gegeben. Und es sind einige Spenden aus Deutschland eingegangen, von einfachen Leuten und von einer Baufirma. Aber das alles ist doch nur ein Tropfen auf den heißen Stein. Damit können wir gerade das Notwendigste machen, damit die Ruine nicht ganz zusammenfällt. Aber wie soll man damit den Dom wiederaufbauen? Deutsche Experten haben ausgerechnet, daß dafür 500 Millionen notwendig wären. Verstehen Sie, 500 Millionen Deutschmark!«

»Erwarten Sie denn, daß aus Deutschland demnächst mehr Geld kommt?«

»Wenn etwas kommt, nehmen wir es gern. Aber erwarten tue ich von dort nichts. Dies ist unser Dom, und wir sind ein reiches Land. Rußland ist das reichste Land der Erde, und darauf sind wir stolz! Natürlich weiß ich, daß unsere Regierung und die Behörden hier in Kaliningrad in einer schwierigen wirtschaftlichen Situation sind. Aber es wäre doch gelacht, wenn ein Land wie Rußland es nicht schaffte, solch ein Kunstwerk wiederaufzubauen.«

»Wieviel Geld wäre denn erforderlich, um wenigstens die wichtigste Maßnahme zur Sicherung der Bausubstanz durchzuführen – ein Dach für das Kirchenschiff?«

An dieser Stelle besteht der Ingenieur darauf, daß wir die Kamera wieder einschalten. »Das sollen Ihre Leute in Deutschland erfahren!« Und dann sagt er, direkt zur Kamera gewandt: »Sie kennen doch die Deutsche Welle in Köln, nicht wahr? In einer ihrer Sendungen habe ich gehört, daß die Sanierung einer einzigen russischen Kaserne in der ehemaligen DDR für die Bundeswehr eine Million Mark kostet. Mit einer Million Deutschmark könnte ich sofort ein neues Dach auf den Dom setzen.«

Nach dieser Erklärung bittet uns der Ingenieur, die Kamera wieder abzuschalten. Wir bieten uns gegenseitig eine Zigarette an. Und dann bricht es aus ihm heraus: »Ich bin ein stolzer Russe. Ich arbeite seit 35 Jahren in meinem Beruf. Ich habe große Bauprojekte im ganzen Land geleitet. Auf der Krim, an der Wolga, im fernen Osten. Aber unter so verfluchten Bedingungen wie hier habe ich noch nie gearbeitet. Wenn wir wenigstens das Geld bekämen, das man uns als Spenden gibt. Aber nein, davon müssen wir noch Steuern zahlen. Und zwar sowohl für das Geld aus Deutschland als auch für das von der russischen Regierung. Jedes Spielcasino in Rußland darf steuerfrei arbeiten. Aber für die Wiederherstellung eines Kulturdenkmals mußt du Steuern bezahlen. Ist das gerecht?«

Ihm persönlich sei es ja letztlich egal. Er sei eigentlich schon in Rente und mache diese Arbeit sozusagen ehrenamtlich, für umgerechnet 50 Mark im Monat. »Aber ist das eines Landes wie Rußland würdig? Steuern für die Wiedererrichtung eines Kunstwerks?«

Zum Schluß überreicht er uns seine Visitenkarte. Auf ihr ist in russisch und deutsch auch eine Bankverbindung angegeben: »Währungskonto 703033, Embakönigbank, Kaliningrad«.

Daß die Ruine des Doms als einziges Bauwerk auf dem Kneiphof nach dem Krieg nicht abgerissen wurde, erklärt er übrigens damit, daß sich an seiner Nordostecke, unmittelbar an der Außenmauer, das Grabmal Immanuel Kants befindet. Das sei der einzige Grund für dieses Wunder. Von einigen noch heute sichtbaren Einschußlöchern abgesehen, hat es die englischen Fliegerangriffe 1944 und die Kämpfe bei der Einnahme der Stadt im April 1945 unbeschadet überstanden. Für die sowjetischen Behörden, so unser Ingenieur sarkastisch, vielleicht ein Fingerzeig Gottes. Denn der große Sohn Königsbergs wurde auch von den Herrschern des Sowjetreiches geschätzt – als geistiger Wegbereiter von Hegel, Marx und Lenin. Zwar wird vermutet, daß seine Gebeine von marodierenden Rotarmisten aus ihrer letzten Ruhe gerissen und irgendwo in der Stadt verstreut wurden, doch das Grabmal wurde in Ehren gehalten. Als wir es besuchen, hatte gerade eine russische Besuchergruppe aus Tilsit dort einen Strauß Nelken niedergelegt – unmittelbar neben einem mächtigen Kranz mit schwarz-rot-goldener Schärpe und der Aufschrift: »Dem großen deutschen Denker Kant.« Ihn hatte einige Tage zuvor eine Gruppe Korpsstudenten aus Rostock mitgebracht.

In den Sommermonaten, wenn die Busse mit den Touristen aus Deutschland kommen, herrscht rund um die Domruine lebhafter Betrieb. Fliegende Händler bieten Eis, Coca-Cola, Fanta und Kekse an, Andenkenstände verkaufen Nachdrucke alter Postkarten von Königsberg, Bildbände und Stadtpläne in deutscher und russischer Sprache, aber auch die unvermeidlichen buntbemalten Puppen in der Puppe (Matrjoschkas); wobei es sich allerdings längst nicht mehr nur um pausbäckige russische Bauernmädchen handelt, sondern auch um prominente Politiker wie Michail Gorbatschow und Boris Jelzin. Besonders vielfältig ist, wie in fast allen ostpreußischen Städten, das Angebot an Bernsteinschmuck.

An manchen Tagen spielt eine Gruppe junger Musiker auf dem Platz vor der Domruine. Es sind unüberhörbar Profis, meist Studenten des Kaliningrader Konservatoriums, die ihre Instrumente virtuos beherrschen. Sie spielen »Am Brunnen vor dem Tore« und »Ännchen von Tharau«, »Ach du lieber Augustin« und »Rosamunde«, aber auch »Kalinka« und »Schwarze Augen«. In dem geöffneten Geigenkasten vor ihnen sammeln sich deutsche Münzen.

Auf dem Weg zum Grabmal Kants an der Nordostecke des Doms kommen die Touristen an einem Granitfindling vorbei, dessen Inschrift offenbar erst unlängst erneuert wurde: »Wer nach der Wahrheit, die er bekennt, nicht lebt, ist der gefährlichste Feind der Wahrheit selbst.« Der Satz, auf deutsch und russisch in den Stein gemeißelt, war der Wahlspruch des Königsberger Theologen Julius Rupp, der 1846 die erste Freie Evangelische Gemeinde in der Hauptstadt Ostpreußens gründete. Der 1924 errichtete Gedenkstein für Julius Rupp sollte an die religiöse Toleranz erinnern, deren sich Preußens Könige rühmten – hatten in ihrem Land doch Hugenotten aus Frankreich, Protestanten aus dem österreichischen Salzburg, Mennoniten aus Holland sowie Glaubensflüchtlinge aus vielen anderen Gegenden Europas Aufnahme gefunden.

Das bei Kriegsende verlorengegangene Reliefbildnis Julius Rupps auf dem Gedenkstein ist ebenfalls erneuert worden. Das Original stammte von Rupps Enkelin, der in Königsberg geborenen Käthe Kollwitz. Ihr Andenken wurde auch zu Sowjetzeiten in Kaliningrad hochgehalten: Sie galt als Vertreterin des

»anderen Deutschland«, jenes Deutschland, das nicht mit den Nazis paktiert hatte, sondern es mit den Mitteln der Politik oder – wie Käthe Kollwitz – der Kunst zu bekämpfen versuchte.

Unmittelbar im Schatten des Doms stand das Geburtshaus einer anderen Künstlerin, deren Name in Kaliningrad allerdings erst seit einigen Jahren wieder mit Achtung genannt wird – Agnes Miegel. Die 1879 geborene »Tochter Königsbergs«, wie sie von ihren ostpreußischen Verehrern bis auf den heutigen Tag genannt wird, gilt als die bedeutendste deutschsprachige Balladendichterin der ersten Hälfte unseres Jahrhunderts. Auch ihre Erzählungen und volksliednahen Gedichte über Landschaften, Menschen und Schicksale in Ostpreußen haben unbestreitbar literarischen Rang. Mit ihrer ausgeprägten Vorliebe für schwermütige Stimmungen und der unerschütterlichen Liebe zu ihrer Heimat und deren Geschichte traf sie wie niemand sonst die Befindlichkeit vieler Menschen in Ostpreußen. Nach ihrer Flucht aus Königsberg im Januar 1945 lebte sie bis zu ihrem Tode 1964 in Bad Nenndorf und galt als die »Stimme Ostpreußens«, die Stimme eines in der Geschichte versunkenen Landes.

In Kaliningrad wurde sie bis vor wenigen Jahren als Unperson betrachtet. Zu deutlich waren ihre Sympathien für den Nationalsozialismus gewesen, zu kompromittierend ihre Elogen auf den Führer.

In der Tat: Der politische und biographische Kontrast zu ihrer Königsberger Mitbürgerin Käthe Kollwitz hätte dramatischer nicht sein können. Für beide war das Jahr 1933 ein Schlüsseljahr. Agnes Miegel wurde als Mitglied in die Deutsche Akademie der Dichtung aufgenommen, Käthe Kollwitz trat aus der Preußischen Akademie der Künste aus und wurde als Leiterin der Meisterklasse für Graphik aus dem Amt gejagt. 1936 erhielt Käthe Kollwitz Ausstellungsverbot, Agnes Miegel wurde 1939 Ehrenbürgerin von Königsberg.

Heute hat in Kaliningrad ein Umdenken begonnen. Zwar ist Agnes Miegels Haltung zum Dritten Reich nicht vergessen, doch tritt sie in den Hintergrund gegenüber der literarischen Einschätzung ihres Gesamtwerks. Ihre Sympathie für den Nationalsozialismus wird als »verhängnisvolle Verirrung« angesehen, an der sie später bis an ihr Lebensende litt. Erklärt wird sie mit ihrer Blindheit für politische Zusammenhänge, mit ihrer »Grenzlandmentalität« und ihrem übermächtigen Wunsch, in dem – durch den polnischen Korridor abgeschnittenen – »Brückenkopf Ostpreußen« wieder einen fest verbundenen Bestandteil des Deutschen Reiches zu sehen.

Im Oktober 1992 brachte man an dem Haus, in dem die Dichterin ihre letzte Königsberger Wohnung hatte, in der Hornstraße 7 (Ulica Seržanta Koloskowa), eine Gedenktafel an. Initiatoren waren die deutsche Agnes-Miegel-Gesellschaft und ihre neugegründete Kaliningrader Abteilung, der die »schöpferische Intelligenz« der Stadt angehört: Maler, Komponisten, Photographen, Archivare, Heimatforscher und Deutschlehrer. Die Bronzetafel zeigt das Porträt Agnes Miegels, daneben ist auf russisch und deutsch zu lesen: »In diesem Haus lebte bis 1945 die deutsche Dichterin Agnes Miegel. Geboren am 9. März 1879, gestorben am 26. Oktober 1964.« Darüber findet sich, ebenfalls auf deutsch und russisch, die letzte Zeile aus ihrem legendären Königsberger Abschiedsgedicht: »Und daß Du, Königsberg, nicht sterblich bist!« Eine Zeile, die, so der Kaliningrader Lyriker und Agnes-Miegel-Übersetzer Sem Simkin, »den Königsbergern Trost, den Kaliningradern Hoffnung ist«.

Agnes Miegel

## Abschied von Königsberg

Es forderte zum Fackeltanze Dich,
Gekrönte Vaterstadt, der grimme Tod.
Wir sahn von seinem Mantel Dich umloht
Und hörten, wie bei Deiner Türme Neigen
Die Glocken sangen Deinen Todesreigen
Und sahen wie Dein Angesicht erblich.
Und sahen schauerlich
Den Pregel schwarz an den verkohlten Pfählen
Vorbei an leeren Hafenstraßen schleichen,
Und sahn, wie Opferrauch am Grab, die reichen
Schätze gesunkner Speicher qualmend schwelen.
Und sahen Deinen furchtbaren Freier Tod
Aus Deiner Gassen leeren Masken starren
Und durch den grauen Rauch stromabwärts fahren
Mit zuckender Beute auf verglühendem Boot.

So sahn wir Dich. Und sahn, was uns gehört
Wie Mutter ihrem Kind, in stummer Klage,
Vom Schnee bestäubt, durch kalte Wintertage
Fremd um uns stehn, gespenstisch und zerstört.
Doch immer noch bedroht von Haß und Neid
Und immer noch in Deinem Witwenkleid
Von Deinem Feind mit Schwert und Sturm begehrt!
O Angesicht, so bleich und so verstört,
O Stadt, umtobt vom Kampf, durchwühlt von Leid, –

Wir wandern fort aus den zerstörten Gassen,
Doch wissen wir, die weinend Dich verlassen:

Wenn unsre Augen Dich nie wiedersehn,
Wenn wir vergehn
Mit unserem Blut, mit unserem Hab und Gut, –
Daß noch in Dir, o Mutter, Leben ist,
Und daß Du, Königsberg, nicht sterblich bist!

## Die Tore der Stadt

Von zehn Gebäuden aus deutscher Zeit – so eine inoffizielle Statistik – ist in Kaliningrad nur eines erhalten geblieben. Von den 34 Kirchen, die Königsberg einst zählte, stehen noch vier. Das historische Zentrum der Stadt ist ganz verschwunden, ebenso viele Straßen und Plätze – wie die Junkerstraße mit ihren in aller Welt berühmten Marzipangeschäften und der Paradeplatz, an dem die Buchhandlung Gräfe und Unzer residierte, die seinerzeit größte Europas. Stehengeblieben jedoch sind die Stadttore, scheußliche neugotische Bauwerke aus dem 19. Jahrhundert, deren dicken Backsteinmauern nicht einmal die Granaten der Roten Armee ernsthaften Schaden zufügen konnten. Das Brandenburger Tor, das Sackheimer Tor, das Friedländer Tor, das Königstor, das Friedrichsburger Tor und das Roßgärter Tor – sie alle blieben in ihrer architektonischen Substanz auch in der Nachkriegszeit unangetastet. Ebenso der zur Befestigungsanlage zählende kreisrunde Dohna-Turm, in dem heute ein Bernsteinmuseum untergebracht ist. Die allzu deutlichen Verweise auf die deutsche Vergangenheit, die Preußen- und Naziherrlichkeit allerdings wurden weitgehend entfernt, die preußischen Adler ebenso wie die Hakenkreuze. Am Königstor schlug man den Skulpturen von Herzog Albrecht, Ottokar von Böhmen und Friedrich Wilhelm I. das Haupt ab. Die Porträts von Scharnhorst und Gneisenau am Roßgärter Tor jedoch durften bleiben: zur Erinnerung an die preußisch-russische Waffenbrüderschaft im Krieg gegen Napoleon.

In einem Nebengewölbe dieses Tors ist unlängst ein Restaurant eröffnet worden, dessen Ausstattung und Preise unübersehbar auf deutsche Touristen zielen. Und an der Rückseite des Roßgärter Tors haben wir bei unseren Dreharbeiten ein riesiges, mit schwarzer Farbe auf die roten Ziegel gemaltes Hakenkreuz mit abgerundeten Ecken entdeckt, das Symbol der russischen Neonazis. Daneben, ebenfalls in schwarzer Farbe, die Losung: »Tod den Feinden Rußlands.«

Auf Initiative des 1994 verstorbenen russischen Schriftstellers Jurij Iwanow, der 1945, nach der Eroberung, als Siebzehnjähriger in die Stadt gekommen war – voller Haß auf die Deutschen, die seine Heimat zerstört hatten –, wurde 1987 die Kaliningrader Sektion des Sowjetischen Kulturfonds gegründet. Eines seiner Ziele: die Restaurierung der erhaltenen historischen Denkmäler Königsbergs. Der erste, handgeschriebene, Aufruf, den Jurij Iwanow erließ, begann mit den Sätzen: »An alle, alle, alle! Wer die historischen Denkmäler der Stadt schätzt, kann bei der Restaurierung des Friedrichsburger Tores mitarbeiten. Arbeitsgerät und Fäustlinge werden gestellt.« Er selbst war dabeigewesen, als an der Burgschule die Steinbilder von Kant, Kopernikus, Herder und Corinth abgeschlagen wurden. »Damals«, so Jurij Iwanow, »haben wir die Köpfe von großen Deutschen in Königsberg zerschlagen; heute flicken wir sie wieder zusammen.«

Einer der ersten, die Jurij Iwanows Aufruf nachkamen, war Alexander Nowik, heute Vorstandsmitglied der 1991 gegründeten »Gesellschaft der deutschen Kultur ›Eintracht‹« in Kaliningrad. Zusammen mit einer Gruppe von Freunden, Künstlern und Restauratoren, die sich selbst »Gruppe der Enthusiasten« nannte, pachtete der junge Musiker 1989 die Katakomben des Friedländer Tores, die nach dem Krieg als Zementlager gedient hatten. Die Räume waren unzerstört, doch, wie Alexander Nowik sagt, in »erbärmlichem Zustand«. In mühevoller, freiwilliger Arbeit verwandelten sie die Gewölbe in Ausstellungs- und Versammlungsräume und gaben ihnen den Namen »Museum für Geschichte und Alltag«. Auf Trümmergrundstücken und Dachböden, in Kellern, verwahrlosten Parks, ausgetrockneten Teichen und Flußarmen suchten sie nach Zeugnissen der deutschen Vergangenheit, Spuren der deutschen Alltagskultur. Ihre Fundstücke sind im größten der wiederhergestellten Räume zu bewundern. Wagenräder und Torbögen mit Inschriften in deutscher Sprache, Bierkästen der »Brauerei Ostmark«, Bierflaschen der Marken »Ponarth« und »Schönbusch«, Ziegelsteine mit den eingebrannten Namen ihrer Herkunftsorte: »Peterswalde«, »Tapiau«, »Heinrichshof«, »Gr. Nuhr«, »Pillau«, »Cadinen«. Dazu Reklametafeln und Schilder aller Art: das gelb-schwarze Eingangsschild der »Geschäftsstelle des Deutschen Bauerndienstes«, das Schild einer Königsberger Filiale der »Raiffeisen-Genossenschaft«, emaillierte Reklametafeln von »Miele«, »Sarotti«, »Juno«, »Kathreiners Malzkaffee« und vielen anderen traditionsreichen deutschen Firmen. Deutschen Besuchergruppen trägt Alexander Nowik mit hartem russischem Akzent gern auch einige der dazugehörigen Werbesprüche vor. »Aus gutem Grund ist Juno rund«, »Nur Miele, Miele, sagt die Tante, die alle Waschmaschinen kannte.« Auch alte Gewehre, Bajonette und Stahlhelme befinden sich hier – russische wie deutsche. Im Nachbarraum hängen an den Wänden alte Photos von Königsberg und Zeitungsausschnitte aus dem »Völkischen Beobachter« sowie anderen Blättern aus deutscher Zeit. Im kleinen mit plüschigen Stühlen, alten Sesseln und einem langen Holztisch eingerichteten Versammlungsraum, der auch zu gastlichen Begegnungen mit Gruppen aus Deutschland genutzt wird, steht ein Grammophon aus der Vorkriegszeit. Daneben liegt ein Stapel Schellackplatten – deutsche Märsche und Ufa-Schlager.

»Königsberg«, sagt Alexander Nowik, »hatte doppeltes Unglück. Zum einen war die Stadt bei Kriegsende durch die englischen Bombenangriffe und die Kämpfe bei der Eroberung so stark zerstört wie kaum eine andere Stadt in Ostpreußen. Und dann hatte man, anders als im polnischen Teil Ostpreußens, nach dem Krieg in Rußland einfach kein Geld für den Wiederaufbau der Stadt – wie etwa in Danzig. Ganz abgesehen von der Frage, ob man ihn überhaupt wollte.

Aber nicht alles«, so Alexander Nowik weiter, »ist vorsätzlich zerstört worden. Vieles ist einfach aufgrund unserer Mißwirtschaft, der Tatsache, daß sich niemand darum gekümmert hat, kaputtgegangen, verfallen. Man überließ die Zerstörung einfach dem Frost, dem Wind und dem Wetter. Heutzutage jedoch beginnt auch der russische Staat den Wert dieser Kulturdenkmäler zu erkennen und ist eigentlich ganz froh, wenn sich jemand darum kümmert.«

»Als Sie 1989 mit dem Projekt anfingen, hat es da seitens des Staates, der Behörden Widerstände gegeben?«

»Zu diesem Zeitpunkt schon nicht mehr. Damals war ja die Perestroika in vollem Gange, und die Kommunistische Partei hatte nur noch wenig zu sagen. Offenen Widerstand gab es also nicht mehr. Aber meine Freunde und ich haben ja schon viel früher angefangen, uns für die deutsche Vergangenheit zu interessieren und Zeugnisse der deutschen Kultur und Geschichte in unserer Stadt zu sammeln. Damals hat man uns als Faschisten beschimpft und uns öffentlich beschuldigt, Propaganda für den Faschismus zu machen. Als wir dann konkret mit den Vorarbeiten für das Museum im Friedländer Tor begannen, da kamen die Leute aus den Behörden und den zuständigen Organen, also dem KGB, nur noch und drucksten herum: Wenn ihr schon unbedingt so etwas machen wollt, meinten sie, dann zeigt doch auch die Zeugnisse russischer Kultur; und wenn dabei auch ein paar deutsche sind, na gut. Wir haben ihnen aber erklärt: Dies hier ist ein deutsches Kulturdenkmal, und hier sollen die Zeugnisse deutscher Kultur versammelt werden. Wir können doch nicht die Geschichte verfälschen, jedenfalls wollen wir das nicht mehr. Und nun existieren wir ja auch schon fünf Jahre, und praktisch ist kein Widerstand mehr spürbar.«

»Wie sehen die Leute in Kaliningrad, nicht die Behörden, sondern die sogenannten ›einfachen Leute‹ Ihre Aktivitäten?«

Alexander Nowik macht eine lange Pause.

»Wissen Sie, die Menschen in unserem Land haben heute ganz andere Sorgen, als sich mit Kultur zu beschäftigen. Egal, ob mit der russischen oder der deutschen. Sie müssen einfach zusehen, daß sie im Alltag überleben. Das nimmt alle ihre Kraft und Initiative. Auf der anderen Seite hat auch der Staat kaum Geld mehr für die Kultur. Wir zum Beispiel erhalten für unser Museum vom Staat keine Kopeke. Wir müssen alles aus eigener Kraft, mit eigenen Mitteln machen, uns den Unterhalt des Museums selbst erwirtschaften, durch Besucher, durch Vorträge, durch irgendwelche Aktionen. Und ich will gar nicht ausschließen, daß wir wegen Geldmangels das Museum demnächst wieder schließen müssen. Denn jeder von uns muß ja erst mal in seinem Beruf ums eigene Überleben kämpfen.«

»Worauf setzen Sie denn Ihre Hoffnung, falls Sie überhaupt noch auf etwas setzen?«

»Vor allem auf die Bundesregierung, die Kulturabteilung der deutschen Botschaft in Moskau und auf eine Reihe gesellschaftlicher Organisationen in Deutschland, z. B. die Stiftung Königsberg und andere. Man muß einfach die Kontakte verstärken zwischen den Organisationen, die sich hier auf dem Gebiet des ehemaligen Ostpreußen um die deutsche Kultur bemühen, wie etwa unsere Gesellschaft ›Eintracht‹ und Institutionen in der Bundesrepublik; nicht zuletzt auch, um zu wissen, daß wir von irgend jemandem gebraucht werden. Denn auf den deutschen Tourismus werden wir in Zukunft nicht setzen können. Schon in diesem Jahr hatten wir nur noch halb soviel deutsche Besucher wie in den vergangenen Jahren. Und es werden noch weniger werden. Die intellektuelle Elite in Deutschland, die sich mit Ostpreußen und der ostpreußischen Kultur sowie der Kultur überhaupt beschäftigt, muß doch begreifen, wie wichtig diese Kontakte zu uns sind. Wir sind bereit zu Vorträgen, Ausstellungen, Konzerten – ich bin Musiker – in Deutschland; und auch bereit, hier ähnliches zu organisieren. Aber für uns, das wissen Sie, ist es viel schwieriger, von hier nach Deutschland zu kommen als umgekehrt. Manchmal haben wir das Gefühl, Ostpreußen hatte in Deutschland in den ersten Jahren nach der Öffnung der Grenzen eine gewisse Konjunktur, und nun ist sie allmählich wieder vorbei. Jahrzehntelang durften wir keine Kontakte ins Ausland und schon gar nicht nach Deutschland haben. Nun dürfen wir und werden vielleicht doch wieder vergessen.«

Das alles sagt Alexander Nowik ohne Erregung. Ganz ruhig, nüchtern wie ein Arzt, der seine Diagnose stellt. Doch als er spät in der Nacht das schwere Tor zum Museum schließt, bricht für einen Moment Bitterkeit durch. »Vielleicht«, sagt er zum Abschied, »ist es doch besser, ich mache nur noch Musik.«

# Jossif Brodskij

## *Einem alten Architekten in Rom*


Die Kutsche werden wir – wenn wirklich
ein Schatten mit der Kutsche fahren kann
(und noch dazu an solchem Regentage)
und wenn Gerüttel ein Gespenst erträgt
und wenn das Pferd den Zaum nicht reißt – erklettern
in Schweigen. Schirmbewehrt, da kein Verdeck.
Und fort gehts durch die Viertel Königsbergs.
(...)
Die Stunde früh. Es dämmert. Flußher Dampf.
Im Winde tanzen Kippen um die Urne.
Ein junger Archäologe schüttet Scherben
in die Kapuze seiner fleckgen Jacke.
Es nieselt. Zu bleibt dir der Mund, wenn du
auf Flächen, da und dort beschneit von Schotter,
inmitten hoher Trümmer jäh verwirrt
Suworows schlichte Büste hier erblickst.


Das Festmahl... Bomber-Festmahl ist verstummt.
Von den Portalen wäscht der März den Ruß.
Von Schwärmern liegen Reste hier und dort.
Plumagen stehen da, versteint auf ewig.
Und wer hier in dem Trümmerhause wie
im Heu nach Nadeln stöberte, der könnte
das Glück ganz wiederfinden, unter der
Quartärschicht aus den Splittern von Granaten.
(...)

Doch bist du kein Gespenst, vielmehr von Fleisch
und Blut, geh zur Natur in Lehre. Wenn
du diese Landschaft fertigbringst, dann such dir
für deine Seele eine andere Struktur.
Gib auf Zement, Granit und Ziegel, die
in Schutt gelegt mit einer Flügelschraube –
durch wen? –, und gib der Seele erstmals die
Atomgestalt, die dich die Schule lehrte.

Und mög ein Bruch aufgähnen zwischen deinen
Gefühlen nun. Ein Schwall der schlimmen Angst dir
die matte Trauer sprengen. Herzen, Mauern
zu retten im Atomzeitalter, da
gleich dünnen Stangen Felsen zittern, gelänge
uns mit derselben Kraft zum Stärken, Binden,
die zum Bedrohen innehat der Tod;
damit ich bebe, wenn ich höre: »Liebster«.
(...)
Die See, mit Kämmen, deren Züge gleichen
der Landschaft, die zurückgeblieben, läuft
entgegen und zieht mit, wie eine Nachricht,
wie gute Nachricht – hier, zur Weltengrenze –
die Wellen. Diese Gleichform hier in ihnen
vernichtet sie, da sie die Speichen streichelt.

*Aus dem Russischen*
*von Rolf Fieguth*

## Und die Wirtschaft?

Unsere Kamera ist hier nicht gern gesehen. Schon am Eingang zum Markt gibt es Ärger. Es ist der größte in Kaliningrad, der Zentralmarkt auf dem Gelände der ehemaligen deutschen Kavalleriekaserne am Wallring (Tschernjachowskogo). Die Frauen, die vor dem Markttor Spalier stehen, wenden sich ab, halten die Hand vors Gesicht oder fahren uns gereizt an: »Verschwindet hier!« Nur manche lächeln amüsiert oder blicken mit leerem Gesichtsausdruck unverwandt in die Kamera. Es sind Frauen jeden Alters. Die jüngste etwa sechzehn Jahre, die älteste wohl über achtzig. Manche sind ausgesprochen ärmlich gekleidet, andere modisch elegant in grellfarbenem Lackmantel oder lässiger Jeanskluft. In den Händen halten sie eine Flasche Shampoo oder ein Stück ausländische Seife, eine Flasche Wodka, selbstgestrickte Pullover oder Socken, eine Garnitur in Folie verpackte Unterwäsche, in Heimarbeit bestickte Tischtücher und Servietten, ein paar nagelneue Turnschuhe, »Nike«, »Adidas« oder »Reebok«, einen gebrauchten Fön Marke »Braun«, Messer, Gabeln und Löffel aus altem Familienbesitz, Kinderspielzeug, ein paar Kringel Hartwurst, einen abgeschabten Fuchspelz, Gummistiefel in allen Farben, Musikkassetten, Porzellanvasen, nachgemachte Ikonen und alte Photographien in kostbaren Silberrahmen.

Fast zwei Drittel der Menschen im Kaliningrader Gebiet, so haben wir es am Vortag in der örtlichen Presse gelesen, werden demnächst unterhalb der Armutsgrenze leben. Schon heute liegt das Einkommen selbst bei 34 Prozent der arbeitenden Bevölkerung unter dem Existenzminimum. Und Rentner erhalten grundsätzlich nur 65 Prozent dessen, was sie nach amtlicher Statistik zum Leben bräuchten. Mit rund 174000 Rubel, umgerechnet etwa 100 Mark, beträgt der durchschnittliche Monatsverdienst im Kaliningrader Gebiet nur etwa 80 Prozent des russischen Durchschnitts.

Auch die Preissteigerungsraten für das Jahr 1994 konnten wir der Zeitung entnehmen. Gegenüber dem Vorjahr verteuerte sich Butter auf das Doppelte, Reis, Milch- und Sauermilchprodukte stiegen um 50 Prozent, Käse um 35 Prozent, Fleisch um 20 Prozent. Zugleich verteuerten sich Eisenbahnfahrten um das Neunfache, Telefon und Postgebühren ebenfalls um das Neunfache. Und Mieten und kommunale Dienstleistungen stiegen um das Neunzehnfache. Selbst angesichts der Tatsache, daß die Preise für Mieten und manche Dienstleistungen bislang eher symbolischen Charakter hatten – die Summe der Erhöhungen ist für viele existenzbedrohend.

Die »krisenhafte Entwicklung der Wirtschaft« in der Region macht die »Kaliningrader Zeitung« an zwei Zahlen fest: der Industrieproduktion, die in den letzten fünf Jahren um fast 50 Prozent gesunken ist, und der Getreideproduktion, die sich im selben Zeitraum um rund 30 Prozent verringert hat. Hauptgrund für diesen Rückgang ist die Schließung vieler Betriebe, für den Rückgang der Agrarproduktion die Reduzierung der Saatflächen und ihre sinkende Fruchtbarkeit. So jedenfalls erklärt es die »Kaliningrader Zeitung«, und so haben wir es bei unseren Fahrten durch das Königsberger Gebiet gesehen.

Das Spalier der Frauen vor dem Zentralmarkt von Kaliningrad macht die Verarmung immer größerer Bevölkerungsschichten für jeden Besucher sichtbar. In scheinbarem Widerspruch dazu steht das Bild, das der Markt selbst bietet. Die Fülle und Qualität der angebotenen Waren erwecken den Eindruck, als handle es sich um eine wohlhabende Stadt. Neben dem traditionellen Angebot der meisten Märkte Rußlands – Blumen, frischem Obst und Gemüse aus dem eigenen Garten, eingelegten Gurken und Pilzen, gestampftem Sauerkraut aus dem Faß, Sonnenblumenkernen, die im Zahnputzglas abgemessen werden, hausgemachtem, zu Kuchen geformtem Quark –, neben all diesen und vielen anderen Köstlichkeiten findet sich ein geradezu überwältigendes Angebot importierter Waren. Aus dem »nahen Ausland«, wie die anderen ehemaligen Sowjetrepubliken genannt werden, und aus dem »richtigen« Ausland. Es gibt Apfelsinen und Weintrauben aus dem Kaukasus, Melonen aus Mittelasien, Käse aus Litauen und »Rigaer Balsam«, Kräuterschnaps aus Lettland; dazu Äpfel aus Neuseeland, Schokolade aus Deutschland, Fleischkonserven aus Dänemark und Wein aus Italien. In einem der Kioske, die nicht unter freiem Himmel, sondern in den einstigen Pferdeställen untergebracht sind, zählen wir achtzehn Sorten ausländisches Bier in Dosen und Flaschen; ein anderer bietet fünfzehn westliche Zigarettenmarken an – stangenweise.

Im hinteren Teil des Marktes befinden sich die Stände mit Konsumgütern: Kleidung, auch »second hand«, original westliche Nobelmarken sowie jede Menge Imitate. Daneben Elektronikprodukte aus Japan, vom Taschenrechner bis zum Videorecorder, französisches Parfüm und andere Toilettenartikel, Elektrorasierer aus Deutschland, italienische Espressomaschinen. Auch das kulturelle Angebot ist beachtlich: Klassiker der Weltliteratur, Astrologiekalender, Pornohefte russischer und ausländischer Produktion. Und für Freunde von Militaria finden sich Uniformen der russischen Armee und Marine, komplett oder in einzelnen Teilen, Orden und Ehrenzeichen der Roten Armee wie der Deutschen Wehrmacht sowie Uhren, die angeblich von Spezialeinheiten des KGB getragen wurden.

Auf dem Konsumgütermarkt sind auffallend viele junge, durchtrainierte Männer als Verkäufer anzutreffen. Es sind, wie wir erfahren, meist Offiziere, die in der DDR oder in anderen

Staaten des Warschauer Paktes stationiert waren und nun den Dienst, da es für sie keine Verwendung mehr gab, quittiert haben. Mit uns zu sprechen ist keiner von ihnen bereit. Ob es die Art ihrer Geschäfte ist, die sie daran hindert oder die ungewohnte Lebenssituation – oder beides –, wir wissen es nicht.

Immerhin verweisen sie uns auf den vorderen Teil des Marktes; dort arbeite ein Kamerad aus Kaliningrad, der kenne sich hier sicher besser aus und könne uns etwas sagen. In der Tat war uns hinter einem Stand mit Schokoladentafeln, Kaffee- und Kakaodosen ein Mann aufgefallen, der sich äußerlich von den eher bäuerlich wirkenden Verkäufern und den dunkelhaarigen jungen Männern aus dem Kaukasus unterschied. Seine hochgewachsene, kerzengerade Erscheinung, das graumelierte Haar und die feinen, durch eine Nickelbrille betonten Gesichtszüge ließen darauf schließen, daß er den Großteil seines Lebens wohl nicht als Markthändler verbracht hat. Es ist ein, wie sich herausstellt, 51jähriger Oberst der Marine (»Kapitän 1. Ranges«), der vor zwei Jahren im Zuge der Reduzierung der russischen Streitkräfte vorzeitig entlassen wurde. Es stimme, sagt er und lächelt, er sei wirklich neu hier auf dem Markt und habe sich auch nie träumen lassen, daß er einmal Schokolade verkaufen würde. Aber was solle er machen? Er habe zwei Töchter, die studieren, dafür reiche seine Rente nicht aus. Selbst für ihn und seine Frau wäre es zuwenig, aber nun, da auch Studiengebühren bezahlt werden müßten, sei er darauf angewiesen, etwas hinzuzuverdienen. Seit einem Jahr stehe er Tag für Tag hier auf dem Markt, und die Geschäfte gingen, wie er sagt, nicht schlecht. Und zwar, das betone er, ganz legal. Die Schokolade kaufe ein Freund in Hamburg direkt von einer Fabrik und verschiffe sie nach Kaliningrad. Dort werde die Ware ordnungsgemäß verzollt, und dann bringe er sie mit seinem alten Lada hierher auf den Markt. Natürlich zahle er auch, wie es sich gehöre, Steuern; schließlich wolle er als ehemaliger Oberst nicht durch krumme Geschäfte auch noch seine Rente verlieren.

Ob er sich denn als Opfer der Perestroika fühle, fragen wir. Er hat nichts dagegen, daß wir ihn bei seiner Antwort filmen.

»Man muß das differenziert sehen«, sagt er. »Sicher hat Gorbatschow viel Gutes getan: daß der Kalte Krieg beendet wurde, daß die Rüstung gestoppt wurde, daß bei uns im Land jetzt Meinungsfreiheit herrscht, und auch, daß unsere Armee reduziert wurde, ist letztlich vernünftig, selbst wenn ich persönlich darunter leide. Aber«, so der Ex-Oberst, während er, ohne hinzuschauen, eine Tafel Schokolade aufrichtet, die umgekippt war, »mußte denn dabei gleich die ganze Sowjetunion zerstört werden? Und mußte denn die Marktwirtschaft so radikal eingeführt werden, daß ganze Betriebe kaputtgehen? Daß einige über Nacht reich werden, es den meisten aber schlechter geht als vorher? Und was mich persönlich betrifft: Konnte man keine menschlichere Form des Abschieds finden, eine, die mich und meine Familie auch unter den veränderten ökonomischen Verhältnissen absichert? Ich glaube, meine Töchter werden Gorbatschow vielleicht einmal dankbar sein. Ich bin es nicht.«

Auf die spezielle Situation im Kaliningrader Gebiet angesprochen, meint er: »Offiziell sind wir ja jetzt eine Freie Wirtschaftszone, oder wie sie das nennen. Doch keiner weiß genau, was es bedeutet. Es existiert bisher nur ein Präsidentenerlaß von Boris Jelzin, aber es gibt keinerlei Gesetze dazu, und auch die Vorschriften werden andauernd geändert. Offiziell heißt es, wir seien ein zollfreies Gebiet. Aber für meine Schokolade muß ich dennoch Zoll bezahlen. Da stimmt doch irgendwas nicht.«

Das gleiche hatte uns ein paar Tage zuvor im Hotel »Kaliningrad« ein deutscher Wirtschaftsvertreter erzählt, der aber ungenannt bleiben wollte, da er in Kaliningrad noch Geschäfte machen will. Es sei zwar richtig, daß ausländische und auch russische Firmen durch den Erlaß über die Freie Wirtschaftszone »Jantar« (»Bernstein«) aus dem Jahre 1991 einige Privilegien erhalten hätten: Wegfall der Import- und Exportzölle für bestimmte Waren, Wegfall der Ertragssteuer, Erleichterungen für die Eintragung von ausländischen Unternehmen und die Eröffnung ausländischer Firmenvertretungen – aber das meiste davon stünde doch nur auf dem Papier. Zu groß sei die Unsicherheit über die weitere Entwicklung des Landes, politisch wie wirtschaftlich, zu unklar die Gesetzeslage und zu unübersichtlich das Gewirr von Vorschriften. Hinzu komme die brüchige Zahlungsmoral der russischen Geschäftspartner aufgrund des Devisenmangels. Viele der ausländischen Firmen seien dazu übergegangen, nur noch gegen Vorauszahlung in Devisen, am liebsten cash auf den Tisch des Hauses, zu liefern. Richtig sei, daß 1994 rund 500 ausländische Firmen in Kaliningrad registriert gewesen seien; doch nicht einmal die Hälfte davon hätten ihre Tätigkeit aufgenommen. Und nur die wenigsten von denen, die es gemacht haben, konnten Gewinne erzielen. Die meisten der ausländischen Firmen, die sich bislang in Kaliningrad engagiert haben, seien kleine Handelsunternehmen oder kleine Dienstleistungsbetriebe aus der Hotel- und Tourismusbranche. Eine wirklich große westliche Firma, die bislang mit vollem Engagement nach Kaliningrad gegangen sei, kenne er nicht.

Und der Hafen, fragten wir unseren Gesprächspartner, ist der nicht eine große Chance für Kaliningrad?

Da, sagt unser deutscher Geschäftsmann, kenne er sich besonders gut aus, denn das sei seine Branche. Von allen Wirtschaftszweigen sei der Kaliningrader Hafen durch den Zerfall der Sowjetunion am härtesten getroffen. Er hat praktisch sein Hinterland verloren, ebenso seine Funktion als wichtigster Versorgungsstützpunkt für die sowjetischen Streitkräfte in Deutschland. Auch die Importe aus Kuba, die über Kaliningrad liefen, Getreide, Rohzucker und Zitrusfrüchte, sind eingestellt. Hinzu kämen die horrenden Tarife, die Litauen für russische Transitgüter nehme, sowie die Tatsache, daß die Hafenanlagen hoffnungslos veraltet seien und in keiner Weise dem internationalen Standard entsprächen. Auch die Schwerfälligkeit und

Korruptheit vieler Mitarbeiter der Hafen- und Zollbehörden, so der deutsche Geschäftsmann, schrecke ausländische Reeder und Transportunternehmen ab. Das alles habe zu einem dramatischen Rückgang der Frachttransporte ins Kaliningrader Gebiet geführt. Die Kapazität des Handelshafens sei nur noch zu rund 75 Prozent ausgelastet, nicht viel besser sehe es im Binnen- und im Fischereihafen aus.

Eine von einer deutschen Consultingfirma für die Kaliningrader Gebietsverwaltung erstellte Studie habe ergeben, daß die Modernisierung allein des Handelshafens, die Umstellung auf Containerverkehr und moderne RoRo-Technologie, rund 230 Millionen Mark kosten würde. »Ich könnte mir vorstellen«, so unser Gesprächspartner, »daß demnächst sogar einige Fährverbindungen in den Westen, die gerade erst eröffnet wurden, wieder eingestellt werden.«

Die wirtschaftliche Situation Kaliningrads ist auch eines der Themen, das wir bei unserem Interview mit dem Oberbürgermeister der Stadt, Witalij Schipow, ansprechen wollen. Wir treffen ihn in seinem Dienstzimmer im ersten Stock der Stadtverwaltung am Platz des Sieges, der früher Adolf-Hitler-Platz hieß und davor Hansaplatz. Vom Fenster des Dienstzimmers sieht man auf die Mammutsäulen des erhaltenen Nordbahnhofs und die mächtige Leninstatue, die allen politischen Veränderungen zum Trotz mit geballter Faust den Platz beherrscht.

Schipow ist etwa vierzig Jahre alt, trägt einen braunen Anzug, ein blaues Hemd und eine grellgelbe Krawatte. Rechts hinter seinem Schreibtisch lehnt an der Wand ein fast drei Meter hoher Stander mit der russischen Nationalflagge.

Die Begrüßung ist kurz und geschäftsmäßig; kein Smalltalk. Ein Mann, der Klartext redet, denken wir. Doch bereits seine erste Antwort erinnert uns an die nur allzu vertraute Apparatschik-Phraseologie aus Sowjetzeiten:

»Unser Territorium wird nach den Gesetzen Rußlands verwaltet. Das gilt auch für Etatfragen. Doch dank der Tatsache, daß wir eine Freie Wirtschaftszone sind, verlaufen bei uns viele Prozesse, zum Beispiel die Entwicklung der Handelsbeziehungen, schneller und aktiver als im übrigen Rußland. Ich würde sogar sagen, daß unser Gebiet zu denen zählt, wo sie sich am aktivsten entwickeln. Das Interesse von Investoren ist erheblich. Auch wenn der Umfang der Investitionen, besonders der ausländischen, noch nicht so groß ist, wie wir es uns wünschen, gibt es doch viele Geschäftsleute, die überzeugt sind, daß es sinnvoll und rentabel wäre, hier im Kaliningrader Gebiet zu investieren. Zwar ist die heutige Situation schwer, aber das ist eine Übergangssituation. Sowohl in- als auch ausländische Experten bestätigen uns, daß wir eine große Perspektive haben.«

»Aber Sie selbst geben doch zu, daß es im Kaliningrader Gebiet zuwenig ausländische Investitionen gibt?«

»Das ist normal. Wenn die Prozesse in Rußland stabil verliefen, wäre es auch bei uns anders. Aber wir sind nun einmal ein Teil Rußlands, und in Rußland ist die Lage instabil. Und es fehlt auch eine Tendenz zur Besserung der Situation. Das bedeutet, daß auch wir, als Teil Rußlands, als Zone mit erhöhtem Investitionsrisiko betrachtet werden. Trotzdem verzeichnen wir mehr ausländische Investitionen als andere Regionen, mit Ausnahme von Moskau und St. Petersburg.«

»Lassen Sie uns von den konkreten Problemen Ihrer Stadt sprechen.«

Oberbürgermeister Schipow entspannt sich sichtlich und wechselt die Tonlage.

»Unser größtes Problem ist die Energieversorgung. Das hemmt die Entwicklung der Stadt am meisten. Wir haben praktisch keinen eigenen Strom. Vier Fünftel unseres Stroms kommen aus dem Atomkraftwerk Ignalina in Litauen. Und der ist sehr teuer. Geld für eigene Kraftwerke haben wir nicht, und eine vernünftige Regelung mit Litauen ist nicht in Sicht. Das zweite Problem ist die Wasserversorgung. Wir haben weder genug Trinkwasser, um die Stadt ausreichend versorgen zu können, noch ein funktionierendes Abwassersystem. Überhaupt sind unsere gesamten städtischen Versorgungssysteme jahrzehntelang vernachlässigt worden. Viele stammen noch aus der Vorkriegszeit, ohne daß bis heute irgend etwas repariert oder erneuert worden wäre. Und auch heute können wir es nicht machen, denn es ist kaum Geld im Stadtetat. So gesehen haben wir wirklich ernsthafte Probleme. Oder um es noch anders zu sagen: Unsere Lage ist traurig.«

»Was erwartet Kaliningrad vom Ausland, wie sollen die Beziehungen vor allem zwischen Deutschland und Kaliningrad Ihrer Meinung nach in Zukunft aussehen?«

»Als am 1. Januar 1991 die Stadt geöffnet wurde, kam eine ganze Welle von Besuchern aus Deutschland herüber: vor allem Touristen, aber auch viele Geschäftsleute. Und einige von ihnen haben wir inzwischen auch gut kennengelernt. Und haben auch mehrere normale, umfangreiche Partnerbeziehungen zu Städten in Deutschland aufgenommen: mit Bremerhaven, Kiel, Potsdam, Duisburg, Zeitz und anderen Städten. Viel Hilfe ist auch von gesellschaftlichen Organisationen gekommen. Den Kirchen, dem Deutschen Roten Kreuz, der Caritas und auch von Privatpersonen. Auch deutsche Firmen sind gekommen, wenngleich, wie schon gesagt, nicht so viele, wie wir es erhofft hatten. Aber immerhin steht Deutschland in dieser Hinsicht an zweiter Stelle hinter Polen. Unsere Stadt zum Beispiel wird jetzt von drei Privatfirmen gereinigt. Eine davon hat zu 100 Prozent deutsches Kapital. Das ist doch schon was. Ich verstehe, daß auch viele Firmen noch zögern. Bisher existiert die Freie Wirtschaftszone Kaliningrad ja nur als Präsidentenerlaß. Aber der Präsident kann heute den einen Erlaß herausgeben und morgen einen anderen. Auch wir wünschen uns ein Gesetz darüber, wünschen uns größere Stabilität. Und diese Stabilität kann kein Erlaß, sondern nur ein Gesetz garantieren. Auch wir hoffen, daß es bald verabschiedet wird. Nur wann das sein wird, das weiß ich auch nicht.«

# VOM FRISCHEN HAFF ZUR MEMEL

## *Pillau – für Ausländer verboten*

Die Stadt Baltijsk ist eine geschlossene Stadt. Ihr Betreten ist Ausländern streng verboten. Selbst Russen dürfen sie nur mit einer besonderen Genehmigung, einem Propusk, einem Passierschein, besuchen. Auch im fünften Jahr nach dem Zerfall der Sowjetunion und der Öffnung des Königsberger Gebietes für den internationalen Tourismus hat sich daran nichts geändert. Jeder Eisenbahnzug, jedes Schiff, jeder Bus, jedes Auto, selbst jeder Pferdewagen, Radfahrer und Fußgänger, der sich Baltijsk nähert, wird kontrolliert. Der Grund liegt auf der Hand. Baltijsk ist der wichtigste Kriegshafen Rußlands im Westen, der einzige russische Ostseehafen, der das ganze Jahr über als eisfrei gilt. Selbst bei extremer Kälte gelingt es hier den Eisbrechern, die Fahrrinne passierbar zu halten.

Pillau, wie Baltijsk früher hieß, ist einer der wenigen über die Grenzen der Provinz bekannten Orte Ostpreußens, der nicht auf eine Gründung des Deutschen Ritterordens zurückgeht. Er erlangte vielmehr erst Bedeutung, als Schwedens König Gustav Adolf 1626 diesen 50 Kilometer westlich von Königsberg gelegenen Zipfel der Frischen Nehrung eroberte und hier eine Festung anlegte, von der aus er seine Kriege gegen Polen führte. Für die Geschichte Ostpreußens bedeutsam wurde Pillau, nachdem es 1635 durch den Vertrag von Stuhmsdorf, mit dem der schwedisch-polnische Krieg beendet wurde, in den Besitz des Königlichen Preußen gelangte und der Große Kurfürst hier 1679 mit dem Aufbau einer Handels- und Kriegsflotte begann.

Pillau wurde zum Geburtsort der brandenburgisch-preußischen und damit auch der deutschen Flottengeschichte.

Weitere bemerkenswerte Daten der Geschichte Pillaus sind das Jahr 1732, als hier 66 Schiffe mit rund 10000 Glaubensflüchtlingen aus dem Salzburgischen landeten, die in Ostpreußen eine neue Heimat fanden, sowie der Januar 1945, als Pillau, wie Helmut Peitsch in seinem vorzüglichen, 1993 erschienenen »Reiseführer Nord-Ostpreußen« formuliert, zum »größten Fluchthafen der Weltgeschichte« wurde. Mehr als 600000 Menschen, darunter 450000 Zivilisten und 150000 Verwundete wurden bis zur Aufgabe der Stadt am 25. April 1945 von Pillau aus in einer einzigartigen, von vielen Opfern begleiteten Großaktion der deutschen Kriegsmarine in den Westen verschifft.

Vom historischen Pillau ist wenig erhalten. Der Stadtkern ist ganz verschwunden, die meisten alten Häuser in der Umgebung auch. Lediglich das Wahrzeichen Pillaus, der 1813 nach einem Entwurf von Friedrich Schinkel erbaute Leuchtturm auf der Mole von Pillau erstrahlt, rot-weiß gestrichen, im alten Glanz. Das 1913 errichtete Denkmal des Großen Kurfürsten, das vor dem Leuchtturm stand, hat den Krieg und das Kriegsende, wenn auch an anderer Stelle, auf wundersame Weise überlebt. 1943 sollte es als Material für den Endsieg eingeschmolzen werden. Es verschwand vom Sockel, wurde noch einmal auf einem Schrottplatz der Reichsbahn in Königsberg gesichtet, dann jedoch verlor sich seine Spur. 1954 wurde es auf dem Hof der Norddeutschen Affinerie in Hamburg entdeckt, ein wenig lädiert, aber ansonsten gut erhalten. 1955 hat man es in der Patenstadt Pillaus, der Ostseestadt Eckernförde, aufgestellt. Mit dem auf dem Sockel angebrachten ausdrücklichen Vermerk »Bis zur Heimkehr«. Es ist das einzige Denkmal Ostpreußens, das in den Westen gerettet wurde.

Offizielle Angaben über die heutige Einwohnerzahl von Pillau gibt es nicht. Diese gilt als Militärgeheimnis, man könnte womöglich Rückschlüsse auf die Stärke der Garnison ziehen.

Inoffiziellen Angaben zufolge liegt sie bei 30 000, das bedeutet, sie ist dreimal so hoch wie zu deutscher Zeit. Es sind fast ausschließlich Militärangehörige.

Insgesamt, so schätzt man, sind im Königsberger Gebiet rund 200 000 Soldaten stationiert – bei einer Gesamtzahl der Bevölkerung von rund 900 000. Es ist die gewaltigste Konzentration militärischer Kräfte in Europa. Mehr als 200 Orte gelten als militärische Sperrbezirke! Auf Schritt und Tritt sieht man, vor allem im Raum Insterburg/Gumbinnen, schon von der Straße aus die Massierung kriegerischen Geräts. Feldflugplätze mit Militärflugzeugen und Kampfhubschraubern, unter freiem Himmel angelegte Areale mit Hunderten von Panzern älterer und modernster Bauart, militärische Funk- und Radarstationen und immer wieder Kasernen, Kasernen, Kasernen.

Der Hafen von Pillau ist vollgestopft mit Kriegsschiffen: Zerstörern, Minensuchbooten, Torpedobooten, Schnellbooten, Tankschiffen, Landungsbooten. Die meisten tragen zur Identifizierung nur breit aufgemalte Zahlen, manche aber auch Namen. Ein Zerstörer ist nach Alexander Newskij, andere sind nach sowjetischen Kriegshelden benannt. Ein Minensucher heißt »Der Unerschrockene«, ein Torpedoboot »Der Hartnäckige«.

Bei den Marinetruppen, die in Pillau stationiert sind, handelt es sich um Eliteeinheiten, wie bei fast allen Truppenteilen im Königsberger Raum. Eine von ihnen ist die 336. Gardebrigade der Marineinfanterie. Eine große Tafel auf dem Kasernenhof weist darauf hin, daß sie mit dem Suworow- und dem Alexander Newskij-Orden ausgezeichnet ist und an der Eroberung Berlins teilgenommen hat.

Das Trainingsprogramm, so wie es vor unserer Kamera demonstriert wird, erscheint brutal. Neben dem üblichen Laufen und Klettern über Hindernisse, dem Springen durch brennende Holzwände, dem Robben zwischen brennenden Autoreifen und dem Nahkampf mit aufgepflanztem Bajonett oder ohne Waffe, wird auch Messerwerfen geübt und das Werfen mit dem Klappspaten. Fast immer landet die scharfe Schneide auf dem Hals des Pappkameraden.

In der Kantine für die einfachen Soldaten, an denen Großphotos mit Manöverbildern hängen, gibt es zum Mittagessen Suppe, Gulasch mit Nudeln und als Beilage Weißkohl. Dazu in unbegrenzter Menge dicke Scheiben Schwarzbrot. Den Offizieren stehen, gestaffelt nach Rängen, drei andere Kantinen zur Verfügung. Diese allerdings bleiben uns verschlossen.

Die Soldaten erweisen sich im Gespräch als einsilbig. Meist sind es Wehrpflichtige, die erst einige Monate dabei sind. »Normal« sei das Leben in der Kaserne, sagen sie, natürlich sei es anfangs etwas hart, aber daran gewöhne man sich. Man sei eben bei einer Eliteeinheit, der Garde, da müsse man schon manches einstecken; aber das diene ja nur der Körperertüchtigung, und im übrigen sei es auch gut, daß man Disziplin lerne. Antworten, wie sie Rekruten in aller Welt geben, wenn ein Offizier dabei steht. Auffallend allerdings ist, daß nicht einer der Befragten die Absicht hat, den Militärdienst freiwillig zu verlängern. Der Kommandeur der Brigade ist Oberstleutnant Alexander Darkowitsch, ein etwa 35jähriger kräftiger Mann mit volltönender, tiefer Stimme. Er trägt einen grau-grün gefleckten Kampfanzug mit blauem Kragen aus Kunstpelz, auf dem Kopf ein schwarzes Barett mit dem golden glänzenden Abzeichen der Marineinfanterie, einem Anker mit dem roten Sowjetstern darüber.

»Wer ist Ihrer Meinung nach«, lautet unsere erste Frage an den Kommandeur, »heute Rußlands Feind?«

»Für mich persönlich ist Rußlands Feind heute derjenige, der uns hindert oder zu hindern versucht, wirtschaftlich wieder auf die Beine zu kommen; also zu verhindern versucht, daß Rußland auf wirtschaftlichem Gebiet wieder eine Weltmacht wird, der Lebensstandard unserer Bevölkerung wieder wächst. Und natürlich ist derjenige Rußlands Feind, der territoriale Ansprüche uns gegenüber erhebt, vielleicht sogar die Grenzen neu ziehen will.«

»Worin liegt denn der Hauptunterschied zu Ihrem früheren Feindbild?«

»Früher war der Feind klar: Es waren die Nato-Staaten. Jetzt sagen wir unseren Soldaten im militärischen Unterricht, daß die Nato nur noch ein möglicher Feind ist, aber kein aktueller und kein direkter mehr.«

»Ist es nicht ein Problem für Sie, daß Rußland heute von den Staaten, die früher Verbündete waren wie Polen oder die sogar direkt zur Sowjetunion gehörten wie die Baltischen Staaten, als potentieller Feind angesehen wird?«

»Diese Staaten haben ja erst vor kurzem ihre Unabhängigkeit erhalten, und sie denken noch immer, daß ein so großer Staat wie Rußland sie wieder unter seine Fittiche bekommen möchte. Sie wollen einfach nicht glauben, daß es so, wie es jetzt ist, auch bleibt. Und sie beobachten natürlich all das, was in Rußland vorgeht, mit offenen oder geheimen Ängsten. Aber ich bezweifle, daß wir den Militärs dort, vor allem aber den einfachen Menschen, den Arbeitern, irgendeiner Babuschka, einer Rentnerin, wirklich angst machen. Die wollen doch keinen Krieg und wir auch nicht. Den Krieg brauchen vielleicht Politiker, um ihre globalen oder persönlichen Ziele durchzusetzen, nicht aber die Völker. Die haben das nicht nötig. Ich glaube nicht, daß ein Volk gegen das andere kämpfen will. Es sei denn, die Politiker hetzen die Völker gegeneinander auf.«

»Aber warum ist dann gerade hier im Königsberger Gebiet so viel Militär stationiert?«

»Einer der Gründe dafur ist, daß wir unsere Truppen aus dem Baltikum, aus Polen und vor allem der DDR zurückziehen mußten. Nur ein kleiner Teil von ihnen ist ins Landesinnere Rußlands versetzt worden; vielleicht, weil es dort noch schwieriger ist als hier, sie unterzubringen. Irgendwo müssen sie doch hin, und ich gehe davon aus, daß viele auch nur vorübergehend bleiben. Und im übrigen muß man ja berücksichtigen, daß Kaliningrad jetzt abgetrennt ist vom übrigen russischen Gebiet und dadurch eine besondere Situation entstanden ist. Wir haben hier nur soviel Militär stationiert, wie nötig ist, um die Interessen Rußlands zu wahren.«

»Welche strategischen Interessen sind das denn? Warum ist Königsberg für Rußland und Rußlands Militär so wichtig?«

»Dafür gibt es zunächst historische Gründe. Wir haben im Zweiten Weltkrieg zwanzig Millionen Menschen verloren, vielleicht sogar noch mehr. Und deshalb hat die Sowjetunion aufgrund rechtlich abgesicherter internationaler Verträge wie dem Potsdamer Abkommen Kaliningrad als eine Art Kompensation erhalten. Die strategische Bedeutung dieses Gebietes ist heute größer denn je. Auf der einen Seite spielen die Armee und die Marine, die hier stationiert sind, die Rolle, die früher unsere Truppen im Westen, vor allem der DDR, gehabt haben: die Rolle eines Puffers. Zum anderen ist es eine Frage des Zugangs Rußlands zum Meer, zur Ostsee. Seit Rußlands unmittelbarer Zugang zu Westeuropa durch Weißrußland und das Baltikum versperrt ist, ist Kaliningrad das wichtigste Bindeglied, Rußlands Brücke Richtung Europa.«

So staatsmännisch der Kommandeur antwortet, wenn wir über Fragen der großen Politik und der militärischen Strategie sprechen, so offen ist er, wenn es um die menschlichen Probleme seiner Brigade und der Garnison in Baltijsk insgesamt geht.

»Eine Menge von Problemen haben wir«, sagt er, »vor allem das Problem der Unterbringung. Allein in meiner Brigade habe ich achtzehn Offiziersfamilien, die aus dem Baltikum gekommen sind und für die wir keine Wohnungen haben. Sie müssen in unseren Unterrichtsräumen leben, mit Frauen und Kindern – ein Zustand, den auf Dauer niemand aushalten kann. Aber es gibt auch keine Perspektive. Im ganzen Königsberger Gebiet haben wir inzwischen 15 000 Offiziersfamilien, die ohne Wohnung sind. Und Mittel, Wohnungen zu bauen, gibt es auch kaum. Zwar habe ich gehört, daß Geld dafür aus Deutschland kommen soll, aber bei uns ist nichts eingetroffen. Meine Offiziere versuchen jetzt, sich selbst Wohnungen zu bauen.

Das andere große Problem, das wir hier in Baltijsk haben, ist das Trinkwasser. Es gibt so gut wie keins. Seit 1982 hat man uns versprochen, eine neue Wasserleitung nach Baltijsk zu verlegen, doch daraus ist nichts geworden. Jeder Volksdeputierte, den wir hier gewählt haben, hat uns zugesagt, das Problem zu lösen. Doch sobald er in Moskau im Obersten Sowjet saß, hat er seine Versprechungen vergessen. Jetzt hoffen wir auf den neuen Admiral, den wir haben, vielleicht kann der etwas ausrichten.«

Zum Schluß unseres Gesprächs kehren wir noch einmal zurück zur großen Politik. »In letzter Zeit«, so fragen wir, »werden in Deutschland Stimmen laut, die ganz offen über die Regermanisierung des Königsberger Gebiets reden, und auch hier gibt es Leute, die diesen Gedanken durchaus ernst nehmen. Wie stehen Sie dazu?«

»Sie können sich denken, was ich davon halte. Es ist ein absurder Gedanke. Von allem Politischen abgesehen: das Kaliningrader Gebiet ist doch jetzt schon eine Art Notstandsgebiet. Es gibt keine Wohnungen, und die Zahl der Arbeitslosen wächst von Tag zu Tag. Wenn jetzt noch eine Million Menschen herkäme oder zwei – wo bitte schön, sollen die denn untergebracht werden. Und wo sollen sie arbeiten? Soviel Wohnungen können Sie doch gar nicht bauen, soviel Arbeitsplätze gibt es überhaupt nicht. Nein, das ist einfach ein absurder Gedanke. Nur dumme oder naive Menschen können auf diese Idee kommen. Und glauben Sie wirklich, ein aufrechter Russe würde sich das gefallen lassen? Kaliningrad ist russisch und wird es bleiben. Dafür sind schließlich auch wir noch hier.«

# Simon Dach

## *Ännchen von Tharau*

Ännchen von Tharau ist, die mir gefällt;
Sie ist mein Leben, mein Gut und mein Geld.

Ännchen von Tharau hat wieder ihr Herz
Auf mich gerichtet in Lieb und in Schmerz.

Ännchen von Tharau, mein Reichthum, mein Gut,
Du meine Seele, mein Fleisch und mein Blut!

Käm' alles Wetter, gleich auf uns zu schlahn,
Wir sind gesinnet bei einander zu stahn.

Krankheit, Verfolgung, Betrübniß und Pein
Soll unsrer Liebe Verknotigung sein.

Recht als ein Palmenbaum über sich steigt,
Je mehr ihn Hagel und Regen anficht;

So wird die Lieb' in uns mächtig und groß
Durch Kreuz, durch Leiden, durch allerlei Noth.

Würdest du gleich einmal von mir getrennt,
Lebtest, da wo man die Sonne kaum kennt;

Ich will dir folgen durch Wälder, durch Meer,
Durch Eis, durch Eisen, durch feindliches Heer.

Ännchen von Tharau, mein Licht, meine Sonn,
Mein Leben schließ' ich um deines herum.

Was ich gebiete, wird von dir gethan,
Was ich verbiete, das läßt du mir stahn.

Was hat die Liebe doch für ein Bestand,
Wo nicht in Ein Herz ist, Ein Mund, Eine Hand?

Wo man sich peiniget, zanket und schlägt,
Und gleich den Hunden und Katzen beträgt?

Ännchen von Tharau, das woll'n wir nicht thun;
Du bist mein Täubchen, mein Schäfchen, mein
Huhn.

Was ich begehre, ist lieb dir und gut;
Ich laß den Rock dir, du läßt mir den Hut!

Dies ist uns Ännchen die süßeste Ruh,
Ein Leib und Seele wird aus Ich und Du.

Dies macht das Leben zum himmlischen Reich,
Durch Zanken wird es der Hölle gleich.

# Ännchen von Tharau

Viel gelesen hatten wir über jenen Barockdichter Simon Dach, den Verfasser eines der schönsten Liebeslieder deutscher Sprache: daß er 1605 in Memel, dem heute litauischen Klaipeda, geboren wurde und eine Kopie des ihm zu Ehren errichteten Denkmals seit einigen Jahren wieder auf dem Platz vor dem Theater in Memel steht; daß sein Vater Gerichtsdolmetscher für die litauische, die polnische und die kurische Sprache war; daß er an der Königsberger Universität Theologie, alte Sprachen und Rhetorik studierte und später dort mehr als zwei Jahrzehnte als Professor der Poesie lehrte; daß er dem legendären Königsberger Dichterkreis angehörte und mehr als 1250 Gedichte in deutscher und lateinischer Sprache schrieb, Hochzeits- und Begräbnislieder, Gedichte auf die vier Jahreszeiten, Tänze und Gratulationsadressen sowie zwei, allerdings kaum aufgeführte Dramen; und daß von ihm die kühne, doch wohl nicht unbegründete Feststellung stammt: »...Und jedermann gesteh, daß in dem kalten Preußen mehr geistig Singen sei denn sonst überall.«

Sein berühmtestes Lied, vertont von dem Schwaben Friedrich Silcher, gehört heute zum Repertoire jedes deutschen Männerchores. Doch nur die wenigsten, die es voll Inbrunst und zuweilen auch Rührseligkeit singen, wissen, daß es die Heldin dieses Liedes wirklich gegeben hat, und auch den Ort, der in dem Lied als ihre Heimat angegeben wird. Simon Dach schrieb sein »Ännchen von Tharau« 1633 aus Anlaß der Hochzeit der Tharauer Pfarrerstochter Anna Neander mit dem Pfarrer Johann Portatius. Im Ostpreußischen Platt lauten die ersten beiden Zeilen des Liedes:

»Anke van Tharaw öß, de my geföllt,
Se öß mihn Lewen, mihn Goet on mihn Gölt.«

Die heute gesungene hochdeutsche Übersetzung stammt ebenfalls von einem Ostpreußen, Johann Gottfried Herder.

Der Name Tharau ist auf keiner neueren Landkarte mehr verzeichnet. Der Ort trägt den russischen Namen Wladimirowo und ist nicht einmal Kaliningrader Germanistikstudenten bekannt, die wir danach fragten. Dabei war Tharau einst ein schönes und weit über seine Grenzen berühmtes Dorf. Sein Gasthaus »Zum goldenen Kürbis« war ein beliebtes Ausflugslokal der Königsberger, seine Dorfschmiede galt als eine der schönsten in ganz Ostpreußen. Sein wirtschaftlicher und gesellschaftlicher Mittelpunkt war das Gutshaus, das zuletzt im Besitz der Familie von Lölhöffel war; wobei das Wort »zuletzt« bedeutet: bis zum 28. Januar 1945, dem Tag, an dem die Rote Armee Tharau besetzte.

Hedwig von Lölhöffel, die letzte »Herrin von Tharau«, die das Dorf noch am Vorabend mit einem Treck verlassen konnte, hat in ihren Erinnerungen »Tharau liegt woanders« Augenzeugenberichte derer gesammelt, die in Tharau zurückgeblieben waren. Unter ihnen ist der Bericht der Fleischereibesitzerin Frieda Arbeit und ihrer Tochter Erna, die nicht flüchteten, weil sie die kranke, bettlägerige Großmutter nicht allein zurücklassen wollten:

»Am Sonntag, dem 28.1.45, Einbruch der Russen in Tharau. Alles zerstört, verwustet und ausgeplündert. Nicht ein Stuhl blieb ganz. Die Betten wurden aufgeschnitten, daß die Federn herumflogen. Unsere Möbel alle zerschlagen, durchs Fenster geworfen. Unser Hackklotz lag draußen vor der Tür, so daß wir kaum hereinkamen. Messer, Säge, Kartoffeln, Rüben, Kleider, Wäsche, alles lag vernichtet im Schnee. Ein Anblick zum Schreien, und man mußte das alles so mit ansehen. Das Vieh, die Pferde, alles lief herrenlos im Dorf herum, hatten nichts zu fressen, brüllten vor Hunger, und keiner durfte helfen.

Unsere stolze Kirche wurde auch geschändet. Alles wurde rausgerissen. Die Bauern waren im letzten Augenblick geflüchtet, nur noch alte Frauen traf ich mit einem kleinen Bündelchen in der Hand auf der Straße. Andere flüchteten zu Albert Andres, wo sie schwere Gewalttaten hinnehmen mußten, auch die ältesten Frauen. Meine Großmutter blieb zu Hause. Da sie nicht gehen konnte, blieb sie im Bett und ist da von den Bolschewisten erschlagen worden. Mein Vater, Mutter und ich mußten mit einem kleinen Bündelchen losziehen. Auf der Straße wurde Vater von uns gerissen auf Nimmerwiedersehen.«

Am Ende ihrer »Geschichte des Dorfes Tharau« zieht Hedwig von Lölhöffel eine Bilanz:

»Von den etwa 750 Gemeindemitgliedern sind 60 Männer seit 1939 als gefallen oder vermißt gemeldet. 127 Tharauer, besonders Frauen und Kinder, starben auf der Flucht oder, wenn zurückgeblieben, in Ostpreußen. 70 Frauen und Kinder sind in der Sowjetunion gestorben oder verschollen. 9 Frauen kehrten zurück. 90 Tharauer haben nach vielen Jahren Zwangsarbeit in einen der beiden Teile des restlichen Deutschland gefunden und ein neues Leben begonnen, viel später als die andern, die rechtzeitig durchkamen.

Erreichbar sind heute in West- und Süddeutschland etwa 150 alte und junge Tharauer Familien, in Mecklenburg, Brandenburg, Thüringen und Sachsen 30 Familien, in Amerika drei.«

Auch das hatten wir gelesen, als wir uns auf den Weg machten von Kaliningrad nach Wladimirowo. Über die Chaussee von Kaliningrad nach Bagrationowsk (Preußisch Eylau) geht es zunächst etwa 20 Kilometer Richtung Süden, dann über eine schmale, offenbar erst vor kurzem geteerte Straße nach Westen. Nach etwa anderthalb Kilometern wird auf einer von Bäumen und Gebüsch überwachsenen Anhöhe der Kirchturm von Tharau sichtbar, ein mächtiger, gedrungener Bau, der den Eindruck erweckt, er sei eine Trutzburg.

Vor dem Ortseingang erstrecken sich in langen Reihen links und rechts der Straße windschiefe und teilweise eingestürzte Holzschuppen, offenbar Lager- und Geräteräume der Kolchose von Wladimirowo. Neben dem Ortsschild tummeln sich in der Straßenmitte ein paar Schweine, im Straßengraben grast, an einen Holzpflock gebunden, eine Kuh. Die wenigen noch aus deutscher Zeit stammenden Häuschen, die auffindbar sind, wirken ärmlich und verfallen. Die alte Dorfschmiede ist ganz verschwunden. Am Eingang zum früheren Gasthaus, das heute als Wohngebäude für mehrere Familien dient, hängt statt der Tür eine große schwarze Stoffplane. Auf den leerstehenden Grundstücken zwischen den Häusern sind Gemüsebeete angelegt oder Weideflächen für Schafe und Ziegen. Manche sind mit Unkraut und Gestrüpp zugewachsen. Die einzigen Bauten neueren Datums, die wir entdecken können, sind zwei aus Asbestplatten zusammengefügte Wohnbaracken.

Vor der Kirche spielen ein paar Kinder. Bei manchen sind die Hemdchen und Hosen zerrissen, andere tragen nur Unterhöschen.

Im Gespräch machen sie einen hellen, aufgeweckten Eindruck. Daß ich aus Deutschland bin, überrascht sie nicht. Von dort, sagen sie, kommen öfter Leute her. Vielmehr interessiert sie, ob unser Film auch im Kaliningrader Fernsehen gezeigt wird und sie sich dann sehen können. Ungefragt fordern sie uns auf, mit ihnen auf den Friedhof neben der Kirche zu gehen. Dort seien noch deutsche Steine zu sehen mit Inschriften in Deutsch. Sie führen uns zu einigen umgestürzten und zerbrochenen, teilweise mit Erde bedeckten oder von Gras überwachsenen Grabsteinen. »Ruhe in Frieden«, ist auf einem noch zu entziffern, und »Geliebt und unvergessen« auf einem anderen. Manchmal, erzählen die Kinder, finden sie hier beim Spielen auch Knochen; und einmal, sagt ein kleines Mädchen, hätten sie sogar einen Totenschädel gefunden. Aber da lachen die anderen Kinder und spotten, das hätte sie wohl geträumt. Doch das Mädchen bleibt dabei, mit eigenen Augen habe sie den Totenschädel gesehen, hier in der Nähe des zerbrochenen Grabsteins, auf dem der Name »Clara« zu lesen ist.

Von der Kirche, in der 1619 das Ännchen von Tharau getauft wurde, stehen nur noch die dicken Außenmauern und der Turm. Sie wurde im 15. Jahrhundert von deutschen Ordensrittern im Stile norddeutscher Backsteingotik erbaut und war berühmt wegen ihrer prächtigen Innenausstattung: dem reichverzierten Altar des Königsberger Bildhauers Döbel aus dem Jahre 1688, der aus der Werkstatt desselben Meisters stammenden Kanzel, der freskenartigen Bemalung der Seitenwände und der gewaltigen Orgel.

Beim Eintritt in die Kirche zeigt sich ein Bild der Verwüstung. Das gewaltige Ostportal mit seinen hohen Strebepfeilern und dem sich treppenförmig verjüngenden Giebel ist um den Eingang herum weit aufgerissen. Die Tür, der holzgeschnitzte Barockaltar und die Kanzel sind wahrscheinlich irgendwann als Brennholz verfeuert worden: die an vielen Stellen aus den Wänden gebrochenen Ziegel dürften als Baumaterial Verwendung gefunden haben.

Der Boden der Kirche ist übersät mit Unrat: Scherben der zerbrochenen Fenster, Trümmer herabgefallener Ziegel, Reste des Gebälks. Zertretene Plastikbecher liegen herum, zerschlagene Wodkaflaschen und dazwischen hin und wieder eine Hinterlassenschaft von in der Kirche herumstreunenden Hunden. Das Dach ist notdürftig mit Pappe abgedeckt, hat jedoch an einigen Stellen bereits wieder Löcher und Risse, durch die helle Sonnenstrahlen in das staubige Kirchenschiff dringen. Die Krypta unter der Stelle, wo sich einst der Altar befunden hatte, ist aufgebrochen, unter dem von dichten Spinnweben überzogenen Schutt in der Tiefe sind noch die Reste von Grabplatten und Steinsärgen zu erkennen.

Die Kinder sind immer in unserer Nähe geblieben, sind in die Krypta geklettert und haben uns aufgefordert, uns da unten alles noch genauer anzuschauen; sie haben uns auf den nur mit Mühe erkennbaren Rest eines Freskos an der nördlichen Seitenwand hingewiesen und uns vorgeschlagen, mit ihnen in das morsche, aber in Teilen noch erhaltene Gebälk des Turmes zu steigen. Von dort habe man die beste Aussicht, sowohl in das Innere der Kirche als auch nach draußen, weit ins Land. Und immer wieder bauen sie sich vor der Kamera auf, posieren, machen Faxen. Und ganz ernsthaft und nicht ohne Stolz erklären sie, daß niemand die Kirche hier besser kenne als sie. Sie sei schließlich ihr Lieblingsspielplatz. »Hier sind wir zu Hause.« Wir glauben den Kindern aufs Wort. Doch wenn wir sie im brüchigen Turmgebälk oder in den hoch über dem Kirchenboden gelegenen leeren Fensterhöhlen herumturnen sehen, wird uns angst und bange.

Kurz vor dem Ende unserer Dreharbeiten taucht ein Mann auf. Er trägt ein helles Sweatshirt, weite, dunkelgraue Jogginghosen und weiße Leinenturnschuhe polnischer Produktion. Er ist der Vater eines der Jungen und will das Kind zum Mittagessen nach Hause holen. Es ist Sonntag. Entgegen unserer Befürchtung zeigt er sich von unserer Anwesenheit keineswegs überrascht. Und es ist ihm, entgegen anderen Erfahrungen, die wir gemacht haben, offenbar auch keineswegs peinlich, daß wir die so verwüstete Kirche in allen Einzelheiten filmen. Er ist, wie er uns erzählt, vor 37 Jahren hier in Tharau geboren. Seine Eltern stammen aus der Gegend von Minsk. Der Vater war als Offizier der sowjetischen Armee 1950 hierher versetzt worden und ist dann bis zu seinem Tod in Wladimorowo geblieben. Der Mann, der mit Vornamen Andrej heißt, hat früher als Zootechniker auf der hiesigen Kolchose gearbeitet. Er ist Hobbymusiker, spielt Gitarre und Akkordeon. Nachdem ihn die Kolchose wegen drastischer Reduzierung der Viehbestände vor drei Jahren entlassen hat, machte er – notgedrungen – sein Hobby zum

Beruf. Er wurde »künstlerischer Leiter« des dörflichen Kulturhauses, das in der früheren deutschen Schule untergebracht ist. Zusammen mit seiner Frau und zwei Kindern lebt er in einer Wohnung im ehemaligen Inspektorenhaus des Gutes Tharau. Zu seinem Besitz gehören eine Kuh und eine Ziege sowie ein kleines Stück Land, etwas größer als ein normaler Garten, auf dem er Kartoffeln und Erdbeeren anpflanzt.

Andrej erinnert sich genau, wie die Kirche früher aussah. »Noch vor fünfzehn oder zwanzig Jahren war hier alles ganz gut erhalten. In den Fenstern waren noch die Mosaiken, an den Wänden der Putz, und sogar der Stuck war unberührt. Meine Mutter hat mir erzählt, daß 1950, als sie hierher kam, sogar noch die Glocke im Turm hing. Die Kirche war ein Getreidespeicher, in dem auch eine Trockenanlage stand. Sie war immer verschlossen.« Das Wort Kirche übrigens spricht Andrej deutsch aus. Es sei allerdings das einzige Wort, das er, außer »Guten Tag« und »Auf Wiedersehen« auf deutsch könne. Auf der Schule habe es ja keinen Deutschunterricht gegeben und später auf dem Technikum in Kaliningrad auch nicht.

»Dann«, so Andrej weiter, »kam im Jahr 1972 ein neuer Kolchosdirektor. Der hat aus der Kirche eine Art öffentliche Lagerhalle gemacht, in die jeder hinein konnte. Seitdem wurde alles, was nicht niet- und nagelfest war, geklaut, Stück für Stück. Und auch offizielle Leute haben die Kirche immer wieder durchsucht und die ganze Umgebung umgegraben. Vor fünf Jahren kam eine Gruppe von Experten aus Riga, begleitet von vier Milizionären. Die haben hier offenbar das Bernsteinzimmer gesucht. Aber weder in der Kirche noch auf dem Friedhof haben sie irgend etwas Wertvolles gefunden. Nur in der Nähe der Schule haben sie ein silbernes Kreuz ausgegraben, das sie mitgenommen haben. Was sie damit gemacht haben, weiß ich nicht. Es muß aber irgendeine krumme Geschichte gewesen sein, in die auch Leute aus der Gebietsverwaltung verwickelt waren. Das jedenfalls habe ich später in der Zeitung gelesen.«

Inzwischen, so Andrej, komme aber niemand mehr, um hier zu graben. Offensichtlich habe sich herumgesprochen, daß hier nichts mehr zu holen wäre.

»Kommen denn deutsche Touristen her?« fragen wir.

»Oft«, antwortet Andrej, »fast täglich. Manche mit dem Auto, aber meistens sind es Busse. Sie schauen sich alles im Dorf genau an, gehen um die Häuser herum, die noch stehengeblieben sind, photographieren jede Kleinigkeit. Oft sind es alte Leute, die von hier stammen. Manchmal komme ich mit ihnen über den Dolmetscher ins Gespräch. Dann stellt sich heraus, daß sie sich am meisten für die Kirche interessieren. Ich weiß nicht, warum, aber sie sagen, daß diese Kirche für sie von besonderer Bedeutung ist.«

»Wie ist denn die Beziehung der Leute im Dorf zu den deutschen Touristen?«

»Am meisten freuen sich die Kinder. Sie haben ja bis vor kurzem noch keinen Ausländer gesehen, und oft bringen die Deutschen ja auch kleine Geschenke mit. Kaugummi, Schokolade, sogar kleine Spielzeugautos.«

»Und die älteren Leute im Dorf, was sagen sie dazu?«

»Was sollen sie sagen? Es ist doch normal, daß Leute ihre Heimat wiedersehen wollen. Und wenn sie traurig sind, daß das Dorf so schlimm aussieht, dann haben sie recht. Es wäre wirklich einfacher, ein neues Dorf zu bauen, als das, was hier noch übrig ist, wieder in Ordnung zu bringen. Nein, Probleme hat es mit ihnen bislang keine gegeben. Im Gegenteil! Wenn wir uns begegnen, grüßen wir uns, jeder in seiner Sprache. Manchmal klopfen sie sogar an unsere Häuser. Dann bitten wir sie herein und trinken zusammen ein Glas Tee oder einen Schluck Wodka. Wir verständigen uns mit Händen und Füßen, und das geht ganz gut. Es herrscht eine Art freundschaftliche Atmosphäre.«

Dann kommt das Gespräch auf die Zukunft von Wladimirowo und vor allem die Perspektiven für die Kinder.

»Früher«, sagt Andrej, »hatten wir eigentlich keine Probleme. Doch jetzt steht die Kolchose kurz vor der Pleite, und andere Arbeit als in der Landwirtschaft gibt es hier weit und breit nirgends. Auch für die Kinder ist es schlimmer geworden. Nicht nur die Kolchose machen sie bald zu, es werden auch immer mehr Schulen und andere Lehranstalten in der Umgebung geschlossen. Eigentlich müßte man, schon um der Kinder willen, wegziehen. Doch wohin?«

Dann zeigt uns Andrej die Umgebung der Kirche und kommt noch einmal auf das Bernsteinzimmer zu sprechen.

»Sehen Sie das kleine Haus dort am Abhang? Da hat noch viele Jahre nach dem Krieg eine alte deutsche Frau gewohnt. Sie hat meiner Mutter erzählt, daß sie 1945, kurz bevor die Deutschen flüchteten, beobachtet hat, wie in der Nacht zwei Lastwagen kamen, die unmittelbar neben der Kirche hielten. Zuerst seien ein paar SS-Männer mit Gewehren herausgesprungen, dann seien etwa zehn Häftlinge aus dem Lkw geklettert, russische Kriegsgefangene oder Fremdarbeiter, wie sie vermutete. Diese hätten zwei große Kisten von den Ladeflächen gehoben und sie in der Nähe der Kirchenmauer vergraben. Anschließend seien die Häftlinge von den SS-Männern erschossen und neben den Kisten verscharrt worden.«

Bis zu ihrem Tod, so erzählt Andrej weiter, sei die alte Frau überzeugt gewesen, daß die Kisten etwas mit dem Bernsteinzimmer zu tun gehabt hätten. Die sowjetischen Behörden allerdings, die einige Zeit nach dem Krieg an dieser Stelle graben ließen, haben dort zwar einige Skelette gefunden, nicht jedoch die Kisten.

Mit einem Blick auf die vereinzelt im Gras herumliegenden spärlichen Reste deutscher Grabsteine meint Andrej fast ein wenig entschuldigend: »Bis in die sechziger Jahre haben viele von ihnen noch gestanden. Natürlich waren die Gräber aufgebrochen und ausgeräumt und einige der Steine als Baumaterial verschwunden, vor allem die aus Granit. Aber die meisten wurden erst weggeholt, als die ersten von unseren Leuten starben und wir unseren eigenen Friedhof angelegt haben. Es war doch viel billiger, die alten deutschen Steine zu nehmen, die sowieso niemandem mehr gehörten und um die sich auch niemand kümmerte. Meistens wurden sie umgedreht und auf der Rückseite die russischen Namen eingemeißelt. Fertig! Es wäre doch auch schade gewesen, sie hier einfach so nutzlos herumliegen zu lassen.«

Von dem Pfarrhaus, in dem Anna Neander, das Ännchen von Tharau, geboren wurde, sind, wenn man die Erde ein wenig zur Seite kratzt, noch einige Reste der Fundamente zu sehen. Nach dem Krieg, als das Haus noch stand, waren hier, erzählt Andrej, neun Familien einquartiert. Vier im Parterre, fünf in der ersten Etage. »Aber wie das so geht«, Andrej macht eine wegwerfende Handbewegung, »erst wurde das Dach schadhaft, und niemand hat sich darum gekümmert. Dann kam Wasser in die Wände, die sind im Winter bei Frost gerissen. Nach einiger Zeit sind die Familien im ersten Stock ausgezogen, weil sie fürchten mußten, daß ihnen das Dach auf den Kopf fällt. Später, als es anfing, ins Parterre zu regnen, sind die Familien auch von dort ausgezogen. Um das Haus zu renovieren, hatte niemand Geld. Es gab kein Baumaterial. Und richtig darum gekümmert hat sich niemand, denn es gehörte ja keinem. Es verfiel mehr und mehr, 1978 wurde es ganz abgerissen.«

Im Jahr 1991, als das bis dahin hermetisch abgesperrte Königsberger Gebiet für deutsche Touristen zugänglich wurde, entstanden erste Pläne, Kirche und Pfarrhaus in Tharau wiederaufzubauen, mit Spenden aus der Bundesrepublik. Die Idee wurde von den Kaliningrader Behörden durchaus mit Wohlwollen aufgenommen. Die Kirche, so war vorgesehen, sollte von der Kaliningrader Gebietsverwaltung als »verfügungsberechtigter Eigentümerin« der russisch-orthodoxen Kirche für sakrale und kulturelle Zwecke übertragen werden, die evangelisch-lutherische Kirche in Rußland ein Mitnutzungsrecht erhalten. Aus dem Pfarrhaus, das man nach alten Plänen wieder-aufbauen wollte, sollte ein Simon-Dach-Museum werden, zu-gleich russisch-deutsches Kulturzentrum. Auf deutscher Seite federführend für das Projekt war die Bonner Stiftung für Kunst und Kultur. Doch außer der provisorischen Dachabdeckung, die von einer deutschen Baufirma, die im Raum Kaliningrad tätig ist, finanziert wurde, hat sich bislang wenig getan.

Das Spendenaufkommen aus Deutschland entsprach nicht im entferntesten den Erwartungen und Erfordernissen. Die Bonner Stiftung für Kunst und Kultur hat das Projekt »Wieder-aufbau Tharau« als »nicht finanzierbar« inzwischen ad acta gelegt.

## »Das Land reicht für alle«

Es beginnt, wie die meisten Gespräche auf dem Land, mit dem Wetter. Ein schlimmer Sommer sei es gewesen, sagt die alte Frau und wischt sich mit dem Handrücken über die Stirn. »Die ganze Zeit nur Hitze, kaum ein Tropfen Regen.« Sie kann sich gar nicht mehr erinnern, wann sie zuletzt mal so etwas erlebt habe. Wegen der Trockenheit mußten sie in diesem Jahr schon am 15. August beginnen, die Kartoffeln aus der Erde zu holen. Doch richtige Kartoffeln seien es eigentlich nicht. »Die meisten sind so klein, daß man sie nicht einmal schälen kann. Du denkst, du hast Erbsen gepflanzt, und keine Kartoffeln.« Dabei ist der Boden hier gut, hat immer reichlich getragen. »Aber eine Dürre wie in diesem Jahr, nein, daran kann ich mich nicht erinnern.«

Wir schätzen das Alter der Frau auf etwa siebzig Jahre. Später erfahren wir, daß sie nicht einmal sechzig ist. Sie spricht mit hoher, etwas schriller Greisinnenstimme; ihr Gesicht ist von tiefen Falten durchzogen. Wenn sie lacht, wird ein einsamer Metallzahn sichtbar. Um den Kopf trägt sie ein helles, geblümtes Wolltuch, der kurze hagere Oberkörper steckt in einer groben Strickjacke. Die offenbar als Folge einer Knochenkrankheit säbelförmig gebogenen Beine lassen die ganze Gestalt fast zwergenhaft erscheinen.

Mit einer kurzen dreizinkigen Hacke gräbt die Frau tief nach vorn gebeugt die Kartoffeln aus der Erde und wirft sie in einen zerbeulten Blecheimer. Wenn er voll ist, trägt sie ihn, mühsam einen Fuß vor den anderen setzend, zu einem der Säcke, die entlang der Furchen ausgelegt sind.

Einige Meter neben ihr arbeitet hoch aufgerichtet mit einer langstieligen Hacke eine etwa dreißigjährige Frau, ihre Tochter. Sie trägt ebenfalls ein buntes Kopftuch und eine Strickjacke. Unter der grauen Kittelschürze ist eine blaue Trainingshose sichtbar.

Zwischen den beiden Frauen sitzen zwei Kinder auf der Erde und spielen mit einem kleinen roten Ball. Der Junge, auf dem Kopf ein blaues Pionierkäppi mit rotem Stern, ist etwa fünf Jahre alt; seine Schwester, deren blondes Haar zu zwei kurzen, lustig abstehenden Zöpfen geflochten ist, zwei.

Das Dorf, in dem die alte Frau lebt, liegt etwa 30 Kilometer östlich von Königsberg. Bis zu ihrer Pensionierung vor drei Jahren war sie Landarbeiterin auf einer Kolchose. Ihre Tochter lebt mit den beiden Kindern in Königsberg, als Straßenbahnfahrerin bei den Städtischen Verkehrsbetrieben. Um der Mutter bei der Kartoffelernte zu helfen, hat sie sich zwei Tage Urlaub genommen.

»Die Kolchose«, so erzählt die Alte, »gibt es nicht mehr. sie ist privatisiert worden. Jeder Kolchosarbeiter hat das Recht gehabt, sechs Hektar Land zu kaufen. Etwa fünfzehn Kollegen haben das auch gemacht und arbeiten jetzt als ›fermer‹, als Privatbauern. Die meisten haben das Land aber gleich wieder verkauft, an die Direktoren, die aus der alten Kolchose eine Aktiengesellschaft gemacht haben.« Sie als alte Frau habe mit soviel Land ebenfalls nichts anfangen können und habe deshalb lediglich zwei Tagwerk, 5000 Quadratmeter, gepachtet. Und obwohl es die Kolchose nicht mehr gebe, helfe ihr der alte Betrieb, der jetzt Aktiengesellschaft sei, bei der Bewirtschaftung; schickt einen Traktor zum Pflügen und Ernten, auch eine Maschine zum Aussetzen der Kartoffeln. Bei der diesjährigen Ernte allerdings gebe es Schwierigkeiten, da wegen der Trockenheit die Kartoffeln gleichzeitig mit dem Getreide eingebracht werden müssen, und dafür reichen die Maschinen nicht. Deshalb hat sie die Tochter aus Königsberg zu Hilfe gerufen.

Die heutige Rentnerin ist kurz nach dem Ende des Zweiten Weltkriegs in das Königsberger Gebiet gekommen. Ihr Heimatdorf in der Nähe von Moskau war von der Deutschen Wehrmacht niedergebrannt worden, ihren Vater hat sie zuletzt 1942 gesehen, als sie acht Jahre alt war. Danach hat die Familie nie wieder etwas von ihm gehört. Er war einfacher Soldat, Infanterist, und ist irgendwo in der Gegend von Kursk verschollen. Wahrscheinlich, so vermutet die alte Frau, ist er in deutsche Kriegsgefangenschaft geraten und dort gestorben.

»Als wir 1947 hierher kamen, standen noch sechs Häuser. Alle leer... Da sind wir einfach eingezogen. In unserem Haus gab es allerdings schon keine Türen und Fenster mehr.«

»Wie kam es denn überhaupt, daß Sie nach dem Krieg hierher in das Königsberger Gebiet gezogen sind?«

»Bei uns zu Hause war doch alles zerstört. Wir haben im Wald gelebt, meine Mutter allein mit uns vier Kindern. Zu essen gab es kaum etwas, manchmal haben wir richtig gehungert. Und da haben sie uns gesagt, wenn ihr besser leben wollt, fahrt nach Westen. Dort gibt es viele Häuser, die leerstehen, und Land und auch genügend zu essen. Dort könnt ihr euch etwas aufbauen. Da ist meine Mutter mit uns vier Kindern losgefahren. Wir Kinder wollten gar nicht weg von zu Hause, haben fürchterlich geweint. Aber Mutter hat gesagt, da, wo wir hinfahren, gibt es so viel Brot, daß man es in Säcken wegtragen muß. Also haben wir aufgehört zu weinen und sind gefahren.«

»Gab es denn damals, als Sie hierher kamen, noch viele Deutsche hier?«

»In unserem Dorf nur ganz wenige. Aber im Nachbardorf, in Mendelejew, lebten viele Deutsche, und die Häuser waren auch alle in Ordnung.«

»Und wie war Ihr Verhältnis zu den Deutschen, die noch hier lebten?«

»Gut. Wir haben mit ihnen gespielt, sind sogar mit ihnen zum Tanzen gegangen. Wir hatten einen deutschen Dorfklub und einen russischen Dorfklub, und wir sind mal dahin gegangen und mal dorthin. Wir waren ja damals noch jung, alle so um die fünfzehn Jahre. Erwachsene gab es nicht so viele, vor allem kaum Männer, weder deutsche noch russische. Wir haben bei den deutschen Frauen, die ihre Höfe allein bewirtschafteten, gearbeitet. Es waren große, ordentliche Höfe; manche hatten viele Pferde und Kühe, die wir gemolken haben. Sie haben uns nicht schlecht behandelt, die deutschen Frauen; haben uns zu essen gegeben, auch Milch. Und manchmal kamen Männer zurück, ihre Ehemänner oder ihre Söhne. Aber dann, so etwa 1948, sind sie alle evakuiert worden. Ich weiß nicht, ob auf eigenen Wunsch oder ob sie gezwungen wurden. Ich habe manche gesehen, die geweint haben, aber auch andere, die ganz froh und erleichtert schienen, daß sie weg nach Deutschland konnten zu ihren Angehörigen. Jedenfalls hiergeblieben ist von den Deutschen fast niemand mehr. Nur eine Frau, die einen russischen Freund hatte.«

»Und haben Sie manchmal davon geträumt, in Ihre Heimat bei Moskau zurückzukehren?«

»Nein, eigentlich nie. Was sollten wir denn da auch? Es war doch alles kaputt, und hier gab es Brot und Arbeit für alle. Wenn wir später zu Besuch dorthin gefahren sind, haben wir kaum noch Bekannte getroffen. Sogar die Erde schien uns irgendwie fremd geworden. Es war schon nicht mehr unsere Heimaterde. Unsere Heimat ist hier. Hier habe ich meinen Mann, Gott sei seiner Seele gnädig, kennengelernt; hier habe ich geheiratet und meine Tochter geboren. Meine Enkel sind in Kaliningrad geboren, also geborene Kaliningrader. Was soll ich da noch in der Gegend von Moskau? Hier ist Erde genug für alle, und arbeiten mußt du überall. Nein, nein, das hier ist unser Land. Das wichtigste ist, daß wir hier in Frieden leben können, daß wir gut mit allen auskommen.«

»Und wie stehen Sie heute zu den Deutschen?«

»Ich glaube, daß sie uns helfen könnten, denn hier muß viel gemacht, vor allem gebaut werden. Sehen Sie, früher bekamen die jungen Leute, wenn sie erwachsen wurden, alle eine Wohnung von der Kolchose. Heute kümmert sich niemand um sie. Auf den Dörfern werden kaum noch Wohnungen gebaut, und wenn welche gebaut werden, kann sie niemand bezahlen.«

»Und ausgerechnet dabei sollen Ihnen die Deutschen helfen?«

»Nicht nur dabei. Sie könnten auch Fabriken bauen, eine Wurstfabrik zum Beispiel oder eine Molkerei. Die alten Betriebe sind doch völlig heruntergekommen. Und sie könnten Straßen bauen oder Brücken. Die Deutschen sind gebildete Leute. Sie können organisieren, mit Geld umgehen, sind fleißig. Ich hätte nichts dagegen, wenn wieder welche aus Deutschland zurückkämen. Von mir aus auch in ihre alten Dörfer. Sie könnten sich doch neue Häuser bauen. Und mit ihrer Hilfe, glaube ich, würde hier alles wieder in Ordnung kommen. Das Land reicht für alle.«

»Gibt es hier in der Gegend denn viel brachliegendes Land?«

»Früher gab es hier sehr viel mehr. Jetzt verkaufen oder verpachten sie es an Leute aus der Stadt, aus Kaliningrad, die sich hier Datschen bauen. Manche bearbeiten das Land, bauen Gemüse an oder Kartoffeln. Andere lassen es einfach brachliegen. Das würden die Deutschen nicht machen. Das sind doch ordentliche Leute.«

Während des gesamten Gesprächs mit der alten Frau hat die Tochter einige Meter entfernt, mit beiden Händen auf die Hacke gestützt, fast reglos zugehört. Nur hin und wieder hat sie die Mutter zu unterbrechen versucht, mit Zurufen wie: »Laß doch, Mutter!« oder »Ach Mutter, was erzählst du denn da!«. Nun, in einer Gesprächspause, scheint ihr der Geduldsfaden endgültig zu reißen. »Nein«, sagt sie, und schüttelt dabei heftig den Kopf, »ich bin absolut dagegen, daß die Deutschen hier etwas machen. Glauben Sie denn, daß wir von denen irgend etwas Gutes zu erwarten haben, daß die uns wirklich helfen wollen? Im Krieg haben sie unser Land ausgeraubt, alles, was wertvoll war, abtransportiert. Unsere Dörfer haben sie niedergebrannt, unsere Städte zerbombt oder ausgehungert. Und wie viele von uns haben sie umgebracht! Nicht nur Männer und Frauen, sondern auch Kinder! Nein, ich glaub' ihnen nicht, und ich will nichts von ihnen. Sie sollen bleiben, wo sie sind.«

»Und die humanitäre Hilfe, die aus Deutschland kommt«, wendet Maxim, mein russischer Kameramann ein, »ist diese Hilfe denn nicht etwas Gutes?«

»Glauben Sie denn«, antwortet die junge Frau und wirft mit einer heftigen Bewegung den Kopf in den Nacken, »daß das umsonst ist? Umsonst gibt uns niemand was. Die wollen nur noch mehr aus dem Land hier herausholen. Alles, was wertvoll ist, geht doch sowieso schon ins Ausland, unser Erdöl, unser Bernstein. Und wenn sie uns etwas schenken, ist meist ein Haken dabei.«

Ob sie denn dafür ein Beispiel nennen könne, fragt Maxim.

»Natürlich, aus eigener Anschauung. Unsere Verkehrsbetriebe in Kaliningrad haben ein paar neue Autobusse aus Deutschland bekommen. Aber die waren überhaupt nicht neu, sondern dort längst ausgemustert. Bei uns sind sie dann einen Monat gefahren, seither stehen sie still. Dabei haben wir sie für teures Geld gekauft, für Dollar! Für das gleiche Geld hätten wir hier bei uns doppelt soviel Busse kaufen können, wirklich neue, und die würden noch fahren.«

»Wenn die Leute in Ihrer Stadtverwaltung so dumm sind«, meint Maxim etwas zaghaft, »kann man das doch nicht den Deutschen in die Schuhe schieben.«

»Einverstanden. Aber dann sollen sie es nicht so großsprecherisch ›humanitäre Hilfe‹ nennen. Dann sollen sie sagen, was es wirklich ist, nämlich ›biznes‹.«

Und im übrigen, so die junge Frau, habe sie es satt, wenn sie immer diese Autobusse voller deutscher Touristen sehe. »Die schleichen dann durch unsere Dörfer, um unsere Häuser, als ob hier alles ihnen gehört. Das mag vor fünfzig Jahren so gewesen sein, aber jetzt haben wir eine andere Zeit. Es ist unser Land, und wir müssen versuchen, aus eigener Kraft auf die Beine zu kommen. Ich will jedenfalls keine Hilfe von Ausländern, und von Deutschen schon gar nicht.«

»Aber Kind«, mischt sich an dieser Stelle wieder die Mutter ins Gespräch, »es ist nun mal deren Land gewesen. Und es reicht doch für alle. Wieviel Erde braucht denn der Mensch? Zwei Meter, das ist alles.«

Die Tochter wechselt das Thema. »Jungs, machen wir uns nichts vor, so schlecht leben wir gar nicht. Und Angst vor der Zukunft habe ich auch nicht. Großmutter hat ein kleines Häuschen hier im Dorf, ich lebe mit meinen beiden Kindern in einer kleinen Wohnung am Stadtrand von Kaliningrad. Als Straßenbahnfahrerin verdiene ich nicht viel, aber irgendwie werde ich sie schon großziehen, auch ohne Mann. Und wenn ihr mal Lust habt, mich zu besuchen – ihr findet mich im Straßenbahndepot Nummer eins. Fragt einfach nach Irina.«

# Kurische Nehrung, Cranz und Nidden

Wohl keine andere Landschaft Ostpreußens ist so oft besungen und beschrieben, so häufig gemalt und photographiert worden wie die Kurische Nehrung. »Wenn einem nicht ein wundersames Bild in der Seele fehlen soll, dann muß man die Kurische Nehrung gesehen haben«, schrieb Wilhelm von Humboldt, der wohl mehr von der Welt gesehen hatte als irgendein anderer seiner Zeitgenossen. Und Ernst Wiechert, der Dichter aus Masuren, empfand angesichts der Nehrung: »Dieser rätselhafte Streifen weißen Sandes trägt auf ergreifende Weise die Züge der Ewigkeit.«

Die Kurische Nehrung, die auf russisch »Kurschskaja kosa« heißt, ist eine fast hundert Kilometer lange und vier Kilometer breite Landzunge, die sich von Cranz (Zelenogradsk) in nördlicher Richtung bis nach Memel (Klaipeda) erstreckt. Sie trennt das Kurische Haff, das rund fünfmal so groß ist wie der Bodensee und einst das größte Binnengewässer des Deutschen Reiches war, von der Ostsee. Die ausgedehnten Mischwälder und gewaltigen Dünen der Nehrung stehen heute unter Naturschutz.

Das knapp 30 Kilometer nördlich von Königsberg gelegene Cranz gilt als das älteste Seebad der Ostseeküste. Seine Anfänge als Kurort reichen bis in das Jahr 1816 zurück, als ein gewisser Medizinalrat Dr. Kessel in dem bis dahin weitgehend unbekannten Fischerdörfchen seine Praxis eröffnete. Bis zum Jahr 1895 hatte Cranz den Status eines »königlichen Bades«, dann ging es in den Besitz der Gemeinde über. Eine historische Beschreibung rühmt die Vorzüge des Seebades Cranz um die Jahrhundertwende: »Die freie günstige Lage gegen Nordwesten und der dadurch bedingte kräftige Wellenschlag, das reine, von keinerlei Zuflüssen getrübte Seewasser, der schöne flache Strand und die unmittelbare Nähe des mehrere tausend Hektar großen Waldes üben eine immer größere Anziehungskraft auf die Fremden aus, so daß die Zahl der Badegäste eine ständig zunehmende ist.«

Bis zum Ausbruch des Zweiten Weltkriegs entwickelte sich Cranz zum meistbesuchten Seebad Ostpreußens und bekam fast städtischen Charakter. Der Ort entfaltete sogar, wie es in zeitgenössischen Darstellungen heißt, ein »gewisses mondänes Flair«. Die bereits 1885 in Betrieb genommene »Königsberg-Cranzer Eisenbahn« war an Wochenenden, wenn die Königsberger Familien ans Meer strebten, die meistbefahrene Strecke Ostpreußens.

Heute wirkt Cranz weder städtisch noch mondän. Auf der tristen 1970 anstelle der alten hölzernen Flanierstrecke angelegten Betonpromenade tummeln sich, verglichen mit Strandphotos aus früherer Zeit, nur wenige Touristen. Das war bis vor einigen Jahren noch anders. Zwar waren auch damals viele der bei Kriegsende zerstörten und später verfallenen Altbauten entlang der Promenade noch nicht wieder instand gesetzt, doch es gab zumindest eine touristische Grundversorgung – ein paar Imbißbuden, ein leidlich hergerichtetes Café, ein schlichtes, neugebautes Restaurant mit Namen »Priboj«, auf deutsch »Brandung«, sowie ein ebenfalls neugebautes fünfstöckiges Sanatorium.

Seit der Wende in Rußland, der Einführung der Marktwirtschaft und der Privatisierung jedoch ist auch dieses Minimalangebot an touristischer Versorgung zusammengebrochen. Die Küste bei Cranz wurde, wie es Boris Nisnewitsch, ein Journalistenkollege, der für eine Kaliningrader Zeitung arbeitet, im Mai 1995 formulierte, »durch die Privatisierung zerbombt. Es erinnert an Bilder aus Grosny.«

In der Tat, das Restaurant »Priboj« ist verödet, weil der neue Besitzer keinen Kredit für die Renovierung auftreiben konnte. Ein anderes Lokal gehört jetzt der »Russisch-Baltischen Bank«, die aber noch nicht weiß, was sie damit anfangen will. Fast alle ehemaligen Imbißbuden sind geschlossen oder verschwunden, nur eine kleine Gaststätte im Stadtzentrum ist in Betrieb. Die Stadtverwaltung fühlt sich nicht verantwortlich, denn die verwahrlosten Bauten befinden sich nicht in kommunalem Eigentum.

»In der zivilisierten Welt«, so Boris sarkastisch, »werden den Besitzern privatisierter Gebäude strikte Vorschriften auferlegt: inwiefern man den jeweiligen Bau zweckentfremden darf, wie seine Fassade aussehen soll usw. Wie europäische Kurorte aussehen, weiß man inzwischen nicht nur vom Hörensagen. Doch wir sind nicht in Europa, sondern an der russischen Ostseeküste. Und wir zeigen den von Jahr zu Jahr abnehmenden Touristen, wie wir damit umgehen können.«

Die Straße von Cranz hinauf auf die Kurische Nehrung ist nur mit einer Sondergenehmigung zu befahren. Der Grund ist ausnahmsweise nicht militärischer Natur, sondern die Sorge um die unvergleichliche Landschaft.

Zunächst führt der Weg durch dichten Mischwald, meist Eichen und Kiefern. An Stellen, an denen er sich etwas lichtet, schimmert das helle Blau der Ostsee durch die Bäume. Beiderseits der Straße sind saubere und gepflegte Rastplätze angelegt. Das Verlassen der Straße ist, außer auf vorgezeichneten Wegen, strikt verboten. Einer dieser Wege führt in östlicher Richtung zum Ort Rossitten am Kurischen Haff. Er heißt heute Rybatschij und ist kaum jemandem bekannt. Einst jedoch hatte er Weltgeltung: als Sitz der ersten Vogelwarte Deutschlands. Die Kurische Nehrung nämlich ist eine der bedeutendsten Vogelzugstrecken Europas.

Heute bietet das einstige verträumte Fischerdorf das typische Bild eines russischen Kurorts. Neue und alte Holzhäuser, villenartige Datschen, Erholungsheime, Ferienunterkünfte großer Kombinate und Organisationen. Dazwischen ein paar neu errichtete Wohnblocks, auf deren Balkonen Wäsche trocknet. Vor dem Kulturhaus steht auch im fünften Jahr nach dem Zerfall der Sowjetunion unerschütterlich ihr Gründervater Lenin. Die Kirche, die jahrzehntelang als Trockenhalle für Netze diente, ist seit kurzem russisch-orthodoxes Gotteshaus.

Größter Arbeitgeber in Rybatschij, das mit rund tausend Einwohnern genauso viele Einwohner zählt wie Rossitten vor dem Zweiten Weltkrieg, ist nach wie vor die Fischerei-Kolchose. Zu Sowjetzeiten trug sie den stolzen Namen »Morgenröte des Kommunismus«; heute ist sie als Genossenschaft privatisiert und heißt schlicht Fischereikombinat. Haupteigentümer sind die ehemaligen Direktoren der Kolchose.

Die 1901 von Johannes Thienemann gegründete Vogelwarte wird seit 1956 als Ornithologische Forschungsstelle der Akademie der Wissenschaften in Leningrad, heute St. Petersburg, betrieben. Als Verwaltungsgebäude dient das einstige Kurhaus. Zur Vogelstation gehören zwölf wissenschaftliche Mitarbeiter. 1965 wurde sie sogar mit einem eigenen kleinen Expeditionsschiff ausgerüstet. Doch inzwischen ist ihr weiterer Bestand gefährdet. Nachdem wegen der allgemeinen Finanzkrise bereits Vogelwarten an der russischen Weißmeerküste geschlossen werden mußten, droht auch der traditionsreichen Vogelwarte im einstigen Rossitten das Aus. Deutsche Ornithologen haben sich in einem »Freundeskreis zur Förderung von Rossitten« zusammengetan und rufen zu ideeller wie materieller Unterstützung ihrer Kollegen in Rybatschij auf.

Das Grab des 1938 verstorbenen Gründers der Vogelwarte, Johannes Thienemann, auf dem alten, etwas abseits gelegenen und weitgehend verwahrlosten Friedhof von Rossitten ist vor einiger Zeit wieder hergerichtet worden. Bewohner von Rybatschij und Mitarbeiter der ornithologischen Forschungsstelle haben seine Pflege übernommen.

Unmittelbar hinter Rossitten beginnt die einzigartige Dünenlandschaft, die sich in sanftem Bogen entlang des Haffs bis nach
Nidden zieht, das heute zu Litauen gehört.

Ihre Entstehung verdankt diese Dünenlandschaft dem Raub-
bau des Menschen. Schon im 13. und 14. Jahrhundert hatten
hier die Ordensritter große Holzmengen schlagen lassen, die sie
zum Bau ihrer Burgen und sonstiger Befestigungsanlagen
brauchten. Auch im Siebenjährigen Krieg wurden riesige Flächen Waldes abgeholzt. Dies sowie häufige Waldbrände und
Sturmfluten führten zur allmählichen Versandung der Nehrung. Unaufhaltsam trieb der Wind von der Ostsee die Dünen
auf das Haff zu. In manchen Jahren wanderten sie fünf bis
sieben Meter. Acht Dörfer entlang des Haffs begruben sie unter
ihren Sandmassen, und bis heute ist ihre Wanderung nicht zum
Stillstand gekommen. Zwar traf schon Preußens König Friedrich II. erste Anordnungen zur Neubepflanzung der Nehrung,
doch erst um die Wende vom 19. zum 20. Jahrhundert begann
man mit der systematischen Bekämpfung des Flugsandes. Man
steckte Reisig, pflanzte Strandhafer, legte Mischwälder an. Die
Wanderung der Dünen konnte verlangsamt werden, gestoppt
wurde sie nicht. Heute droht das Dorf Pillkoppen (Morskoje),
einige Kilometer nördlich von Rossitten, das nächste Opfer zu
werden. Zwei Dörfer, die denselben Namen tragen, sind bereits unter dem Sand begraben worden. Bis an die Gärten am
Rande des dritten Pillkoppen hat sich die Düne bereits heran-
gearbeitet.

Der Weg über die Pillkopper Düne zur gewaltigsten Düne auf
der Kurischen Nehrung, zur Hohen Düne vor Nida, deren Steil-
hang fast 60 Meter tief zum Haff hinabfällt, ist versperrt. Die
neue Staatsgrenze zwischen Rußland und Litauen mitten über
die Düne wird scharf bewacht. Bei unserem Versuch, uns der
Grenze auf dem Weg über die Dünen zu nähern, werden wir
von einer russischen Patrouille aufgegriffen, zwei jungen Burschen mit umgehängten Maschinenpistolen, die vom Marsch

durch die unendliche Sandwüste offenbar genauso ermüdet sind wie wir. Nicht für Geld und gute Worte wollen sie uns bis zu der Höhe lassen, von der man auf russischer Seite den schönsten Blick über die Dünenlandschaft, das Haff und die Ostsee zugleich hat. Staatsgrenze sei schließlich Staatsgrenze, sagen sie und wischen sich den Schweiß aus den aufgeknöpften Uniformkragen, auch wenn, wie sie zugeben, mit richtigen Feinden in dieser Gegend nicht zu rechnen ist. Ihre Hauptaufgabe, so erklären sie, ist die Bekämpfung des lebhaften Schmuggels. Was es denn in dieser gottverlassenen Gegend zu schmuggeln gebe, fragen wir, doch wohl keine Drogen oder Waffen? Und Benzin im Kanister in stundenlangem Fußmarsch durch die Dünen zu schleppen, würde doch auch nicht lohnen. Nein, antworten sie ungerührt, aber Medikamente. Die seien in Rußland um ein Vielfaches billiger und in Litauen hochbegehrt. Richtig viel Geld könne man damit verdienen – zumal, wie wir vermuten, die meisten ohnehin aus deutscher humanitärer Hilfe stammen dürften.

Wir müssen zurück auf die Straße von Cranz nach Memel, auf der kurz vor Nidden ein offizieller Grenzübergang eingerichtet worden ist. Vorerst noch ein Provisorium aus Bauwagen und Baracken, aber an dem Eifer, mit dem ringsherum die Bäume gefällt werden, läßt sich erkennen, daß hier ein Grenzübergang entstehen soll, der, wie einer der Soldaten stolz erklärt, internationalen Standard hat. »Wie Helmstedt«, meint unser weitgereister Kameramann Maxim.

Für mich gibt es das litauische Visum in einem der Bauwagen. Für 65 Mark, gültig einen Tag. Meine russischen Kollegen sollen zurück nach Kaliningrad. Für Staatsbürger der Russischen Föderation gebe es Visa nur beim dortigen litauischen Generalkonsulat. Nach längerer Verhandlung, die Maxim etwas abseits mit dem diensthabenden Major führt, können wir alle passieren, mit der ausdrücklichen Ermahnung, bis zur Dunkelheit wieder aus Nidden zurück zu sein.

Nidden, litauisch Nida, nur wenige Kilometer hinter der Grenze am Ufer des Kurischen Haffs gelegen, ist der größte und mit Abstand schönste Ort auf der Nehrung. Schon zu Zeiten der Sowjetunion galt er als der gepflegteste Kurort des Landes. Hermetisch abgeriegelt für normale Sowjetbürger und ausländische Touristen, war er den Erholung und Zerstreuung suchenden Mitgliedern der Nomenklatura vorbehalten: Parteibonzen und Wirtschaftsfunktionären, hohen Militärs und führenden Vertretern der künstlerischen Intelligenzija.

Vor dem Zweiten Weltkrieg war Nidden eine beliebte Sommerfrische deutscher Maler und Schriftsteller. Im nahe des Strandes gelegenen »Hotel Blode« und in den Gasthäusern »Kurischer Elch« und »Sakuth« nahmen Karl Schmidt-Rottluff, Ernst Ludwig Kirchner, Erich Heckel, Max Pechstein, Ernst Mollenhauer und andere Maler der Brücke Quartier und bezahlten ihren Aufenthalt nicht selten mit Bildern, die sie in Nidden und an anderen Stellen der Kurischen Nehrung gemalt hatten. Lovis Corinth malte in Nidden eines seiner berühmtesten Bilder, den »Fischerfriedhof in Nidden«, und Thomas Mann baute sich hier von dem Geld des Nobelpreises, den er für seine »Buddenbrooks« erhalten hatte, im Jahr 1930 ein komfortables Sommerhaus. Das Grundstück hatte er für 99 Jahre gepachtet. Die Gasthäuser »Sakuth« und »Kurischer Elch« existieren nicht mehr, sie sind »vernichtet«, wie es in einem litauischen Reiseführer heißt; das »Hotel Blode« ist erhalten und heißt heute »Hotel zur Königin Luise«.

Viele Motive, die die Maler der Brücke und andere auf ihren Bildern festgehalten haben, sind auch heute noch zu bewundern. Die unendliche Dünenlandschaft ebenso wie der Blick durch die Kiefern der Uferpromenade auf das Kurische Haff. Auch der verträumte Fischerfriedhof von Nidden mit seinen eigentümlichen litauischen Grabzeichen, den auf die heidnische Zeit zurückgehenden hölzernen Krikštai. Sie erinnern an auf Säulen gestellte Urnen.

Auch die beherrschende Farbe des Ortes ist die gleiche geblieben, die Thomas Mann 1931 beschrieben hat: »Im Fischerdorf findet man an den Häusern vielfach ein besonderes leuchtendes Blau, das sogenannte Niddener Blau, das für Zäune und Zierate benutzt wird.«

Die so häufig gemalten und beschriebenen Kurenkähne mit den bunten Wimpeln allerdings sind verschwunden. An ihrer Stelle liegen heute moderne Fischkutter im Hafen. Ein letzter Kurenkahn ist vor den gepflegten Fischerhäusern und dem Fischermuseum im Dorfteil Haken zu bewundern, aufgebockt auf einem Holzpodest, aber allmählich verwitternd.

Am Hafen haben sich kleine Cafés und Restaurants etabliert, auch einige, der Architektur des alten Ortes eingepaßte Souvenirläden und Imbißstände. Die Vorgärten der alten kleinen Häuser zieren sattgrüne Rasenflächen und bunte Blumenbeete. In einiger Entfernung vom Ortskern verschandeln allerdings phantasielose Neubauten, Appartements und Ferienhäuser aus grauem Beton das idyllische Bild.

Das Haus Thomas Manns liegt auf einer Anhöhe über der Uferpromenade des Haffs, zu der eine steile hölzerne Treppe führt. Es ist ein eingeschossiges reetgedecktes Holzhaus, dessen First zwei gekreuzte Pferdeköpfe krönen. Eine Tafel an der Stirnseite neben der Eingangstür trägt auf litauisch die Inschrift: »In diesem Hause lebte in den Jahren 1930 bis 1932 der berühmte deutsche Schriftsteller Thomas Mann.« Es waren allerdings nur die Sommermonate, die Thomas Mann und seine Familie hier verbrachten, arbeitsreiche Monate, in denen unter anderem auch der zweite Band von »Joseph und seine Brüder« entstand.

Das Äußere des Hauses ist in tadellosem Zustand. Bis vor einiger Zeit war es eine Außenstelle der Universitätsbibliothek Wilna, jetzt wird es von der Gemeinde Nida verwaltet. Als Thomas-Mann-Museum ist es der Öffentlichkeit zugänglich. Die unmöblierten, aber mit großer Sorgfalt hergerichteten Innenräume enthalten eine Bibliothek mit Gesamt- und Einzelausgaben des Dichters in vielen Sprachen: Deutsch, Russisch, Litauisch, Französisch, Englisch, Italienisch, Spanisch, Schwedisch und Hebräisch. Ein kleiner Raum mit Schautafeln erinnert an die Lebensstationen des Dichters. Vergilbte Photographien zeigen Familie und Freunde sowie den Schriftsteller bei der Arbeit im Badekostüm und mit Sockenhaltern vor einem Strandkorb in Nidden. Auch die Kopien einiger Briefe sind zu sehen, die Thomas Mann aus Nidden schrieb. Unter ihnen jener fast prophetische Brief, den er am Vorabend des heraufziehenden Dritten Reiches, am 30. Juli 1932, an Hermann Graf Keyserling schrieb:

»... Namentlich was Sie über und gegen den sogenannten Nationalsozialismus vorbringen, trifft meiner Meinung nach ins Schwarze. Deutschland reduziert auf den Begriff, den diese Dummköpfe sich davon machen! Welche Absurdität! Welche lächerliche Unmöglichkeit! Man muß es Ihnen sehr danken, daß Sie es als solche kennzeichnen ... und der kindisch-brutalen Drohung den deutschen Reichtum, die deutsche Vielfältigkeit und Universalität entgegensetzen. Was ist übrigens der Sinn für gerechten Ausgleich und Toleranz, den Sie an Deutschland rühmen, anderes als – demokratischer Sinn? Sollten sich die Deutschen ihren Antidemokratismus nur einbilden?«

Es war der letzte Sommer Thomas Manns in Nidden. Wenige Monate später verließ er Deutschland, für immer.

# Agnes Miegel

## *Die Frauen von Nidden*

Die Frauen von Nidden standen am Strand
Über spähenden Augen die braune Hand,
Und die Boote nahten in wilder Hast,
Schwarze Wimpel flogen züngelnd am Mast.

Die Männer banden die Kähne fest
Und schrieen: »Drüben wütet die Pest!
In der Niedrung von Heydekrug bis Schaaken
Gehn die Leute im Trauerlaken!«

Da sprachen die Frauen: »Es hat nicht Not, –
Vor unsrer Türe lauert der Tod,
Jeden Tag, den uns Gott gegeben,
Müssen wir ringen um unser Leben.

Die wandernde Düne ist Leides genug,
Gott wird uns verschonen, der uns schlug!« –
Doch die Pest ist des Nachts gekommen
Mit den Elchen über das Haff geschwommen.

Drei Tage lang, drei Nächte lang,
Wimmernd im Kirchstuhl die Glocke klang.
Am vierten Morgen, schrill und jach,
Ihre Stimme in Leide brach.

Und in dem Dorf, aus Kate und Haus,
Sieben Frauen schritten heraus.
Sie schritten barfuß und tiefgebückt,
in schwarzen Kleidern, buntgestickt.

Sie klommen die steile Düne hinan,
Schuh und Strümpfe legten sie an,
Und sie sprachen: »Düne, wir sieben
Sind allein noch übrig geblieben.

Kein Tischler lebt, der den Sarg uns schreint,
Nicht Sohn noch Enkel, der uns beweint,
Kein Pfarrer mehr, uns den Kelch zu geben,
Nicht Knecht noch Magd ist mehr unten am
Leben, –

Nun, weiße Düne, gib wohl acht:
Tür und Tor ist Dir aufgemacht,
In unsre Stuben wirst Du gehn
Herd und Hof und Schober verwehn.

Gott vergaß uns, er ließ uns verderben.
Sein verödetes Haus sollst Du erben.
Kreuz und Bibel zum Spielzeug haben,
Nur, Mütterchen, komm uns zu begraben!

Schlage uns still ins Leichentuch,
Du unser Segen, – einst unser Fluch.
Sieh, wir liegen und warten ganz mit Ruh«, –
    Und die Düne kam und deckte sie zu.

## »Am Haff haben immer Fischer gelebt«

Auf dem Marktplatz von Labiau (Polessk), einem traditions-reichen Verkehrsknotenpunkt an der Straße von Königs-berg nach Tilsit (Sowjetsk), hatten wir ein paar Jugendliche nach dem Weg gefragt. Wir suchten den Ort Zaliwino, der zu deutscher Zeit Haffwinkel hieß und den schönsten Fischerei-hafen am Südufer des Kurischen Haffs besitzen soll. Die Ant-wort war zuerst ungläubiges Staunen, dann höhnisches Lachen. »Was wollt ihr denn da, da ist doch nichts mehr zu sehen. Je-denfalls nichts, das sich lohnt.« Wir biegen dennoch von der Hauptstraße ab in Richtung Norden, wo auf unserer Karte ein Leuchtturm eingezeichnet ist. Der Weg führt vorbei an einem bombastischen Denkmal zu Ehren der Roten Armee, einer eher kümmerlich geratenen Leninstatue, dem Wasserturm und dem Schornstein der alten Fischmehlfabrik. Hinter Labiau geht es hinein in die weiten Wiesen der Haffniederung. Dann tauchen links und rechts der Straße kleine Fischer- und Bauernhäuser auf, in deren Vorgärten Sonnenblumen und Gladiolen blühen. Die Straße endet an einem großen eisernen Tor, an dem ein Schild hängt: »Fischerei-Kolchose Der Freiwillige«.

Auf dem Platz vor dem Tor liegen auf einem großen Stapel leere Fischkisten, Benzinkanister, Teile von Schiffsmotoren, ein paar alte Autoreifen. Durch das geöffnete Tor sind die Aufbau-ten von Fischkuttern zu sehen, dahinter ein Stück Mole und der Leuchtturm. Das also ist der angeblich so romantische Fischer-hafen Haffwinkel.

Im Näherkommen glaubt man, auf einem Schiffsfriedhof zu sein. Die etwa fünfzehn Fischkutter, die im öligen Brackwasser des Hafenbeckens dümpeln, zeigen nur noch Reste des einstigen Farbanstrichs. Überall hat sich Rost durch die Außenhaut des Schiffsrumpfes und der Aufbauten gefressen, einige Ladebäume und Winden sind aus der Verankerung gerissen, an Deck liegen zerfaserte oder durchgefaulte Taue. Auf einigen Kuttern sind die Antennenmasten abgebrochen, die Scheiben eingeschlagen. Das Endstück der Mole, dort, wo man den schönsten Blick über das sich endlos ausdehnende Haff hat, ist eingefallen, aus dem zerbröckelten Beton ragen die Eisenstreben. Am Lagerschuppen aus dunklem, verwittertem Holz sind noch die Reste einer Losung aus den Zeiten des »sozialistischen Wettbewerbs« zu entziffern: »Bemühen wir uns, immer mehr Fisch besserer Qualität zu liefern!« Vor dem Lagerschuppen döst ein Hund blinzelnd in der sengenden Mittagssonne. An dem aus rohen Ziegeln gemauerten kleinen Anbau, dem Betriebsbüro der Kolchose, arbeiten zwei Maler. Sie streichen die Tür: das Türblatt grün, den Rahmen blau. Nach einiger Zeit entdecken wir noch einen dritten Arbeiter. Er macht sich an einem alten Kranwagen zu schaffen, der unmittelbar an der Kante des Hafenbeckens steht. Der Mann ist etwa 35 Jahre alt, hat kurzgeschnittenes schwarzes Haar und einen ebenso schwarzen Schnauzbart. Sein Gesicht ist gebräunt, um die Augen und Mundwinkel haben sich tiefe Falten eingekerbt. Trotz der Sommerhitze trägt er über dem buntkarierten Baumwollhemd noch eine blaue Windjacke.

Wolodja ist Schlosser. Er ist verantwortlich für den technischen Zustand der Fischkutter, vor allem der Schiffsmotoren. Geboren ist er hier in Zaliwino. Hier ist er zur Schule gegangen, hier hat er auf der Fischerei-Kolchose seine Ausbildung absolviert. Sein Vater war 1950 nach Zaliwino gekommen, aus einem Ort an der Wolga. Er war Fischer, Binnenfischer, aber das, so Wolodja, machte damals nichts aus. Nachdem die meisten deutschen Fischer 1948 ausgesiedelt worden waren, wurde jeder Mann gebraucht, der schon einmal einen Fisch gefangen hatte, egal ob See- oder Süßwasserfisch. »Fisch – die Nahrung fürs Volk«, war damals die Devise, denn Fleisch war chronisch knapp. Und ob die Fischereikolchosen rentabel arbeiteten oder nicht, war sekundär. Jahr für Jahr wurden sie mit Millionen Rubel subventioniert, Hauptsache: Fisch kam in die Geschäfte. Der größte Kummer des vor einigen Jahren verstorbenen Vaters, so Wolodja, war, daß sein Sohn nicht ebenfalls Fischer wurde, sondern »nur« Schlosser. Wolodjas Mutter arbeitete bis zu ihrer Pensionierung in einem staatlichen Lebensmittelgeschäft, wo sie zwar, wie Wolodja meint, nicht viel verdiente, aber doch die eine oder andere Vergünstigung hatte.

Wolodja spricht sehr bedächtig, macht lange Pausen zwischen den einzelnen Sätzen, blickt oft nachdenklich auf den Boden oder über das weite Haff.

»Nein, nein«, sagt er und schaut hinüber zu der still vor sich hindümpelnden Flotte der Fischkutter, »auch wenn es nicht so aussieht, die Kolchose arbeitet noch.« Allerdings sei gerade Schonzeit, und damit nehme man es heute sehr viel genauer. Früher war die Schonzeit für die Fische zum einen kürzer, zum anderen hielt man sich auch nicht unbedingt daran. »Sie verstehen, der Jahresplan mußte ja erfüllt werden.« Viel gravierender als die strengere Kontrolle der Schonfristen sei jetzt allerdings die Tatsache, daß die Hälfte der Belegschaft entlassen worden sei. »Früher fuhren vier Brigaden mit je zwanzig Mann hinaus zum Fischen, heute gibt es nur noch zwei Brigaden.«

Der Grund?

»Der Plan wird von Jahr zu Jahr verringert.«

Wir haben das Gefühl, Wolodja jeden Satz einzeln aus der Nase ziehen zu müssen. Erst als wir danach fragen, warum der Plan von Jahr zu Jahr verringert wird, beginnt er gesprächiger zu werden. Wie in verhaltener Wut sagt er:

»Es ist doch ganz einfach: Es gibt immer weniger Fische. Im Haff ist das Wasser so verschmutzt, daß im südlichen Teil fast überhaupt keine Fische mehr existieren. Jedenfalls keine, die du noch essen kannst. Und auch draußen in der Ostsee ist es nicht viel anders. Auch da sind die Küstengewässer verschmutzt und viele früher ergiebige Fanggründe leergefischt. Also«, so Wolodja zusammenfassend, »immer weniger Fisch und immer schlechteren.«

»Und was hat die Perestroika der Fischerei-Kolchose gebracht?« fragen wir.

»Daß alles noch schlechter wird. Früher hat uns der Staat unterstützt; heute heißt es, ihr müßt selber sehen, wie ihr klarkommt. Es gibt doch auch immer weniger Abnehmer für den Fisch. Früher sind unsere Fische bis nach Moskau verkauft worden. Heute ist alles viel komplizierter und teurer. Wir haben keine direkte Verbindung mehr mit dem Mutterland, alles muß durch das Baltikum oder durch Weißrußland. Außerdem gibt es jetzt die ausländische Konkurrenz. Die liefert zum Teil viel bessere Qualität – und auch viel schöner verpackt. Schauen Sie sich doch einmal die Konservendosen aus Dänemark oder Schweden an. Uns bleibt im Prinzip nur noch der Verkauf an die Fischfabrik in Polessk und direkt an Geschäfte, vor allem die privaten; die zahlen ganz gut. Aber sonst?«

Wolodja wirft einen langen Blick hinüber zum Hafenbecken, dann zu dem alten Kranwagen.

»Schauen Sie sich doch mal unsere Kutter an! Schrott! Und ich bin dafür verantwortlich. Aber was soll ich denn machen? Womit soll ich denn reparieren? Nicht ein Ersatzteil kann ich kaufen, weil kein Geld da ist. Immer müssen wir uns mit irgend etwas behelfen. Aus uralten Kähnen Sachen ausbauen, umbauen, provisorisch zusammenflicken. Nicht einmal für vernünftige Farbe reicht das Geld. Meinen Sie, es macht Spaß, so zu arbeiten? Und meinen Sie, den Fischern macht es Spaß, mit solchen Schrottkähnen durch die Gegend zu fahren?«

Ob es denn irgendwelche Pläne gebe, die Fischerei-Kolchose zu privatisieren?

»Ich weiß nichts von solchen Plänen. Bislang sind wir eine Kolchose. Der Direktor ist für alles zuständig. Aber wenn ich's mir überlege, wer will denn so einen Betrieb kaufen? Natürlich, alle reden von Aktiengesellschaften. Aber das muß sich doch für die, die Aktien kaufen, auch lohnen. Und dann reden auch alle von ausländischen Investoren. Aber das Ausland hat genug Fisch. Rußland braucht Fisch, das ist ein Riesenmarkt. Aber Rußland ist jetzt weit weg.«

Wolodja macht eine Pause, schaut nachdenklich auf den Boden. Und dann sagt er, ungefragt, wie zu sich selbst: »Früher haben wir besser gelebt. Nicht gut, aber besser als jetzt. Da habe ich gewußt, was ich bekomme. Für den Monat hat es immer gereicht. Heute reicht es nicht einmal für Brot. Seit vier Monaten habe ich keinen Lohn mehr bekommen. Von der Großmutter müssen wir's nehmen. Von ihrer Rente, von der sie selbst kaum leben kann.«

»Wenn Sie schon seit Monaten keinen Lohn mehr bekommen, warum kommen Sie dennoch Tag für Tag her und arbeiten hier, mutterseelenallein?«

»Was zum Teufel«, fährt uns Wolodja halb wütend, halb resignierend an, »soll ich denn machen? Zu Hause herumsitzen? Irgendwas muß man doch tun. Und irgend jemand muß sich um die Dinge hier kümmern. Versuchen, die Boote wenigstens ein bißchen instand zu halten. Das ist schließlich eine Frage der Moral. Ich muß ein Vorbild für die Kinder sein! Was sollen die denn denken von einem Vater, der den ganzen Tag herumsitzt und nichts tut?«

Ob er denn nicht irgendeine Hoffnung habe, daß es doch mal wieder aufwärts gehe, fragen wir.

»Welche Hoffnung denn? Es gibt keine Hoffnung. Mit jedem Jahr wird es schlechter. Niemand weiß, wie es weitergehen soll. Wir müssen versuchen, uns irgendwie durchzuschlagen.«

Und dann lächelt Wolodja plötzlich und schaut uns direkt in die Augen.

»Vielleicht geschieht ja ein Wunder, und der Betrieb bekommt wieder richtig zu arbeiten. Irgendwie. Und dann werden die Leute sagen, schaut mal, das ist unser Wolodja, der hat die ganze Zeit die Schiffe repariert und aufgepaßt, daß nicht alles kaputtgeht. Das wäre doch ein schönes Gefühl. Aber was soll's? Wunder gibt's nur im Himmel.«

Hat sich Wolodja schon mal mit dem Gedanken getragen, wegzugehen, anderswohin?

»Wohin denn? Es ist doch überall dasselbe. Überall machen sie die Betriebe zu oder rationalisieren sie, wie es so schön heißt, entlassen die Leute. Hier haben wir wenigstens noch Fisch. Und wenn die Jungs vom Fang zurückkommen, geben sie mir einen oder zwei ab. Die nehm' ich dann mit nach Hause und brate sie. Dann habe ich ein Abendessen für die Familie. Und wenn ich ganz ehrlich bin: Manchmal verkaufe ich sie auch an einen Laden. Dann schäme ich mich zwar ein bißchen, aber warum soll ich es verheimlichen. Ich sage es ehrlich: So ist unser Leben.«

»Werden Sie Ihren Kindern raten, hierzubleiben oder wegzugehen?«

»Mal sehen, sie sind ja noch klein. Die Tochter ist vier, der Sohn, gerade zur Schule gekommen, sieben. Erst mal müssen wir sie überhaupt groß kriegen. Das ist das wichtigste Problem. Alles andere wird sich finden. Wenn sie weggehen wollen, sollen sie gehen; wenn sie hierbleiben wollen, sollen sie hierbleiben. Und wenn der Sohn Fischer werden will – der Großvater hätte sich gefreut. Vielleicht kommen ja auch wieder andere Zeiten, und die Fischerei geht nicht ganz kaputt. Schließlich haben hier am Haff immer Fischer gelebt – warum soll das in Zukunft nicht mehr so sein?«

»Also doch ein Wunder?«

»Vielleicht«, sagt Wolodja und lächelt zum zweitenmal.

# Leni Ehrlich

Ihr Name könnte aus einem Roman Heinrich Bölls stammen – Leni Ehrlich. Doch sie lebt nicht am Rhein, sondern an einem Strom im einst östlichsten Teil Deutschlands, dessen Namen kaum einer mehr kennt, an der Gilge, im Memeldelta. Die Gilge ist Teil eines großen, engverknüpften Netzes von Wasserstraßen. Die Landschaft, die sie durchzieht, galt früher als das größte Naturschutzgebiet Deutschlands – die Elchniederung. Leni Ehrlich lebt hier seit fünf Jahren, in einem Dorf, das ebenfalls Gilge heißt. Aufgewachsen ist sie in Kasachstan. Doch auch das ist, wie sie sagt, nicht die Heimat ihrer Familie. Die nämlich liegt an der Wolga, wo Leni Ehrlichs Vorfahren seit Jahrhunderten siedelten. Leni Ehrlich ist Rußland-Deutsche, eine von etwa zehntausend – die genaue Zahl weiß niemand –, die heute im Königsberger Gebiet leben.

Die Fahrt mit dem Auto von Königsberg nach Gilge ist etwas beschwerlich, doch reizvoll wie kaum eine andere in diesem Teil Ostpreußens. Sie führt zunächst auf der Straße nach Tilsit in Richtung Osten und dann, ab Labiau (Polessk), nach Norden auf das Kurische Haff zu. Dabei folgt sie fast parallel dem Verlauf des Großen Friedrichsgrabens, eines vor 300 Jahren gebauten Kanals, auf dem einst ein reger Schiffsverkehr bis hinauf zur Memel geherrscht haben soll.

Liniendampfer, so ist in alten Beschreibungen zu lesen, beförderten hier in den eisfreien Monaten des Jahres Fahrgäste; große, mit Holz, Kies oder Sand beladene Kähne wurden getreidelt, das heißt von kräftigen Männern vom Uferweg aus gezogen; Fischer aus den unmittelbar am Haff gelegenen Dörfern priesen von ihren Booten aus den frischen Fang an.

Heute erscheint der Kanal als totes Gewässer. Ein paar Kinder, die in der Nähe einer Brücke angeln, ein ans Ufer gezogenes morsches Ruderboot und eine Frau, die auf einem wackeligen Holzsteg Wäsche spült, sind die einzigen Lebenszeichen, die wir entdecken können. In den Dörfern entlang des Kanals sind nur wenige Häuser stehengeblieben – und auch diese machen zumeist einen verfallenen Eindruck. Sobald man die Dörfer verläßt, nimmt einen jedoch die Faszination der unberührt erscheinenden Landschaft gefangen. Die schmale geteerte Straße führt durch helle Erlenwäldchen und vorbei an sattgrünen Niederungen, auf denen vereinzelt schwarzbunte Kühe weiden. An einigen Stellen wird, wie schon zu deutschen Zeiten, Torf gestochen. Kolonien von Störchen stolzieren durch das mitunter hüfthohe Gras, Fischreiher streichen in niedrigem Flug vom Haff her über den Deich des Kanals.

Die schönste Ansicht hat man beim Dorf Haffwerder (Krasnoje). Hier ist die schmalste Stelle zwischen Haff und Großem Friedrichsgraben. An schönen Tagen reicht der Blick vom Deich Richtung Nordwesten über das tiefblaue Wasser des Haffs bis hinüber zum hellen Strand der Kurischen Nehrung. Nach Osten erstrecken sich die Wiesen der Elchniederung fast bis an den Horizont.

Der weitere Weg nach Gilge führt über den etwa 200 Meter breiten Fluß Niemonien. Die Fähre, die hier früher verkehrte, liegt als Wrack am Ufer. Statt dessen wurde eine schwankende Brücke aus Pontons und Blechfässern gebaut, die wenig vertrauenerweckend erscheint, aber selbst schwerbeladene Lastwagen sicher ans andere Ufer trägt.

Hinter dem Niemonien beginnt dichter Mischwald, der Weg wird immer schmaler. Anfangs ist er mit Kopfsteinen gepflastert, dann sind nur noch ausgefahrene Spuren im Sand erkennbar. Zeitweise fürchten wir, uns verfahren zu haben. Dann tauchen erste kleine Häuser im Wald auf und bald auch ein verrostetes, nur mit Mühe lesbares Ortsschild: Matrosowo. Das ist der heutige Name von Gilge.

Das Dorf erstreckt sich zu beiden Seiten des gleichnamigen Flusses. Eine Fähre oder eine Brücke gibt es nicht. Wer ans andere Ufer will, muß sich von einem Ruderboot oder einem etwas größeren Kahn mit tuckerndem Außenbordmotor übersetzen lassen. Einst galt das Kirchdorf Gilge als der größte und schönste Ort am Ostufer des Haffs – ein betriebsames Fischerdorf, dessen Wahrzeichen die schwarzen, wimpelgeschmückten Kurenkähne waren, die von hier aus, vorbei an der langen Mole von Gilge, zum Fang ausliefen.

Heute wirkt Gilge verschlafen. An den Ufern stehen immer noch die alten Vorrats- und Geräteschuppen, auch die meisten der alten Häuser entlang der Deiche sind erhalten, in unterschiedlichem Zustand allerdings. Am westlichen Ufer liegen, stromaufwärts festgemacht, zwei Fischkutter, von denen die Farbe blättert und die auch sonst den Eindruck machen, schon einige Zeit außer Betrieb zu sein. Kurenkähne suchen wir hier, wie in allen anderen Dörfern am Haff, vergeblich. Auch sie gehören längst der Geschichte an.

Vor dem größten Haus hinter dem Deich hängt eine Frau Wäsche auf. Sie ist etwa 35 Jahre alt, die kräftige Figur steckt in einem dunkelblauen Trainingsanzug. Um den Kopf trägt sie ein weißes, hinten zum Knoten gebundenes Tuch, unter dem ein paar blonde Haarsträhnen hervorragen. Auf unsere Frage, ob sie Leni Ehrlich sei, antwortet sie im breiten, altfränkischen Dialekt der Rußlanddeutschen: »Jawohl, die bin ich.«

Nach Gilge hat es Leni Ehrlich durch Zufall verschlagen. In Kasachstan, wohin ihre Familie im Winter 1941 auf Befehl Stalins zusammen mit allen anderen Wolga-Deutschen deportiert worden war, hatte sie mit ihrem Mann und ihren drei Töchtern eine, wie sie sagt, »gesicherte Existenz«. Sie arbeitete als Pädagogin in einem Heim für schwererziehbare Jugendliche, ihr Mann als Ingenieur auf einer Kolchose. Sie hatten ein eigenes Haus, ein eigenes Auto, dachten nicht im Traum daran, Kasachstan einmal zu verlassen. In dem Dorf, in dem sie lebten, wohnten noch viele andere »Russen-Deutsche«, es gab eine gute Nachbarschaft, auch mit den Kasachen; man hatte viele Freunde. »Wir lebten alle wie eine Familie.« Doch dann brach die Sowjetunion auseinander. Kasachstan wurde ein unabhängiger Staat, der vom islamischen Fundamentalismus geprägte kasachische Nationalismus zur alles beherrschenden Macht. Die Russen und Deutschen in Kasachstan wurden zu Bürgern zweiter Klasse. Viele von ihnen sahen nicht nur Hab und Gut, sondern auch Leib und Leben bedroht. »Sie wollen alle Weißen raus haben«, sagt Leni Ehrlich, »und deshalb mußten auch wir weg.«

Leni Ehrlich fuhr zunächst zu einem Onkel in die Nähe von Stuttgart, der sie schon lange zur Ausreise aus der Sowjetunion gedrängt hatte. »Dort habe ich alles mit eigenen Augen geguckt und gemerkt, daß wir Russen-Deutsche ganz andere Menschen sind. Wir haben ein anderes Herz, eine andere Kultur. Dort sind die Menschen alle viel kälter, jeder redet nur vom Geld, denkt nur an sich selbst. Wenn du jemanden besuchen willst, mußt du immer erst einen Termin machen. In Deutschland ist ein anderes Leben, das habe ich sofort gespürt; und auch mit der Arbeit wäre es ein Problem geworden. Was kann ich da schon machen? Hier gibt es Arbeit mehr als genug, und wenn ich will und fleißig bin, kann ich mir hier jederzeit etwas Neues aufbauen. Fremde sind wir sowieso überall. In Rußland sehen sie uns als Deutsche an und in Deutschland als Russen. Also, habe ich mir gesagt, kann ich auch gleich hierbleiben.«

Der enttäuschte Onkel sieht schließlich ein, daß es keinen Sinn hat, Leni mit Gewalt in Deutschland zu halten. Er gibt ihr den Rat, mit ihrer Familie in das Gebiet um Königsberg zu ziehen. Dort habe er beim deutschen Kulturverein »Eintracht« einen Freund, der könne ihr bestimmt weiterhelfen.

Der Freund des Onkels vermittelt Lenis Familie eine Wohnung in Gilge. Ihr Mann findet eine Anstellung bei der Fischerei-Kolchose, sie ebenfalls. Allerdings nicht in ihrem erlernten Beruf als Erzieherin, sondern als Ingenieurin. Aber das sei kein Problem gewesen. »Wenn der Mensch einen Kopf hat, kann er alles.«

Gleich am ersten Tag ist Leni und ihrem Mann in Gilge die große Ruine am Deich aufgefallen. Von dem zweistöckigen Gebäude standen nur noch die Außenmauern. Das Dach fehlte ebenso wie die Zwischenwände, die Fenster und Türen. Bis 1945, so erfährt Leni Ehrlich, war es das größte Gasthaus der Gegend. Daß es während des Krieges Offizierskasino und Bordell für die Männer aus dem Stab Görings war, der unweit von Gilge sein Jagdrevier hatte, erzählt man ihr erst viel später. »Die deutschen Freunde hören das nicht gern.«

In zähen Verhandlungen gelingt es Leni Ehrlich, dem russischen Staat die Ruine abzukaufen, für umgerechnet 2000 Mark, dem Rest der Ersparnisse vom Verkauf ihres Hauses und ihres Autos in Kasachstan. »Die Leute im Dorf«, so Leni Ehrlich, »haben uns ausgelacht und uns gefragt, ob wir noch ganz richtig im Kopf sind. Aber wir haben genau gewußt, was wir wollten.« Ein Hotel wollten sie aus der Ruine machen. »Ein deutsches Hotel für deutsche Touristen. Mit einem schönen deutschen Café und mit schöner deutscher Musik.«

Inzwischen ist der Wiederaufbau fast abgeschlossen. Leni Ehrlich und ihr Mann haben neue Zwischenwände gezogen, das Dach mit Ziegeln gedeckt, Fenster und Türen eingesetzt. Dabei hat Leni wie ihr Mann gemauert und geschreinert, elektrische Leitungen installiert, Fußböden und Wände gefliest, Rohrleitungen verlegt. »Wenn du willst und zwei Hände hast, kannst du alles.« Tagelang sind sie in einem klapprigen Lada mit Anhänger durch die Umgebung gefahren und haben nach Baumaterial gesucht. Hin und wieder hat der Onkel aus Stuttgart mit ein paar Mark weitergeholfen, zuweilen auch deutsche

Freunde aus Kasachstan, die sich inzwischen ebenfalls im Königsberger Gebiet niedergelassen hatten.

Im Sommer 1993 hat Leni Ehrlich ihr Hotel eröffnet. Sechs Zimmer à 40 Quadratmeter, mit Dusche und Toilette, »wie sie die Deutschen brauchen«. Für eine Übernachtung mit Frühstück nimmt sie 15 Mark, Vollpension kostet 20 Mark pro Tag.

Über Mangel an Touristen kann Leni Ehrlich nicht klagen. Sie kommen aus Düsseldorf und Hamburg, Stuttgart, Köln und dem Ruhrgebiet. »Ich will deutsche Leute als Gäste«, sagt Leni Ehrlich, »die Kuchen essen und Kaffee trinken und keinen Schnaps.« Und in dem Café neben dem Hoteleingang, wo eine Reklametafel für »Schöllers Eiscreme« wirbt und ein handgemaltes Schild »Kaffee und Kuchen« offeriert, soll demnächst »deutsche Musik« erklingen. Zwei Freundinnen, Schwestern aus Sibirien, die unlängst ebenfalls nach Gilge gezogen sind, können noch die »scheenen alten deutschen Lieder. Die sollen sie in unserem Café singen, die Lieder von der Heimat.«

Aber gibt es nicht böses Blut im Dorf, wenn sie hier solch ein Hotel speziell für die Deutschen und solch ein »deutsches Café« betreibt?

»Vielleicht ein bißchen, aber nicht viel. Die Leute hier haben doch sowieso nur wenig Geld, verdienen kaum etwas und leben auch ganz anders. Wenn sie in ein Restaurant gehen, wollen sie Schnaps trinken, aber nicht gemütlich Kaffee. Vielleicht verstehen es manche nicht, aber die meisten sehen doch, wie hart wir arbeiten und daß uns niemand etwas geschenkt hat. Und ich frage mich oft, warum sitzen denn von denen so viele zu Hause rum und machen nichts. Die könnten doch auch was machen wie wir.«

Ernsthafte Probleme mit den Russen im Dorf gebe es aber eigentlich nicht. Im Gegenteil, meint Leni Ehrlich, sie habe sogar das Gefühl, daß sie von manchen mit Respekt angesehen würden. Dazu beigetragen hat sicher auch, daß es ihr Mann war, der gleich nach seiner Ankunft als Ingenieur die Brücke über den Niemonien gebaut hat. »Da haben alle gesehen, daß er was im Kopf hat, und das hat ja allen hier genutzt.«

Auf unsere Frage, als was sie sich denn fühle, als Russin oder Deutsche, lacht Leni Ehrlich:

»Mit dem Herzen bin ich wohl russisch, mit dem Kopf mehr deutsch. Als ich Kind war, war bei uns zu Hause alles deutsch. Die Eltern, die Großeltern, alle haben deutsch geredet. In der Schule war dann alles russisch. Da durfte man ja nicht deutsch sprechen. Im Hause war die Kultur deutsch, ging ich ins Dorf, war sie russisch. Das alles hat sich doch vermischt. Aber ich bin glücklich, wie ich bin – Deutsche.«

»Und Sie glauben, daß Ihre Zukunft jetzt hier ist?«

»Wissen Sie, jeder Mensch hat eine Heimat. Mein Dorf steht in Kasachstan, da bin ich geboren. Und so wie manche Leute in Deutschland davon träumen, wieder hierher zurückzukommen, kann ich ja vielleicht später, viel später, wieder zurück nach Kasachstan. Dort hatten wir ein gutes Leben, viel besser als in Rußland. Wir hatten uns schöne Häuser gebaut, mit Toiletten und Bad, alles wie die Leute in Deutschland. Wir hatten unseren Stall, unsere Kühe. An den Wegen hatten wir Blumen gepflanzt. Es gab viel deutsche Menschen, mit denen wir zusammen gesungen und gefeiert haben. Dort war ich glücklich.«

Vor drei Jahren hat Leni Ehrlich aufgehört, auf der Kolchose zu arbeiten und sich ganz dem Bau des Hotels gewidmet. Nun führt sie den Hotelbetrieb und das Café, baut das Dachgeschoß aus, das noch Raum für weitere Gästezimmer bietet, kümmert sich um ihre drei minderjährigen Töchter, von denen eine taubstumm ist, und versorgt die zum Haus gehörende Landwirtschaft – zehn Kühe, die sie alle selber melkt, ein paar Schweine, Schafe und eine riesige Hühnerschar. Als wir sie zum Schluß fragen, wie sie das denn alles alleine schafft, antwortet sie mit einem Satz: »Unsere russischen Frauen sind nicht so wie eure.« Sie sagt es auf russisch.

Johannes Bobrowski

## Das verlassene Haus

Die Allee
eingegrenzt
mit Schritten Verstorbener. Wie das Echo
über die Luftsee herab
kam, auf dem Waldgrund zieht
Efeu, die Wurzeln
treten hervor, die Stille
naht mit Vögeln, weißen Stimmen.
Im Haus
gingen Schatten, ein fremdes Gespräch
unter dem Fenster. Die Mäuse
huschen
durch das gesprungne Spinett.
Ich sah eine alte Frau
am Ende der Straße
im schwarzen Tuch
auf dem Stein,
den Blick nach Süden gerichtet.
Über dem Sand
mit zerspaltenen harten Blättern
blühte die Distel.
Dort war der Himmel
aufgetan, in der Farbe des Kinderhaars.
Schöne Erde Vaterland.

# Wer kennt schon Mehlauken?

Sogar in einem alten Baedeker haben wir den Ort Mehlauken (Liebenfelde) gefunden: in Baedekers Autoführer Deutsches Reich aus dem Jahre 1938, einer Sonderausgabe des Deutschen Automobil-Clubs DDAC. Das Wappen des Automobil-Clubs zieren der Reichsadler und das Hakenkreuz.

Mehlauken, so erfahren wir in diesem Reiseführer, liegt an der Straße von Königsberg über Labiau nach Tilsit. »Diese Straße«, so lesen wir, »durchquert bis Labiau den flachen und meist waldlosen östlichen Teil des Samlandes und zieht jenseits der Deime durch die stimmungsvolle Wald- und Moorlandschaft der Niederung, des nördlichsten Kreises von Ostpreußen.« Die Informationen über den Ort selbst sind allerdings spärlich. Vermerkt ist nur, daß er fünf Meter über dem Meeresspiegel liegt, ein Gasthaus hat, das Gasthaus Beutler mit zwanzig Betten, und Ausgangspunkt zum Besuch des Großen Moosbruchs ist, »der einen Umweg lohnt«.

Dabei war Mehlauken einst der wichtigste Marktflecken der Gegend; eine wohlhabende Kleinstadt, die es sich sogar leisten konnte, im vergangenen Jahrhundert eine Kirche im Stil der von Schinkel entworfenen Potsdamer Friedenskirche zu bauen. Hierher kamen die Bauern aus dem Moosbruch und der Elchniederung, um ihre Waren anzubieten. Es gab einen Eisenbahnanschluß und einen Bahnhof, eine Fülle von Geschäften, eine Sparkasse, eine Molkerei, mehrere Schulen, darunter sogar eine Landwirtschaftsschule.

Wir haben in Mehlauken nur gehalten, weil wir dachten, wir hätten uns verirrt, den falschen Weg nach Tilsit eingeschlagen. Denn nach allem, was wir gelesen hatten, mußte der auf unseren alten Karten verzeichnete Ort Mehlauken ein Städtchen sein. Statt dessen sahen wir, abgesehen von wenigen weit auseinanderstehenden Häusern entlang der Straße nur einen riesigen leeren Platz mit einer windschiefen Autobushaltestelle, an der in blätternder weißer Farbe der Name »Zalesje« steht, was auf deutsch Hinterwald heißt.

Der große Platz ist ungepflastert, sandig, durchzogen von Furchen, in denen die Pfützen vom letzten Regen stehen. Am Rande des Platzes, im Erdgeschoß des Eckhauses, das noch aus deutscher Zeit stammt, ist ein kleines »Gastronom«, ein Lebensmittelgeschäft, untergebracht, das einzige Geschäft im ganzen Ort. Es hat allerdings gerade geschlossen, wegen Inventur. Durch das vergitterte Fenster der Tür sehen wir zwei Verkäuferinnen, über einen großen Schreibblock und ein altes russisches Rechenbrett mit roten und grauen Kugeln gebeugt. Auf den Regalen stehen Obst- und Gemüsegläser, ein paar Fischkonserven, Tüten mit Zucker und Mehl. Daneben Flaschen mit verschiedenen Sorten von Wodka und Limonade. Auf den dunkelbraunen, ausgetretenen Holzdielen lehnen an der Verkaufstheke zwei Säcke. In einem ist offenbar Grütze, im anderen sind Erbsen.

Am Straßenrand neben dem staatlichen »Gastronom« haben ein paar junge Burschen Klapptische aufgestellt. Nach dem Äußeren zu urteilen, kommen sie aus dem Kaukasus. Sie haben braune Gesichter und tiefschwarze Haare und Schnauzbärte. Gelangweilt stehen oder sitzen sie hinter ihren Tischen herum und warten, ob vielleicht ein Auto oder ein Bus mit Touristen auf dem Weg nach Tilsit bei ihnen anhält. Sie bieten Wodka an, dänisches Dosenbier, große Anderthalbliterflaschen Coca-Cola und Fanta, Zigaretten der Marken West und Marlboro, stangenweise oder in einzelnen Päckchen, Kaugummi und Bahlsen-Kekse. Einer der Jungen verkauft Äpfel und Orangen, ein anderer hat ein paar Swatch-Uhren und Musikkassetten von Pink Floyd und den Mothers of Invention im Angebot. Kunden aus dem Dorf kommen nicht, nur ein paar Kinder und Jugendliche stehen um den Tisch mit den Kassetten, wo der Mann aus dem Kaukasus einen großen batteriebetriebenen Doppeldeck-Recorder zu voller Lautstärke aufgedreht hat.

Gegenüber der Bushaltestelle am Rande eines unkrautüberwucherten Grundstücks, auf dem, angebunden an einen Holzpfahl, eine Kuh weidet, hat eine junge Frau die Motorhaube ihres Lada in einen Verkaufsstand verwandelt. Auf einer karierten Wolldecke, die sie über die Motorhaube gebreitet hat, bietet sie Waschpulver aus Polen an und Seife aus Deutschland, französisches Eau de Toilette, Lippenstifte, Nagellack und Nagellackentferner, Damenstrümpfe, mit schwarzen und mit weißen Spitzen besetzte Büstenhalter, Kämme und Haarbürsten, Musikkassetten mit russischen Schlagern, aber auch Aufnahmen von Michael Jackson und Mireille Mathieu, Schulhefte, kariert und liniert, Kugelschreiber und Bleistifte. Der japanische Taschenrechner, der auf der Motorhaube liegt, ist unverkäuflich. Er wird für die Buchführung benötigt. An diesem Verkaufsstand nun herrscht reger Betrieb. Ein Offizier in Uniform, der wohl in der nahegelegenen Kaserne stationiert ist, kommt mit seiner Frau, die vorn auf der Fahrradstange sitzt, angeradelt und kauft ein Paar Damenstrümpfe. Kolchosarbeiterinnen, die offenbar Mittagspause haben, nehmen die Büstenhalter in Augenschein, legen sie aber wieder zurück, nachdem sie den Preis gehört haben. Schulkinder erstehen Hefte und Bleistifte.

Die Verkäuferin entpuppt sich im Gespräch als gelernte Elektroingenieurin. Ihr Mann ist beim Militär, ihre drei Kinder gehen noch zur Schule. Vor drei Jahren hat die Elektrofabrik in Königsberg, bei der sie bis dahin arbeitete, Pleite gemacht. Seither ist sie arbeitslos. Von dem Geld, das ihr Mann bei der Armee verdient, sagt sie, könnte sie die Kinder nicht durchbringen. Das Auto stammt noch aus der Zeit, in der beide Arbeit hatten; jetzt ist es die Basis ihrer Existenz. Sechs Tage in der Woche ist sie von Königsberg aus unterwegs, immer auf festen Routen. Das ist wichtig, betont sie, damit sich die Leute daran gewöhnen, Vertrauen bekommen und sich darauf einrichten können. Sie wissen einfach: Dienstag, um 8 Uhr, kommt Jelena, und wenn wir etwas brauchen, hat sie es oder bringt es das nächste Mal mit.

»Anfangs«, sagt Jelena, »habe ich mich ein bißchen geschämt, mich wie ein leichtes Mädchen gefühlt, das sich anbietet. Aber dann habe ich mir klargemacht, daß ich ja nicht mich anbiete, sondern Waren, die die Leute brauchen und die sie haben wollen. Und wenn sie die in ihrem Dorf nicht bekommen und der Bus nach Königsberg oder Tilsit nur ein- oder zweimal am Tag fährt – wenn überhaupt! –, dann bringe ich eben die Sachen zu den Leuten. Und tue etwas Gutes, und außerdem verdiene ich noch dabei.«

»Mehr als Ihr Mann?«

Jelena lacht. »Viel mehr.«

Und die Kinder, wer paßt auf die auf?

»Das ist ein Problem«, sagt Jelena. »Normalerweise kannst du heutzutage als Berufstätige ohne Großmutter keine Kinder mehr großziehen. Denn viele Kindergärten sind geschlossen, und die, die es noch gibt, kosten viel Geld. Ich habe Glück, meine Kinder sind inzwischen alt genug, um selbst auf sich aufzupassen. «Und am Samstag, wenn sie schulfrei haben, nehme ich sie mit auf Tour, da freuen sie sich die ganze Woche drauf.«

Als ich sie frage, woher sie denn ihre Waren beziehe, wird Jelena etwas einsilbig.

»Na ja, manches kaufe ich direkt bei einer Fabrik in Königsberg, anderes von einer Handelsgesellschaft, und dann helfen mir auch noch ein paar Freunde.«

Insgesamt, so meint sie, könne sie sich nicht beklagen. Die Hoffnung, in ihren Beruf zurückkehren zu können, hat sie aufgegeben. Ihr Traum ist es, in ein paar Jahren in Königsberg ein richtiges Geschäft aufmachen zu können. Am liebsten eines für Kosmetika oder für Wäsche. »Aber«, fügt sie etwas bekümmert hinzu, »die Konkurrenz ist riesig, und der Markt ist schwierig. Und wer weiß denn, wie es den Leuten in ein paar Jahren geht? Vielleicht haben sie dann noch weniger Geld, und ich sitze auf meinen Lippenstiften oder der teuren Wäsche. Nein, nein, wenn ich ehrlich bin, bin ich sehr froh, wenn ich am Ende des Monats einigermaßen über die Runden gekommen bin. Und was wird? Erleben wir's, werden wir's sehen!«

Bei unserem Bummel entlang der Hauptstraße durch Mehlauken, genauer: entlang den wenigen übriggebliebenen Häusern, kommen uns zwei ältere Frauen entgegen, an Kleidung und Frisur von weitem als Touristinnen aus Deutschland erkennbar. Vermutlich, wie die meisten Besucher aus Deutschland, »alte Ostpreußen«.

Tatsächlich, beide Frauen, so erfahren wir im Gespräch, stammen aus Mehlauken. Die ältere, grauhaarige, ist zwar in Königsberg geboren, hat aber ihre Kindheit in Mehlauken verbracht. Die etwas jüngere, dunkelhaarig, mit Bubikopf, ist hier geboren. Die ältere hat mit ihrer Familie Mehlauken einige Monate vor Kriegsende noch in vergleichsweiser Ruhe verlassen, die Familie der jüngeren ist unmittelbar vor dem Einmarsch der Roten Armee mit dem letzten Zug, der noch aus Mehlauken abging, geflohen. Drei Monate war sie unterwegs in den Westen Deutschlands. Beide kommen, seit 1991 das Königsberger Gebiet für den Tourismus geöffnet wurde, regelmäßig hierher.

»Sehen Sie«, sagt die jüngere der Frauen und holt aus ihrer Handtasche drei alte Photos, schwarzweiß mit gezacktem Rand, »sehen Sie, so hat unser Mehlauken früher ausgesehen. Das war die Hauptstraße.«

Die Aufnahme zeigt einen geschlossenen Straßenzug, links und rechts zweistöckige, massive Häuser aus Stein. Im Parterre der meisten Häuser sind Läden, auf den gepflasterten Bürgersteigen herrscht reges Leben. Die Häuser strahlen bürgerliche Gediegenheit aus, beschauliche Provinzialität.

»Sehen Sie heute noch irgendeinen Laden, außer dem kleinen da drüben an der Ecke? Sehen Sie noch irgendeine Spur von Bürgersteigen? Und die Häuser? Sehen Sie, hier auf dem Photo, das war unsere Schule. Und das war die Post. Die stand an dieser Stelle. Es war eine sehr schöne, große Post. Daneben standen Wohnhäuser, und das hier auf dem Photo war die Kreissparkasse. Und hier stand ein riesiges Gasthaus mit einer Kohlenhandlung. Und in diesem Haus war das Geschäft meiner Eltern. Und sehen Sie mal, was heute an dieser Stelle ist, ein verunkrauteter Garten. Und dieser große, rundum bebaute Platz, das war der Marktplatz. Heute steht da gar nichts mehr. Nur diese Bushaltestelle.« Die Frau steckt die Photos wieder in die Handtasche, wirft einen langen Blick über die Straße, zu der Stelle, wo das Geschäft ihrer Eltern war.

»Zum erstenmal«, erzählt sie dann, »bin ich 1991 hierher gekommen. Und als wir aus dem Bus, der da vorne gehalten hat, ausgestiegen sind, hat unsere russische Reiseleiterin gesagt: ›Ich gratuliere Ihnen, Sie sind zu Hause.‹ Da habe ich sie angeschaut und gefragt: Wo sind wir? Ich habe mich einfach nicht orientieren können. Man hat in Erinnerung, was man verlassen hat. Und wenn man dann plötzlich etwas ganz anderes sieht, ist man einfach erschlagen.«

»Und was ist das für ein Gefühl, wenn Sie heute hier durch den Ort gehen?«

»Heute ist es schon besser. Aber das erste Mal, als ich herkam, da konnte ich noch nicht einmal mein eigenes Gefühl beschreiben. Ich wußte es einfach nicht. Vorherrschend war wohl die Enttäuschung. Von unserem Haus steht ja nur noch ein alter Stall, das Wohnhaus davor mit dem Geschäft, das wir hatten – weg. Ich hätte heulen können und war verzweifelt und hab' auch geheult. Aber genau kann ich das Gefühl bis heute nicht beschreiben.«

»Und warum kommen Sie dennoch immer wieder hierher, nun schon zum drittenmal?«

»Es sind doch unsere Wurzeln, die hier liegen. Und ich will es mir immer noch einmal ansehen, immer genauer...«

»Wann haben Sie sich denn damit abgefunden, daß das nicht mehr Ihr Land ist? Haben Sie sich überhaupt damit abgefunden?«

»Das ist schwer zu sagen. Irgendwie habe ich mir von vornherein gedacht, da steht nichts mehr. Aber ich wollte es doch nicht ganz wahrhaben. Ich wollte es mit eigenen Augen sehen. Und selbst wenn man sich vorher sagt, da ist nichts mehr – wenn man es dann mit eigenen Augen sieht, ist die Enttäuschung groß. Obwohl man ja immer mit diesem Gedanken gelebt hat, ich finde da nichts mehr, ist die Enttäuschung groß.« Die Frau wendet sich ab und weint. Nach einer Weile ergreift ihre ältere Freundin das Wort.

»Ich habe großes Glück gehabt. Mein Haus steht noch. Und es wird seit siebzehn Jahren von einer Russin bewohnt, die es sehr schön in Ordnung hält. Für mich ist es immer noch mein Zuhause.«

»Und wie ist Ihr Verhältnis zu den Menschen, die heute in Ihrem Haus wohnen?«

»Bestens. Warum auch sollte es anders sein? Hier sind inzwischen zwei Generationen herangewachsen, und das ist doch auch ihre Heimat. Meine Wurzeln habe ich hier, aber ich lebe nun mal woanders. Für mich ist es einfach wunderbar, daß ich jetzt jedes Jahr wieder hierher kommen kann. Das kann niemand verstehen, der nicht selbst fünfzig Jahre darauf warten mußte, seine Heimat wiederzusehen. Und im übrigen hat sich inzwischen ja auch sehr viel getan. Als wir das erste Mal hier waren, haben wir überhaupt keinen Getreideanbau gesehen. Inzwischen aber gibt es wenigstens an manchen Stellen wieder Getreidefelder. Aber das Gebiet ist eben unterbesiedelt, und es liegt immer noch viel zuviel brach. Ich persönlich freue mich über jedes neue Haus, über jedes Haus, das wieder zusammengeflickt wird. Was wir allerdings nicht begreifen können: Es hat doch noch sehr viel gestanden, bis lange nach dem Krieg. Vieles ist erst in der Breschnew-Ära plattgemacht worden. Warum bloß, warum?«

Die Frau hält einen Moment inne, schaut uns an, als fürchte sie, etwas Falsches gesagt zu haben. Dann setzt sie, gleichsam erklärend, hinzu: »Man darf aber auch nicht vergessen, daß es kein Eigentum gegeben hat. Folglich ist kein Mensch interessiert gewesen, irgend was zu erhalten oder zu pflegen, Geld hineinzustecken. Zum Beispiel die Russin, die in meinem Haus wohnt, hat erst im vorigen Jahr alle Dokumente bekommen, daß es ihr Eigentum ist. Ich bin froh darüber. Es freut mich. Im Grunde ist es doch erstaunlich, daß es trotz allem Menschen gegeben hat, die etwas gehegt und gepflegt haben, obwohl sie doch überhaupt nicht wußten, ob sie's behalten können, überhaupt keine Perspektive gehabt haben. Jetzt gehört es ihnen, und das ist gut so.«

Untergebracht sind die beiden Damen während ihres alljährlichen Heimatbesuches nicht in Mehlauken, wo es weder ein Hotel noch einen Gasthof oder eine Pension gibt und auch der Bahnhof nicht mehr existiert, sondern im rund zehn Kilometer entfernten Kreuzingen. Im vorigen Jahrhundert trug der Ort den aus dem Litauischen stammenden Namen Groß Skaisgirren, heute heißt er Bolschakowo. An dem Hotel in Kreuzingen, in dem die Damen wohnen, steht in großen Buchstaben, quer über die frisch gestrichene, ockerfarbene Fassade des massiven zweigeschossigen Steingebäudes aus deutscher Zeit der Schriftzug »Hotel Renate«.

Der Marktflecken Kreuzingen, mit rund 2500 Einwohnern früher der drittgrößte Ort der Elchniederung, liegt am Schnittpunkt von nicht weniger als fünf Straßen und an der Eisenbahnhauptstrecke Königsberg–Tilsit. Kreuzingen beherbergte Ostpreußens größten Wochenmarkt, Preußens größten Schweinemarkt sowie den größten Viehverladebahnhof Deutschlands.

Vor allem die ostdeutschen Provinzen Brandenburg, Pommern und Schlesien wurden von Kreuzingen aus mit Frischfleisch beliefert. Neben dem Schweinemarkt gab es einen Buttermarkt und einen Getreidemarkt. Auf dem Gelände des einstigen Schweinemarktes stehen heute Wohnhäuser, Plattenbauten, der Buttermarkt wurde zum Kinderspielplatz. Und auf dem früheren Getreidemarkt erhebt sich heute ein imposantes Lenin-Denkmal.

Im Zentrum des Ortes hatte man im Jahre 1901 ein gewaltiges Kriegerdenkmal errichtet, eine fünf Meter hohe Pyramide aus Granit auf einem Sockel aus Feldsteinen. Ihre Vorderseite zeigte ein Eisernes Kreuz aus Bronze, umgeben von einem Lorbeerkranz. Darunter war in großen Lettern zu lesen gewesen: »Den ruhmvollen Kämpfern für Deutschlands Einheit.« Heute steht an derselben Stelle ein großes russisches Denkmal mit der Inschrift: »Ehre den ruhmvollen Kämpfern der Sowjetarmee.«

Mit besonderem Stolz vermerken alte Chroniken, daß im Jahre 1807 Napoleon in Kreuzingen übernachtete. Er nahm Quartier im Pfarrhaus. Als Pferdestall und Remise für die Kutschen diente die Kirche. Heute wird sie als Kino benutzt.

Im Vergleich mit anderen Orten der Umgebung sind in Kreuzingen noch viele Gebäude aus deutscher Zeit, wenn auch meist in anderer Funktion, erhalten. Die Adventistenkirche, die lange Zeit als Laden genutzt wurde und jetzt katholisches Gotteshaus ist, die Post, das Amtsgericht, die Mühlenwerke, die heute Altenwohnheim sind, die Leichenhalle, aus der ein Café geworden ist, sowie die einstige Volksbank.

Das große, repräsentative Gebäude der Volksbank wurde nach dem Krieg Verwaltungssitz einer neugegründeten sowjetischen Motorenfabrik, die vor allem Panzermotoren für die im Königsberger Raum stationierten Armeeinheiten produzierte. 1991 wurde die Motorenfabrik privatisiert, der Großteil der Aktien an die Belegschaft ausgegeben.

Bei der Suche nach Möglichkeiten, neues Kapital für die Firma zu finden, stieß man auf einen gebürtigen Ostpreußen, den Münchener Reiseunternehmer Lothar Hein. Geboren 1930 im Nachbarort von Kreuzingen, dem Dorf Neukirch, hatte er mit seiner Familie im November 1944, kurz vor dem Einmarsch der Russen, Ostpreußen verlassen. Im Frühjahr 1991 besuchte er erstmals wieder seinen Geburtsort. Über eine in Moskau registrierte Tochterfirma seines Münchener Reiseunternehmens pachtete er das Verwaltungsgebäude der Motorenfabrik in Kreuzingen für stolze 3000 Mark monatlich – zu zahlen zu einem Teil an die russische Verwaltung in Königsberg, zum anderen an die Motorenfabrik direkt. Zugleich mußte er sich verpflichten, ein heruntergekommenes Nachbargebäude als neuen Verwaltungssitz der Motorenfabrik herzurichten.

Aus dem alten Verwaltungsgebäude, der ehemaligen Kreuzinger Volksbank, machte Lothar Hein ein Hotel und nannte es nach seiner Tochter, »Renate«. Bei dem von ihm selbst finanzierten Umbau blieben praktisch nur die Außenmauern und die tragenden Wände stehen. Das Ergebnis: zwanzig Gästezimmer, schlicht, aber zweckmäßig eingerichtet, alle mit Dusche und WC; ein Restaurant, ein Gemeinschaftsraum und eine Küche. Belegt wird das Hotel ausschließlich von Deutschen, die bei Lothar Heins Münchener Reiseunternehmen buchen. Sieben russische Angestellte sorgen für das Wohl der Gäste. Die Saison dauert von Mai bis Mitte September, das russische Personal wird aber für das ganze Jahr bezahlt. Ein deutscher Reiseleiter, ein pensionierter Lehrer oder ein jüngerer Kollege, der hier seine Ferien verbringt, sind in der Saison ständig vor Ort. »Anders«, so meint Lothar Hein, »läßt sich nach all den Erfahrungen, die wir gemacht haben, ein Hotel hier nicht betreiben.«

Auch Lothar Hein, inzwischen 65 Jahre alt, ist fast die ganze Saison über hier. Außer in Kreuzingen hat er noch ein Hotel mit vierzig Betten am Stadtrand von Tilsit gepachtet, das er nach seiner Frau Marianne benannt hat, sowie einen etwas größeren

Apartment-Komplex mit 140 Betten auf der Kurischen Nehrung, in Nidden, das heute zu Litauen gehört. Drei Autobusse verschiedener Größe hat er in Litauen registrieren lassen, wo er ebenfalls eine Tochterfirma hat. Die Busse pendeln ständig zwischen seinen drei Hotels in Rußland und Litauen und befördern die Gäste auf Rundreisen durch das gesamte nördliche Ostpreußen bis hinauf nach Memel, dem heute litauischen Klaipeda. Schwierigkeiten beim ständigen Überqueren der russisch-litauischen Grenze hat er nicht. »Die Grenzbeamten und Zöllner auf beiden Seiten kennen mich«, meint er vielsagend, »wir verstehen uns gut.«

Ob sich denn so ein Hotel wie das in Kreuzingen überhaupt rentiere, frage ich Lothar Hein. Oder ist es ein Zuschußbetrieb, der ihm vielleicht nur hilft, in Deutschland Steuern zu sparen?

»Mit der Steuer in Deutschland«, so Lothar Hein, der über die Frage keineswegs verwundert erscheint, »hat das gar nichts zu tun. In Deutschland zahle ich meine Steuern für mein Münchener Unternehmen und in Rußland für die Hotels in Kreuzingen und Tilsit. Das Hotel in Kreuzingen ist ein reiner Zuschußbetrieb, schon allein wegen der Miete von 3000 Mark im Monat. Das müssen Sie erst mal erwirtschaften, bei einer Saison, die gerade mal drei Monate dauert. Nein, in Kreuzingen schreibe ich echt rote Zahlen.«

»Und warum machen Sie es dann?«

Statt einer Antwort zitiert Lothar Hein die beiden ersten Zeilen eines ostpreußischen Liedes, das mit gleicher Melodie und etwas abgewandeltem Text auch an der deutschen Nordseeküste gesungen wird:

> Wo des Haffes Wellen trekken an den Strand,
> da ist meine Heimat, ist mein Vaterland.

»Sie kennen doch dieses Lied«, sagt er, »und genauso geht es mir. In Bayern habe ich mein Glück gefunden. Meine Frau ist aus Bayern, mit meinem Unternehmen in Bayern habe ich gutes

Geld verdient. Meine Existenz und die meiner Familie ist gesichert, in dieser Hinsicht brauche ich mir keine Sorgen mehr zu machen. Aber meine Heimat ist hier, meine Wurzeln sind hier, und die Sehnsucht hierher ist geblieben. Und ich kriege sie auch nicht weg. Warum soll ich mir denn so eine Verrücktheit nicht leisten? Zumal das Hotel in Tilsit ganz gut geht und ich die Verluste in Kreuzingen bisher mit den Gewinnen aus Tilsit noch in etwa ausgleichen konnte.«

»Und wird das in Zukunft so bleiben? Hat denn der Tourismus im Königsberger Gebiet überhaupt eine Chance?«

»Da gibt es eine ganz klare Antwort: nein. Der Tourismus hier hat auf Dauer keine Chance. Schon jetzt gehen die Besucherzahlen dramatisch zurück. Bei mir in Kreuzingen zwischen 1992 und 1994 um 22 Prozent. Jetzt, 1995, haben wir zwar wieder eine leichte Steigerung, weil wir den Service noch einmal entschieden verbessert haben, aber von anderen deutschen Touristikunternehmen höre ich, daß sie im Königsberg-Geschäft Einbrüche bis zu 40 Prozent haben. Die Heimwehtouristen – ich weiß, es ist kein schönes Wort, aber so werden sie nun einmal genannt –, die Heimwehtouristen sterben aus. Und vielen reicht es, einmal die alte Heimat wiedergesehen zu haben, und dann fahren sie doch wieder lieber nach Mallorca oder Teneriffa. Und wen von den Jüngeren soll es denn in Zukunft nach Königsberg oder Tilsit locken? Wer will denn schon hier vierzehn Tage der kostbarsten Zeit eines Jahres verbringen? In Litauen, in Nidda, da sieht es vielleicht auch langfristig etwas anders aus. Die haben eine andere Mentalität, eine bessere Infrastruktur. Aber im russischen Ostpreußen rechne ich mit dem Tourismus noch bis zum Jahr 2000. Und darüber hinaus interessiert es mich auch nicht mehr bei meinem Alter...«

»Und wie sehen Sie, abgesehen vom Tourismus, das nördliche Ostpreußen als Gebiet für ausländische Investitionen?«

»Wer soll denn hier schon investieren? Nur Verrückte wie ich. Allein das Steuersystem: Ich zahle fünfzig verschiedene

Arten von Steuern! Bei manchen handelt es sich nur um Pfennigbeträge, aber der Arbeitsaufwand und die Nerven, die das kostet! Gemessen an der Bürokratie in Rußland ist die deutsche Bürokratie ein Kinderspiel. Wer glaubt, sich hier eine goldene Nase zu verdienen, der liegt einfach schief. Und die meisten, die hierher kommen, sind ohnehin keine seriösen Geschäftsleute. Viele von denen sind reine Glücksritter und Spekulanten. Das kann doch keine Zukunft haben.«

Und dann kommt Lothar Hein noch auf ein anderes Problem zu sprechen, das ihm zunehmend Sorge bereitet: die immer größere Militärpräsenz im Königsberger Gebiet. »Ganze Landstriche sind inzwischen vollgestellt mit Panzern und anderem Gerät der russischen Armee. Immer mehr Ortschaften werden vom Militär für die Öffentlichkeit gesperrt. Wer weiß denn, was die Russen militärisch mit dem Königsberger Gebiet wirklich vorhaben? Nein, ich bin zufrieden, wenn meine Geschäfte hier in den nächsten Jahren noch einigermaßen laufen und ich möglichst oft in meiner alten Heimat sein kann. Aber das ist auch schon alles, worauf ich hoffe.«

Ganz bewußt übrigens hat Reiseunternehmer Lothar Hein darauf verzichtet, in den Zimmern seines Hotels »Renate« in Kreuzingen Fernsehgeräte aufzustellen. Zwar könnten seine Gäste auch hier über Satellit mühelos deutsche Programme empfangen, doch Lothar Hein möchte lieber, daß sie sich abends im Aufenthaltsraum oder Restaurant zusammensetzen und miteinander reden. Und das tun sie auch ausgiebig. Es sind fast ausschließlich ältere Menschen, hin und wieder begleitet von jüngeren Familienangehörigen, die sich auf den Weg in die »alte Heimat«, die Heimat ihrer Eltern oder Großeltern, gemacht haben. Die Gespräche drehen sich zumeist um das tagsüber Erlebte; darum, in welchem Zustand man sein Dorf oder sein Haus, wenn es überhaupt noch steht, wiedergefunden hat, was sich möglicherweise seit dem ersten Besuch geändert hat, wie man von den heutigen Besitzern empfangen wurde, falls man überhaupt versucht hat, mit ihnen Kontakt aufzunehmen, welche Beobachtungen man in der Natur gemacht hat, wie die Situation auf den Feldern ist, und natürlich darüber, wie es früher war. »Weißt du noch...?«

Die meisten Gespräche durchzieht eine gelassene Gewißheit: Es war einmal... Auch Trauer schimmert manchmal durch und Wehmut, aber es überwiegt das Bewußtsein, daß der Verlust endgültig ist. Nur sehen wollte man es noch einmal oder vielleicht immer wieder, solange es das Alter und die Kräfte erlauben.

Über die Flucht und Vertreibung, so fällt uns auf, wird ganz selten gesprochen, höchstens einmal gefragt, wann man denn »weg« sei, wo im Westen Deutschlands man gelandet ist und wo man heute lebt. Doch bei vielen ist es nicht einmal nötig, danach zu fragen, denn man kennt sich, kommt sogar aus demselben Ort, ist zusammen zur Schule gegangen und hat auch in der neuen Heimat Westdeutschland miteinander Kontakt gehalten. Die meisten sind sich einig: »Was war, das war und kommt nicht mehr zurück.«

Eine Ausnahme ist Herr K. aus Schleswig-Holstein. Wir hatten ihn schon am Vormittag getroffen, als wir die Außenfassade des Hotels »Renate« filmten. Er trug grobe, feste Wanderschuhe, eine Kniebundhose aus grauem Cord und eine graue Strickweste. Um die Hüften hatte er wie einen Gürtel eine blaue Windjacke gebunden, vor dem stattlichen Bauch hing ein japanischer Photoapparat. Es sei gut, meinte er, daß wir dieses Hotel filmten. Dann werde man auch in Deutschland sehen, wie hier alles ausschauen könnte, wenn man nur die Deutschen »wieder machen« ließe. »Der Russe« habe doch fünfzig Jahre gar nichts getan, nur alles verkommen lassen. Aber das hier sei nun mal deutsches Land, und hier gehörten auch wieder Deutsche her.

Auf meine Frage, wieso er dieser Ansicht sei, meint er: »Dieses Land ist uns doch geraubt worden. Völkerrechtswidrig.

Schließlich gibt es für jedes Volk ein Selbstbestimmungsrecht, also auch für uns Ostpreußen.« Er selbst habe nie auf Ostpreußen verzichtet. Das hätten nur Politiker gemacht wie Willy Brandt, aber die hätten mit Deutschland sowieso nichts im Sinn gehabt.

Und die Anerkennung der Oder-Neiße-Grenze durch Helmut Kohl im Jahr 1990, frage ich, spielt die für ihn denn keine Rolle?

»Das«, so meint er, »war doch nur ein taktisches Manöver. Damit es erst einmal zur Wiedervereinigung mit Mitteldeutschland kommt. Aber zum ganzen Deutschland gehört auch Ostpreußen.«

Wie er sich denn das vorstelle, frage ich. Sollen die Russen, die jetzt hier leben, wieder vertrieben werden? Es gebe doch schließlich schon zwei Generationen Russen, die hier geboren seien, deren Heimat das Gebiet um Königsberg ist.

»Vertreiben will ich natürlich niemanden. Und schon gar nicht mit Gewalt, mit Krieg oder so. Aber man könnte sie doch umsiedeln und ihnen dafür eine Entschädigung anbieten. Rußland ist so riesig, ihm fehlen Menschen. Da können sie dann mit ihren Landsleuten zusammenleben und wären sicher auch viel glücklicher als hier, wo ihnen alles fremd ist.« Und wenn das nicht ginge, so fährt er ungefragt fort und ist gar nicht mehr zu bremsen, könnte man aus diesem Gebiet immer noch eine Euro-Region machen, in der alle die gleichen Rechte hätten, Russen und Deutsche. In der die Deutschen auch ihr Land zurückkaufen könnten, Eigentum an Grund und Boden erwerben dürften. »Schließlich reden doch alle unsere Politiker von Europa, hier könnten sie es schon mal im kleinen verwirklichen.«

Ob er persönlich denn wieder für immer hierher zurückgehen würde, frage ich.

»Ich nicht. Ich bin dafür zu alt mit meinen siebzig Jahren. Aber für die Jüngeren wäre das eine Chance.«

»Wollen denn Ihre Kinder hierher?«

»Na ja«, sagt er, »die wohl nicht. Aber die sind ja auch keine Landwirte. Was hier fehlt, sind junge Bauern, die richtig wirtschaften können. Die nicht saufen wie die jungen Leute hier, sondern ordentlich arbeiten.«

Dann trägt er mir eine Wette an: »Wetten, daß uns die Russen in ein paar Jahren das ganze Königsberg zum Kauf anbieten? Was sollen die denn auch hier? Die kommen hier nie auf einen grünen Zweig.«

Und im übrigen: Wer hätte vor zehn Jahren schon daran zu denken gewagt, daß einmal die Mauer fallen würde. Genauso werde eines Tages auch die Oder-Neiße-Grenze fallen. »Ungerechtigkeit ist in der Geschichte noch nie von Dauer gewesen. Man muß nur in langen Zeiträumen denken.«

Als ich ihn frage, ob er uns das nicht alles auch vor der Kamera erzählen könnte, winkt er ab. »Euch Brüder kenn' ich. Ihr wollt doch dann nur sagen können: Seht mal, wieder so ein Revanchist. Nein, nein, euch Brüder kenn' ich.«

Das erste Mal in diesen Tagen bin ich froh, daß Maxim und Sascha und Vitja, die russischen Kollegen des Kamerateams, kein Wort Deutsch verstehen.

# Der Kuhhirte

Wütend fletscht Dik die Zähne und knurrt. Unüberhörbar und unübersehbar macht er uns klar, daß jeder Schritt weiter gefährlich sein könnte. Dabei ist Dik keineswegs groß und auch nicht gerade kräftig gebaut. Er ist ein kleiner schwarzer Mischlingshund mit weißer Schwanzspitze und einem weißen Schlappohr. Der Name Dik, mit dem ihn sein Herr ruft und auf den er blitzartig reagiert, ist die Koseform des russischen Wortes *dikij*, der Wilde.

Dik ist Herrscher über eine gewaltige Viehherde, 200 oder gar 300 Kühe, die über das Brachland und karge Wiesen getrieben werden, als seien sie Schafe. Überall im Gebiet um Königsberg begegnen wir diesen riesigen Herden, bewacht von einsamen Hirten zu Fuß oder zu Pferd, Cowboys des wilden Ostens, wie sie sich selbst gern nennen.

Rund die Hälfte des einst fruchtbaren Landes zwischen Königsberg und Tilsit im nördlichen Ostpreußen liegt heute brach. Das hochentwickelte Dränagesystem, einst der Stolz der ostpreußischen Landwirtschaft, ist seit Kriegsende verrottet. Überall am Straßenrand findet man verfallene Brunnen und Pumpstationen, zerborstene Kanalisationsrohre und ausgetrocknete, von Gesträuch überwucherte und mit Unrat gefüllte Gräben. Oft ist bis zum Horizont nichts zu sehen als verstepptes Land – bewachsen mit dürrem, hartem Gras und mannshohen Disteln. Nur an wenigen Stellen ist der Boden noch fruchtbar genug, um ihn als Weideland einzuzäunen, auf dem die Tiere in Muße grasen können. Die rastlose Wanderung der Viehherden über das verödete Land bleibt nicht ohne Folgen. Im Durchschnitt, so sagt die offizielle Statistik, geben die Kühe im nördlichen Ostpreußen heute ein Drittel weniger Milch als vor dem Krieg.

Dik und seine Herde haben wir unweit der Chaussee von Preußisch Eylau (Bagrationowsk) nach Königsberg auf einem Stoppelfeld entdeckt. Die Ernte kann hier nicht allzu üppig gewesen sein, denn die Reste der abgeschnittenen Getreidehalme sind extrem dünn und stehen weit auseinander.

Unserer Annäherung an die Herde hat sich Dik zunächst energisch entgegengestellt. Erst auf einen Pfiff seines Herrn gibt er den Weg frei, ohne allerdings den mißtrauischen Blick von uns zu wenden und sich weiter als einen Meter von unseren Beinen zu entfernen.

Ruhig, auf einen langen, knorrigen Stab gestützt, blickt uns der Hirte entgegen. In seinem weiten, zerschlissenen Regenumhang aus Plastik sieht er aus wie ein zerzauster, aufgeplusterter Käfer. Er ist etwa fünfzig Jahre alt, in seinem braunen, wettergegerbten Gesicht starrt ein gewaltiger rotblonder Schnauzbart. Im Mundwinkel hängt eine Papirossa, Marke Weißmeerkanal, mit langem, doppelt gefaltetem Mundstück aus Pappe. Unseren Gruß erwidert er einsilbig. Weder über unsere Kamera noch über sonst etwas scheint er sich zu wundern. Lediglich, woher wir kommen, will er wissen. Aus St. Petersburg, sagen die Kollegen, und ich sage erst einmal gar nichts. Die Zigaretten, die wir uns anstecken, lehnt er ab. Zu schwach. Er müsse etwas Richtiges rauchen. Und dann beginnt er zu reden, als setze er ein Selbstgespräch fort.

»Das Leben ist ein schweres Stück. Es ist schwer, hier zu leben. Wenn meine Geldtasche etwas dicker wäre, würde ich weggehen, anders leben. Doch woher das Geld nehmen? Verdienen, ja! Aber wo? Die Kolchose hat uns schon seit drei Monaten keinen Lohn mehr gezahlt. Seit drei Monaten leben wir ohne Lohn. Und selbst wenn sie zahlen, das Geld wird doch immer wertloser. Nur der Dollar bleibt fest, aber unser Rubel sinkt jeden Tag. Vor zwei Jahren, da wollte ich mal Dollar kaufen. Damals kostete er 990 Rubel. Heute kostet er 2100 Rubel. Wir lesen doch jeden Tag in der Zeitung, was mit unserem Geld los ist. Zu Zeiten Chruschtschows hat ein Fahrrad 60 oder 70 Rubel gekostet. Heute kostet es 125 000. Und ich verdiene, wenn ich Glück habe, gerade mal 120 000 im Monat.«

Der Hirte spuckt den Pappstummel aus und zündet sich eine neue Papirossa an. Dik hat inzwischen Frieden mit uns geschlossen und sich in eine Sandkuhle etwas abseits gelegt. Die Herde scheint sich selbst überlassen, nur hin und wieder wirft ihr der Hirte einen flüchtigen Blick zu.

Wem denn die Kolchose und die Viehherde heute gehören, fragen wir. Die meisten Kolchosen hier wurden doch offiziell aufgelöst, privatisiert, wie es so schön heißt?

Der Hirte zieht verächtlich die Mundwinkel nach unten.

»Wem die Kolchose gehört? Denselben wie früher. Den alten Direktoren natürlich. Sie haben eine Aktiengesellschaft daraus gemacht.«

»Und wer ist der Hauptaktionär?«

»Natürlich die alten Kommunisten. So, wie es war, ist es geblieben. Immer noch die gleichen Wölfe. Und immer noch die gleichen Schafe – wir. Wölfe und Schafe – basta. Das ist unser Leben. Nichts hat sich geändert. Es ist immer das gleiche. So wie die Politik war, so ist sie geblieben.«

Gedankenverloren stützt er sich mit beiden Händen auf den knorrigen Stab. Dann blickt er zur Herde hinüber und entdeckt eine Kuh, die sich abseits in ein Gebüsch zu verirren droht. Ein kurzer Pfiff, und Dik weiß, was zu tun ist. Ohne jeden weiteren Befehl rast er auf das abtrünnige Tier zu und treibt es, heftig bellend und gelegentlich in die Hinterhufe zwickend, zur Herde zurück. Knapp eine Minute dauert es, dann liegt er mit hechelnder Zunge, doch sichtlich zufrieden, wieder in seiner Kuhle.

Hierher in das Königsberger Gebiet, setzt der Hirte seine Selbstbetrachtung fort, sei er eigentlich nur gekommen, weil ihn die älteste Tochter dazu überredet hätte. Die habe vor zehn Jahren einen in dieser Gegend stationierten Offizier geheiratet und ihm, dem Vater, immer wieder erzählt, daß es hier viel bessere Verdienstmöglichkeiten gebe als auf der Kolchose in der Nähe von Kazan an der Wolga, wo er damals arbeitete. Also habe er sich mit seiner Frau und den beiden jüngeren Töchtern ebenfalls hierher aufgemacht. Und eigentlich wäre er ja auch gar nicht unglücklich.

»Zum Glück, so habe ich es einmal gelesen, gehören mehrere Dinge. Glücklich ist man, wenn man erstens gut lebt. Das heißt, man hat Arbeit und scheut sie nicht. Arbeit habe ich. Und ich scheue sie nicht. Zweitens braucht man Geld. Das habe ich nicht. Drittens gehören zum Glück Kinder, die gehorsam sind. Die habe ich. Und viertens braucht man eine gute Frau, die das Haus versorgt und außerdem fleißig ist. Auch die habe ich. Sie ist Melkerin und arbeitet auf derselben Kolchose wie ich. Bei alledem darf man nicht zu anspruchsvoll sein, denn Überfluß schadet nur. Wenn es in der Geldbörse zu sehr knistert, sagt man, schläft man unruhig. Ich schlafe zum Glück ruhig.«

Der Hirte schiebt seine flache, zerknautschte Schirmmütze aus der Stirn, wischt sich mit dem Ärmel seiner dicken Joppe den Schweiß vom Gesicht und blinzelt in das helle Licht der schrägstehenden Nachmittagssonne. Es scheint, daß ihn das lange Reden anstrengt. Doch nach einem Moment des Nachsinnens fährt er fort: »Das wichtigste in meinem Leben sind die Kinder. Für sie lebe ich. Und daß ich sie großgezogen habe, das macht mich glücklich. Dabei war es früher viel einfacher. Da hat die Regierung für alles gesorgt. Wir mußten nur ›Hurra‹ schreien, um alles andere mußten wir uns nicht kümmern. Die Kinder hatten einen Platz im Kindergarten der Kolchose, als Junge Pioniere und Komsomolzen fuhren sie kostenlos in die Ferienlager, und für Arbeit wurde auch gesorgt. Heute mußt du dich selbst um alles kümmern. Die Jungen Pioniere und die Komsomolzen gibt es nicht mehr, und auch den Kindergarten hat die Kolchose zugemacht. Kein Geld. Gute Arbeit findest du auch kaum mehr, vor allem nicht hier auf dem Land.«

Der Hirte macht eine Pause, wirft einen Blick zur Herde und zündet sich eine neue Papirossa an. »Helfen mußt du den Kindern dein ganzes Leben lang. Und wenn sie Pech haben, haben sie Pech. Zwei meiner Schwiegersöhne trinken, und ob sie jemals aufhören werden – der Teufel weiß es.«

Wie er denn seine persönliche Zukunft sehe auf einer Kolchose, die schon seit Monaten keinen Lohn mehr zahle?

»Welche Zukunft? Bei dieser Regierung? Was kann schon werden, wenn sie das Volk berauben, uns alles aus der Tasche ziehen. Sie sagen, Rußland ist groß, Rußland ist reich! Das stimmt. Rußland ist reich. Aber gerade deshalb beklauen sie es ja. Und wer beklaut es? Die Kommunisten. Es sind immer noch dieselben, die sich bis heute alles unter den Nagel reißen. Sie klauen und klauen. Und werden klauen, solange man sie nicht davonjagt.«

Warum er denn weiter auf der Kolchose arbeite, wenn sie keinen Lohn mehr zahlten, fragen wir.

»Ja, wer soll sich denn um das Vieh kümmern? Es braucht doch zu fressen und muß gemolken werden. Und es ist wirklich alles schwieriger geworden, auch für die Kolchosleitung, seit die Grenzen geöffnet sind. Die Milch kommt jetzt viel billiger aus Polen, und das Fleisch kommt sogar aus Amerika. Da bleiben wir einfach auf unseren Sachen sitzen. Selbst wenn wir alle Kühe abschlachten würden, wir würden sie gar nicht los! Früher, da gab es einen Plan, und da hat man uns gesagt, so viel Milch müßt ihr abliefern, und dafür bekommt ihr soundsoviel Geld. Und das bekamen wir auch. Aber heute sagt die Molkerei, eure Milch ist zu schlecht, wir nehmen lieber die aus Polen. Und dann stehen wir da. Nein, das ganze System ist nicht in

Ordnung. Man müßte doch erst mal dafür sorgen, daß die eigenen Leute etwas verdienen.«

Dennoch, meint der Hirte, seine Kinder wollten hier bleiben. Sie betrachteten dieses Gebiet als ihr Zuhause, und viel besser sei es anderswo auch nicht.

Ob er denn glaube, daß dieses Königsberger Gebiet eine Zukunft habe?

»Ich weiß nicht. Wenn man sich ernsthaft darum kümmern, es richtig anpacken würde – vielleicht. Aber das kann nur eine starke Macht. Eine, die nicht immer nur redet von dem, was getan werden müßte. Die nicht immer nur verkündet: Hier bräuchten wir noch eine Fabrik und hier ein Elektrizitätswerk und dort noch eine Fabrik und da noch eine und so weiter. Was Rußland fehlt, ist eine starke Macht.«

»Eine starke Macht – was heißt das?«

»Eine Faust.«

»Sie meinen einen Diktator?«

»Nicht unbedingt einen einzelnen Mann. Einer allein kann dieses Land nicht regieren. Was Rußland braucht, ist eine Macht, die alle respektieren. Kein System wie heute, wo jeder nur daran denkt, für sich selbst zusammenzuraffen, soviel er nur kann; nur daran denkt, zu kaufen und zu verkaufen, zu handeln, Profit zu machen. Die, die an der Macht sind, ebenso wie alle anderen. Es gibt eine starke Macht und eine schwache Macht. Der russische Iwan braucht eine starke Macht, eine starke Hand.«

Wie lange, fragen wir, wird es denn dauern, bis sich die Lage in Rußland ändert, es wieder eine Perspektive für das Land gibt.

»Ich weiß nicht, wie viele Jahre. Es ist eine schwierige Frage. Alles hängt von den Menschen ab. Davon, wen sie wählen, welche Regierung. Hätten alle Schirinowski gewählt, würde es schon ganz anders aussehen.«

»Glauben Sie wirklich, daß Schirinowski der richtige Mann wäre?«

»Ich bin davon überzeugt.«

»Warum?«

»Weil er ein Mann der Tat ist. Einer, bei dem die Worte mit seinen Taten übereinstimmen. Die uns jetzt regieren, sind nichts, sind Nullen. Jelzin ist eine Marionette der Amerikaner. Haben Sie gesehen, wie betrunken er in Washington aufgetreten ist? Dann wissen Sie doch, wer uns regiert. Nein, was wir brauchen, ist eine Faust.«

Inzwischen hat sich die Sonne dem Horizont genähert. Zeit, meint der Hirte, die Herde nach Hause zu treiben. Schließlich müßten die Kühe gemolken werden. Auch, wenn die meiste Milch wieder verfüttert werde.

Ein Pfiff und der Ruf »Dik, domoj« bringen die Herde auf Trab. Dabei legt der kleine vierbeinige Treiber bellend und beißend ein Tempo vor, dem der Hirte mit langen Schritten nur mühsam folgen kann. Bevor er ganz aus dem Blickfeld verschwindet, dreht er sich noch einmal um und winkt uns mit seiner Schirmmütze.

# Apollinaria Sujewa

## *Rückkehr nach Kleingnie*

Lad ein und locke und ziehe
in diesen Herbst mit dem Namen Mosyr
Wo die Ebereschenluft leicht bitter
Und feucht meine Lippen berührt.

Lad ein in diesen September,
Der den Geschmack kurzen Sommers bewahrt,
Wo Heuschober knieend sich beugen,
Als wollten sie etwas gestehn.

Wo im Haus schon ein wenig geheizt wird,
Vor dem Winter das Feld schon gepflügt,
Wo ein Blatt von der alten Eiche
Auf dem Teich wie ein Schiffchen sich dreht.

Wo die Backsteinspur einer Mühle,
Wo die Störche sich sammeln zum Zug
Und gedehnt über Wiesen auffliegen,
Und wo jemand, ihnen nachblickend, seufzt,

Lad' ein, um, geneigt übers Wasser,
Zu sehen und doch nicht zu sehn,
Auf dem Grunde die Kindheit zu schauen
Und über dem Kopf einen Stern,

Um dem Fluß das Tuch zu überlassen,
Von Nebel oder Tränen durchnäßt,
Daß dem Herbst ich zurufe: »Mosyr!« –
Und als Antwort es raschelt »Kleingnie ...«

*Aus dem Russischen
von Brigitte Schulze*

# Trakehnen – wieder deutsch?

Die Pferde haben es zur Legende gemacht – Trakehnen, das wohl berühmteste Dorf Ostpreußens. Auch in meiner Familie lachte man nicht ohne Selbstironie über die kleine Geschichte vom Reichsdeutschen, der zum erstenmal nach Ostpreußen kommt und naiv fragt, was er denn als wichtigstes von diesem Land wissen müsse. Die ostpreußische Antwort: »Sie müssen wissen, wer Tempelhüter ist, und dann noch ein wenig vom Königsberger Philosophen Kant.« Tempelhüter, das war der berühmteste Deckhengst des Gestüts Trakehnen, dem man im Jahre 1932 sogar ein eigenes Denkmal in unmittelbarer Nähe seiner Arbeitsstätte setzte.

Die Verklärung Trakehnens nahm zuweilen groteske Züge an und machte während des Dritten Reiches aus dem kleinen Dorf eine Art Kultstätte der Blut-und-Boden-Ideologie. Der Schriftsteller Rudolf G. Binding gar erhob Trakehnen 1935 zum »Heiligtum der Pferde«.

»Hier ist Trakehnen. Hier im Osten des Reiches sind die vielen Gestüte, und Trakehnen ist das vornehmste. Aber nicht die Menschen haben den Pferden diese Scholle geweiht – wenn sie auch Ställe bauten und Weiden einfriedeten –: die Natur selbst hat ihren Geschöpfen das Land als Heiligtum geschenkt, und die Pferde haben es sich als ihren geweihten Bezirk erobert. Das Pferd ist das Zeichen des Landes, ist das markanteste, das zeugnishafteste Lebewesen der Scholle. Das ostpreußische Pferd ist das preußischste Erzeugnis des Landes, das festeste Bild seines

Wesens, der untrüglichste Ausdruck seiner Eigenart und seines Geheimnisses geworden. Es übertrifft an Rassenhaftigkeit in allem den Bewohner des Landes und ist ihm sicherlich ebenbürtig in allen Tugenden...

Das Land also ist das Heiligtum der Pferde – nicht das Gestüt, das vielleicht als sein Tempel, seine Wiege, die Stätte seiner Aufzucht, seine Pflegestatt gelten mag...

Eingeboren und zugehörig lebt das Pferd recht eigentlich in der Seele des Volkes dieser Ebenen... Weit ist das Reich, das den Pferden geheiligt ist. Weit ist die Ebene, weit ist der Himmel. Beide verschwimmen im Grenzenlosen. Hier ist Trakehnen.«

Ebenfalls voller Begeisterung, doch weitaus nüchterner hat Marion Gräfin Dönhoff Trakehnen beschrieben: »Trakehnen war unglaublich eindrucksvoll: eine herrliche Landschaft, alte Alleen, weiß gestrichene Koppelzäune, grüne Wiesen und edle Pferde, so weit das Auge schweifte. Wer einmal eine Reitjagd dort erlebt hat, wer mitangesehen hat, wie passioniert und mit welchem Schwung die Pferde über die vielen Hindernisse gingen, der wird diesen Anblick nicht vergessen.«

Auf dem Hof meines Großvaters arbeiteten keine Trakehner-Pferde. »Die sind etwas für vornehme Leute«, pflegte er zu sagen und bevorzugte schwere, mit einer belgischen Rasse eingekreuzte Arbeitspferde – zum Pflügen und zum Holzrücken im Wald.

Das Gestüt Trakehnen wurde 1732 auf Anordnung König Friedrich Wilhelms I. gegründet, in einem Sumpfgebiet zwischen Gumbinnen (Gusew) und Stallupönen (Nesterow), das von der Pest nahezu entvölkert war. Strauchwerk wurde gerodet, der Boden eingeebnet, ein ausgeklügeltes Entwässerungssystem angelegt. Das Gestüt sollte den Marstall des Königs mit edlen Pferden versorgen und zugleich durch deren Verkauf die königliche Kasse auffüllen. Des weiteren sollte es den Bedarf der preußischen Armee an Trakehnern, den »besten Soldatenpferden der Welt«, decken und nicht zuletzt die Pferdezucht der gesamten Provinz Ostpreußen koordinieren und kontrollieren.

Zum Hauptgestüt gehörten nicht weniger als 6000 Hektar Land und sechzehn Vorwerke. Gemessen an den Wohnungen der Menschen war die Unterbringung der Pferde auf dem Gestüt geradezu luxuriös. Staunend berichtet eine um 1900 erschienene Reisebeschreibung: »In den altersgrauen niedrigen Gebäuden befinden sich die Wohnungen der Oberbeamten. Das Wohnhaus des Landstallmeisters ist mit einem hölzernen Türmchen verziert und trägt den Namen ›Schloß‹ Trakehnen... Der Stall, in dem die edelsten Deckhengste untergebracht sind, erinnert mit seinen Spitzbogenfenstern und seinem ganzen Stil an eine Dorfkirche ohne Turm. Im Sommer befindet sich ein Teil der Hengste in den sogenannten Paddocks, das sind kleine villenähnliche Bauten, die den Tieren Stallaufenthalt oder Weidegang nach ihrem Belieben gestatten.«

Schon um 1900 gab es vor dem Haupteingang zum Park des Landstallmeisters ein »in halber Lebensgröße von Künstlerhand ausgeführtes Denkmal« des Hauptbeschälers. Er trug den Namen »Morgenstrahl«. Gegen Ende des Zweiten Weltkriegs, im Herbst 1944, zählte Trakehnen genau 1115 Pferde, darunter zwanzig Deckhengste und 378 Mutterstuten. Der Gauleiter von Ostpreußen, Erich Koch, hatte eine rechtzeitige Evakuierung abgelehnt. Seine Begründung soll gelautet haben: »Falls die Russen vorübergehend vorstoßen sollten, können ja die Trakehner im Wettlauf mit sowjetischen Panzern ihre Leistungsfähigkeit unter Beweis stellen.«

Von den fast 1200 Pferden des Hauptgestüts Trakehnen, die dann am 17. Oktober 1944 doch im Treck auf die Flucht geschickt wurden, erreichten, wie es heißt »zwanzig Originaltrakehner« den Westen. Von den mehr als 25000 Stuten und 800 Hengsten Trakehner Abstammung, die 1944 im Deutschen

Reich insgesamt registriert waren, blieben etwa 700 Stuten und sechzig Hengste übrig.

Einige der Pferde, die die Deutschen bei der Flucht 1944 in Trakehnen zurückgelassen hatten, wurden von der Roten Armee auf ein Gestüt am Don gebracht. Die übrigen kamen 1948 in eine Fleischfabrik. Nicht, weil Nahrungsmangel in Trakehnen herrschte, sondern um ein Zeichen zu setzen. Mit den letzten Deutschen, die in diesem Jahr aus Ostpreußen ausgesiedelt wurden, hatten auch die letzten Trakehner zu verschwinden. Ein neues Zeitalter sollte beginnen.

Heute heißt das Dorf Jasnaja Poljana, zu deutsch »Helle Lichtung«. Es ist derselbe Name, den das Landgut des russischen Schriftstellers Lew Tolstoi in der Nähe von Moskau trug. Ob Zufall oder Absicht eines literarisch ambitionierten Sowjetbeamten, der für diese Umbenennung verantwortlich war – niemand weiß es mehr.

Nach Jasnaja Poljana fährt man durch eine schnurgerade, schmale Allee, die offenbar erst nach Kriegsende gepflanzt wurde, denn es sind keinesfalls mehr jene mächtigen alten Bäume, die man aus alten Beschreibungen kennt. Auch die Wiesen und Weiden sind weitgehend verschwunden. Statt dessen erstreckt sich links und rechts der Straße versumpftes, ödes Brachland, so weit das Auge reicht. Das Entwässerungssystem ist zusammengebrochen, die Gräben sind eingefallen und voller Schutt.

Auch die Einfahrt ins Dorf macht einen trostlosen Eindruck. Halbverfallene Schuppen und Scheunen, umgestürzte Zäune, ein paar landwirtschaftliche Maschinen, die unter freiem Himmel verrotten. Lediglich auf der linken Seite der Straße stehen noch einige kleine Backsteinhäuser aus deutscher Zeit, deren Mauern, Fenster und Türen allerdings ebenfalls deutliche Spuren des Verfalls tragen. Ein einziges Gebäude entlang der Straße ist renoviert, die alte Apotheke.

Das einstige Gestüt Trakehnen wurde in eine Sowchose verwandelt, ein Staatsgut für Rinderzucht und Milchwirtschaft.

Ihre Verwaltung ist im ehemaligen Traditionshotel »Zum Elch« untergebracht. Etwas abseits der Straße wurden in den sechziger Jahren einige Wohnblocks für die Sowchosarbeiter errichtet. Am Ortsausgang findet sich eine Reihe heller gemauerter Einfamilienhäuser mit gepflegten Vorgärten, die ebenfalls von der Sowchose gebaut wurden. Die großen Wirtschaftsgebäude in der Ortsmitte wirken ungenutzt.

Über dem Eingangstor zum Hauptgestüt, dem »Trakehner Tor«, sind, wenn auch etwas verwittert, noch immer die Jahreszahl 1732 und das Brandzeichen der Trakehner zu erkennen, die siebenzackige Elchschaufel. Das Landstallmeisterhaus dient heute als Schule. Am Sockel des Tempelhüter-Denkmals prangen ein roter Sowjetstern und die Jahreszahlen 1941–1945. Der Tempelhüter selbst ist von seinem Sockel verschwunden. Er wurde im Frühjahr 1945 von der Roten Armee als Kriegstrophäe nach Moskau gebracht.

Durch das Haupttor kommt uns eine große Schafherde entgegen, schwarze und graue Tiere mit langem, zotteligem Fell. Eine junge Frau, barfuß und mit einem Holzstock in der Hand, treibt sie rufend und pfeifend vor sich her. Neben dem Tor belädt ein älterer Mann einen Panjewagen mit Säcken, die er aus einem Schuppen neben dem Landstallmeisterhaus holt. Ein paar Schulkinder, die Pause haben, kommen auf uns zugerannt. »Gutten Tak«, rufen sie, und »eine Mark« und strecken uns die Hände entgegen. Als wir erklären, daß wir kein deutsches Geld dabei haben, sagen sie »dann Schokolade bitte«. Auch Schokolade haben wir nicht. Darauf fordern sie: »Im Auto nachsehen!« Schließlich verjagt sie der alte Mann, der die Säcke auf den Wagen legt. Eine Schande sei es, sagt er, aber was solle man schon dagegen machen. Im Sommer kämen jeden Tag ein oder zwei Autobusse mit deutschen Touristen. Sie würden den Kindern alles mögliche mitbringen: Kaugummi, Bonbons, Schokolade, Kugelschreiber. Und würden den Kindern auch manchmal Geld geben. Nicht selten bringe einer der Buben oder eines der

Mädchen am Abend mehr Geld nach Hause, als der Vater oder die Mutter am ganzen Tag verdient. »Das ist doch unnormal«, sagt der Mann, »von denen hat doch später keiner mehr Lust, richtig zu arbeiten.«

Er selbst hat bis vor zwei Jahren auf der Sowchose als Traktorfahrer gearbeitet. Dann sei sie in eine GmbH unter Leitung des alten Direktors umgewandelt worden. Jeder Sowchosangehörige habe 9,5 Hektar Land übereignet bekommen. Mit dem Hinweis, nun könnten sie ja als selbständige Bauern wirtschaften, als »fermer«, wie das neurussische Wort dafür heißt. Doch die meisten hätten das Land sofort wieder an die Sowchose, genauer die GmbH, zurückgegeben. Auch er.

»Was soll ich denn mit dem Land, wenn ich kein Geld für Maschinen und Saatgut habe? Es liegt doch nur nutzlos herum. Außerdem: ich habe doch nie gelernt, selbständig zu wirtschaften. Wie soll denn das gehen?« Geld habe er für das Land von der Sowchose nicht bekommen. Wie auch? Die hätte doch selbst keines. Aber die Zusicherung, jedes Jahr ein Deputat zu erhalten, eine bestimmte Menge Getreide, Kartoffeln und Futter für seine beiden Kühe und die Schweine, die er privat halte. »Ob das aber noch lange gutgeht, weiß ich nicht. Die Sowchose arbeitet nicht mehr richtig. Über die Hälfte der Leute haben sie entlassen, und um denen, die noch da sind, die Löhne zahlen zu können, mußten sie das Vieh verkaufen. Die meisten Ställe stehen leer, Kühe gibt es fast gar nicht mehr. Die Molkerei nimmt die Milch nicht mehr ab, weil sie diese viel billiger aus Polen bekommt. Überall werden jetzt Lebensmittel aus Polen angeboten, aber auch aus Deutschland und Holland, da können wir russischen Bauern doch überhaupt nicht konkurrieren.«

Viele der Männer, die früher auf der Sowchose gearbeitet haben, sind zur Miliz gegangen. »Fast dreißig Leute. Da gibt es immer Beschäftigung, und die freuen sich über jeden, der kommt.« Nur neun ehemalige Sowchosarbeiter wirtschaften jetzt als »fermer«. »Aber ob die sich halten können«, sagt der alte Mann, »weiß Gott allein.«

Allerdings gebe es in Jasnaja Poljana jetzt noch fünfzehn andere selbständige Bauern – rußlanddeutsche Umsiedler aus Kasachstan und Kirgisien. Er habe nichts gegen die Deutschen, sagt der Mann, aber ungerecht finde er, daß die soviel Hilfe aus Deutschland bekommen. »Von dort kriegen sie Maschinen und Baumaterial, und ich weiß nicht, was noch. Und wenn die Lastwagen oder Pkws mit humanitärer Hilfe kommen, dann geht das alles an die Deutschen. Manchmal geben sie uns was ab, aber nur das, was sie selbst nicht brauchen können. Das ist doch ungerecht! Und es kommen immer mehr Deutsche hierher. Bauen sich schöne Häuser, kaufen Land. Das wird nicht gut enden. Früher haben wir hier friedlich gelebt, aber jetzt gibt es immer mehr böses Blut. Gehen Sie mal durchs Dorf und sehen Sie, wer am besten angezogen ist. Dann sehen Sie, was ich meine.«

Die ersten rußlanddeutschen Familien waren 1990 aus Kasachstan nach Jasnaja Poljana gekommen. Auf irgendeine Weise hatte sich bis zu ihnen nach Mittelasien herumgesprochen, daß hier, im ehemaligen Trakehnen, eine »neue deutsche Kolonie« gegründet werden soll. Die Urheber dieser Idee kommen aus der rechtsradikalen Szene um den Kieler Verleger Dietmar Munier. Die von ihm begründete Aktion »Deutsches Königsberg« ruft ganz unverhohlen zur Regermanisierung des nördlichen Ostpreußen auf.

In einem ihrer Rundschreiben heißt es über das Königsberger Gebiet: »Auf Dauer kann Rußland sich diese 500 Kilometer vom russischen Mutterland entfernt liegende Exklave wirtschaftlich nicht erlauben. In Politik und Geschichte gibt es aber kein Machtvakuum. Man hört daher bereits litauische und vor allem polnische Stimmen, die dieses Gebiet ihren Staaten einverleiben wollen. Von seiten des offiziellen Bonn sind keinerlei Aktivitäten zugunsten Deutschlands zu erwarten. Wir haben deshalb 1991 eine private Initiative gestartet, durch Ansiedlung Rußlanddeutscher in Nord-Ostpreußen neue Fakten für eine deutsche Perspektive unserer Ostprovinz zu schaffen... Der einzig sinnvolle perspektivische Schritt dahin ist ein Bevölkerungsaustausch zwischen Rußlanddeutschen aus den mittelasiatischen ehemaligen Sowjetrepubliken nach Nord-Ostpreußen und der jetzigen russischen Bevölkerung Nord-Ostpreußens nach Rußland.«

Schwerpunkt der Aktion soll Jasnaja Poljana, das einstige Trakehnen sein. Als erste konkrete Schritte in Richtung auf die neue »deutsche Perspektive für Ostpreußen« wurden die »Gesellschaft für Siedlungsförderung in Trakehnen GST« und der »Schulverein zur Förderung der Rußlanddeutschen in Ostpreußen«, beide mit Sitz in Kiel, gegründet. Grußbotschaften kamen u. a. vom CDU-Bundestagsabgeordneten Heinrich Lummer und dem deutschnationalen Verleger Herbert Fleissner. Letzterer gab seiner Freude darüber Ausdruck, daß man »den Rußlanddeutschen durch die Ansiedlung in Ostpreußen nicht nur das Gefühl einer Heimat wieder vermitteln kann, sondern auch die Rückkehr nach Jahrhunderten auf deutschen Volksboden ermöglicht«. Er schloß sein Schreiben mit dem Satz: »Nichts ist endgültig geregelt, es sei denn gerecht geregelt.«

Im Dezember 1992 nahm die Deutsche Schule in Trakehnen ihre Arbeit auf. Der damals noch allmächtige Sowchosdirektor hatte einen Klassenraum im Internatsgebäude, in dem während der Woche auswärtige russische Schüler untergebracht sind, zur Verfügung gestellt. Mit Mitteln des Schulvereins wurde er renoviert und aufs beste ausgestattet: mit Videorecorder, Photokopierer, Spielzeug, Lehrmitteln aller Art und Bastelmaterial. Inzwischen umfaßt der vom Deutschen Schulverein gepachtete Unterrichtstrakt sieben Räume. Außerdem wurde ein russisches Wohnhaus gekauft und zum Lehrerwohnhaus umgebaut.

Der Name »Deutsche Schule« mutet allerdings etwas hochtrabend an. In der Praxis handelt es sich um deutsche Sprach-

kurse, die für Kinder, Jugendliche und Erwachsene in Trakehnen angeboten werden. Daß zugleich auch deutsche Kultur vermittelt werden soll, deutsche Liederabende abgehalten werden
und deutsches Brauchtum gepflegt wird – von Laternegehen
bis Adventssingen –, versteht sich von selbst. Die Kurse, die
nur in den Nachmittags- und Abendstunden stattfinden, um
nicht mit dem Unterrichtsbetrieb der regulären russischen
Schule zu kollidieren, werden inzwischen von rund hundert
Teilnehmern besucht, wobei allerdings eine große Fluktuation
beklagt wird.

Die Lehrkräfte sind meist pensionierte Lehrer aus Deutschland oder Deutschlehrer, die bereits anderswo im Ausland tätig
waren. Zuweilen helfen auch deutsche Studenten aus. In der
Regel bleiben die Lehrer jeweils ein paar Wochen in Trakehnen,
manchmal auch einige Monate. Mit Stolz vermerkt ein Rundschreiben der Aktion »Deutsches Königsberg«, daß eine der
ersten Lehrkräfte aus »Österreich« kam, »aus dem abgetrennten, selbst im Überlebenskampf stehenden Südtirol«. Über einen anderen Lehrer wird im selben Rundschreiben lobend
berichtet, daß er im Deutschkurs für Erwachsene das Thema
behandelt habe: »Wo spricht man die deutsche Sprache?« In
diesem Zusammenhang seien in vorbildlicher Weise nicht nur
die »Vertreibungsgebiete« erwähnt worden, sondern ausdrücklich auch die »bereits 1919 abgetrennten deutschen Landesteile
Elsaß-Lothringen, Nordschleswig, Eupen-Malmedy und Südtirol«.

Was uns Rudolf Doblin, den wir in der Deutschen Schule
kennenlernen, zu sagen hat, klingt anders. Der drahtige weiß-
haarige Mann hat lange Jahre als Deutschlehrer in Australien
gelebt. Nun ist er pensioniert und ehrenamtlich ein halbes Jahr
nach Trakehnen gegangen. »Der Grund dafür«, sagt er, »ist
ganz einfach: Ich bin in der Nachbarschaft geboren, in der Stadt
Insterburg. Mehr als fünfzig Jahre habe ich sie nicht gesehen...« Heute heißt Insterburg Tschernjachowsk.

Auf die Unterrichtsstunde mit den Acht- bis Zehnjährigen, die um 15 Uhr stattfindet, bereitet er sich sorgfältig vor. In viele kleine Pappschachteln verteilt er die unterschiedlichsten Gegenstände: Bleistifte, Radiergummis, Nägel, Äpfel, Scheren, Tassen, Teelöffel, Taschentücher. Er spricht kein Wort Russisch, doch mit den vierzehn Kindern seines Kurses versteht er sich offenbar prächtig. Ob Siegfried oder Regina, Nikolaj, Mascha oder Jewdokija – er kennt alle Kinder beim Vornamen, und wenn er einen der russischen Namen besonders eigenwillig ausspricht, lachen alle gemeinsam. Keines der Kinder spricht übrigens Deutsch, und auch Rudolf Doblin weiß, wie er sagt, nicht immer, ob ein Kind aus einer russischen oder deutschen Familie stammt. Ein Mädchen könne durchaus Mascha oder Nina heißen und dennoch aus einer deutschen oder einer »gemischten Familie« stammen. Bei Regina und Siegfried sei das allerdings etwas anderes.

Im Unterricht läßt Rudolf Doblin seine Pappschächtelchen kreisen und jedes Kind einige Gegenstände herausnehmen. Dabei muß nach Möglichkeit der deutsche Begriff genannt werden; wenn er unbekannt ist, spricht ihn Rudolf Doblin so lange laut und deutlich vor, bis das Kind und dann alle gemeinsam im Chor ihn fast akzentfrei wiederholen können.

»Was wir hier machen«, sagt Rudolf Doblin, »ist eine Art offener Jugendarbeit. Der Unterricht ist ja freiwillig, und viele der Kinder kommen und gehen, wie sie gerade Lust haben. Wobei es zu Anfang der Kurse immer gerappelt voll ist und es dann immer weniger werden, aber das ist normal, gerade in den Sommermonaten, wenn manche Kinder in der Landwirtschaft mithelfen müssen.«

Überraschend für Rudolf Doblin war, daß auch sehr viele Kinder aus »rein russischen Familien« stammen. Doch dann habe er festgestellt, daß es offenbar für immer mehr russische Eltern wichtig ist, ihr Kind eine Fremdsprache lernen zu lassen. Jetzt, wo man doch Kontakte ins Ausland haben dürfe und auch so viele Ausländer, vor allem Deutsche, hierher kämen, sei für ein Kind die Kenntnis einer oder sogar mehrerer Fremdsprachen die wichtigste Lebensperspektive – wenn man hier in Jasnaja Poljana nicht versauern will...

Auch der Schulleiter Dr. Thieme, ein pensionierter Rektor aus Norddeutschland, und seine Frau, die für ein Jahr nach Trakehnen gekommen sind, machen im Gespräch nicht den Eindruck, als seien sie die Speerspitze des Volkstumskampfes. Sehr wohl haben sie bemerkt, daß das Verhältnis zwischen Russen und Deutschen in Trakehnen »durchaus diffizil« ist und Gefahr läuft, »noch diffiziler« zu werden. Und mit, wie sie sagen, »Unbehagen« sehen sie die »Rechtsradikalen, die nach Trakehnen kommen, deren Augen glänzen, wenn sie nur das Wort Ostpreußen hören«. Aber ihre Arbeit habe damit nichts zu tun. Sie wollen Deutschen im Ausland helfen, ihre Muttersprache zu erlernen, die sie jahrzehntelang nicht pflegen durften, und gleichzeitig russischen Menschen, die es möchten, die deutsche Sprache beibringen. »Und das kann niemandem schaden.«

Einige Kilometer nördlich von Trakehnen, dort, wo sich früher das Dorf Amtshagen befand, von dem außer einem verfallenen Friedhof nichts übrig ist, baut die »Gesellschaft für Siedlungsförderung in Trakehnen« ein neues Dorf für Rußlanddeutsche. Fünfzig Einfamilienhäuser, so heißt es, sollen hier entstehen, dazu eine Deutsche Schule, eine Bäckerei und eine kleine Molkerei. Finanziert wird der Bau durch Spendengelder aus der Bundesrepublik, ausgeführt wird er von der »GST Siedlungsförderung Trakehnen«, einer GmbH russischen Rechts, die eine hundertprozentige Tochterfirma der gleichnamigen Gesellschaft in Kiel ist.

Als wir die Baustelle besuchen, sind fünf Häuser und eine Lagerhalle für die Maschinen der Bäckerei im Rohbau. Auf der Baustelle arbeiten etwa fünfzehn Männer und einige Frauen. Wer Russe ist und wer Deutscher, läßt sich nicht erkennen; es wird ausschließlich russisch gesprochen.

Der erste Arbeiter, an den wir uns wenden, ein etwa achtzehn Jahre alter, kräftiger hellblonder Junge, ist in Jasnaja Poljana geboren und spricht nur Russisch. Auf die Frage, ob hier auch Deutsche arbeiten, sagt er keineswegs unfreundlich: »Natürlich, für die wird doch das alles hier gebaut.« Und ungefragt fügt er hinzu: »Das ganze Geld kommt aus Deutschland.« Er sei froh, daß er den Job bei der »deutschen Firma« in Jasnaja Poljana habe. »Die zahlen viel besser als die russischen Firmen. Aber dafür mußt du auch viel mehr schuften.« Das Verhältnis zu den Kumpels auf der Baustelle sei in Ordnung. Ungefähr die Hälfte von ihnen seien Deutsche aus Kasachstan und Kirgisien, ordentliche Leute, für die offensichtlich Arbeit das Wichtigste im Leben sei. Wenn die jetzt alle in Jasnaja Poljana bleiben wollten, hätte er nichts dagegen, denn bei denen hätte er ja gute Arbeit. Obwohl, ein wenig ungerecht fände er es schon, daß die demnächst in so schönen Häusern leben können und er mit seiner Frau nur in einem winzigen Zimmer in einem dieser »Blöcke«. »Und das alles bloß, weil Germania soviel Geld hat.«

Von den Rußlanddeutschen aus Kasachstan spricht nur ein Mann Deutsch – einen offenbar altschwäbischen Dialekt, den ich nur mit Mühe verstehen kann.

»Werden Sie«, frage ich ihn, »in Trakehnen bleiben?«

»Nein«, kommt die Antwort ohne Zögern, »ich fahre nach Deutschland.«

»Warum?«

»Wie soll man es sagen? Alle Freunde, meine Brüder und Schwestern sind nach Deutschland gefahren. Ich bin noch da. Noch ein bißchen schaffe ich, dann fahre ich auch fort. Hier bezahlen sie zuwenig.«

»Aber in Deutschland, haben Sie da nicht Angst vor Arbeitslosigkeit?«

»Nein. So Arbeit wie hier kann ich da auch finden. Schwarzarbeit, wie sie da sagen. Das Hausbauen, das Steinelegen, so Arbeit muß es dort geben, so Arbeit kann ich dort finden.«

Und außerdem, so fügt er hinzu, seien die Häuser hier in Trakehnen doch sowieso nur für die »deutschen Chefs«. Er als einfacher Steineleger hätte da wohl kaum eine Chance. Auch viele seiner deutschen Freunde wollten demnächst aus Trakehnen »wegmachen«, rüber nach Deutschland. »Sie warten hier noch ein wenig und verdienen Geld, und dann sind sie auch weg.« Ungefähr die Hälfte der Deutschen, die heute in Trakehnen leben, so schätzt er, denken so.

Zu den Häusern, die im Dorf Trakehnen inzwischen von der »Gesellschaft für Siedlungsförderung« restauriert oder umgebaut wurden, gehört neben dem Lehrerwohnhaus die alte Apotheke an der Hauptstraße. Der anderthalbgeschossige rote Klinkerbau im traditionellen Stil der ostpreußischen Bauernhäuser ist heute Gasthaus. An der Vorderfront hängt ein großes weißes Schild in deutscher und russischer Sprache: »Landgasthaus zur Alten Apotheke – Zimmer mit Bad/WC, Biergarten, Toiletten, Information«. Im Garten vor dem Eingang stehen Plastiktische und Stühle unter Sonnenschirmen. In der Wirtsstube mit drei langen Tischen und sechs einfachen Bänken ohne Lehnen begrüßen junge Frauen die Gäste in deutscher Sprache. Es sind Rußlanddeutsche aus Kasachstan, die im Auftrag der »Siedlungsgesellschaft« das Gasthaus bewirtschaften. Eine Tafel neben der Küchentür bietet in mit Kreide geschriebener deutscher Sprache an: »Saft, Limonade, Kaffee, Tee, Kuchen, Bier, Wein, Sekt, Wodka, Suppe, Gulasch.« Nicht auf der Tafel, aber von den jungen Frauen ausdrücklich empfohlen werden frisch geschlachtete Hähnchen und Bärenfang, ein 54prozentiger ostpreußischer Honigschnaps, der erfahrungsgemäß vor allem in die Beine geht. In den drei Doppelzimmern im ersten Stock kosten Übernachtung und Frühstück 40 Mark pro Person. Auf einem niedrigen Tisch an der Stirnseite des Gastraums ist Informationsmaterial ausgebreitet: Karten von Nord-Ostpreußen mit den alten Grenzen und Ortsbezeichnungen, Rundbriefe der Aktion »Deutsches Königsberg« und das in Hamburg erscheinende »Ostpreußenblatt«. Außerdem eine Broschüre mit dem Titel »Ostpreußen – was ist das?«, in der es heißt: »Die schmerzhaften Verträge aus den Jahren 1990/91 sind nicht allein die Bestätigung von auf Annexion beruhenden Grenzen, sondern sie sollten auch die verankerte Grundlage für eine unserer Heimatliebe entspringende Aufbauarbeit für Ostpreußen sein. Dieses natürliche Recht müssen wir wahren und mit Leben ausfüllen.« Herausgeber ist die Landsmannschaft Ostpreußen e.V., Abteilung Kultur.

Beim Blättern im ebenfalls ausliegenden Gästebuch stoßen wir auf Eintragungen noch eindeutigerer Art: »Ein wahres und beispielhaftes deutsches Gasthaus. E.H., Stuttgart.« – »Respekt und Anerkennung für die Pionierarbeit im Deutschen Osten. Drei Studenten der Landsmannschaft Mecklenburg/Rostock.« – »Ostpreußen, deutsches Stammland – nicht davon reden, immer daran denken. Adolf Wagner, Straßburg.« Und, in besonders großen Lettern: »Ostpreußen bald wieder deutsch – frei und ungeteilt! Hamburger Burschenschaft Askania.«

Sprecher der Rußlanddeutschen in Trakehnen und zugleich Geschäftsführer der russischen Tochterfirma der Kieler »Gesellschaft für Siedlungsförderung in Trakehnen« ist Witalij Holzmann. Mit ihm sind wir im »Landgasthaus zur Alten Apotheke« verabredet. Witalij Holzmann ist etwa vierzig Jahre alt, von kräftiger Statur, mit vollem dunklem Haar. 1991 ist er mit seiner Frau und der Familie seines Vetters aus Kirgisien nach Trakehnen gekommen. Kurz zuvor waren 47 rußlanddeutsche Familien aus Kasachstan hergezogen. Heute leben insgesamt 120 rußlanddeutsche Familien in Trakehnen und Umgebung. Zusammen mit sieben anderen Rußlanddeutschen gründete Witalij Holzmann eine Landwirtschaftsgenossenschaft. 260 Hektar Land teilte ihnen die Bezirksverwaltung zu – mit dem Recht auf lebenslange Nutzung. Weitere 300 Hektar pachteten sie von anderen Betrieben. Sie bauen vor allem Weizen und Gemüse an und betreiben ein wenig Viehzucht. Einen Teil der

Maschinen, darunter einen Traktor und einen Mähdrescher, bekamen sie über Vermittlung des Bonner Innenministeriums aus der Bundesrepublik. Chef der Genossenschaft ist Witalij Holzmann. Alle Fragen im Dorf, erzählt er mit Genugtuung, machen heute drei Firmen unter sich aus. Die ehemalige Sowchose, die landwirtschaftliche Genossenschaft der Rußlanddeutschen und die Trakehner Tochterfirma der Kieler »Gesellschaft für Siedlungsförderung«, deren Boß er ebenfalls ist. Diese Tochterfirma, ein Bauunternehmen mit eigenem großem Fuhrpark und einer Kfz-Werkstatt, beschäftigt 57 Mitarbeiter und ist komplett mit Sach- und Geldspenden aus dem Sympathisantenkreis des Kieler Verlegers Munier ausgerüstet worden. Sie verfügt über Lkws, Bagger, Kräne und Baumaschinen aller Art. An vielen Fahrzeugen sind noch die deutschen Autokennzeichen.

»Wie«, fragen wir Witalij Holzmann, »sehen die russischen Behörden die Aktivitäten der deutschen Siedlungsgesellschaft?«

»Im großen und ganzen«, meint Witalij Holzmann, »stehen sie diesen Aktivitäten positiv gegenüber. Wir bauen doch Wohnungen, schaffen Arbeitsplätze und gehen auch auf die Wünsche der Behörden ein. Die wollten zum Beispiel gern eine Bäckerei, weil das Brot, das hier in der Gegend gebacken wird, wirklich nicht gut ist und auch nicht immer ausreicht. Also bauen wir auch eine kleine Bäckerei. Auf diese Weise ist allen geholfen.«

»Und wie ist das Verhältnis der ansässigen russischen Bevölkerung hier in Trakehnen zu den Rußlanddeutschen, die aus Mittelasien kommen?«

»Natürlich gibt es da Probleme. Mit dem Direktor der Sowchose verstehe ich mich sehr gut, er ist mein Freund. Aber mit den einfachen Leuten ist das schon schwieriger. Oft verstehen sie uns nicht und wir sie auch nicht. Wir waren doch in Mittelasien fünfzig Jahre weiter als die Leute hier. Wir haben alle unsere eigenen Häuser gehabt, unser eigenes Stück Land, uns ging es dort sehr gut. Aber hier herrscht eine gewisse Apathie. Die Leute leben in dem Gefühl, daß sie nur zeitweise, vorübergehend hier sind. Unsere Leute zum Beispiel haben die Leute von hier gefragt, warum lebt ihr schon fünfzig Jahre hier und habt immer noch keine Kanalisation gebaut? Und da haben die Leute zurückgefragt: Und Ihr? Ihr wollt doch sowieso alle weiter nach Deutschland. Wieso baut ihr euch denn dann hier Häuser und sogar Banjas, Bäder?«

»Stimmt es denn, daß viele der Rußlanddeutschen weiter wollen in die Bundesrepublik?«

»Viele sind es vielleicht nicht, aber doch eine ganze Reihe. Denen schreiben die Verwandten aus Deutschland: ›Kommt her, hier wird es Euch noch viel besser gehen.‹ Manchmal kommen auch Verwandte mit schönen Autos, und dann sagen sich unsere Leute: Schaut mal, wie weit man es da im Reich bringen kann. Und dann lassen sie sich überreden und wandern aus. Aber es gibt auch viele, die hierbleiben möchten.«

»Aber müssen Sie nicht befürchten, daß Sie, ohne es zu wollen, zu einem Instrument derer werden, die Ostpreußen ›regermanisieren‹ wollen?«

»Ich glaube nicht«, sagt Witalij Holzmann nach einigem Zögern, »daß ich irgendein Instrument dieser Art werde. Ich bin weder Nationalist, noch will ich, daß hier nur Deutsche leben und sonst niemand. Rein deutsche Familien gibt es hier sowieso nur ganz wenige. Die meisten Ehen, weit mehr als die Hälfte, sind russisch-deutsch gemischt. Entweder hat der deutsche Mann eine russische Frau oder die deutsche Frau einen russischen Mann. Mir ist die Nationalität völlig egal. Wir haben hier in Trakehnen ja nicht nur Russen und Deutsche, sondern auch Kasachen, Kirgisen, Ukrainer, insgesamt sieben Nationalitäten. Ich unterscheide die Menschen nur nach ihrem Verhältnis zur Arbeit, ihrer Tüchtigkeit. Und da gibt es in jeder Nation schlechte und gute.«

Zu den Tüchtigen zählt Witalij Holzmann neben dem Direktor der Sowchose vor allem einen jungen Ukrainer, der vor wenigen Monaten aus der Nähe von Kiew nach Trakehnen gekommen ist, den Pferdezüchter Konstantin Morosow. Wenige Kilometer von Trakehnen entfernt hat er dem russischen Staat 50 Hektar Brachland abgekauft, auf dem er eine Trakehnerzucht beginnen möchte. Zur Zeit baut er mit einem älteren Helfer aus dem Dorf einen großen Pferdestall. Technisches Gerät besitzt er, außer einem Spaten, einer Schaufel, einem Hammer, einer Maurerkelle, zwei Eimern und einer kleinen Leiter nicht. Er selbst wohnt in einer windschiefen Bude, die er sich aus Pappe und herumliegenden Brettern gezimmert hat. Aus einem Loch in der Wand ragt ein Ofenrohr. Auf dem weitläufigen Gelände rund um die Baustelle grasen sechs Stuten und ein Fohlen. Es sind reinrassige Trakehner, die er einem Staatsgestüt in Rostow am Don abgekauft hat. Um diese Pferde zu kaufen und mit ihnen hier in Trakehnen eine neue Zucht zu beginnen, hat der dreißigjährige Absolvent der Moskauer Zoologischen Hochschule in der Ukraine seinen gesamten Familienbesitz verkauft. Seine Frau und seine Tochter sind vorerst zu deren Eltern nach Kiew gezogen. Er wirkt müde, doch seine abgespannten Gesichtszüge beleben sich sofort, als er auf die Motive für seine Übersiedlung nach Trakehnen zu sprechen kommt.

»Hier gibt es einfach ideale Bedingungen für die Zucht von Trakehnern. Und da ich selbst in gewisser Weise Idealist bin, habe ich mich entschlossen, es hier zu versuchen, die Pferde gleichsam zu ihren Vorfahren zurückzubringen, hierher in ihre historische Heimat.«

»Und wie sind die Bedingungen hier?«

»Vor vier Monaten bin ich hergekommen. Und sehen Sie«, er zeigt auf die Hütte, »das ist mein Haus, in dem ich seither wohne. Das sagt doch alles. Es fehlt am Elementarsten.«

»Und glauben Sie denn, daß die Pferdezucht hier in Trakehnen überhaupt eine Zukunft hat?«

»Natürlich«, sagt Konstantin Morosow mit großer Bestimmtheit, »natürlich. Sonst hätte ich ja nicht alles verkauft und wäre nach Trakehnen gekommen. Zwar glaube ich nicht, daß sich in absehbarer Zeit hier wieder eine Trakehnerzucht wie in früherem Umfang, in den früheren Dimensionen, aufbauen läßt – aber in kleinerem Rahmen und in kleinen Schritten sicher.«

Gern würde er noch mehr Pferde aus der Ukraine oder dem russischen Rostow nach Trakehnen holen, aber dies scheitert vorerst an den immer schwieriger werdenden Transitbedingungen durch Litauen.

Zum Schluß wollen wir ihm etwas dalassen für die Mühe, die er sich mit uns gemacht, und die Zeit, die es ihn gekostet hat, uns das ganze Gelände zu zeigen, auf dem demnächst wieder die Trakehnerherden grasen sollen. Doch Konstantin Morosow wehrt höflich, aber bestimmt ab. Er wolle keine Geschenke, kein Geld, von niemandem. Er habe sich in den Kopf gesetzt, es selbst zu schaffen, und diesem Traum wolle er treu bleiben. Etwas anderes wäre es, wenn er vielleicht irgendwann einen deutschen Partner fände, einen seriösen Züchter, dem es wirklich nur um die Pferde, nicht aber ums Geld ginge. Das würde ihm sicher helfen. »Aber so einer ist noch nicht gekommen.« Er sagt es ohne jede Bitterkeit.

Johannes Bobrowski

## Die Daubas

So in der Nacht,
einfacher Landschaft Bild
in den Händen, Heimat,
dunkel am Rand,
ruf' ich zu euch,
Gequälte. Kommt, Juden,
slawische Völker, kommt,
ihr anderen, kommt.
daß ich an eures Lebens
Stromland der Liebe vertane
Worte lernte, die Reiser,
die wir pflanzen den Kindern,
würden ein Garten,
Im Licht.

# Tilsit – Stadt ohnegleichen

*B*reit wälzt sich die Memel an Tilsit vorbei. Jener Fluß, von dem manche noch immer hoffen und andere fürchten, daß er einmal wieder die Ostgrenze Deutschlands wird. Als Pendant zur Maas im Westen... Die Memel, die auf russisch Njeman heißt, auf polnisch Niemen und auf litauisch Nemunas, bildet seit dem Zerfall der Sowjetunion wieder eine Staatsgrenze, die Grenze zwischen den unabhängigen Republiken Rußland und Litauen. Sie verläuft genau in der Mitte des Flusses und wird überspannt von einer Brücke, um die sich unzählige Legenden ranken. Es ist die Königin-Luisen-Brücke, wie sie ihre deutschen Erbauer zu Anfang dieses Jahrhunderts nannten.

Tilsit, am linken Ufer des sich in sanftem Bogen durch die flache Wiesenlandschaft ziehenden Memelstroms gelegen, galt einst als die nordöstlichste Stadt Deutschlands. »Stadt ohnegleichen« wurde sie von ihren Bewohnern genannt. Ihren einzigartigen Reiz bezog sie aus der Tatsache, daß sie am Schnittpunkt mehrerer Kulturen lag. Hier lebten miteinander Deutsche und Litauer, Polen und Russen und, wie es Johannes Bobrowski, der 1917 in Tilsit geborene große Lyriker, formulierte, »unter ihnen allen die Judenheit«.

Die Memel als Grenze und Verbindungsstück, Tilsit als Schmelztiegel und Brückenkopf – das ist eine schier unendliche Geschichte. Das wichtigste Kapitel der Stadt allerdings ging seit 1933 zu Ende. Und das Jahr 1945 setzte den unwiderruflichen Schlußpunkt. Mit der Verfolgung und Ermordung der Juden von Tilsit und den Repressalien gegen Litauer, Polen und Russen zerbrachen die Nazis unter dem Jubel oder der schweigenden Zustimmung der Mehrheit der deutschen Bevölkerung das jahrhundertelange Miteinander in dieser Stadt. Und als das Pendel der Geschichte 1945 zurückschlug, traf es die, die den völkermordenden Brand in Gang gesetzt hatten. Die Deutschen flohen aus Tilsit oder wurden vertrieben. Aus der, wie sie sich stolz genannt hatte, »Deutschordensstadt Tilsit« wurde eine sowjetische Stadt. Und damit dies auch jeder begriff, gab man ihr den entsprechenden Namen: Sowjetsk. So heißt sie noch immer.

Bis auf den heutigen Tag wird der alte Name dieser Stadt indes mit zwei Begriffen in Verbindung gebracht: mit einer Käsesorte und mit dem Frieden von 1807. Nach Tilsiter Käse suche ich in Sowjetsk vergebens. In den Geschäften wird Käse aus der Bukowina angeboten und Emmentaler aus Polen. Auf meine Frage nach Tilsiter Käse lachen die Verkäuferinnen und zucken mit den Achseln. Offenkundig haben ihn auch schon andere verlangt.

Die Tilsiter Firma, die früher diesen Käse produzierte, hat heute ihren Sitz in Schleswig-Holstein.

An den zwischen Napoleon, Zar Alexander von Rußland und Preußens König Friedrich Wilhelm III. in Tilsit geschlossenen Frieden, bei dem Preußen die Hälfte seines Staatsgebietes verlor und die Stationierung einer französischen Besatzungsarmee akzeptieren mußte, erinnert ein Gedenkstein am Fletcherplatz, dem alten Getreidemarkt an der Königin-Luisen-Brücke. Als sichtbares Zeichen der Besinnung auf die gemeinsame Vergangenheit trägt der 1991 errichtete Stein die Inschrift »Tilsiter Frieden« in drei Sprachen: Russisch, Deutsch und Französisch.

Auf einem Floß in der Memel hatten sich im Juni 1807 die drei Herrscher getroffen, hatte sich Zar Alexander bei Napoleon für eine nachsichtige Behandlung Preußens eingesetzt, hatte Preußens Königin Luise den Korsen gleich zweimal um Milde angefleht. Vergeblich! Mit dem Satz: »Sire, Sie haben mich grausam enttäuscht«, soll Luise das Floß verlassen haben. Mit diesem Satz jedenfalls ist die Königin in die Geschichtsbücher eingegangen und zur Stadtheiligen Tilsits avanciert. Schulen, Straßen, Apotheken, Cafés, Kinos und unzählige Töchter der Stadt wurden nach ihr benannt; ihr Porträt zierte das Portal der ihr gewidmeten Brücke.

Andere Persönlichkeiten, deren Schicksale eng mit dem Namen der Stadt verbunden sind, wurden weitgehend vergessen oder gelangten nie ins öffentliche Bewußtsein. An den Dichter der Freiheitskriege, Max von Schenkendorf, erinnert immerhin eine unlängst an seinem Geburtshaus angebrachte steinerne Gedenktafel. Sie zeigt ein jugendliches Porträt des Dichters und trägt in russischer Sprache die Inschrift: »In diesem Haus wurde der deutsche Poet Max von Schenkendorf geboren.« Der Name Max von Schenkendorf ist in lateinischen Buchstaben geschrieben.

Darüber, wo das Geburtshaus Johannes Bobrowskis stand, der wohl bedeutendsten literarischen Persönlichkeit, die Tilsit hervorbrachte, herrscht Uneinigkeit zwischen Heimatforschern in Sowjetsk und deutschen Bobrowski-Experten. Sicher ist nur, daß sich das Haus irgendwo in der Grabenstraße befand, einer kleinen, gutbürgerlichen Straße im Zentrum der Stadt, die bei den britischen Bombenangriffen im Sommer 1944 in Schutt und Asche gelegt wurde. Heute heißt sie Smolenska. Auf Betreiben deutscher Freunde Bobrowskis wurde 1992 in eine Hauswand am Anfang der Smolenska eine marmorne Tafel mit dem Porträt des Dichters eingelassen. Auf ihr ist in kyrillischer Schrift zu lesen: »In dieser Straße wurde geboren und lebte der bekannte deutsche Schriftsteller und Kulturschaffende Johannes Bobrowski.« Gegenüber der Gedenktafel ist aus deutscher Zeit noch jenes Gymnasium erhalten, in dem der Held aus Bobrowskis Roman »Litauische Claviere«, Schulmeister Voigt, seinen Dienst versah. Es ist heute Gymnasium mit erweitertem Deutschunterricht. Ein berühmter Namensvetter von Schulmeister Voigt, der Schuster Wilhelm Voigt, war ebenfalls ein geborener Tilsiter. Ihm setzte Carl Zuckmayer in seinem »Hauptmann von Köpenick« ein bleibendes Denkmal. Irgendeine Erinnerung an ihn findet sich in Sowjetsk allerdings nicht.

Auch die Hinweise auf Königin Luise sind weitgehend getilgt. Zwar ist das Königin-Luise-Denkmal im Park Jacobsruhe noch erhalten, doch im einstigen Luisentheater befindet sich heute ein Café mit Nachtclub, das, wohl um devisenkräftige Touristen anzulocken, den deutschen Namen »Altstadt-Café« trägt. Und das Porträt der Königin auf dem Portal der Luisenbrücke wurde nach 1945 durch das vergoldete Emblem der Sowjetmacht ersetzt: Hammer und Sichel, umgeben von einem Ährenkranz. Inzwischen gehört auch dieses Enblem schon wieder der Geschichte an. Im Frühjahr 1995 wurde es abmontiert und ins Museum für Stadtgeschichte in Sowjetsk gebracht.

Den schönsten Blick auf die Stadt hat man von der Luisenbrücke. Doch alle Versuche, mit der Kamera dorthin zu gelangen, sind vergeblich. Russische Grenzsoldaten mit umgehängten Maschinenpistolen versperren den Weg. Zwar herrscht in beiden Richtungen über die Brücke lebhafter Verkehr – Lkw, Busse, Pkw und Panjewagen. Aber für uns geht ohne spezielle Drehgenehmigung gar nichts. Staatsgrenze ist Staatsgrenze, erklären die russischen Posten ungerührt, selbst wenn sie bei einer ersten gemeinsamen Zigarette zugeben müssen, daß es militärische Geheimnisse weder auf noch unter noch sonst irgendwo im Umkreis der Brücke gibt. Sie verweisen uns an den Stadtkommandanten, der in einem Gebäude einige hundert Meter weiter residiert. Aber auch der ist unerbittlich. Natürlich wisse er, daß jeder Tourist, der über die Brücke fährt, Aufnahmen machen kann, doch wir seien keine Touristen, sondern Leute vom »Telewidenie«, vom Fernsehen, und die bräuchten eine Genehmigung vom Generalstab in Königsberg. Nein, anrufen könne er dort nicht, das müsse alles von Moskau ausgehen, schriftlich, und würde wohl einige Wochen dauern. Selbst unser Sascha, Reserveleutnant der russischen Armee, ist ratlos. Unverrichteter Dinge ziehen wir ab.

Durch ein Loch im Zaun, der rund um die Brückenauffahrt gezogen ist, gelangen wir wenigstens unter die Brücke und können unmittelbar vom Ufer aus Aufnahmen vom träge dahinfließenden Strom machen, in dem sich das Blau des Himmels und eine Vielzahl heller, kleiner Wolken spiegeln. Am anderen Ufer, auf litauischer Seite, sehen wir eine riesige Viehherde, dahinter die Giebel kleiner Holzhäuser, die sich unter tiefliegenden Weiden zu verstecken scheinen.

Mitten in unseren Dreharbeiten taucht ein junger Mann auf in hellen Turnschuhen, blauen, ausgefransten Jeans und rotem Sweatshirt mit der Aufschrift »Love«. Ein Geheimpolizist oder ein Grenzsoldat in Zivil, schießt es uns durch den Kopf, und wir machen uns auf Unannehmlichkeiten gefaßt, zumal wir gesehen haben, daß er aus einer der Baracken kam, die zur russischen Grenzstation gehören. Doch statt, wie üblich, nach Dokumenten und Genehmigungen zu fragen, erkundigt er sich höflich, ob er uns in irgendeiner Weise helfen könne. Zunächst halten wir es für eine besonders perfide Art von Ironie, doch dann erklärt er seelenruhig, er könne uns ein Boot leihen. Von der Mitte des Flusses aus könne man viel schönere Aufnahmen machen, und wenn wir wollten, könnte er uns auch auf die andere Seite, ans litauische Ufer bringen. Und dabei zeigt er auf ein kleines hölzernes Motorboot, das in unmittelbarer Nähe an einem schmalen Steg schaukelt. Wegen der Grenzsoldaten sollten wir uns keine Sorgen machen, die kenne er alle sehr gut, und auch die Kollegen auf der litauischen Seite. Das hier sei gar keine richtige Grenze, schließlich habe man die ganzen Jahre zusammen gelebt, und da könne »das da drüben« doch nicht plötzlich Ausland sein. Natürlich, im Dienst, da gelten andere Vorschriften, aber das Leben gehe außerhalb des Dienstes weiter, und da helfe eben einer dem anderen, so gut er könne. Für zehn Dollar würde er uns hin- und zurückbringen, und wir bräuchten wirklich keine Angst zu haben. Das sei alles ganz normal, und er würde garantieren, daß uns nichts passiere. Mit dem Hinweis auf unsere schwere Kamera und darauf, daß das kleine Boot für Filmaufnahmen zu sehr schwanke, lehnen wir dankend ab. Der junge Mann ist etwas enttäuscht, meint aber im Weggehen: Wenn wir es uns anders überlegten, könnten wir morgen ja wiederkommen. Wir beenden vorsichtshalber unsere Dreharbeiten und machen uns durch das Loch im Zaun davon.

Auf dem Fletcherplatz vor dem Brückenportal bettelt uns eine Gruppe ärmlich gekleideter Kinder an. »Kaugummi, Kaugummi«, ertönt es auf deutsch und »Marki, Zigaretti, Marki, Zigaretti!« Als wir nicht reagieren, werden wir zunächst an den Ärmeln gezupft, dann heftig gezogen. Erst das lautstarke Einschreiten eines vorbeikommenden Milizionärs vertreibt die Kinder – in Richtung auf einen Touristenbus aus Westfalen, der gerade vor dem Gedenkstein »Tilsiter Frieden 1807« haltgemacht hat.

In einem Kiosk am Rande des Fletcherplatzes kaufe ich den Nachdruck eines deutschen Stadtplans von Tilsit für fünf Mark – den Tagesverdienst eines russischen Arbeiters im nördlichen Ostpreußen. Auf dem Plan sind fein säuberlich alle einstigen Sehenswürdigkeiten der Stadt verzeichnet: das Stadttheater, die Reichsbank, die Polizeidirektion, die Königin- Luise-Schule, die Zellstoff-Fabrik, das Stadt-Armenhaus, das Schützenhaus, die Kaserne und der Kavallerie-Exerzierplatz; auch die Katholische Kirche, die Reformierte Kirche und die Evangelische Stadtkirche. Dazu heißt es in einer erstaunlich sachlichen Stadtbeschreibung in russischer und deutscher Sprache: »Tilsit/Sowjetsk ist eine Stadt unter Kaliningrader Gebietsverwaltung. Sie liegt im Nordosten des Gebiets, etwa 80 Kilometer von der Mündung des Njeman entfernt, auf einer Fläche von etwa 40 Quadratkilometer. Die Stadt wurde laut dem Erlaß des Präsidiums des Obersten Sowjets der RSFSR vom 7. Dezember 1946 umbenannt. Bis zu dieser Zeit trug die Stadt im Laufe von einigen Jahrhunderten den Namen Tilsit und war ein Bestandteil von Ostpreußen.«

Sprachlich nicht unbedingt elegant, dafür aber sachlich unangreifbar mutet der historische Abriß an: »Anfangs ein Waffenplatz und eine Feste des deutschen Ritterordens, wurde die Stadt bald auch ein bedeutender Handelsplatz für den Verkehr mit dem Osten. Die weitreichenden Wirtschaftsbeziehungen im Verein mit dem außerordentlichen Warenverkehr zwischen der Stadt und einem großen, reichen Hinterland ließen Tilsit sich zu einer wohlhabenden Stadt entwickeln. Und wiederum der Wohlstand ermöglichte es der Verwaltung, Tilsit durch großzügige Straßen, durch weiträumige Plätze und Schmuckanlagen zu einer schönen Stadt zu gestalten, deren Bild noch durch manches bedeutende kirchliche und weltliche Bauwerk gehoben wurde.«

Kein Wort über Untaten des Deutschen Ritterordens, die Leiden der arbeitenden Bevölkerung unter den preußischen Großgrundbesitzern und kapitalistischen Fabrikherren, wie sie in früheren sowjetischen Geschichtsdarstellungen obligatorisch waren; nicht einmal die Verbrechen der Nazis und die Heldentaten der ruhmvollen Sowjetarmee bei der Befreiung Ostpreußens 1945 vom faschistischen Joch werden erwähnt. Ebensowenig die Verwüstungen des Zweiten Weltkriegs, dem – vor allem durch englische Luftangriffe – fast die Hälfte der Stadt zum Opfer fiel.

Über die Gegenwart der Stadt heißt es: »Heute ist Sowjetsk die zweitbedeutendste Industriestadt des Gebiets. Eine vorteilhafte geographische Lage am linken Ufer des Flusses Njeman macht sie zu einem Binnenhafen, der die Beförderung von Gütern aus Weißrußland und Litauen zur Ostsee-Küste sicherstellt. Das industrielle Gesicht der Stadt wird durch die Zellulosefabrik geprägt, wo etwa eine Hälfte der arbeitsfähigen Bevölkerung von Sowjetsk beschäftigt ist. Von großer Bedeutung für die Wirtschaft der Stadt sind Betriebe der Leichtindustrie:

das Bekleidungswerk und die Strumpffabrik ›Druschba‹ (Freundschaft) und die Betriebe der Nahrungsmittelindustrie: Fleischkombinat, Obstkonserven-, Hefe-, Mühl- und Erfrischungsgetränkefabrik.«

Auch auf das Kulturleben der Stadt wird eingegangen: »Sowjetsk ist durch sein Theater bekannt. Das Netz der Bildungseinrichtungen repräsentieren eine Kulturerzieherische Fachschule, ein Kinotechnikum, vier Berufsschulen und neun allgemeinbildende Schulen. Außerdem ist Sowjetsk auch ein Luftkurort. Am Stadtrand, in einem Kiefernwald, befindet sich ein Knochentuberkulose-Sanatorium von republikweiter Bedeutung.«

Nicht angegeben ist die Einwohnerzahl, die mit rund 50 000 etwas geringer ist als zu deutscher Zeit.

Von den aufgeführten Sehenswürdigkeiten fällt heute vor allem die am Flußhafen gelegene Zellulosefabrik auf. Allerdings weniger durch ihre hohen, weithin sichtbaren Schornsteine als durch den von ihr ausgehenden Gestank, der sich besonders bei Nordwind in unerträglicher Weise über die Stadt legt. Die Produktionsanlagen stammen noch aus deutscher Zeit. Moderne Filter und Anlagen zur Klärung des Rauchs und der Abwässer konnte sich die russische Wirtschaft bisher offenbar ebensowenig leisten wie ehedem die sowjetische.

Von den einstigen Wahrzeichen der Stadt, der alten Luisen-Brücke und der Deutschordenskirche, ist so gut wie nichts mehr vorhanden. Einzig und allein das barocke Sandsteinportal der Brücke am linken Ufer der Memel, der Tilsiter Seite, hat die Katastrophen überdauert. Die übrige – 1907 fertiggestellte – Brückenkonstruktion, die in drei sanftgeschwungenen, eleganten Stahlbögen den Strom überspannte, wurde im Oktober 1944 von der Deutschen Wehrmacht bei ihrem Rückzug aus dem Baltikum gesprengt. Daß dabei Zehntausenden ziviler Flüchtlinge der Weg abgeschnitten wurde, die das Baltikum noch nicht verlassen hatten, spielte für die Wehrmachtsführung

344

offensichtlich keine Rolle. Die von der Sowjetarmee nach Kriegsende errichtete provisorische Holzkonstruktion wurde, wie berichtet wird, 1948 vom Hochwasser weggeschwemmt. Heute verbindet eine moderne, schmucklose Fahrstraße aus Stahl und Beton die beiden Ufer.

Vom anderen Wahrzeichen Tilsits, der Deutschordenskirche, ist überhaupt nichts mehr zu sehen. Das um 1600 erbaute, prächtig ausgestattete Gotteshaus hatte bereits die Aufmerksamkeit Napoleons erregt. Die in kraftvollen und zugleich graziösen Linien gestaltete Barockkuppel des Kirchturms gefiel ihm so gut, daß er sie nach Paris bringen lassen wollte. Im Zweiten Weltkrieg wurde die Deutsche Kirche zwar beschädigt, nicht aber zerstört. Sie diente der Sowjetmacht zunächst als Schrottsammelstelle, dann als Sägewerk. In den siebziger Jahren wurde sie abgerissen, obwohl ein Wiederaufbau, wie Augenzeugen bekräftigen, durchaus möglich gewesen wäre. Aber wer hatte schon ein Interesse daran... Auch die meisten anderen Gotteshäuser sind verschwunden oder zweckentfremdet: die Reformierte Kirche, die Katholische Kirche und die Kirche der Litauer wurden im Krieg beschädigt und später eingeebnet. Die Kreuzkirche wird als Gewerbebetrieb benutzt. In der Baptistenkapelle befindet sich eine Entbindungsstation. Und die Synagoge war bereits 1938 von den Nazis niedergebrannt worden.

War es früher die Deutschordenskirche, die von der Luisen-Brücke aus den Blickfang der Stadt bildete, sind es heute drei Hochhäuser, die den Fetcherplatz, den alten Getreidemarkt, zum Stadtzentrum hin begrenzen. Zwölfgeschossige, dunkelgrau in den Himmel ragende Ungetüme, die, obwohl nicht einmal zwanzig Jahre alt, den Eindruck machen, als könnten sie jeden Moment wieder zusammenstürzen.

Wie eh und je gehen alle wichtigen Straßen der Innenstadt fächerförmig vom Fetcherplatz ab. Die einstige Prachtstraße Tilsits war die Hohe Straße. Sie trägt heute den Namen »Straße des Sieges« und ist eine Fußgängerzone. Die auf alten Photographien noch erkennbaren Straßenbahnschienen sind verschwunden. Auch viele der alten Bürgerhäuser am Anfang der Hohen Straße stehen nicht mehr; sie sind den Bombenangriffen im August 1944 zum Opfer gefallen und nicht wiederaufgebaut worden. An ihrer Stelle wurden kleine Grünanlagen eingerichtet oder hölzerne Verkaufspavillons und flache Zweckbauten hingestellt, darunter ein Kino.

Im weiteren Verlauf der Hohen Straße sind die alten Häuserzeilen zu beiden Seiten erhalten: gutbürgerliche Wohnhäuser, manche von ihnen im unverfälschten Jugendstil, mit Säulen und schmiedeeisernen Balkonen, Simsen, Putten, Karyatiden, kunstvoll gestalteten Eingangstüren. Ihr Zustand ist unterschiedlich. Einige der Häuser sind frisch renoviert, an anderen bröckelt der Putz in großen Flächen, ziehen sich handbreite Risse durchs Mauerwerk oder drohen die Balkone herabzustürzen. Am Ende der Hohen Straße, auf dem Platz, der zur deutschen Zeit Hohes Tor hieß und heute den Namen Lenin-Platz trägt, steht ein Denkmal des Begründers der Sowjetunion – auf dem Sockel, auf dem einst Schenkendorf stand. Das Schenkendorf-Denkmal ist verschwunden. Auch der Elch auf dem Anger vor dem Stadttheater. Die Stelle des ostpreußischen Wappentieres hat ein Panzer T 34 eingenommen. Erhalten sind das Amtsgericht, das heute »Kulturpalast der Zellstoffwerke« ist, und das Landgericht, in dem die Stadtverwaltung von Sowjetsk ihren Sitz hat.

Nach wie vor ist die Hohe Straße, die Straße des Sieges, die Flaniermeile der Stadt. Die Geschäfte allerdings haben ein weitaus kärglicheres Warenangebot als manche Läden in Kaliningrad etwa; auch fehlen die vielen fliegenden Händler mit ihren Klapptischen, auf denen vorzugsweise westliche Konsumartikel feilgeboten werden.

Insgesamt wirkt Tilsit auf uns noch bedrückender als viele andere Städte im nördlichen Ostpreußen. Gerade dadurch, daß soviel alte Bausubstanz erhalten ist, wird einem das ganze Ausmaß des Niedergangs und Verfalls bewußt. Kaum etwas Neues ist entstanden, und da, wo es entstanden ist, wirkt es bereits wieder verfallen. Eine Entwicklung der Stadt, so unser Eindruck, hat nicht stattgefunden.

Ein älterer Mann, mit dem wir auf einer Parkbank ins Gespräch kommen, bestätigt unseren Eindruck. Er war Lehrer, jetzt ist er pensioniert. Vor dreißig Jahren ist er aus Smolensk nach Tilsit gekommen, genauer gesagt: er wurde dorthin dienstverpflichtet, weil Lehrer im Königsberger Gebiet knapp waren. Doch niemand, der hier wohnt, sagt er, liebt diese Stadt wirklich. Es gibt hier nur zwei Dinge, die wichtig sind: das Militär und die Zellulosefabrik. Das sind die Herren der Stadt. Die Zellulosefabrik war nur an Arbeitskräften interessiert, für eine »Drecksarbeit«, und die Militärs haben sich lediglich darum gekümmert, daß es ihnen selbst gutgeht. »Die prächtigen Kasernen der Deutschen«, so der Lehrer, »sind ja noch alle gut erhalten. Da haben sie sich komfortabel eingerichtet. Die besten Wohnungen haben die Offiziersfamilien bekommen, die besten Lebensmittel und anderen Waren gab es in den Spezialgeschäften der Armee. Wie Parasiten haben sie gelebt.«

Und nun, nach der Perestroika, so der Lehrer verbittert weiter, sei alles noch schlimmer geworden. Die Zellulosefabrik sei in Schwierigkeiten, habe Probleme, die Löhne zu zahlen, und mußte Leute entlassen. Und Militär gibt es mehr als früher. Vor allem Offiziere, die in der DDR gedient haben, würden jetzt hier stationiert; das bedeutet, daß die Wohnungen und manches andere noch knapper werden. Und zu allem Unglück ist noch die Grenze nach Litauen geschlossen worden. Dort sei der Lebensstandard immer viel höher gewesen, und davon habe man auch in Tilsit – er benutzt offenbar ganz bewußt das deutsche Wort – ein wenig profitiert. Früher ging man einfach so über die Brücke; heute braucht man ein Visum oder einen Propusk, einen Passierschein. Und außerdem seien da drüben in Litauen, er zeigt in Richtung der Memel, jetzt auch die Preise explodiert.

»Früher lagen wir mittendrin im Sowjetgebiet, heute sind wir eine Grenzstadt. Einfach lächerlich. Verzeihen Sie, aber wir liegen am Ende der Welt, um es vornehm zu sagen.«

Das einzig Tröstliche sei, so meint er, daß nun deutsche Touristen herkommen. Die brächten wenigstens etwas Geld in die Stadt. Aber wer profitiere davon? Ein paar clevere Geschäftsleute. Und ein paar Mädchen, die sich deutsche oder andere ausländische Freunde anlachten.

Der Lehrer spuckt verächtlich aus, nimmt seinen Strohhut von den Knien und steht auf. »Verstehen Sie mich nicht falsch«, sagt er und streckt mir zum Abschied die Hand hin, »ich habe nichts gegen die Deutschen. Aber von eurem Geld leben möchte ich nicht.« Er setzt seinen Hut auf und geht.

Sowjetsk – Stadt ohnegleichen.

# KANT ODER KALININ?
## DIE FRAGE NACH DER ZUKUNFT

## *Die Königsberger Universität*

*E*r sieht aus, als käme er gerade vom Tennisplatz: braungebrannt, sportliche Figur, markante und dennoch jungenhaft wirkende Gesichtszüge, der schwarze Schnauzer erinnert an Clark Gable. Lässig begrüßt er uns. Die Formalitäten sind schnell geklärt: »Nennen Sie mich Herr Fjodorow oder Herr Rektor, das ist mir ganz egal.«

Professor Doktor Gennadij Michailowitsch Fjodorow ist Lehrstuhlinhaber für Geographie und Rektor der Kaliningrader Staatlichen Universität. 400 Jahre lang trug sie den Namen »Albertina«. Weltberühmt wurde sie durch einen Mann: Immanuel Kant. Von 1770 bis 1804 lehrte er hier als Professor für Logik und Metaphysik. 1788 war er Rektor der Albertina. In der Zeit seiner Lehrtätigkeit entstanden die »Kritik der reinen Vernunft« und »Zum ewigen Frieden«.

Gegründet wurde diese Alma mater 1544 vom letzten Hochmeister des Deutschen Ordens, Albrecht von Brandenburg, der nach dem Niedergang der Ordensherrschaft im baltischen Raum zum Protestantismus übergetreten war. Die Gründung der Universität sollte helfen, die Reformation im einstigen Ordensstaat durchzusetzen und ihn als weltliches Herzogtum, natürlich mit Albrecht an der Spitze, zu stabilisieren. Dazu mußten Lehrer und Juristen im Sinne der Reformation ausgebildet, Geistliche umgeschult werden. Gründungsrektor wurde, als Garant für Festigkeit im neuen Glauben, der Schwiegersohn Philipp Melanchthons, Georg Sabinus. Aufgenommen allerdings wurden nicht nur Studenten aus Preußen, sondern auch aus Polen und Litauen.

In der Geschichte der Albertina spiegelt sich die Geschichte Königsbergs und Ostpreußens – ihr Beginn, ihr Aufstieg und ihr Untergang. Das hundertjährige Jubiläum feierte man mit einer prächtigen Theateraufführung im Schloßhof. Gegeben wurde das Stück »Prussiarchus«, das kein Geringerer als Universitätsprofessor Simon Dach geschrieben hatte – eine Huldigung auf das Herrscherhaus Brandenburg, dem die Gründung der Universität zu danken war.

Zum 200. Geburtstag der Albertina erschien die erste dokumentarisch fundierte Monographie über die Universitätsgeschichte – Biographien von 250 Wissenschaftlern Preußens sowie eine Lebensbeschreibung des Universitätsgründers, Herzog Albrechts von Brandenburg.

Aus Anlaß des 300. Jubiläums wurde der Neubau der Universität, die bis dahin ihr Domizil auf dem Kneiphof hatte, beschlossen. Auf dem Paradeplatz entstand im Stil der italienischen Renaissance die neue Albertina – unter Leitung des Geheimen Baurats August Stüler, einem Schüler Schinkels.

Zum 400. Geburtstag, am 17. August 1944, führte man Schillers »Maria Stuart« auf. Die Stimmung bei diesem Jubiläum, so wird berichtet, war »kläglich«. Zwölf Tage später gingen die englischen Fliegerbomben auch auf die Albertina nieder, und am 28. Januar 1945 wurde der Universitätsbetrieb eingestellt. Die letzte Vorlesung hielt, schon unter russischem Artilleriebeschuß, der Professor für Slawistik, Karl Heinrich Meyer. Das Thema: Fjodor Dostojewski. Professor Meyer, seine Frau und seine Tochter blieben, wie der Kaliningrader Mathematikprofessor Kasimir Lawrinowitsch berichtet, in Königsberg und kamen in den ersten Monaten nach der Eroberung der Stadt durch die Rote Armee ums Leben.

Auf den Grundmauern der fast völlig zerstörten Albertina wurde nach dem Zweiten Weltkrieg ein neues Lehrgebäude errichtet, dessen architektonische Grundkonzeption ein wenig an die alte Albertina erinnert; doch ist die Ausführung weit schlichter und gradliniger. Im Grunde handelt es sich um einen standardisierten Sowjetbau – wie Zehntausende andere Lehranstalten des einstigen Riesenreiches.

1967 wurde die Kaliningrader Staatliche Universität gegründet. Wie alle Universitäten der UdSSR war sie geprägt durch die totale Ideologisierung des Unterrichtsbetriebs. Ostpreußen, so wurde den Studenten immer wieder eingehämmert, sei ein »Hort des Militarismus« gewesen, seit Jahrhunderten das »militärische Aufmarschgebiet Preußens gegen den Osten«. Die Geschichte der Albertina war ebenso ein Tabu wie die Geschichte der Stadt Königsberg. Weder Vorlesungen noch Seminare beschäftigten sich damit. Bücher zu diesem Thema gab es nicht. Auslandskontakte jeder Art waren verboten.

Heute zählt die Universität rund 6000 Studenten. Zum Lehrpersonal gehören etwa 400 Professoren und Dozenten. Sie umfaßt elf Fakultäten, darunter drei geisteswissenschaftliche: die historische, die philologische und die juristische. Der Rektor wird in geheimer Abstimmung gewählt, muß allerdings von Moskau bestätigt werden – eine »Formsache«, wie Professor Fjodorow versichert. Seit 1991 besitzt die Universität eine weitgehende Autonomie und ist auch für die Finanzplanung selbst verantwortlich. Für Studenten aus besserverdienenden Familien wurden Studiengebühren eingeführt: 1000 US-Dollar pro Jahr.

»Welche Rolle«, fragen wir Professor Fjodorow, »spielt die 400jährige Geschichte der deutschen Universität in Königsberg, der Albertina, heute für die Kaliningrader Staatliche Universität?«

»Hätten Sie mir diese Frage vor drei oder vier Jahren gestellt«, sagt Professor Fjodorow, »hätte ich geantwortet: fast keine. Zwar wurde an der Universität schon 1974 ein Kant-Museum eingerichtet, aber was bedeutet das schon in einer geschlossenen Stadt, die kein Ausländer betreten darf. Und es spielte praktisch auch keine Rolle im Alltagsleben der Universität. Heute, nachdem die Grenzen geöffnet sind, wir Kontakte mit dem Ausland, auch dem Westen, haben dürfen und es keine wissenschaftlichen und politischen Tabus mehr gibt, ist natürlich auch das Interesse für die Geschichte gewachsen. Nicht nur das Interesse für Kant, sondern auch für andere hervorragende Wissenschaftler, die die Königsberger Universität hervorgebracht hat. Aus der Beschäftigung mit ihren Werken, ihren Ideen ziehen wir Nutzen und Anregungen für unsere wissenschaftliche Arbeit. Und eine zentrale Rolle spielt hierbei natürlich Kant. Kant ist für uns nicht nur eine geniale Persönlichkeit, sondern das Symbol für die geschichtliche Verbindung von Ideen, Kulturen und Völkern. Wir haben ein wissenschaftliches Zentrum für die Kant-Forschung gegründet, das internationale Konferenzen abhält und ein Kant-Jahrbuch herausgibt. Für eine so junge Universität wie die unsere – wir existieren ja noch nicht einmal dreißig Jahre – kann eine Beschäftigung mit der jahrhundertealten Geschichte nur von Nutzen sein.«

»Welches sind die größten Probleme, mit denen es die Kaliningrader Universität heute zu tun hat?«

»Da sind zunächst die Probleme, die wir mit allen Hochschulen Rußlands gemeinsam haben, die finanziellen Probleme. Die materielle Ausstattung der Hochschulen hat sich dramatisch verschlechtert, was natürlich mit der allgemeinen ökonomischen Misere des Landes zusammenhängt. Aber es gibt auch ganz spezifische Probleme, die mit der besonderen Situation Kaliningrads zusammenhängen. Früher haben wir Fachleute für die ganze Sowjetunion ausgebildet. Ein Drittel unserer Studenten kam aus anderen Sowjetrepubliken – Litauen, Weißrußland usw. Nach Abschluß des Studiums gingen sie wieder dorthin zurück. Heute ist es ganz anders. Im laufenden Jahr zum Beispiel haben wir nur ein paar Dutzend Studenten von außerhalb. Das heißt, wir bilden nur unsere eigenen Studenten aus. Und diese Ausbildung müssen wir natürlich viel stärker an den

Bedürfnissen unseres Gebietes orientieren, das ja eine Exklave zwischen Polen, Litauen und dem Meer ist. Wir sind also gezwungen, viel stärker als früher die Interessen der eigenen Region zu berücksichtigen, das heißt, wir sind zum wichtigsten regionalen Ausbildungszentrum geworden.«

Professor Fjodorow macht eine Pause, doch bevor ich die nächste Frage stellen kann, fährt er bereits fort: »Lassen Sie uns aber nicht nur über unsere Probleme reden. Es gibt auch positive Entwicklungen – unsere internationalen Kontakte. Natürlich sind wir eine russische Universität und werden eine russische Universität bleiben. Doch zugleich wollen wir eine europäische Universität werden. Schon jetzt gehören wir mit drei weiteren russischen Hochschulen der Konferenz der Europäischen Universitäten an. Auf diesem Weg wollen wir fortfahren.«

»Ist das also Ihre Perspektive – aus der Kaliningrader Universität eine europäische Universität zu machen?«

»Wir müssen unsere Möglichkeiten realistisch einschätzen. Unser Potential ist durchschnittlich. Nicht so groß wie das von Moskau oder St. Petersburg. Unsere Ausbildungsqualität steht der ausländischer Universitäten deutlich nach. Von einigen Ausnahmen abgesehen, hinken wir in den meisten Fakultäten dem internationalen Standard hinterher. Hier müssen wir erst einmal unser Niveau steigern, bevor wir große Ansprüche stellen können. Und genau dabei können uns internationale Kontakte helfen. Wir selbst haben in den letzten Jahren einen spürbaren Aufschwung erlebt. Es gibt eine neue Tendenz unter den jungen Leuten: Alle wollen lernen. Überall steigen die Bewerberzahlen, denn durch die Öffnung der Grenzen, durch die neuen internationalen Beziehungen eröffnen sich auch für die Studenten ganz neue Perspektiven. Wir haben auf einen Studienplatz bereits drei Bewerber, und alle müssen eine Aufnahmeprüfung machen, auch die, die bereit und in der Lage sind, tausend Dollar im Jahr zu zahlen. Wenn sie durchfallen, nehmen wir sie nicht.«

»Welche Unterstützung gibt es denn von den deutschen Universitäten?«

»Aus Deutschland kommt die meiste Unterstützung. Wohl nicht zuletzt deshalb, weil die Universitäten dort reicher sind als in vielen anderen Ländern. Insgesamt haben wir zehn ausländische Partneruniversitäten. Vier davon sind deutsche; die Universitäten Göttingen, Greifswald, Kiel und Marburg. Hundert unserer Studenten waren im vergangenen Jahr dort als Hospitanten, die meisten in Göttingen. Auch zwanzig unserer Dozenten waren drüben. Umgekehrt haben wir in diesem Semester bei uns zehn Slawistikstudenten aus Greifswald. Auch materielle Unterstützung kommt aus Deutschland. Die Universität Göttingen zum Beispiel schenkte uns zum 450. Gründungsjubiläum der Königsberger Universität eine Druckerei. Von der Daimler-Benz-Stiftung kamen 50000 Mark. Diese Summe reicht aus, um jährlich sieben oder acht Dozenten für einen Monat als Hospitanten nach Deutschland zu schicken.«

»Sehen Sie denn nicht die Gefahr, daß Sie von der deutschen Hilfe abhängig werden?«

»Diese Frage wird mir öfter gestellt. Ich sehe nur eine Gefahr: daß wir zu schwach bleiben, daß wir in unseren vielen eigenen Problemen ertrinken. Ich glaube, unser rein wissenschaftliches Potential ist genügend stark. Bei den technischen und organisatorischen Fragen haben wir Probleme. Aber unsere intellektuellen Fähigkeiten stehen denen der Kollegen im Westen in nichts nach. Viele unserer Fachleute werden ins Ausland eingeladen, um dort zu arbeiten und Vorträge zu halten. Wenn wir stark sind, brauchen wir auch keine Angst zu haben, daß irgend jemand Einfluß auf uns nimmt. Und als gleichberechtigter Partner können wir schließlich auch den anderen von Nutzen sein.«

»Und die Gefahr restaurativer Tendenzen, die von manchen Kreisen in der Bundesrepublik hinsichtlich der Königsberger Universität ausgehen?«

»Wenn es sie an irgendwelchen deutschen Universitäten gibt, werden wir mit diesen einfach keinen Kontakt pflegen. Aber ich habe derartiges bei unseren Partneruniversitäten noch nicht festgestellt. Allerdings bestehen diese Kontakte ja erst seit drei, vier Jahren, und ich gebe zu, daß ich früher selbst meine Zweifel hatte. Denn ich habe viel darüber gelesen, daß es in Deutschland angeblich starke revanchistische Kräfte gibt. Und es gibt sie ja auch. Ich bin inzwischen selbst achtmal in Deutschland gewesen und habe derartige Manifestationen durchaus gesehen. Aber bei den Menschen, mit denen wir zusammenarbeiten, bin ich überzeugt, daß wir mit derartigem nicht zu rechnen brauchen. Alles hängt davon ab, wie stark oder wie schwach wir selber sind. Und ich bin überzeugt, daß es in Deutschland genügend Menschen mit gesundem Verstand gibt, die aus den bitteren Erfahrungen der Geschichte ihre Lehren gezogen haben; die nicht in revanchistischen oder restaurativen Kategorien denken und uns nicht als Rivalen, in welchem Sinn auch immer, sehen. Über die Zusammenarbeit müssen wir nachdenken, damit beide Seiten gewinnen. Als Rivalen werden beide Seiten verlieren.«

»Und die in deutschen akademischen und politischen Kreisen anzutreffende Vorstellung, daß an einer Europäischen Universität Königsberg die deutsche Sprache zur Lingua franca wird?«

»Es ist schwer, in die Zukunft zu schauen. Doch ich glaube, daß unsere Kaliningrader Universität auch in Zukunft eine russische Universität bleiben wird. Mein Traum von einer internationalen Universität ist ein anderer: daß alle Studenten, Dozenten und Professoren frei englisch, deutsch, französisch, polnisch und, natürlich, russisch sprechen können. Aber das ist, wie gesagt, ein Traum.«

Als wir uns von Professor Fjodorow verabschieden, sehen wir neben der Eingangstür seines Rektoratszimmers ein großes Ölbild, das wir beim Hereinkommen nicht bemerkt hatten. Es zeigt die alte Albertina, davor das Denkmal Kants.

Die Albertina gibt es nicht mehr. Doch das Denkmal Kants steht seit dem 27. Juni 1992 wieder an seinem alten Platz. Es ist eine von Marion Gräfin Dönhoff gestiftete Kopie der seit Kriegsende verschollenen Statue von Christian Daniel Rauch aus dem Jahre 1864, die wir auf dem Bild des Rektors gesehen haben. Nikolaus Ehlert, der pensionierte deutsche Diplomat und Rußlandkenner, hatte sie im eigenen Auto, eingehüllt in Windeln, die er als humanitäre Hilfe deklarierte, über drei Grenzen von Deutschland nach Kaliningrad geschafft. Bei der feierlichen, von Hunderten Kaliningradern mit Applaus begrüßten Enthüllung sagte Gräfin Dönhoff: »Kant gehört weder den Deutschen noch den Russen. Er gehört der Menschheit als ein Teil ihrer geistigen Kultur. Seine Wurzeln jedoch finden sich auf diesem Boden. Kant und die Albertina sind untrennbar.«

# »Irgendwann muß Schluß sein mit dem Haß«

Sobald sich ein Sonnenstrahl zeigt, hocken sie auf dem Platz vor dem Universitätsgebäude, der früher Paradeplatz hieß und heute schlicht Universitätsplatz genannt wird. Nicht auf den Sitzflächen der Parkbänke lassen sich die Studentinnen und Studenten nieder, sondern – wie Hühner auf der Stange – auf den Rückenlehnen der Bänke; sehr zum Ärger der Rentner, die mit Taschentüchern und Zeitungen mühsam die schmutzigen Schuhabdrücke abwischen, um selbst die Sonne zu genießen, wenn die Studenten schließlich in die Vorlesungen strömen. Äußerlich unterscheiden sich die jungen Leute kaum von ihren Altersgenossinnen und -genossen im westlichen Ausland. In ihrer Garderobe herrschen Turnschuhe vor, Jeansjacken und -hosen, weite schlabbrige Pullover und Sweatshirts. Daneben gibt es aber auch Mädchen in eleganten italienischen Schuhen und Lederjacken zu bewundern. Ihre Lippen und Wangen sind kräftig geschminkt. Einige der Burschen haben ihre langen Haare zum Pferdeschwanz zusammengebunden.

Im Gespräch sind sie alle offen, freundlich und unbefangen – ob wir nun die Kamera dabeihaben oder nicht. Natürlich ist das wichtigste Thema ihre finanzielle Situation, denn die katastrophale Lage der russischen Wirtschaft spiegelt sich auch an den Universitäten wider. Im vergangenen Jahr, so erzählen sie, hätten sie mehrere Monate lang ihre Stipendien nicht ausgezahlt bekommen, da die Universitätsverwaltung kein Geld mehr gehabt habe. Es sei ihnen wie den Arbeitern vieler Betriebe in

Kaliningrad ergangen. Alle Proteste beim Rektor waren erfolglos geblieben. Erst als sie streikten und mit Plakaten zum Bürgermeisteramt zogen, trieb die »zu Tode erschrockene« Universitätsleitung das Geld auf, die Stipendien wurden gezahlt. Dabei seien die Stipendien ohnehin fast nur noch symbolisch. Ein Monatsstipendium habe nicht einmal den Gegenwert von drei Kilogramm Fleisch.

Wie es denn komme, daß dennoch viele von ihnen so elegant und sicher nicht billig gekleidet seien, frage ich.

Ira, eine 22jährige Geographiestudentin mit langem schwarzem Haar, grellrot geschminkten Lippen und einem fast bis auf die Schulter reichenden modischen Ohrring lacht: »Wenn ich Glück habe, bekomme ich von meinen Eltern 50 000 Rubel im Monat. Dafür kann ich mir natürlich keine italienischen Schuhe kaufen. Die kosten 80 000 Rubel, eine Lederjacke sogar 300 000. Aber ein französischer Lippenstift für 7000 oder eine Flasche Kaloderma-Lotion für 9500 müssen schon drin sein.« Ira verdient sich, wie fast alle ihre Kommilitoninnen und Kommilitonen etwas dazu. Sie hat einen, wie sie sagt, ganz besonders guten Job als Mannequin in einem Modeatelier, was ihr 60 000 Rubel im Monat einbringt. Andere begehrte Studentenjobs sind Dolmetscher, Reiseleiter, Versicherungsagent.

Früher, so Pjotr, der im 4. Studienjahr Jura studiert, gab es meist nur schwere, schmutzige und schlechtbezahlte Jobs – Straßenbahnwäscher, Verladearbeiter, Kohlenschipper. Aber heute, »beim Kapitalismus«, seien doch ganz neue Wirtschaftszweige entstanden, wo man schnell und leicht Geld verdienen könne, und das müsse man nützen.

Allerdings, so Pjotr, das Zweiklassensystem, das jetzt in der Gesellschaft entstanden sei, die sogenannten »neuen Russen«, diese über Nacht reich gewordenen »biznesmeny«, Spekulanten und Geschäftemacher einerseits und die »normal arbeitende« Bevölkerung auf der anderen Seite, dieses Zweiklassensystem herrsche jetzt auch an der Uni, und das sei eine »Sauerei«. Nicht, daß es immer mehr Kommilitonen gibt, die im eigenen Auto vorgefahren kämen, störte ihn, »sollen sie doch, wenn die Eltern das Geld haben«, wohl aber die Tatsache, daß diejenigen, die ihr Studium selbst bezahlen, von den Professoren wie rohe Eier behandelt werden. Während andere Studenten brav alle Vorlesungen besuchten und vor jeder Prüfung zittern müßten, könnten die sich ein ruhiges Leben machen. »Hauptsache, sie zahlen. Die Uni braucht das Geld, also sieht sie zu, daß ihnen bei den Prüfungen nichts passiert. Ich habe noch keinen von denen gesehen, der irgendwo durchgefallen ist.« Und selbst wenn manche etwas anderes behaupteten, so Pjotr, er wisse, daß auch bei den Aufnahmeprüfungen die Frage des Geldes eine Rolle spiele. »Zahlst du das Studium selbst, bekommst du auch den Studienplatz.« Gerade in seinem Fach, Jura, sei das eine »riesige Ungerechtigkeit«. Denn hier herrsche, wie in Wirtschaftswissenschaften, der Numerus clausus. »Auf einen Studienplatz kommen sieben Bewerber.«

Ob Ira, Pjotr und ihre Freunde denn wüßten, wie die Universität früher hieß?

»Natürlich wissen wir das«, sagt Pjotr, »Albertina.«

»Wieso natürlich?«

»Das ist doch der Name ihres Gründers, Herzog Albrecht, ihr richtiger Name.«

Und erklärend setzt Ira hinzu: »Kaliningrader Staatliche Universität, das ist doch kein Name. Niemand nennt sie so. Ihr wirklicher Name ist Albertina.«

»Und es stört Sie nicht, daß dies der alte deutsche Name ist?«

»Nein«, sagt Ira und schüttelt den Kopf. Und dann sagt sie: »Wir sind doch Fremde hier. Gäste.«

»In welchem Sinn Gäste?«

»In dem Sinne, daß dies hier nicht unser Land ist. Das ist deutsche Erde, preußische. Wir schämen uns, daß unsere Eltern die Deutschen von hier verjagt haben. Für die Deutschen, die hier an dieser Universität studiert haben, war es sicher schmerzlich, von hier weg zu müssen, alles verlassen zu müssen, an dem sie gehangen haben. Wir schämen uns dafür.«

»Wenn ihr in eine andere Stadt fahrt und gefragt werdet, woher ihr kommt, was antwortet ihr?«

Wie aus der Pistole geschossen kommt es von Ira, Pjotr und allen um sie herumstehenden Kommilitoninnen und Kommilitonen: »Aus Kenig oder aus Kenigsbjerga.«

»Wieso aus Kenig und nicht aus Kaliningrad?«

»Kalinin war ein Verbrecher. Ein enger Freund Stalins, ein Massenmörder wie dieser. Nach so einem Mann kann man doch keine Stadt benennen. Auch wenn er mal Vorsitzender des Präsidiums des Obersten Sowjets war, wie das damals hieß. Aber damals, das waren doch andere Zeiten. Nach dem Krieg, 1946, als die Stadt diesen Namen bekam, war das vielleicht normal. Es gibt ja noch andere Städte, die den gleichen Namen bekommen haben, aber die werden ja jetzt auch wieder umbenannt. Und Königsberg ist nun mal der historische Name der Stadt. Den hat sie mehr als 600 Jahre lang getragen. Und es ist auch eine sehr schöne Stadt. Vielleicht nicht mehr für die Deutschen, die hier früher gelebt haben, aber wir können sie ja nur mit anderen sowjetischen oder russischen Städten vergleichen – und da ist sie schöner als die meisten anderen. Wir leben gern hier, und wir wollen auch gar nicht weg, aber wir müssen endlich ehrlich sein und die Stadt nennen, wie sie wirklich heißt, und nicht nach einem Verbrecher.«

»Und wie sehen Sie die Tatsache, daß jetzt wieder so viele Deutsche als Besucher hierher kommen?«

»Das ist doch ganz normal«, sagt Pjotr. »Sie quält die Nostalgie, die Sehnsucht nach dieser Erde…«

Und Ira fügt hinzu: »Es kommmen vor allem die, die früher hier lebten und in deren Häusern wir jetzt leben. Die meisten dieser Häuser, auch wenn sie schon alt sind, sehen immer noch besser aus als unsere sowjetischen. Die sind mit ganz anderer Kultur gebaut. Es ist doch verständlich, daß die Leute jetzt sehen wollen, was aus ihren Häusern geworden ist. Ob das Geburtshaus noch da ist oder ihre Schule. Sie sind hier geboren und aufgewachsen wie wir. Wenn sie kommen, empfangen wir sie gern, laden sie zu uns ein, treffen uns mit ihnen. Mit manchen haben auch schon Briefwechsel begonnen.«

»Das heißt, das Verhältnis ist gut?«

Ira nickt. »Es ist gut. Es ist eine gute Nation. Es sind gute Menschen, intelligente.«

»Und fürchten Sie nicht, daß dies wieder der Anfang einer Art schleichender Regermanisierung sein könnte?«

»Wenn es dahin käme, wären wir selber schuld.«

»Warum?«

»Wir haben doch damals euch Unrecht zugefügt – und wenn wir es jetzt nicht schaffen, unsere Probleme friedlich zu lösen, mit euch zu einem vernünftigen Verhältnis zu kommen, sind wir letztlich selbst schuld. Dann haben wir unsere Chance selber verspielt.«

Am Ende unseres Gesprächs geben uns Ira und Pjotr ihre Telefonnummern. Wenn wir etwas länger in der Stadt seien und ein wenig Zeit hätten, sollten wir sie anrufen. Damit man nicht nur reden, sondern vielleicht auch ein bißchen zusammen feiern kann. Ira lebt bei ihren Eltern, Pjotr im Studentenheim. Die Eltern, so Ira, würden sich sicher freuen, und die Mädels und Jungens im Studentenheim sowieso.

Auf der Parkbank nebenan sitzen einige Rentnerinnen und Rentner. Vor einer der Frauen steht ein Kinderwagen, neben dem alten Mann, der an der rechten Seite der Bank sitzt, liegen auf der Erde zwei Krücken. Ihm fehlt ein Bein.

Als wir sie ansprechen, winkt zunächst eine der alten Frauen ab. Nein, nein, sagt sie halb lachend, halb ernsthaft, sie wolle nicht gefilmt werden. Sie sei schon alt und häßlich, habe keine Zähne mehr, wir sollten lieber Aufnahmen von den vielen hübschen Studentinnen machen. Doch als wir sie fragen, woher sie sei und wie lange sie schon in Kaliningrad lebe, gerät sie ins

Erzählen. Als junge Frau sei sie hierher gekommen, 1947 mit ihrem ersten Mann, aus der Gegend von Stawropol. Mehr als vierzig Jahre habe sie auf einer Kolchose in der Nähe von Kaliningrad gearbeitet, nun sei sie alt und nur noch dazu gut, die Enkelkinder zu hüten. In einer Kommunalwohnung, in der mehrere Familien leben, hat sie ein Zimmer, ein kleines, aber das reiche, da sie es für sich allein hat.

Ob sie denn Angst habe, daß vielleicht die Deutschen wieder zurückkommen könnten nach Kaliningrad, fragen wir.

»Wieso soll ich davor Angst haben? Es ist doch egal, unter wem wir schlecht leben, unter Russen oder den Deutschen. Es ist doch heute alles das gleiche, Demokratie, wie sie es nennen. Wenn sie uns nur ernähren würden. Aber meine Tochter bekommt schon seit Monaten keinen Lohn mehr, meine Rente beträgt 80 000 Rubel, aber ein Kilo Wurst kostet 8000 Rubel, die billigste; und ein Kinderkleidchen aus Polen 40 000. Da ist es doch völlig egal, wer herrscht. Von mir aus können die Deutschen wieder zurückkommen, ich habe sowieso nicht mehr lange zu leben. Heute leben wir, morgen sterben wir. Haben Sie noch weitere Fragen?«

Ihre Nachbarin ist ebenfalls 1947 nach Kaliningrad gekommen, als Siebzehnjährige aus der Gegend von Moskau. Sie hat über vierzig Jahre als Schwester in einem Kinderkrankenhaus gearbeitet, ist seit zehn Jahren in Rente, arbeitet aber immer noch weiter in ihrem Beruf. »Sonst könnte ich gar nicht überleben. Wie denn?« Auch sie, sagt sie, hatte vor den Deutschen keine Angst. Im Gegenteil: Das Kinderkrankenhaus, in dem sie immer noch arbeite, erhalte viele Medikamente aus Deutschland, kostenlos. Und auch deutsche Ärzte und Schwestern würden immer mal kommen und helfen oder auch Geräte installieren, die sie mitgebracht hätten. Und sie wisse auch von anderen Krankenhäusern, daß die regelmäßig vom Deutschen Roten Kreuz Lieferungen bekämen.

»Was also, bitte schön, soll ich gegen die Deutschen haben?«

Natürlich, wenn sie uns unser Kaliningrad wegnehmen wollten, das wäre eine andere Sache. Schließlich leben wir schon so lange hier, es ist doch unsere Stadt. Wenn ich nach Moskau zu Besuch fahre, in die Gegend, aus der ich gekommen bin – das ist inzwischen alles fremd. Ich bin immer froh, wenn ich wieder nach Kaliningrad, nach Hause, zurückkehren kann. Nein, nein, die Erde hier, die geben wir nie wieder her. Aber solange die Deutschen das nicht wollen – was soll ich gegen sie haben? Ich glaube, mit diesem ganzen Gerede von der ›Regermanisierung‹ wollen uns nur unsere Oberen erschrecken. Die Deutschen, die zu uns ins Krankenhaus kommen, haben so etwas noch nie gesagt. Das sind ordentliche Leute. Die wissen, daß Kaliningrad unsere Heimat ist.«

In diesem Moment mischt sich der Mann mit den Krücken, der bisher schweigend zugehört hat, ins Gespräch. Jetzt reiche es ihm, die Großmütter hätten genügend Unsinn geredet. »Ich kenne die Deutschen, und ich traue ihnen nicht. Die Deutschen haben den Affen erfunden. Die können alles, so oder so. Mal Gutes, mal Schlechtes. Einverstanden, nicht alle Deutschen waren Faschisten. Aber die Mehrzahl war es doch. Sie haben Hitler schließlich gewählt. Kein Mensch hat sie dazu gezwungen. Und habt ihr vergessen, was sie mit unserem Land gemacht haben? Leningrad wollten sie aushungern und Moskau dem Erdboden gleichmachen, die Hauptstadt! Wenn ich daran denke: Viel zuwenig haben sie uns nach dem Krieg bezahlt. Das bißchen Ostpreußen! Was haben wir denn in Königsberg gehabt? Ruinen, nichts als Ruinen. Und daß jetzt unsere Armee aus Deutschland zurückkommt – ja, haben wir denn den Krieg verloren oder die Fritzen? Wenn die Deutschen wieder hierher kommen wollen, dann so, wie es Schirinowski neulich gesagt hat: Sie sind willkommen als Straßenkehrer und Fensterputzer! Soll ich mein Bein denn umsonst an der Oder gelassen haben? Nein, die Deutschen sollen lieber wegbleiben. Wir brauchen sie nicht und ihr Geld auch nicht. Wenn wir erst mal wieder eine starke Regierung haben, brauchen wir nicht mehr bei den Deutschen zu betteln. Und wenn sie wirklich wieder hierher kommen wollen – wir haben ja noch unsere russische Armee hier in Kaliningrad. Gott sei Dank!«

Eine der alten Frauen legt begütigend die Hand auf den Arm des Mannes: »Großväterchen, beruhige dich doch. So schlimm wird es nicht kommen. Irgendwann muß Schluß sein mit all diesem Haß.«

»Ich hasse sie nicht. Ich mag sie einfach nicht. Das reicht doch. Oder?«

Wir packen die Kamera ein. »Ich glaube«, sagt Maxim, »für heute haben wir genug. So sind die Leute. Sei ihnen nicht böse.«

»Warum«, sage ich, »soll ich ihnen böse sein?«

»Eben«, sagt Maxim. Und bietet dem alten Mann, Sascha und mir eine Zigarette an. Der Mann nimmt sie dankend. »Dawajtje zakurim«, sagt er. »Los, rauchen wir!«

Johannes Bobrowski

## Absage

Feuer,
aus Blut die Lockung:
der schöne Mensch. Und wie Schlaf
das Vergangene, Träume
an Flüssen hinab,
auf den Wassern,
segellos, in der Strömung.

Ebenen – die verlornen
Dörfer, der Wälder Rand.
Und ein dünner Rauch
in den Lüften,
steil.

Einst,
wulstigen Munds, Perkun
kam, eine Feder im Bart,
kam in der Hufspur des Elchs,
der Stotterer kam,
fuhr auf den Strömen, Finsternis
zog er, ein Fischernetz, nach.

Dort
war ich. In alter Zeit.
Neues hat nie begonnen. Ich bin ein Mann,
mit seinem Weibe ein Leib,
der seine Kinder aufzieht
für eine Zeit ohne Angst.

# Von der gemeinsamen Verantwortung

Professor Gilmanow gilt als einer der hervorragendsten Köpfe der Kaliningrader Universität. Unabhängig, kritisch, unbequem und streitbar – das sind die Attribute, die ihm Anhänger und Gegner gleichermaßen attestieren. Und Gegner hat er viele, vor allem Kollegen, denen seine politische Grundhaltung nicht paßt, die ihm seinen Erfolg bei den Studenten neiden und mißtrauisch seine guten Kontakte nach Deutschland beobachten. Sie werfen ihm mangelnden Patriotismus, Profilierungssucht, unakademisches Politisieren vor. Einen »unkritischen Freund der Deutschen« nennen sie ihn, für viele ein schlimmes Schimpfwort.

Doch weit größer als die Zahl seiner Gegner ist die seiner Anhänger. Seine Vorlesungen über Ethik, Geschichte und Politik sind überfüllt, für Plätze in den Seminaren und Kolloquien stehen die Studenten Schlange.

Auf Wladimir Gilmanow gestoßen war ich durch seine Artikel in verschiedenen deutschsprachigen Zeitungen, die vor allem durch ihre eigenwillige Sicht der russischen Geschichte auffielen. Der »Verlust der Geschichte« als Erklärungsmuster für den heutigen Zustand Königsbergs und des Königsberger Gebietes – das war eine These, die mich neugierig machte.

Als ich Professor Gilmanow von meinem Kaliningrader Hotel aus zu Hause anrief, zeigte er sich keineswegs überrascht. Er kenne meinen Namen, sagte er, vom Russischen in fließendes Deutsch übergehend, schließlich sei er ja häufiger in Deutschland zu Gast gewesen, zuletzt bei der Deutschen Welle in Köln, und bei dieser Gelegenheit habe er auch hin und wieder Sendungen von mir gesehen. Zu einem Treffen sei er gern bereit: bei schönem Wetter am liebsten in der kleinen Parkanlage vor dem alten Universitätsgebäude, dort, wo auch wieder das Kant-Denkmal steht.

Wäre Professor Gilmanow am vereinbarten Treffpunkt nicht auf uns und unsere Kamera zugekommen, wir hätten uns mit Sicherheit verfehlt. Wir hätten ihn für einen Studenten älteren Semesters gehalten, der nach der Vorlesung eilig der nahegelegenen Straßenbahnhaltestelle zustrebt. Er sieht aus wie Anfang Dreißig, hat volles, struwwelig um den Kopf stehendes Haar und flinke, immer wachsam erscheinende Augen. Nur die altmodische, vollgestopfte braune Aktentasche ist ein Hinweis, daß es sich wohl doch nicht um einen Studenten handelt, schon gar nicht um einen Kaliningrader. Denn die sind stolz, die westlichste Universität Rußlands zu sein, und wissen sehr wohl, was anderswo »in« ist. Rucksäcke, lässig über die Schulter geworfene Umhängetaschen, buntbedruckte Plastiktüten oder einfach, nach amerikanischem Vorbild, der Bücherstapel unterm Arm. Aktentaschen jedenfalls sind »mega out«.

Zunächst erzählt Professor Gilmanow vom Universitätsbetrieb. Vom Streß mit den vielen Studenten, von den vielen Sachen, die er eigentlich schreiben wolle, zu denen er aber nicht komme, von seinen Reisen nach Deutschland und anderem mehr. Dann bringen wir das Gespräch auf seine in Deutschland veröffentlichten Artikel, in denen er über den Verlust des Geschichtsbewußtseins in Rußland und speziell in Kaliningrad geschrieben hat. Ob er dies ein wenig näher erläutern könne, fragen wir.

»Über das Problem des russischen Geschichtsbewußtseins«, sagt Professor Gilmanow, »könnte man lange reden. Ich möchte in diesem Zusammenhang nur an den berühmten georgischen Philosophen Mirab Mamardaschwili erinnern, der in einem seiner Essays feststellte, daß Rußland im Laufe der Jahrhunderte immer wieder auf geradezu schicksalhafte Weise aus der Weltgeschichte geworfen wurde. Dies ist eine überaus schmerzhafte Erfahrung, die die russische Mentalität ebenso geprägt hat wie das russische Geschichtsbewußtsein. Ich glaube«, so Professor Gilmanow, der in einem Tempo spricht, als fürchte er, nicht alle seine Gedanken rechtzeitig loswerden zu können, »ich glaube, daß die historische Katastrophe, deren Folgen wir jetzt erleben, im Oktober 1917 begann. Damals wurde die russische Idee, die russische Kultur, ein weiteres Mal aus dem Strom der Weltgeschichte geworfen. Und die Apotheose, die Tatsache, daß gerade dieser Hinauswurf aus der Geschichte jahrzehntelang auch noch gerühmt und verklärt wurde, macht heute die Frage nach dem russischen Geschichtsbewußtsein so aktuell. Wir stehen vor der intellektuellen Aufgabe, unser wahres Selbstbewußtsein wiederzufinden und in den Strom der Geschichte zurückzukehren.«

An dieser Stelle macht Professor Gilmanow eine Pause, gleichsam eine Fermate, bevor er auf das konkrete Problem Königsberg eingeht: »Was nun das regionale Problem angeht, das Geschichtsbewußtsein hier im Raum Königsberg, so gibt es das gar nicht. Es ist nicht verlorengegangen, sondern es existiert ganz einfach nicht, es fehlt. Die Kultur, die sich in dieser Region nach dem Krieg entwickelte, trägt einen ganz eigenen Stempel. Ihr Charakter ist nicht so einfach herauszufinden, zu definieren. Denn die regionale Nachkriegskultur entwickelte sich erst, nachdem die hier lebenden Deutschen vertrieben wurden und die Bevölkerung aus Rußland hierher kam, die die slawische Kultur mitbrachte. Man tat so, als gebe es hier keine Vergangenheit, keine Geschichte, keine Kultur, als hätten die sieben Jahrhunderte vorher nie existiert. Doch die historischen und kulturellen Spuren der Vergangenheit sind nicht auszurotten, der Charme der Vergangenheit bleibt; und er ist, wie jede kulturelle Ausstrahlung, unvergänglich wie die Liebe. Auf jeden

Fall: selbst wenn man es lange nicht wahrhaben wollte, er wirkt auch im heutigen geistigen Leben weiter.«

»Können Sie dafür Beispiele geben?«

»Eines der Beispiele ist die Nachkriegsgeschichte der Kaliningrader Universität. Im Grunde sind fast alle wissenschaftlichen Forschungen und Traditionen, die sich an der heutigen Kaliningrader Universität entwickelt haben und noch entwikkeln, bewußte oder unbewußte Fortführungen der Traditionen der historischen Albertina, der Königsberger Universität, die Herzog Albrecht im 16. Jahrhundert gegründet hat. Das ist ein kulturelles Phänomen dieser Region. Ein wirkliches Geheimnis, dem auf die Spur zu kommen eine große Herausforderung ist. Eine Herausforderung für Wissenschaftler wie Politiker.«

»Herr Professor Gilmanow, wenn man heute durch das Königsberger Gebiet fährt, dann findet man doch ein sehr armseliges oder, um es brutal auszudrücken, heruntergekommenes Land vor. Womit ist das zu erklären? Damit, daß die Menschen dieses Land nicht als ihr eigenes empfinden? Daß sie glauben, sie wären hier nur vorübergehend? Oder wie ist es sonst zu erklären, daß es fünfzig Jahre nach dem Krieg noch so aussieht?«

Professor Gilmanow zeigt sich keineswegs irritiert. Auch er, sagt er, habe lange über diese Frage nachgedacht, denn der Zustand des Landes sei ja für jeden offenkundig. Aber eine einfache Antwort auf diese Frage habe er bis heute nicht.

»Natürlich gibt es Antworten, die gleichsam auf der Hand liegen, vordergründige Antworten. Antworten etwa, die ganz pragmatisch auf die ökonomischen Probleme verweisen oder auf politische. Ich meine aber, man muß tiefer gehen. Man muß in die Erklärungsversuche auch metaphysische Begriffe einführen wie Energie der Liebe und Gefühl der Zugehörigkeit.«

»Was konkret meinen Sie damit?«

»Sehen Sie, alles, was von der Sonne der Liebe, der Wärme, der Fürsorge beschienen wird, erlangt Lebensfähigkeit und lebt.

Und das, was dieser Energien beraubt ist, gerät in der Regel unter die schwarze Wolke des Todes.

Das trostlose Bild, das man jetzt in unserem Land sieht, erklärt sich zu einem großen Teil aus dem Fehlen des Gefühls der geistig-kulturellen Zugehörigkeit zu diesem Raum. Diejenigen, die nach dem Krieg in dieses Land kamen, fanden hier nicht nur zerstörte Städte und Dörfer vor, sondern auch durchaus gepflegte Felder und eine hochentwickelte Landwirtschaft. Aber das alles wurde nicht bewahrt, sondern vergeudet, zerstört. Es wurde nicht begriffen als Wert, der für das weitere Leben dieser Region von Bedeutung ist. Die Nachkriegsgeschichte des Königsberger Gebiets, so scheint mir, stand unter dem massiven Druck einer alles beherrschenden Energie des Todes und der Zerstörung. Jetzt kommen andere Zeiten – Zeiten, in denen man seine Beziehungen zu der hier seit Jahrhunderten gewachsenen Kultur neu überdenkt. Man versucht, direkt oder indirekt die Sinnzusammenhänge zu entdecken, die Außergewöhnlichkeit und die in die Zukunft weisenden Perspektiven dieses Phänomens Ostpreußen. Und deshalb sind nach meiner Überzeugung die rein wirtschaftlichen und politischen Überlegungen, wie die Situation des Landes verbessert werden könnte, eher sekundär. Entscheidend ist, wie die innere Einstellung der Menschen zu diesem Land ist, in dem sie leben. Es ist an der Zeit, daß sich die Menschen mit diesem Land identifizieren, daß sie ihr Schicksal begreifen als Teil des Schicksals der ganzen Region. Sie müssen begreifen, daß die unmittelbarste Beziehung dieser Region nicht nur die Beziehung zu Rußland ist, sondern zu Rußland *und* Deutschland. Und natürlich auch den baltischen Nachbarn.«

»Wenn man die politische Entwicklung der letzten Jahre in diesem Gebiet sieht«, werfe ich ein, »hat man den Eindruck, daß es zwei Strömungen gibt. Da sind auf der einen Seite diejenigen, die sich sehr gerne dem Westen und vor allem Deutschland öffnen möchten; und auf der anderen Seite die Kräfte, die sich eher abschotten wollen. Wie sehen Sie die zukünftigen Beziehungen von Königsberg und dem Königsberger Gebiet zu Deutschland?«

»Ich bin davon überzeugt, daß jede Region, jedes Land seine eigene historische Logik besitzt. Eine Logik, die sich jeweils in ganz konkreten Formen manifestiert. Die Logik dieser Region, das habe ich begriffen, kann nur die Logik einer grundsätzlichen Aussöhnung und einer gemeinsamen Verantwortung von Russen und Deutschen sein. Davon hängt entscheidend die Zukunft dieser Region ab. Mit dieser Region sind die ganz konkreten und lebendigen Schicksale von Menschen verknüpft – von den Menschen, die früher hier gelebt haben, und denen, die jetzt hier leben. Die Menschen in Deutschland, die früher hier gelebt haben und die auch wir ›Vertriebene‹ nennen, diese Menschen haben den ganzen Wahnsinn der Nazis, die ganze Kriegshölle und dann die ganze Hölle der Vertreibung durchgemacht. Für sie ist diese Region ein wertvoller und entscheidender Teil ihres Schicksals. Und viele, so glaube ich, sehen in ihr eine einzigartige und ganz konkrete historisch-kulturelle Chance für beide Völker. Die Chance, sich gemeinsam auf einer historischen Bühne wiederzufinden, die zugleich auch eine politische ist. Diese Chance ahnen auch viele Russen, einfache russische Menschen, nicht unbedingt Politiker, wohl aber die sogenannten einfachen Menschen. Sie ahnen es vor dem Hintergrund der allgemeinen Sinnkrise, rein emotional, intuitiv. Aber es gibt eben Dinge, die weniger aus dem Bewußtsein kommen als aus dem Gewissen. Und wenn man sich von der Diktatur des Gewissens leiten läßt, kann die Logik dieser Region nur eine binationale und eine bikulturelle Logik sein, eine Logik zur Schaffung gemeinsamer Lebensformen.«

»Aber gibt es hier nicht auch Menschen, die argwöhnen, daß gerade dies der Deckmantel für eine Regermanisierung sein könnte? Die die Deutschen fürchten und Angst haben, daß sie wieder zurückkommen könnten?«

»Dieses Phänomen der Angst ist nicht nur regional auf den hiesigen Raum beschränkt. Angst ist ein tiefreichendes psychologisches Element, das unsere russische Mentalität schon seit Jahrzehnten prägt. Angst ist ein Teil unseres nationalen Bewußtseins. Wir haben unsere Angst vor dem totalitären Phänomen noch nicht überwunden. Und auch nicht unsere Angst vor der großen Welt, die wir, offen gestanden, auch noch nicht wirklich kennen. Diese Angst hat viele Ursachen, und sie wird von bestimmten politischen Kräften mißbraucht, instrumentalisiert. Auch von jenen Kräften, die mit dem Gespenst der Regermanisierung hausieren gehen und dabei ganz bestimmte politisch-nationalistische Ziele verfolgen. Diese Angst vor der Regermanisierung ist ein Relikt der Vergangenheit; sie dient dem Versuch, die Alpträume der Vergangenheit wachzuhalten. Doch für diese Angst gibt es heute keinerlei rationale Gründe. Sie wird von der Vergangenheit in die Gegenwart geschleppt, um damit die Zukunft zu vergiften. Die aktuellen politischen Realitäten zeugen davon, daß ein Phänomen wie die ›Regermanisierung‹ einfach unmöglich ist. Es gibt andere Phänomene, die Wirklichkeit werden: die Internationalisierung, die Europäisierung, die Herausbildung konkreter gemeinsamer Lebensformen im geeinten europäischen Raum. Und in diesen Kategorien muß man auch das Problem unserer Region sehen. Der Begriff ›Regermanisierung‹ ist ein erniedrigender und schmutziger Terminus aus einem toten politischen Vokabular. Mit diesem Terminus zu operieren geht an der heutigen politischen Realität vorbei.«

»Eine Frage, an der sich der Streit über den Umgang mit der Geschichte und den möglichen Konsequenzen für die Gegenwart in Königsberg ja ganz konkret entzündet, ist der Name der Kaliningrader Universität. Welchen Namen soll die Universität Ihrer Meinung nach in der Zukunft tragen?«

»Zunächst einmal bin ich davon überzeugt, daß diese Universität unbedingt den Namen Kalinin ablegen muß, wie wohl auch die Stadt selbst. Schließlich kann man eine Stadt und eine Universität nicht für alle Zeit nach einem Verbrecher benennen. Auch wenn dies nicht in allernächster Zeit geschieht, in absehbarer Zukunft wird es keine Staatliche Kaliningrader Universität mehr geben. Ich könnte mir vorstellen, daß die Universität nach einem langen und qualvollen Prozeß geistiger und politischer Auseinandersetzungen das Recht bekommt, sich ›Kant-Universität‹ zu nennen. Jedoch glaube ich, daß man sich diese Ehre, den Namen Kants tragen zu dürfen, verdienen, erleiden und erarbeiten muß. Voraussetzungen dafür gibt es, denn das Schicksal dieser Stadt und das Schicksal dieser Universität war ja auch in der Nachkriegszeit immer in gewisser, fast schon phantastischer oder mythischer Weise mit dem Namen Kants verbunden. Und wenn diese Universität tatsächlich zu einer Art Wiege einer neuen Mentalität würde, im historisch-kulturellen wie im politischen Sinne, wenn von dieser Universität neue, belebende Impulse für eine vom Gedanken der Humanität und Aufklärung geprägte Zukunft ausgehen, dann wäre der Name Kant im Wappen dieser Universität ein wunderbares Symbol. Wenn wir die Zukunft dieser Region im Sinne Kants gestalten könnten, im Sinne der praktischen Vernunft, die sich von der Moral leiten läßt, dann, ja, dann wären Königsberg und das Königsberger Gebiet eine große Chance. Nicht nur für Rußland und Deutschland, sondern für ganz Europa.«

# ANHANG

# Ostpreussen

O S T S E E

Halbinsel Hela

Danziger Bucht

Palmnicken / Jantarnyj

Rauschen / Swetlogorsk

Zelenog

*S a m*

Königsber
Kaliningra

Pillau / Baltijsk

Gdingen / Gdynia

Danzig / Gdańsk

Neukrug / Nowa Karczme

Frische Nehrung

Frisches Haff

Heiligenbeil / Mamonowo

Tr
Wia

Braunsberg / Braniewo

Frauenburg / Frombork

Davids / Dawidy

Schlodien / Gładycze

Weichsel / Wista

Elbing / Elbląg

Schlobitten / Słobity

*E*

*L*

Passarge

He

Wormsditt / Orneta

Marienburg / Malbork

Guttstadt / Dobre Miasto

Riesenburg / Prabuty

Marienwerder / Kwidzyn

Osterode / Ostróda

Aller
Ols

D. Eylau / Iława

Hohenstein / Olsztynek

Graudenz / Grudziądz

P

Gilgenburg / Dąbrówno

O

Neidenburg
Nidzic

Nidden /
Nida

Rossitten /
Rybatschij

*Kurisches Haff*

*Kurskij Zaliw*

Haffwinkel /
Zaliwino

d    Labiau /
Polessk

egel /
agolja

Tapiau /
Gwardejsk

Wehlau /
Znamensk

Alle   Łyna   Allenburg /
Druschba

Friedland /
Prawdinsk

B. Eylau /
ationowsk

hönbruch /
czurkowo

Schippenbeil /
Sępopol

Wartenburg
Barczewo

Rastenburg /
Kętrzyn

Seehesten /
Szestno

Gehlandsee / J. Giełądzkie

Sorquitten /
Sorkwity

Sensburg /
Mrągowo

Kruttinnen / Krutyn

Muckersee

s      u      r      e

Kruttinna /
Krutynia

Örtelsburg /
Szczytno

E          N

Memel / Njeman

Tilsit /
Sowjetsk

Gilge /
Matrosowo

Ragnit /
Njeman

Kreuzingen /
Bolschakowo

Mehlauken /
Zalesje

**RUSSLAND**

Inster / Istrutsch

Insterburg /
Tschernjachowsk

Angerapp / Angrapa

Angerburg /
Węgorzewo

*Mauersee / J. Mamry*

*Dargeinensee / J. Dargin*

Lötzen / Giżycko

*Löwentinsee /
J.Niegocin*

Nikolaiken /
Mikołajki

*Spirdingsee / J. Śniardwy*

Baldannsee

Johannisburg / Pisz

*Niedersee /
J. Nidzkie*

Ukta

**LITAUEN**

Schloßberg /
Dobrowolsk

Ebenrode /
Nesterow

Gumbinnen /
Gusew

Trakehnen /
Jasnaja Poljana

*Rominter*

*Heide*

Goldap /
Gołdap

Treuburg /
Olecko

Lyck / Ełk

—·— heutige Staatsgrenzen
--- Grenze bis 1937

0                    50 km

Karte : A. Skowronski

# Quellennachweis der Gedichte

Au, Annemarie in der: Frauenburg. In: Die Atlantis des Nordens, hrsg. v. d. Polnischen Akademie der Wissenschaften, Olsztyn 1993

Bobrowski, Johannes:
Absage
Die Daubas
Das verlassene Haus
Nachtfischer
Gedichte aus dem Nachlaß, Bd. II, Buchverlag Union München/Berlin 1987

Brakoniecki, Kazimierz: Mysterium. In: Die Atlantis des Nordens, a.a.O.

Brodskij, Jossif: Einem alten Architekten in Rom. In: Einem alten Architekten in Rom, München 1964, R. Piper Verlag

Bykowska-Salczyńska, Alicja: In Sowirog. In: Die Atlantis des Nordens, a.a.O.

Dach, Simon: Ännchen von Tharau. In: Du mein einzig Licht. Gedichte Königsberger Dichter, Kaliningrad 1993, Kaliningrader Verlag

Kruk, Erwin: Landschaftsbild aus Masuren. In: Die Atlantis des Nordens, a.a.O.

Miegel, Agnes:
Abschied von Königsberg
Die Frauen von Nidden
In: Gesammelte Werke, Bd. 1, Düsseldorf 1952, Eugen Diederichs Verlag

Solschenyzin, Alexander: Ostpreußische Nächte, Darmstadt/Neuwied 1976, Luchterhand

Sujewa, Apollinaria: Rückkehr nach Kleingnie. In: Königsberger Express, Nr. 7/1995

Wiechert, Ernst: Herbst. Sämtliche Werke, Bd. 10, München/Wien/Basel, Kurt Desch
© Langen Müller in der F. A. Herbig Verlagsbuchhandlung GmbH, München

# Register